# RAÍZES DA REPÚBLICA
## INTRODUÇÃO HISTÓRICA
## AO DIREITO CONSTITUCIONAL

# Outros livros do Autor

**Direito Constitucional, Ciência e Filosofia Políticas, Direito Público**

*O Procedimento Administrativo*, Coimbra, Almedina, 1987; *Quadros Institucionais – do social ao jurídico*, Porto, Rés, 1987 (esgotado); refundido e aumentado in *Sociedade e Direito*, Porto, 1990; *Mito e Constitucionalismo. Perspectiva conceitual e histórica*, Coimbra, Faculdade de Direito, 1990 – tese de Mestrado em Direito – Ciências Jurídico-Políticas, na Faculdade de Direito da Universidade de Coimbra (esgotado); *Para uma História Constitucional do Direito Português*, Coimbra, Almedina, 1995 (esgotado); *Constituição, Direito e Utopia. Do Jurídico-Constitucional nas Utopias Políticas*, Coimbra, 'Studia Iuridica', Boletim da Faculdade de Direito, Universidade de Coimbra/Coimbra Editora, 1996 (tese de doutoramento em Direito. Ciências Jurídico-Políticas, na Faculdade de Direito da Universidade de Coimbra); *Res Publica. Ensaios Constitucionais*, Coimbra, Almedina, 1998; *Mysteria Ivris. Raízes Mitosóficas do Pensamento Jurídico-Político Português*, Porto, Legis, 1999; *A Constituição do Crime. Da Substancial Constitucionalidade do Direito Penal*, Coimbra, Coimbra Editora, 1998; *Responsabilité et culpabilité*, Paris, P.U.F., 2001 (esgotado); *Teoria da Constituição*, vol. I. *Mitos, Memórias, Conceitos*, Lisboa /São Paulo, Verbo, 2002; vol. II. *Direitos Humanos, Direitos Fundamentais*, Lisboa / São Paulo, Verbo, 2000; *Direitos Humanos – Teorias e Práticas*, Coimbra, Almedina, 2003 (org.), prefaciado por Jorge Miranda; *Teoria do Estado Contemporâneo*, Lisboa / São Paulo, Verbo, 2003 (org.); *Política Mínima*, Coimbra, Almedina, 2003, 2.ª ed., corrigida e actualizada, 2005; *Miragens do Direito. O Direito, as Instituições e o Politicamente Corr*eto, Campinas, São Paulo, Millennium, 2003; *Anti-Leviatã. Direito, Política e Sagrado*, Porto Alegre, Sérgio Fabris Editor, 2005; *Repensar a Política. Ciência & Ideologia*, Coimbra, Almedina, 2005; *Novo Direito Constitucional Eur*opeu, Coimbra, Almedina, 2005; *O Essencial sobre Filosofia Política Medieval*, Lisboa, Imprensa Nacional-Casa da Moeda, 2005; *O Essencial sobre Filosofia Política Moderna*, Lisboa, Imprensa Nacional-Casa da Moeda, 2006; *Per-Curso Constitucional. Pensar o Direito Constitucional e o seu ensino*, Prefácio de Manoel Gonçalves Ferreira Filho, CEMOROC, Escola Superior de Direito Constitucional, Editora Mandruvá, São Paulo, 2006.

**Filosofia e História do Direito e das Instituições**

*Pensar o Direito* I. *Do Realismo Clássico à Análise Mítica*, Coimbra, Almedina, 1990; II. *Da Modernidade à Postmodernidade*, Coimbra, Almedina, 1991; *História da Faculdade de Direito de Coimbra*, Porto, Rés, 1991, 5 vols., Edição Comemorativa do VII Centenário da Universidade, patrocinada pela Faculdade de Direito de Coimbra, prefaciada por Orlando de Carvalho (com a colaboração de Reinaldo de Carvalho); *Amor Iuris. Filosofia Contemporânea do Direito e da Política*, Lisboa, Cosmos, 1995 (esgotado); *Lições Preliminares de Filosofia do Direito*, Coimbra, Almedina, 1998, 2.ª ed. revista e actualizada, Coimbra, Almedina, 2002; *Lições de Filosofia Jurídica. Natureza & Arte do Direito*, Coimbra, Almedina, 1999; *Le Droit et les Sens*, Paris, L'Archer, dif. P.U.F., 2000; *Temas e Perfis da Filosofia do Direito Luso-Brasileira*, Lisboa, Imprensa Nacional-Casa da Moeda, 2000; *O Ponto de Arquimedes. Natureza Humana, Direito Natural, Direitos Humanos*, Coimbra, Almedina, 2001; *Mythe et Constitutionnalisme au Portugal (1778-1826) Originalité ou influence française?* (Tese de Doutoramento na Secção de História do Direito, Centro de Filosofia do Direito, na Universidade de Paris II, antiga Faculdade de Direito de Paris), Lisboa, Centro de História da Cultura – Universidade Nova de Lisboa, em publicação – 3 vols. editados); *Filosofia do Direito. Primeira Síntese*, Coimbra, Almedina, 2004; *Direito Natural, Religiões e Culturas* (org.), Coimbra, Coimbra Editora /FDUP, 2004; *Direito Natural, Justiça e Política* (org.), I vol., Coimbra, Coimbra Editora / FDUP, 2005; *História do Direito. Do Direito Romano à Constituição Europeia*, Coimbra, Almedina, 2005 (em colaboração).

**Metodologia e Propedêutica Jurídicas**

*Introdução à Teoria do Direito*, Porto, Rés, 1988 (esgotado); *Noções Gerais de Direito*, Porto, Rés, 1.ª ed., 1988, várias eds. ulteriores (em colaboração com José Falcão, Fernando Casal, e Sarmento Oliveira). Há edição bilingue português-chinês, aumentada; *Problemas Fundamentais de Direito*, Porto, Rés, 1988 (esgotado); *Direito*, Porto, Asa, 1990; 2.ª ed. 1991; 3.ª ed., 1994 (esgotado); *Direito. Guia Universitário*, Porto, Rés, 1990 (colaboração com Javier Hervada); *Princípios de Direito*, Porto, Rés, 1993; *"Peço Justiça!"*, Porto, Asa, 1995 (esgotado); *Tópicos Jurídicos*, Porto, Asa, 1.ª e 2.ª eds., 1995 (esgotado); *Instituições de Direito*, vol. I. *Filosofia e Metodologia do Direito*, Coimbra, Almedina, 1998 (org.); vol. II. *Enciclopédia Jurídica*, Coimbra, Almedina, 2000 (org.), prefaciado por Vítor Aguiar e Silva; *Propedêutica Jurídica. Uma Perspectiva Jusnaturalista*, Campinas, São Paulo, Millennium, 2001 (em colaboração com Ricardo Dip); *Droit et Récit*, Québec, Presses de l'Université Laval, 2003; *Memória, Método e Direito. Iniciação à Metodologia Jurídica*, Coimbra, Almedina, 2004.

**Ensaios Interdisciplinares**

*Arqueologias Jurídicas. Ensaios Jurídico-Políticos e Jurídico-Humanísticos*, Porto, Lello, 1996; *Peccata Iuris. Do Direito nos Livros ao Direito em Acção*, Lisboa, Edições Universitárias Lusófonas, 1996; *Faces da Justiça*, Coimbra, Almedina, 2002; *O Século de Antígona*, Coimbra, Almedina, 2003; *O Tímpano das Virtudes*, Coimbra, Almedina, 2004; *Lusofilias. Identidade Portuguesa e Relações Internacionais*, Porto, Caixotim, 2005 (Menção Honrosa no Prémio Livro 2006 da Sociedade Histórica da Independência de Portugal); *Escola␣␣Arder. Combates e Diálogos*, Lisboa, O Espírito das Leis, 2005.

**Poesia e Ficção**

*Tratado das Coisas Não Fungíveis*, Porto, Campo das Letras, 2000; *E Foram Muito Felizes*, Porto, Caixotim, 2002; *Escadas do Liceu*, São Paulo, CEMOROC, Universidade de São Paulo / Mandruvá, 2004; *Livro de Horas Vagas*, São Paulo, CEMOROC, Universidade de São Paulo / Mandruvá, 2005.

PAULO FERREIRA DA CUNHA

# RAÍZES DA REPÚBLICA

## INTRODUÇÃO HISTÓRICA AO DIREITO CONSTITUCIONAL

### RAÍZES DA REPÚBLICA
INTRODUÇÃO HISTÓRICA AO DIREITO CONSTITUCIONAL

AUTOR
**PAULO FERREIRA DA CUNHA**

EDITOR
**EDIÇÕES ALMEDINA, SA**
Rua da Estrela, n.º 6
3000-161 Coimbra
Tel.: 239 851 904
Fax: 239 851 901
www.almedina.net
editora@almedina.net

PRÉ-IMPRESSÃO • IMPRESSÃO • ACABAMENTO
**G.C. – GRÁFICA DE COIMBRA, LDA.**
Palheira – Assafarge
3001-453 Coimbra
producao@graficadecoimbra.pt

Setembro, 2006

DEPÓSITO LEGAL
246280/06

Os dados e as opiniões inseridos na presente publicação
são da exclusiva responsabilidade do(s) seu(s) autor(es).

Toda a reprodução desta obra, por fotocópia ou outro qualquer processo,
sem prévia autorização escrita do Editor,
é ilícita e passível de procedimento judicial contra o infractor.

*À Memória de meus Avós*

# ÍNDICE GERAL

Preâmbulo .................................................................................... 7

Primeira Parte – *Constituição Natural e Raízes do Constitucionalismo Moderno* ........................................................ 11

   Capítulo   I – Das Ordenações aos Primórdios da Codificação .......... 13
   Capítulo  II – Do Direito Constitucional nas Ordenações ................. 91
   Capítulo III – Constitucionalismo Iluminista. Do Projecto de Novo Código de Direito Público ............................................. 115

Segunda Parte – *Constitucionalismo Liberal* ............................................ 153

   Capítulo IV – Do Constitucionalismo Moderno ................................. 155
   Capítulo  V – O Constitucionalismo Cartista. Continuidade e Ruptura Constitucionais ao longo do séc. XIX e inícios do séc. XX ........................................................................ 325

Terceira Parte – *Da República ao Estado Novo* ..................................... 339

   Capítulo  VI – Constitucionalismo Republicano ................................. 341
   Capítulo VII – Da Constituição do Estado Novo ................................ 363

Conclusão
   A Constituição do Estado de Direito Democrático e Social de 1976 ..... 393

Principal Bibliografia .................................................................... 401
Índice Analítico ............................................................................ 439

# Preâmbulo

A História Constitucional, como alguém disse, "história apaixonada dos homens", é irreprimível motivo de interesse para todo o *honnête homme*, e dela não podem prescindir os estadistas, os governantes e os políticos. Sendo complexo o modo como a História seja "mestra da vida", apesar de relapsos e impenitentes em aprender algumas das suas lições, pior seria que de todo a ignorássemos. O primeiro público de uma História Constitucional é, pois, sem distinção, o cidadão que quer estar informado sobre o passado do direito político do seu país, mesclado de história política, inelutavelmente.

A este grupo naturalmente acresce o dos que estudam por dever de ofício, esperando-se que não por simples obrigação: os estudantes universitários, quer de Direito Constitucional, quer de História do Direito, das Instituições e disciplinas afins, e tanto candidatos a juristas como a historiadores e a especialistas de outras áreas das ciências sociais e humanidades.

Novamente votado ao ensino do Direito Constitucional[1], continuamos fiel ao velho princípio, que temos por bom e actual, segundo

---

[1] Depois de um brevíssimo interregno em que continuámos a cultivar outras das nossas disciplinas de eleição, sobretudo a Filosofia do Direito e a Ciência Política, sem obviamente deixarmos de estar atento ao Direito Constitucional, e designamente o Europeu – e disso têm dado conta as nossas publicações, e até os nossos artigos das quintas-feiras no diário portuense "O Primeiro de Janeiro". Melhor se entenderão a perspectiva directora e os anos postos na germinação deste livro com uma breve nota do nosso percurso, constitucional e interdisciplinar, calcorreando, sem saltos nem *vias rápidas*, as "estações da cruz": Licenciado

o qual, em cadeiras básicas e a estudantes do 1.º ano, é normalmente útil fornecer-lhes elementos de estudo sistematizados e tanto quanto possível sucintos, que os orientem numa primeira digressão pela temática. Esses elementos devem ser capazes de uma primeira formação elementar, em que depois se venha a integrar uma mais vasta e plural investigação – aliás imprescindível, sob pena de termos pessoas de um só livro: mais perigosas (até porque pretensos donos "da verdade") que gentes de livro nenhum.

Uma das primeiras partes do Direito Constitucional, tal como o concebemos[2], inclui a matéria de História Constitucional portuguesa. Esta houvera sido já objecto de estudo aprofundado da nossa parte, sobretudo aquando do nosso doutoramento na Universidade

---

(1984) e Mestre (1988) em Direito pela Faculdade de Direito da Universidade de Coimbra, na especialidade de Ciências Jurídico-Políticas, obtivemos Doutoramento na Universidade de Paris II com uma dissertação filosófico-histórica sobre as relações entre o Constitucionalismo português e francês (1992). Voltaríamos a Coimbra para também aí nos doutorarmos, com uma tese de Direito Constitucional (1995). Seríamos depois aprovado em concurso para Professor Associado (1997) com relatório na cadeira de Direito Constitucional I e em concurso de Agregação, com provas públicas em Direito Constitucional II / Direitos Fundamentais (2000). O concurso para Professor Catedrático da Faculdade de Direito da Universidade do Porto foi generalista, na especialidade de "Direito" (2001). Mas já a nomeação definitiva (2003) dependeu de honrosos pareceres de dois eminentes constitucionalistas: o Prof. Doutor Jorge Miranda, Catedrático da matéria da Faculdade de Direito da Universidade de Lisboa e da Universidade Católica Portuguesa, e o Prof. Doutor José Joaquim Gomes Canotilho, Catedrático da área da Faculdade de Direito da Universidade de Coimbra.

[2] Não mudou fundamentalmente a nossa concepção geral sobre a matéria desde que apresentámos o nosso primeiro relatório em Direito Constitucional, que nos permitiu a aprovação, por unanimidade, no Concurso para Professor Associado. Publicamo-lo recentemente, tantos anos depois, embora sob forma abreviada, no Brasil, a instâncias dos nossos Colegas brasileiros, que nos agraciaram com um penhorante prefácio da autoria de um grande constitucionalista do País Irmão: v. Paulo Ferreira da CUNHA – *Per-Curso Constitucional. Pensar o Direito Constitucional e o seu Ensino*, Prefácio de Manoel Gonçalves Ferreira Filho, CEMOROC – Universidade de São Paulo (USP), Escola Superior de Direito Constitucional, Editora Mandruvá, São Paulo, 2006.

de Paris II (1988-1992), e da regência continuada por anos da cadeira de História do Direito, desde que tivemos a honra de a inaugurar, no Curso de Direito da Universidade do Minho[3].

O presente volume tem uma lógica autónoma face ao que mesmo até aqui fomos escrevendo rondando esta temática, embora nos seus primeiros capítulos consista numa reponderação do nosso pensamento, seguindo de perto alguns passos da nossa tese francesa[4]. É contudo completamente inédito e de muito recente redacção (embora com antigos labores de pesquisa) todo o material referente a épocas ulteriores à Constituição de 1826[5]. Talvez por isso mesmo o leitor note um estilo mais rápido e algo menos dado à geral perspectiva mito-simbólica que marca todo o volume. Confessamos que nos começámos a precupar com a extensão do volume, e uma vez que os grandes vectores da aludida perspectiva já se encontravam não só enunciados, como abundantemente glosados nos pri-

---

[3] Testemunho dessa docência é o livro que demos a lume com os excelentes colaboradores que nos sucederam nessa regência: Paulo Ferreira da CUNHA / / Joana Aguiar e SILVA / António Lemos SOARES – *História do Direito. Do Direito Romano à Constituição Euro*peia, Coimbra, Almedina, 2005.

[4] Paulo Ferreira da CUNHA – *Mythe et Constitutionnalisme au Portugal (1778-1826) Originalité ou influence française?* (Tese de Doutoramento na Secção de História do Direito, Centro de Filosofia do Direito, na Universidade de Paris II, antiga Faculdade de Direito de Paris), Lisboa, Centro de História da Cultura – Universidade Nova de Lisboa, em publicação – 3 vols. editados, um vol. no prelo). A partir dessa tese, foram publicados em português alguns passos, agora repensados, em *Idem – Para uma História Constitucional do Direito Português*, Coimbra, Almedina, 1995 (esgotado), máx. os capítulo VI-IX, da respectiva Parte Segunda.

[5] O Capítulo VII desenvolve e retoca o texto de uma nossa conferência, que acabaria por amavelmente ser lida pelo Prof. Doutor Martim de Albuquerque, Catedrático de História do Direito da Faculdade de Direito da Universidade de Lisboa, na impossibilidade de estarmos presente, por sobreposição de agenda com outro compromisso académico: *A Constituição de 1933, entre Forma e Realidade*, conferência no Colóquio "Histus II. Historiadores e Iuris-Historiadores: a identidade e a diferença", Faculdade de Direito da Universidade de Lisboa, 16 a 19 de Março 2005.

meiros capítulos, fomos dando mais atenção a outros aspectos. Se de início o objectivo é de fornecer e ir comentando os passos de uma investigação que levam a uma orientação geral e a uma certa tese sobre o Constitucionalismo português, optámos depois por uma formulação mais didáctica, omitindo mais passos intermédios e fornecendo sobretudo conclusões.

Mesmo assim, sobretudo as primeiras partes deste estudo podem ainda chocar alguns, habituados a hieratismos de velha escola. Contudo, não devem os juristas (e outros) menos familiarizados com abordagens históricas, politológicas, míticas (e sobretudo com estas últimas) vacilar sobre a autonomia, cientificidade (*hoc sensu*) e preeminência do Direito Constitucional, que legalmente (e constitucionalmente) e não só doutrinalmente e pela aplicação da jurisprudência, é o vértice da pirâmide normativa, lugar onde figuram as *têtes de chapitre* de todos os outros ramos. Esta abordagem interdisciplinar e desconstrutora deseja contribuir para o reconhecimento da nobreza e complexidade desta área, especificamente no domínio da História do Direito Constitucional. Cuja importância crucial seria supérfluo tentar provar, tal o seu patente dinamismo e crescimento dos seus estudos pelo mundo fora.

Importaria fazer aplicar a análise mítica do Direito a outros domínios, onde então se reconheceria, por detrás do diáfano manto do tecnicismo e da intocável "ciência" dogmática, a crua realidade da ideologia feita lei e doutrina. Por outra via, a análise literária do Direito, nas suas múltiplas facetas, já se começa a fazer esse imprescindível e libertador trabalho. Aqui fica outro foco para a iluminação do problema.

Relevantíssima, a História Constitucional é apenas a primeira grande disciplina da constelação epistémica do Direito Constitucional (e uma das grandes secções da História do Direito também). Está, por isso, este volume *obviamente* muito longe de esgotar os elementos que devem constituir a formação constitucionalista dos estudantes, mesmo dos do 1.º ano, constituindo, tão-somente, uma *Introdução Histórica ao Direito Constitucional Português*.

PRIMEIRA PARTE

# CONSTITUIÇÃO NATURAL E RAÍZES DO CONSTITUCIONALISMO MODERNO

## CAPÍTULO PRIMEIRO
## DAS ORDENAÇÕES
## AOS PRIMÓRDIOS DA CODIFICAÇÃO

> *"As Ordenações do Reino são o mais considerável monumento legislativo da nossa história jurídica desde os sécs. XIII--XIV e o factor primacial da unidade política da Nação".*
>
> Luís Cabral de Moncada – *Ordenações*, in VELBC, vol. XIV, col. 739

CAPÍTULO PRIMEIRO
# DAS ORDENAÇÕES
# AOS PRIMÓRDIOS DA CODIFICAÇÃO

I. CONSTITUCIONALISMO NATURAL
E COMPILAÇÕES LEGISLATIVAS EM PORTUGAL:
UMA SÍNTESE

0. **Dos diversos tipos de Constitucionalismo.
Indicação de sequência**

Estamos habituados a ouvir falar de Constituição[6]. Há nos nossos dias uma banalização da invocação constitucional, feita a torto e

---

[6] Sobre o conceito de Constituição adoptado, incluindo a explanação sucinta da doutrina portuguesa contemporânea surgida até à data, cf. Paulo Ferreira da CUNHA – *Teoria da Constituição*, vol. I. *Mitos, Memórias, Conceitos*, Lisboa / São Paulo, Verbo, 2002, p. 249 ss. Para uma síntese do sistema conceitual constitucional aqui pressuposto, cf. *Idem – Política Mínima*, Coimbra, Almedina, 2003, 2.ª ed., corrigida e actualizada, 2005, p. 97 ss. Para um enquadramento histórico geral, na mesma linha aqui seguida, Paulo Ferreira da CUNHA / Joana Aguiar e SILVA / António Lemos SOARES – *História do Direito. Do Direito Romano à Constituição Europeia*, Coimbra, Almedina, 2005. Para as fontes, dispomos hoje de um instrumento indispensável e riquíssimo: o Cd-rom de António Manuel HESPANHA / Cristina Nogueira da SILVA – *Fontes para a História Constitucional Portuguesa* (c.1800-1910), Lisboa, Faculdade de Direito da Universidade Nova de Lisboa, 2004. De muita utilidade para enquadramentos gerais aqui por vezes apenas pressupostos: Paulo BONAVIDES – *Do Estado Liberal ao Estado Social*, 7.ª ed., 2.ª tiragem, São Paulo, Malheiros Editores, 2004; *Idem – Forma-*

a direito por jornalistas e políticos. Por um lado, dói essa trivialização a quem preza o rigor jurídico. Mas, por outro lado, compreende--se que a Constituição ganhou importância e difundiu-se, e que, embora muitas vezes mal compreendida, e outras vezes interpretada *pro domo*, afinal ganhou raízes no coração das pessoas, e melhor assim continua a ser o que já nos tempos clássicos era: *muralha da Polis*. Defesa cultural, espiritual e normativa de um projecto de vida colectivo para a Cidade[7].

Bem se vê, pois, que se a Constituição é a muralha aparentemente invisível de uma comunidade política, qualquer comunidade política organizada ou sociedade política, então ela não se limita, pelo contrário em muito extravaza, o livro (ou o CD rom, etc.) em que se encerra a sua materialização linguística: que é, assim, simples constituição instrumental.

Antes das nossas Constituições codificadas, códigos de Direito Político, que são produto sobretudo da emancipação iluminista liberal do séc. XVIII e XIX, já havia Constituição, naturalmente. A organização política de qualquer "formação social" obriga, naturalmente, à existência de uma Constituição real: sempre existe um "estado de coisas" da organização política, ainda que não apercebido pelos seus actores. Quando Aristóteles e a sua equipa vão pela Grécia num trabalho de Direito Constitucional Comparado *avant-la lettre*, em busca de Constituições, decerto não as encontraram já redigidas e articuladas, prontas a consumir: foram ver as relações reais de poder e as

---

*ção da Teoria Constitucional*, 2.ª ed., actualizada e ampliada, Rio de Janeiro / São Paulo, Renovar, 2000; Fábio NADAL – *A Constituição como Mito. O Mito como discurso legitimador da Constituição*, Apresentação de Dimitri Dimoulis, Prefácio de André Ramos Tavares, São Paulo, Editora Método, 2006.

[7] Cf., *v.g.*, Rogério Ehrhardt SOARES – *O Conceito Ocidental de Constituição*, in "Revista de Legislação e Jurisprudência", Coimbra, n.os 3743-3744, p. 36 ss.; p. 69 ss., 1986. Do mesmo autor, continua muito útil, para enquadramento geral, *Direito Constitucional: Introdução, O Ser e a Ordenação Jurídica do Estado*, in *Instituições de Direito. II. Enciclopédia Jurídica*, org. de Paulo Ferreira da Cunha, Coimbra, Almedina, 2000, p. 29 ss..

normas a que, muitas vezes consuetudinariamente, as várias cidades-estado obedeciam.

Nesses referidos casos helénicos, nem sequer existiria uma Constituição formal. Apenas uma Constituição material, aí praticamente se confundindo com a Constituição real. Será mais tarde que as divisões entre o escrito e codificado (constituição formal) e o profundamente constituidor (que todavia se arrisca a ser mitificado e mistificado) ou o vivido na realidade quotidiana (alvo de uma "sociologia constitucional") se vão tornar claras, podendo assim haver, na classificação de Loewenstein, constituições realmente normativas, e outras nominais e semânticas, conforme o grau de adequação entre letra e espírito e entre letra e realidade[8].

O Constitucionalismo moderno, setecentista e oitocentista, baseou-se na concepção de uma Constituição em sentido político liberal. Os seus pontos fortes são hoje considerados em geral aquisições não apenas liberais, mas da própria civilização e do *Império do Direito*: Constituição escrita (garantia do que é constitucional sem ficar à mercê de interpretações e esquecimentos – cuja importância já era lembrada pelo nosso Almeida Garrett), separação dos poderes do Estado (basicamente entre legislativo, judicial e executivo), e direitos humanos ou fundamentais. A que se acrescenta a soberania popular e o sufrágio universal, livre, directo e secreto, e a eleição dos representantes do Povo.

A Constituição natural precede historicamente a moderna (voluntarista), que tem estes requisitos básicos. Ao contrário da Constituição moderna, a Constituição natural não tem um núcleo pré-determinado de princípios. Confunde-se na Idade Média com as leis fundamentais do Reino. Tem um núcleo por vezes muito restrito, circunscrito por alguns às simples leis de sucessão do trono. Embora, para outros, englobe mais matérias.

Estamos convicto de que a Constituição natural, tradicional ou histórica, não pode limitar-se a um núcleo tão estrito. Ela abrange

---

[8] Karl LOEWENSTEIN – *Verfassungslehre*, trad. cast. de Alfredo Yallego Anabitarte, *Teoría de la Constitución*, 3.ª reimp., Barcelona, 1983.

todos os domínios jurídicos de organização fundamental do poder e dos direitos políticos. Assim, no nosso Direito português, depois do período inicial, difícil de estudar ainda, em que o país pouco se diferenciava juridicamente, a partir da época das Ordenações é relativamente fácil identificar elementos constitucionais na legislação nacional.

Será esse o critério seguido para a primeira parte do nosso estudo.

Depois de visto o Constitucionalismo *pré-constitucionalista*, o constitucionalismo "natural", tradicional, histórico, passar-se-á por uma fase de tentativa de "constitucionalismo" iluminista, falhada, com o projecto de Novo Código de Direito Público de Pascoal de Mello Freire, para, no seguimento da Revolução de 1820, se entrar no Constitucionalismo codificado, com a Constituição de 1822.

Distinguimos duas fases no Constitucionalismo codificado português: a fase de Constitucionalismo Liberal e a fase do Constitucionalismo pós-liberal, desde a Constituição Republicana de 1911 até hoje.

Como se verá, entendemos que a pureza dos ideais do Constitucionalismo moderno típico se limitou à Constituição de 1822, sendo impossível vê-los na restauração breve do absolutismo, ou sequer na Carta Constitucional, que não deriva da soberania popular, mas da outorga de Carta constitucional por um monarca, embora um monarca liberal: D. Pedro IV. Contudo, desde a Constituição de 1822 à última vigência da Carta, que termina com a implantação da República, em 5 de Outubro de 1910, estamos em tempo de Constitucionalismo Liberal.

Não deixando de ser liberal em muitos aspectos da constituição política e económica, a República entra já numa nova categoria, inaugurando uma nova fase. Não podemos, porém, chamar a este período que se inicia em 1910 "Constitucionalismo republicano", porquanto, além de breves interregnos ditatoriais (Pimenta de Castro e Sidónio Pais) durante a I República, toda a fase que começa na revolta de 28 de Maio de 1926 e depois se chamará "Estado Novo", embora mantenha a forma republicana exterior, não pode ser considerada República, por ausência de prática dos valores republicanos, como veremos. Também seria excessivo e inadequado chamar-lhe "Constitucionalismo social", na medida em que, apesar de alguns esforços generosos de alguns republicanos, a I República portuguesa foi muito pouco social.

Como é natural, terminamos com uma referência à Constituição da República Portuguesa de 1976, mas como simples fecho, porquanto a história constitucional que envolve é já história contemporânea, não estando nas raízes da nossa República actual, mas sendo já o tronco que a suporta.

## 1. O estranhamento metodológico

Percorrendo os enormes infólios da nossa legislação compilada, anterior ao período da codificação, o jurista português desprevenido, e habituado aos manuseáveis e germanizantes códigos do presente, fica, no mínimo, perplexo. O estranhamento é total. Não tardará a fechá-los, sem nada ter conseguido compreender.

É o léxico, é a grafia, é a apresentação gráfica (mesmo das edições modernas). Tudo lhe é alheio, e até hostil. Hostil sobretudo porque estrangeiro.

É também um problema de geografia. Este jurista habituou-se a um *mapa-mundi* das questões jurídicas cindido entre o público e o privado, e se naquele quer ver o constitucional e o administrativo, o fiscal e o penal (em princípio – pois sabe-se que nem nesta *magna divisio* há unanimidade), neste espera ter (misturando já as possíveis catalogações) direito das pessoas, das coisas, das obrigações, dos contratos, da família, das sucessões, etc..

Não são assim as nossas Ordenações. Debalde se procurará a coincidência com as categorias do BGB ou com os títulos da Constituição da República. Há, aqui e ali, sobreposições temáticas; mas não nos entusiasmemos por elas, porque meramente fortuitas.

Ora, para que fomos retirar do sono tranquilo das estantes esses venerandos cartapácios?

Porque neles está o nosso primeiro direito compilado. E aí está também, para além dos testamentos reais, das praxes da corte e da consciência dos poderosos, a constituição natural, histórica, ou tradicional portuguesa na sua formulação escrita.

Em quaisquer das colecções compilatórias – Ordenações Afonsinas, Manuelinas e Filipinas – se detecta claramente um núcleo atinente ao poder e à coroa, ao governo, diferente das matérias penais, processuais ou civis. E vai ser esse núcleo, sediado no livro II, que constitui a principal matéria constitucional do período anterior ao constitucionalismo moderno, e que vai estar em vigor até 1820-1822, apesar de vários esforços sinceros ou menos sinceros de revisão, designadamente no reinado de D. Maria I – os quais sairão frustrados, como veremos, e posarão para a história (posto que sempre em breves linhas) como a polémica do Novo Código (de Direito Público)[9].

Mas se o Livro II é constitucional num sentido jurídico-político mais próximo do actual sentido corrente, na verdade todas as Ordenações, tomadas em globo, são "constitucionais" enquanto fontes essenciais do Direito do Reino.

## 2. As primeiras compilações, extraoficiais

A primeira compilação legislativa oficial que entre nós surgiu foi a afonsina. Mas já antes os juristas portugueses haviam sentido

---

[9] Aliás, a ordem iluminada ir-se-á fazer sentir mesmo no domínio das compilações anteriores. Com efeito, só neste mesmo reinado de D. Maria I é que se imprimiram, pela primeira vez, as Ordenações Afonsinas (1792). A empresa não foi fácil. O editor (tratou-se, na verdade, de uma edição crítica), o Dr. Luís Joaquim Correia da Silva, encontrou manuscritos contraditórios e omissos, e declarou ter tido que fazer alguma "limpeza" para maior "comodidade dos leitores", concedendo que em alguns casos se tornara já impossível uma fiel reconstituição do texto original, provavelmente o da chancelaria de D. Afonso V (Cf. João Pedro RIBEIRO – *Memória sobre as Ordenações do Snr. D. Afonso V*, in "Boletim da Biblioteca da Universidade de Coimbra, Suplemento ao vol. XIV", *apud* Marcello CAETANO – *História do Direito Português [1140-1495]*, 2.ª ed., Lisboa, Verbo, 1985, pp. 529 ss.).

a necessidade de pôr alguma arrumação (ainda que precária) na vária legislação extravagante (que o era toda então), e na cópia de costumes e jurisprudência dos tribunais da corte, até aí dispersos, elaborando colecções de leis[10] por sua conta e risco. Estas compilações, sendo privadas, reproduzem, quanto os lapsos dos copistas permitiam, a legislação existente *qua tale*, sem qualquer intuito inovador; desprovidas, por conseguinte, daquilo a que Marcello Caetano chama "estilo legislatório"[11], esse apenas possível, como é óbvio, em colecções oficiais, em que ao empreendimento cognitivo se junta (e quiçá precede) o intuito volitivo de novamente (e até de novo, com novidade) legislar.

Aquelas colecções particulares terão sido diversas, mesmo no período anterior às oficiais (no ulterior, a questão deixa de ter importância), pelo que se deduz de documentos coevos[12]. Todavia, chegaram apenas até nós duas colectâneas: o *Livro das Leis e Posturas* e as chamadas *Ordenações de D. Duarte*[13].

A primeira colectânea, datando de finais do século XIV ou dos inícios do século XV, colige leis que vão de D. Afonso III a D. Afonso IV, passando naturalmente por D. Dinis[14]. Há nela ainda um certo sabor a caos. As repetições de leis são frequentes, e assumem variantes de monta. Trata-se muito mais de uma recolha que de uma sistematização.

---

[10] Dada a presença de materiais consuetudinários e jurisprudenciais, apenas num *sensu latissimo* se pode afirmar que se trata de leis. Mantém-se, contudo, a expressão, para não fugir ao uso, e pelo carácter mais importante destas no conjunto.

[11] Marcello CAETANO – *História do Direito Português*, p. 543. Outros lhe chamam estilo "decretório" (nomeadamente Cabral de Moncada e Nuno Espinosa Gomes da Silva).

[12] Mário Júlio de Almeida COSTA – *Apontamentos de História do Direito*, Coimbra, policóp., 1980, p. 258.

[13] Martim de ALBUQUERQUE – *Introdução* às *Ordenações del-Rei Dom Duarte*, na edição por si e por Eduardo Borges Nunes preparada, Lisboa, Fundação Calouste Gulbenkian, 1988, pp. V ss..

[14] Contém ainda uma lei de um incerto Infante D. Pedro, que Mário Júlio de Almeida COSTA – *Op. cit.* p. 259, considera filho de D. Afonso IV.

A segunda colecção é do séc. XV, e acrescenta ao conteúdo do *Livro das Leis e das Posturas* a obra legislativa entretanto produzida, por D. João I e por D. Duarte.

Trata-se de um trabalho já mais cuidadoso e sistemático, com um primeiro tentâmen de cronologia (por reinados) e divisão temática (por assuntos).

Parece dever a sua pomposa e enganadora designação ao facto de um dos originais, pertença do rei D. Duarte, por ele ter sido enriquecido com um índice das matérias da sua própria lavra, e um curioso apêndice dito prático (mas na verdade uma dissertação teórica sobre a prática): nada menos que um *Discurso sobre as virtudes do bom julgador*[15]. Assim, ao referirmo-nos a tais Ordenações visamos sobretudo o Códice de Sua Magestade, e não toda uma "edição" (mas não olvidemos que não havia ainda imprensa).

O facto desta compilação pertencer à biblioteca particular do rei, e ter tido a honra de por ele haver sido anotada (porque afinal de uma anotação se trata; se não se considerar que se está perante um posfácio...) não contraria, de modo nenhum, o seu carácter não oficial. E cremos que o *Discurso* de D. Duarte tampouco teria então valor legal, antes filosófico ou ensaístico. Porque este rei intelectual actuou então nessa veste e não na de imperante.

Não nos iludamos, porém, quanto à sistematização das Ordenações de D. Duarte, que podem ter sido trabalho preparatório das próprias Ordenações Afonsinas[16]. Já que estas, mesmo assim melhora-

---

[15] Aparece como "[Prefácio]" (*sic*) na edição de Martim de Albuquerque e Eduardo Borges Nunes. O seu título completo é *Capitollo das uertudes que se rrequerem a huum boom Julgador traladado do liuro que fez O muy exçellente E claro prinçepe dom Eduarte per graça de deus rreey de portugal E do alguarue E Senhor de çepta.*

[16] Paulo MERÊA – *História de Portugal*, Coimbra, 1921, pp. 119-120; Brites RIVAS / Miranda VASCONCELOS / Alves GOMES – *Lições de História do Direito Português*, segundo as prelecções do Ex.mo Prof. Doutor M. Paulo MERÊA, Coimbra, Coimbra Editora, 1933, p. 131. Estas duas compilações seriam talvez duas tentativas devidas ao próprio João Mendes, que viria a ser (isso é certo) o primeiro compilador oficial, e do que as levou a bom termo, Rui Fernandes (cf. *infra*).

das, contêm ainda um substancial peso de omissões, lapsos, contradições e sobretudo incompreensíveis enquadramentos (decerto por um plano de sistematização deficiente, inclusões de última hora[17], etc.).

## 3. As Ordenações Afonsinas

### 3.1. *Razões e Elaboração*

Não se sabe em qual ou quais das numerosas cortes reunidas durante o reinado de D. João I os Estados da Nação pediram ao monarca que lhes desse uma colecção oficial de legislação, que lhes permitisse saber em que lei viviam:

> "no tempo que o mui alto e mui excelente Príncipe El-Rei D. João de gloriosa memoria, pela graça de Deos reinou em estes reinos, foi requerido algumas vezes em Cortes pelos fidalgos e povos dos ditos reinos que por bom regimento deles mandasse prover as leis e ordenações feitas pelos reis que ante ele foram, e acharia que pela multiplicação delas se recreciam continuamente muitas duvidas e contendas, em tal guisa que os julgadores dos feitos eram postos em tão grande trabalho que gravemente e com grão dificulade os podiam direitamente desembargar..."[18]

Da mesma forma, em carta expedida de Bruges, certamente por volta de 1426, o infante das sete partidas, pró-bartolista, aconselhava o pai a espicaçar o curso moroso da justiça portuguesa, considerando ainda:

> "[...] E yso mesmo de as leys e ordenações do reyno serem proujdas e atituladas cada hua daquelo a que pertence. E se

---

[17] Por exemplo, mencionando os casos de diversos funcionários (aparentemente esquecidos, entretanto) no final do Livro I.
[18] Proémio do Livro I das *Ordenações Afonsinas*, espécie de preâmbulo de exposição de motivos.

antre elas forem achadas alguas que já fosem reuogadas, que as tyrem, pois que delas não hão dusar; e as boas ordenações se gardasem nas cousas sobre que são feytas."[19]

Eis verdadeiramente um exemplo de uma proposta de compilação "legislatória".

Estava-se num período particularmente confuso no atinente ao estabelecimento seguro das fontes no país acolhidas efectivamente, e qual o seu valor relativo, o mesmo é dizer, em linguagem da nossa hodierna metodologia, não era certa a hierarquia das normas. Além disso, vigorava então simultanemanete em Portugal, além de um crescente direito pátrio, o direito canónico (também aplicado nos tribunais civis em razão da matéria, v.g. casamentos, e do estatuto pessoal, para os clérigos), direito estrangeiro, sobretudo castelhano (especialmente as velhas leis de Afonso X), e, naturalmente, ainda o direito romano.

A prática do que hoje chamamos promulgação das normas editadas pelo poder central era incerta, embora se costumasse registar o acto na chancelaria, expedindo depois cópias para as autoridades locais e judiciárias. De todo o modo, a recepção legal era morosa, complexa, desigual, e há notícia de cortes clamando ao monarca para que desse aos concelhos "juizes que soubessem ler". Compreende-se, por isso, que uma empresa de compilação, além de necessitar de muito tempo (até para a cópia dos textos, em época de imprensa inexistente), viesse só com muitas refracções e variantes a ser aplicada pelo país (a começar pelos erros dos copistas – que eram frequentes, apesar de tudo). Além de que um trabalho de tal

---

[19] Cf. a transcrição do documento em A. Moreira de SÁ – *A 'Carta de Bruges' do Infante D. Pedro*, in "Biblos", XXVIII, Coimbra, 1952. No mesmo sentido de um D. Pedro precursor da sistematização legislativa, Nuno J. Espinosa Gomes da SILVA – *História do Direito Português. I. Fontes de Direito*, Lisboa, Fundação Calouste Gulbenkian, 1985, p. 190.

extensão só poder ser custeado pelas localidades mais ricas que, essas sim, poderiam encomendar cópias[20].

Uma Carta Régia do rei D. João I, todavia exclusivamente endereçada ao concelho de Lisboa (e, assim, sem aplicação no âmbito nacional), datada de 18 de Abril de 1426, ainda hoje intriga os investigadores quanto ao seu real alcance. Trata-se de uma tentativa de estabelecimento das autoridades quanto ao Código Justinianeu, procurando estabelecer-se a preferência pela glosa de Acúrsio, relativamente ao comentário de Bártolo. Mas o texto é obscuro, pelo menos para nós[21]. Poderá pensar-se, com Espinosa Gomes da Silva[22], que esta resolução legal de um problema de fontes doutrinais terá constituído uma experiência, um teste (visto o seu reduzido alcance geográfico) enquanto se aguardava mais profunda reestruturação do edifício legal.

Fosse porque a experiência lisboeta se houvesse mostrado insuficiente, fosse por haver sido convencido pela proposta de seu filho (anteriormente formulada) que no estrangeiro decerto vira grandes cousas, D. João I acabou por encarregar um alto funcionário[23], o corregedor da corte, de seu nome João Mendes, de encetar os trabalhos conducentes à tão almejada obra. Nem um nem outro a viram

---

[20] Na verdade, as cópias que se encontraram, todas incompletas, provieram, além da Torre do Tombo, como parece natural, da Câmara do Porto, da de Santarém, do mosteiro de Alcobaça, e do convento de Santo António da Merceana. Na esteira de Marcello Caetano, praticamente todos os autores se referem a esta para nós contemporâneos talvez curiosa, mas liminar e incontrovertível: a limitação da difusão do Direito em função da riqueza dos destinatários. E relacionam-na, como aquele Autor, com o problema da data da "entrada em vigor" do texto. Mas tal assunto não nos importa pormenorizar: sabemos que o texto deve ter ficado concluído entre 1446 e 1447, e só foi sendo aplicado com o tempo.

[21] Cf. diferentes perspectivas de interpretação em Nuno Espinosa Gomes da SILVA – *História do Direito Português,* pp. 186-190; António Manuel HESPANHA – *História das Instituições. Épocas medieval e moderna*, Coimbra, Almedina, 1982, pp. 466-467, n. 1066.

[22] Nuno Espinosa Gomes da SILVA – *História do Direito Português,* p. 190.

[23] Brites RIVAS *et alii* – *Lições de História do Direito Português,* p. 130.

completa. Nem nada perto disso. João Mendes morreria pouco depois de D. João sem ver a obra terminada.

Igual sorte teve o rei Dom Duarte, que, aliás, reinou durante pouco tempo (embora já estivesse associado ao governo do pai, para o fim do governo deste), e fez a João Mendes acumular a corregedoria com o cargo de chanceler. Apesar de ter nomeado para a incumbência, por morte de Mendes, o Dr. Rui Fernandes, do conselho régio, personagem ilustre e com um activo de muitos êxitos na corte e na diplomacia. Falecido o rei, o regente D. Pedro confirma Rodericus, *doctor legum* (como ele se assinava) nessa tarefa de que, afinal, tinha sido um dos primeiros inspiradores, exortando-o a

"que prosseguisse a dita obra quanto bem pudesse, e nom alçasse della mão, ataaa que com a graça de DEOS a posesse em boa perfeiçom"[24]

Terminada a gigantesca tarefa, decerto em 28 de Julho de 1446, como diz uma nota do título 119 do livro V, uma comissão revisora, integrando, além do autor do projecto, como hoje diríamos, o corregedor de Lisboa e dois desembargadores do Paço, reformou em alguns pontos o original que lhe fora submetido, e remeteu-o ao rei, que o aprovou. Não se sabe bem quando, mas em Agosto do ano seguinte, já de Santarém (uma das tais cidades abastadas em que apareceram exemplares deste dispendioso monumento legal) se pedia uma certidão com apoio no dito texto oficial[25].

Evidente se torna que a aplicação desta compilação apenas foi facilitando a consulta e promovendo a plenitude normativa de sede ou acolhimento régio. De forma alguma baniu de vez a tensão entre

---

[24] *Apud* Nuno Espinosa Gomes da SILVA – *História do Direito Português*, pp. 190-191.

[25] Cf. o texto *in* António CRUZ – *Breve estudo dos manuscritos de João Pedro Ribeiro*, Coimbra, 1938, pp. 121 ss..

as diversas fontes no pluralismo normativo da época, nem alcançou, por si só, uma estruturação da hierarquia dos comandos. Como qualquer empreendimento do género, foi ditado por e contribuíu para a centralização do poder[26]. Deter o Direito é, normalmente, deter o poder. Tal tem sido fonte de vários conflitos e mal-entendidos ao longo da História. Já o nosso D. Dinis tivera que recordar, contra esta regra normalmente válida, que não havia jurisdição imperial em terras lusitanas, e declarando-se imperador no seu reino, apesar da recepção nacional do Direito imperial.

Desta primeira sistematização legislativa importa aludir à técnica e ao conteúdo, para seguidamente nos concentrarmos sobre as matérias constitucionais.

### 3.2. *Eventuais fontes metodológicas e técnica da compilação*

Deve reconhecer-se que há um fio sistematizador (quebrado e transgredido, é certo) neste trabalho. Consiste ele essencialmente na reprodução dos textos das leis anteriores[27] que se foram sedimentando e na elaboração de novas para preencher as suas lacunas, ou para substituir textos que se tenham julgado inoportunos ou em desuso. Dá-se também o caso de o texto novo resumir lei portuguesa antiga, disposição canónica ou romana. E há traduções completas de textos castelhanos, especialmente das *Siete Partidas*, de Afonso X, o Sábio.

A ideia de código que se faz na época é a do código de Justiniano, ou seja, uma relação que se dota de cronologia, de textos anteriores, com a sua autoria e data, e incluindo os respectivos

---

[26] Cf., por todos, a síntese de Cabral de MONCADA – *Ordenações*, in VELBC, vol. XIV, col. 737 ss..

[27] Segundo António M. HESPANHA – *História das Instituições*, p. 526, todos os títulos, à excepção do I, são constituídos pela transcrição integral da legislação anterior.

comentários e interpretações. Tal era o sentido dos estudos universitários de então, que terão de esperar muito, na verdade terão de esperar pelo Marquês de Pombal, para a introdução de uma cadeira de Direito nacional (Direito Pátrio).

A disposição das matérias em livros (que se prolongaria por séculos, numa tradição inveterada) parece inspirar-se nas Decretais de Gregório IX[28]. Assim, e sucessivamente, se tratariam das leis atinentes a *judex, judicium, clerus, connubia* e *crimen*.

Esta arguta intuição de Correia da Silva, o editor setecentista da compilação, só com alguma boa vontade corresponde efectivamente à matéria concreta de cada um dos cinco livros das nossas Ordenações. Embora estejamos de acordo que deve ter sido essa a inspiração que presidiu à subdivisão. Contudo, ter-se-á verificado um desses habituais fenómenos de desvio, neste caso por dificuldades práticas. Não esqueçamos ainda que as leis, na sua maior parte, já existiam e, essas, não haviam sido feitas para poderem adequar-se a ulterior arrumação.

O proémio do livro primeiro talvez misture uma outra influência – a da clássica divisão romana do Direito: em pessoas, coisas e acções. Antes de tudo o mais, deveriam vir as pessoas (tanto mais que para tal havia ainda razões religiosas: o Homem é o rei da criação...). O certo é que no final do proémio do livro I, que é também, como vimos, exposição geral de motivos de toda a obra, apenas se cura das pessoas detentoras de cargos púiblicos (e nem todas). Há, contudo, uma pirueta verbal, justificadora, considerando que convinha principalmente tratar dos que "têm encargo de reger e ministrar justiça em nossa corte". E, nesse sentido, retorna-se ao *judex* das Decretais.

---

[28] Referimo-nos, evidentemente, à condensação do *ius novum* eclesiástico, mandada aplicar, em complemento do *Decreto de Garciano* (*ius vetus*), por aquele Papa, em 1234, e que assim ostentava o título de *Decretales extra Decretum Gratiani vagantes*.

### 3.3. Do Direito Público administativo-político nas Ordenações Afonsinas

Seja como for, o Livro I é já de Direito Público, sem dúvida, porque estabelece funções, poderes, prerrogativas de cargos públicos, régios e municipais.

É porém muito significativa a omissão do estatuto (digamos assim) das Cortes.

De modo semelhante à técnica utilizada para o primeiro livro, também os subsequentes são precedidos de um sumário, em forma de proémio, que, num esforço de ligação, procura resumir também o livro anterior. É procedimento usual em casos de obras de estrutura um pouco lassa, cuja unidade interna importa reforçar, expressando conexões, e assegurando o fio da continuidade narrativa.

Desta forma, o livro II trataria das relações entre a coroa e a igreja. No que também há direito público, sem dúvida. É direito eclesiástico, pelo menos.

Porém, este livro II extravasou o seu âmbito inicial, agregando – falamos em termos actuais – matérias constitucionais (que as administrativas já constavam do livro I: nomeadamente algum direito dos funcionários[29]), e ainda questões fiscais. Incluem-se assim nele, além, evidentemente, de concordatas antigas e dos direitos e deveres de clérigos seculares e regulares, e outras matérias mais adequadas ao *clerus* das decretais (que todavia era a terceira categoria aí, sendo aqui a segunda, na ordem de surgimento), nada menos que os direitos do rei (chamados reais), o estatuto da nobreza, dos judeus e dos mouros, e ainda certos impostos.

É certo que este livro II engloba uma amálgama de matérias, e que é árduo descortinar-lhes a conexão[30]. Porém, veremos que aqui se vão reunir, nos sucessivos textos de Ordenações, as disposições do direito público não criminal, do direito público político, ou

---

[29] No sentido de também considerar administrativístico o conteúdo do livro I, Cabral de MONCADA – *Ordenações*, col. 737.

[30] Cf. Marcello CAETANO – *História do Direito Português*, p. 539.

constitucional[31]. E esse é um elo de ligação e um nexo, conseguido como que *a posteriori*. Digamos que o futuro deste texto vai elucidar o seu passado, e, ao esclarecê-lo, torna-o tributário de si. É um processo de influência *sui generis*.

Quer dizer: esta aparente terra de ninguém do livro II tinha, afinal, virtualidades para – precisamente por isso? – servir de remoto berço às matérias constitucionais entre nós.

### 3.4. *Do constitucional e do mítico nas Ordenações*

Se pensarmos que as normas de sucessão do reino eram de tal importância que ou estavam inscritas na alma nacional (ou, mais prosaicamente, na árvore genealógica das dinastias e nos testamentos reais), não necessitando, por consequência, de positivação maior, talvez não seja exagerado afirmar-se que o livro II (com o que fosse materialmente constitucional, e não puramente administrativo do livro I) constituía a constituição escrita de então. Adaptada, evidentemente às necessidades pré-constitucionalistas (longe dos princípios racionalistas, pró-grafistas, etc.) da época. E isso parece prová-lo o próprio carácter apócrifo das Actas das cortes de Lamego. Durante todos estes séculos, bastara o que havia escrito das leis fundamentais do reino[32].

Importa, porém, sublinhar desde já que a não distinção, nestas compilações, entre o fundamental e o não fundamental, se insere, mais que no espírito da época, que marcava evidentemente a diferença, no carácter da sistematização compilatória.

Julgamos que ninguém duvidaria da proeminência do catálogo dos direitos reais ou do estatuto da nobreza. Embora, evidentemente,

---

[31] É importante esta precisão de Mário Júlio de Almeida Costa – *História do Direito Português*, p. 384.

[32] Sobre toda esta matéria continua essencial reler Franz Paul de Almeida Langhans – "Fundamentos Jurídicos da Monarquia Portuguesa", in *Estudos de Direito*, Coimbra, Acta Universitatis Conimbrigensis, 1957, pp. 225-355.

se conceda que possam em certos casos não ser assumidas como leis fundamentais. Pelo menos tanto como as da sucessão.

O "pragmatismo" medieval talvez nos ajude a compreender o problema da assunção ou não de algo como lei fundamental. Julgamos não se estar perante um raciocínio abstracto, que escalona a importância das coisas segundo um plano pré-concebido, mas antes face ao um reconhecimento da sua relevância consoante a prática, as circunstâncias: a História o ensina. Nesse sentido, as questões sucessórias são vitais – delas resulta, na época, o jogo das dependências e das independências. Em contrapartida, a inexistência de feudalismo em Portugal[33] (apesar de – reza o mito – D. Duarte se ter queixado que o pai o deixara apenas senhor das estradas do reino[34]) terá feito esbater a consciencialização do carácter fundamental (constitucional) de matérias como o estatuto da nobreza ou os direitos reais. Mas trata-se apenas de uma suposição.

Digamos que a mitificação operada pela constitucionalização, na época, opera por situações de relevância associadas ao perigo. Perigo para a independência – constitucionalização das normas

---

[33] Cf., desde logo, o clássico Manuel Paulo MERÊA – *Introdução ao Problema do Feudalismo em Portugal*, Coimbra, França Amado, 1912. V. ainda António Manuel HESPANHA – *História das Instituições*, p. 81 ss. Sobre o feudalismo em geral, Marc BLOCH – *La Société feodale*, 5.ª ed., Paris, Albin Michel, 1968 (1.ª ed., 1939); Otto BRUNNER – *Feudalismus: Ein Beitrag zur Begriffsgeschichte, in ex in Neue Wege der Verfassungs- und Sozialgeschichte*, Goettingen, Vandenhoeck & Ruprecht, 1968; F. L. GANSHOF – *Qu'est-ce que la Féodalité?*, trad. port. de Jorge Borges de Macedo, *O que é o Feudalismo*, 3.ª ed., Lisboa, Europa-América, 1974; O. HINTZE – *Feudalismus-Kapitalismus*, Goettingen, 1970. Para o tratamento do tema em estudos especificamente histórico-jurídicos, *v.g.*, Fr. OLIVIER-MARTIN – *Histoire du Droit Français des origines à la Révolution*, nova ed., Paris, CNRS, 1990 (1.º 1948), máx. p. 80 ss.; Jean-François LEMARIGNIER – *La France Médiévale. Institutions & Société*, 9.ª tir., Paris, Armand Colin, 1970, máx. p. 109 ss.; Jean-Louis HAROUEL *et alli* – *Histoire des Institutions de l'Epoque franque à la Révolution*, Paris, P.U.F., 1987, p. 99 ss..

[34] Tantas as doações que tinha feito. O que é aliás natural tratando-se, como se tratou, de um fundador de dinastia, chegado ao poder por forma mais ou menos revolucionária.

sucessórias reais. É um processo com paralelo na mitificção primordial das forças naturais, veneradas porque temidas. Está-se ainda numa primeira fase.

### 3.5. *Breve exposição do conteúdo dos Livros III a V*

O livro III é de índole processual civil. É o livro dos ritos judiciários mais correntes[35]. Talvez seja a divisão em que o conteúdo mais se adequa à promessa do proémio.

Da leitura do proémio do livro IV não se fica com uma ideia muito nítida do que contenha, e que, pelos vistos, devia corresponder a *Connubia* nas decretais:

> "E porque a maior parte dos juízos nascem dos contratos e quase contratos feitos entre as partes, portanto entendemos ao diante em este quarto livro tratar deles, começando primeiro nos contratos feitos por moeda antiga e des i pelas outras moedas que pelos tempos foram feitos."

É apenas o salto brusco entre o geral e o particular que nos causa impressão. Trata-se, afinal, da matéria do direito civil. Todavia, aqui se inserem ainda questões de outra índole, sobretudo administrativa, intercaladas no meio das questões civis.

Finalmente, o livro V debruça-se sobre o mais mítico dos direitos, e o mais ritualístico dos processos: os atinentes aos crimes[36]. Eis, pois, o direito e o processo penais. As Ordenações terminam assim com partes saborosas próprias das concepções do tempo sobre

---

[35] Cf., sobre a ritualização, *v.g.*, Franco CORDERO – *Riti e sapienza del Diritto*, Roma-Bari, Laterza, 1985.

[36] Cf. especialmente Francisco PUY – *Topica Juridica*, Santiago de Compostela, Imprenta Paredes, 1984, p. 251 ss., e o nosso *Droit Pénal, droit de mort*, "Revue Internationale de Philosophie Pénale et de Criminologie de l'Acte", n.º 3-4, Paris, 1992-1993 (e bibliografia aí referida), estudo recolhido em Paulo Ferreira da CUNHA – *Le Droit et les sens*, Paris, L'Archer, dif. P.U.F., 2000, p. 46 ss.".

a prova, a tortura, etc., além de interessantes tipos de crimes (*v.g.* benzer cães[37]) sobejamente conhecidas, porque afinal não fazem grande excepção à regra europeia geral[38].

## 4. As Ordenações Manuelinas

### 4.1. *Descrição Geral*

Era inevitável que os cinco pesados volumes das Ordenações Afonsinas não alcançassem efectiva vigência, pelas razões técnicas e práticas já aludidas – efectividade legal e recepção andam de mãos dadas[39]. D. João II terá talvez tentado resumi-las, para que ficassem

---

[37] Cf. também, *v.g.*, Eduardo CORREIA – *Direito Criminal*, I, Coimbra, Almedina, 1968, p. 104.

[38] Antes da reacção humanitarista, importa sublinhá-lo, as penas dos ordenamentos jurídicos muçulmanos eram, em muitos casos, mais suaves que as europeias. Cf. Eric AGOSTINI – *Droit Comparé*, Paris, P.U.F., 1988, p. 56 ss. (há tradução portuguesa de Fernado Couto, ed. pela Rés). Sobre história da criminalidade, em geral, *v.g.*, Benoît GARNOT (dir.) – *Histoire et Criminalité. De l'Antiquité au XX.e siècle. Nouvelles aproches*, Dijon, EUD, 1992.

[39] Ao contrário do que ocorre na historiografia em geral, sob o impacto da sociologia da literatura (que, em aliança com a teoria da recepção, converteu boa parte da própria história literária – cf., *v.g.*, Hans Robert JAUSS – *Literaturgeschichte als Provokation der Literaturwissenschaft*, trad. port. e pref. de Teresa Cruz, *A Literatura como Provocação (História da Literatura como provocação literária)*, Lisboa, Vega, 1992), a historiografia jurídica ainda não produziu (e muito menos consagrou) as grandes obras que explicassem ou ilustrassem a importância deste facto. Por motivos compreensíveis, é alguma sociologia jurídica quem vai chamando a atenção para o fenómeno da efectividade e inefectividade (Jean CARBONNIER – *Effectivité et ineffectivité de la règle de droit*, in "L'Année Sociologique", 3.ª série, Paris, P.U.F., 1957-1958, p. 3 ss., hoje recolhido em *Flexible Droit. Pour une sociologie du droit sans rigueur*, 6.ª ed., Paris, LGDJ, 1988) e o direito comparado que se vai debruçando aqui e ali sobre os problemas da recepção (mas na óptica da importação do direito) – cf., por todos, Eric AGOSTINI – *Droit Comparé*, máx. p. 244 ss..

mais acessíveis, tendo disso incumbido o Licenciado Lourenço da Fonseca. O qual se terá desempenhado da sua função, tendo elaborado, segundo Nuno Espinosa Gomes da Silva[40], um repertório ou índice alfabético.

Tal, porém, se sucedeu, não obviou a muitos dos inconvenientes conhecidos.

Entretanto, inventara-se a imprensa, introduzida pelos Judeus em Portugal pelos finais da década de 80 desse século XV.

A arte de Guttemberg vai constituir parte da solução para o problema da expansão da cultura jurídica oficial. É assim que, em 1504, sai dos prelos o *Regimento dos Oficiais das Cidades Vilas e Lugares destes Reinos*, e em 1508 é o rei D. Manuel quem louva a imprensa, por carta régia de 20 de Fevereiro, antevendo-se já a utilização que dela projectava:

"quam necessária é a nobre arte da impressam [...] pera o bom governo, porque com mais facilidade e menos despesa, os ministros da Justiça [isto é, aqueles que administram a justiça] possam usar de nossas leis e ordenações [...]"[41]

Na verdade, três anos antes nomeara o rei Venturoso uma comissão revisora (sempre os termos actuais! para nos entendermos...) das Ordenações então em vigor[42], dotando-a de amplos poderes.

---

[40] Nuno Espinosa Gomes da SILVA – *Sobre o abreviamento dos Cinco Livros ao tempo de D. João II*, Separata do "Boletim do Ministério da Justiça", n.º 309, Lisboa, 1981.

[41] Apud Nuno Espinosa Gomes da SILVA – *História do Direito Português*, cit. p. 207.

[42] Constituída pelo chanceler-mor, Rui Boto, e os juristas Licenciado Rui da Grã e João Cotrim, Corregedor dos feitos cíveis da corte. A versão definitiva talvez seja especialmente tributária do chanceler e ainda do desembargador Cristóvão Esteves. Cf., porém, Nuno Espinosa Gomes da SILVA – *História do Direito Português*, cit. pp. 208-209.

E concretizando as suas intenções, em 1521 D. Manuel promulga definitivamente nova colecção legislativa, depois de ter havido uma edição completa, como que provisória, e mandada depois destruir pelo rei, com a data de 1514[43]. São as Ordenações Manuelinas.

Não podemos esquecer que, enquanto se não editava o texto definitivo, e por um processo que hoje se chamaria de descodificação, ou recodificação (e que já era, também, de especialização e autonomização temáticas), foram sendo publicados textos que anteriormente cabiam no âmbito das Ordenações, como é óbvio – dada a vocação totalizante de tais compilações. Já vimos que um caso foi o do dito *Regimento dos Oficiais...*, outro seria o *Regimento dos Contadores das Comarcas*, de 1514. Mas o texto a que se faz normalmente mais referência é o que vai ostentar também o nome de Ordenações: trata-se do *(Regimento e) Ordenações da Fazenda*, de 1516. De uma enorme importância foi também a *Reforma dos Forais*, de 1520.

Explica o legislador as razões desta sua nova saída a terreiro, desta vez "a lume", sob forma impressa, com

"a confusão e repugnância de algumas ordenações dos Reis nossos antecessores feitas, assi das que estavam encorporadas como das extravagantes, donde recresciam aos julgadores muitas dúvidas e debates, e às partes seguia grande perda."

---

[43] Uma vasta discussão ocorreu já sobre se teria havido edições completas anteriores à de 1514. Por todos, cf. Guilherme Braga da CRUZ – *O Direito Subsidiário na História do Direito Português*, in *Obras Esparsas*, Vol. II. *Estudos de História do Direito. Direito Moderno*. 2.ª parte, Coimbra, p. 308 ss.; Nuno Espinosa Gomes da SILVA – *Algumas Notas sobre as Edições das Ordenações Manuelinas de 1512-1523*, in "Scientia Iuridica", Braga, XXVI, 1977; Idem – *História do Direito Português Português*, p. 207. Que, pelo menos, se fizeram edições parciais parece não restarem dúvidas.

Para obviar a tais males, D. Manuel entende por bem seguir afinal o conselho do velho e sábio D. Pedro das Sete Partidas, sem o citar, evidentemente. Decide, por consequência,

"reformar estas ordenações e fazer nova compilação, tirando todo o sobejo e supérfluo, e adendo no minguado, suprimindo os defeitos, concordando as contrariedades, declarando o escuro e dificil de maneira que que assim dos letrados como de todos se possa bem e perfeitamente entender."

Cabral de Moncada, comparando as Ordenações Manuelinas com as Afonsinas dá-nos uma fórmula lapidar da diferença entre os dois métodos por umas e outras adoptados:

"Há também, com relação às Ordenações anteriores, uma notável mudança de estilo na redacção das leis: adoptou-se nelas um estilo mais decretório e conciso, no lugar do antigo, mais histórico e prolixo, como se as leis fossem peças embalsamadas de museu."[44]

Em suma: mantém-se a estruturação dos livros, acrescenta-se a legislação entretanto saída que se não autonomize, saem do Livro I os "ofícios da casa real", e, de harmonia com a reforma dos forais, esquecem-se as disposições relativas a mouros e judeus, tidos por expulsos pela lei de 15 de Dezembro de 1496 – já então as ficções tinham assento (aqui, *a silentio*) na legislação.

Dada a pluralidade de fontes, houve que novamente encarar o problema das fontes subsidiárias (agora, e muito correctamente do ponto de vista sistemático, em sede de Livro II – título V). Acúrsio e Bártolo foram subalternizados em favor da *communis opinio doctorum*.

Para Cabral de Moncada, estas Ordenações são "essencialmente uma actualização do código anterior"[45]; para Almeida Costa, pelo

---

[44] Luís Cabral de MONCADA – *Ordenações*, col. 738.
[45] *Ibidem*.

contrário, contêm alterações importantes, muitas disposições novas, interpretações de pontos obscuros dos textos anteriores, etc.[46]. Talvez o estilo decretório propicie a ambiguidade. Muitas vezes trata-se de uma lei velha sob nova forma[47]. Saber até que ponto ela é decisiva ou "qualitativa" é, sem dúvida, uma questão de apreciação.

### 4.2. *Nota mítico-constitucional*

Inclinamo-nos, embora moderadamente, para a tese da não excessiva originalidade substancial (não da formal) desta compilação. É aliás próprio das compilações não o serem.

Por isso, os elementos constitucionais e míticos aqui presentes são muito semelhantes aos encontrados nas Ordenações Afonsinas. A ambos faremos referência mais detida *infra*.

## 5. As Ordenações Filipinas

### 5.1. *Exposição sucinta*

Naturalmente mercê da política de crescente centralização do poder, a inflação legislativa levou a que já em 1569 saísse um aditamento oficial às Ordenações, devido ao punho do Licenciado Duarte Nunes de Leão, com privilégio real, englobando o que de extravagante fora entretanto publicado.

Depois desta empresa, não havia qualquer razão para, logo em 1603, Filipe III de Espanha, II de Portugal, editar nova colectânea. Há uma significativa unanimidade nas fontes historiográficas e jurídicas quanto a ter-se tratado de uma espécie de acto simbólico (e de propaganda) do rei no sentido de afectar a preservação de algum

---

[46] Mário Júlio de Almeida COSTA – *Ordenações*, in Joel SERRÃO – *Dicionário de História de Portugal*, Lisboa, Iniciativas Editoriais, 1971, III, p. 208.

[47] Nuno Espinosa Gomes da SILVA – *História do Direito Português*, cit. p. 210.

reduto de individualidade portuguesa, apesar da união pessoal que encarnava e defendia. Assim, a publicação, sob sua égide, das leis do reino seria uma forma de patentemente demonstrar o seu respeito pela tradição e individualidade lusitanas.

A ideia partira já de Filipe II de Espanha, I de Portugal, e a obra estava pronta já no ano de 1595. Fora de facto nessa data que a comissão[48] dera o trabalho por concluído.

Evidentemente, aproveitou-se o ensejo para incorporar a legislação entretanto saída, absorvendo a compilação de Nunes de Leão, e a importante lei dos morgados de D. Sebastião, entre outras. O intuito de não deixar muita legislação dispersa parece notório. Apenas lhe escapam as célebres *Ordenações da Fazenda*, os *Artigos das Sisas*, e as leis registadas na Casa da Suplicação. Tudo o mais foi pura e simplesmente revogado.

Todavia, apesar de esta compilação em nada desmerecer comparada com outras, estrangeiras, da mesma época[49], e de não se ter, desde o princípio, desejado fazer verdadeiramente nada de novo face às Ordenações Manuelinas (adoptando-se por isso o mesmo tipo de sistematização, divisão em livros, etc.), o certo é que, por vezes e não raras, a obra resultou obscura, e aqui e ali contraditória.

Em certos casos, acolheram-se leis de sentido oposto, e até se juntou a disposição revogada com a revogadora. Noutros casos, talvez por excessos de ordenação, quiseram os compiladores subordinar uma matéria a um título, não cabendo ela lá, e confundiram consequentemente o assunto[50].

Estas imperfeições foram durante muito tempo apontadas (as Ordenações acabam por estar em vigor até à promulgação dos primeiros códigos, só no séc. XIX em Portugal, e no séc. XX no Brasil[51]),

---

[48] Constituída pelos juristas Pedro Barbosa, Jorge de Cabedo, Afonso Vaz Tenreiro, Paulo Afonso, e Damião de Aguiar.

[49] Cf. Brites RIBAS – *Lições...segundo...* Paulo MERÊA, p. 144.

[50] *Ibidem*.

[51] A Codificação finalmente triunfa entre nós em 1833, data do Código Comercial, de Ferreira Borges; seguindo-se-lhe, em 1836, o Código Administra-

e foi-lhes mesmo dada uma designação, a de *filipismos*, que de algum modo poderão ter passado a baptizar este tipo de imperfeições "legislativas", mesmo ulteriormente[52].

### 5.2. Nótula Constitucional e mítica. Indicação de sequência

Sublinhe-se que a (outrora "constitucional", porque pertencendo à temática das fontes do direito) matéria das lacunas

---

tivo, de Passos Manuel (Manuel da Silva Passos); em 1852, o Código Penal (reformado em 1884, 1893, 1936, 1945, 1972...); e 1867 será a data do primeiro Código Civil Português, do Visconde de Seabra, também por esse facto conhecido como "Código de Seabra" (o qual se manteve em vigor por quase cem anos); em 1876, surge Código de Processo Civil, precedido da Reforma Judiciária, da Nova Reforma Judiciária e da Novíssima Reforma Judiciária, respectivamente em 1832,1836 e 1837 e 1841. Uma "segunda leva" de códigos se sucedeu: o penal de 1886, o comercial de 1888, devido a Veiga Beirão, o Processual Comercial de 1895, o Processual Penal de 1929, o Administrativo de 1936 (revisto em 1940, principalmente por Marcello Caetano), o Processual Civil de 39, precedido de um decreto muito reformador já em 26, e reformado, por seu turno, em 61,67, 77, etc.. O novo Código Civil, de 1966 (como foi durante algum tempo designado correntemente) terá sido o primeiro de uma nova geração de códigos. Um novo Código Penal data de 1983, seguindo projectos que vinham já de 1963 e 1966, devidos a Eduardo Correia. Seria depois revisto em 1995, seguindo a Comissão presidida por Figueiredo Dias, e novamente revisto várias vezes. Actualmente (2006), está em elaboração uma nova revisão. Têm-se efectuado entretanto revisões profundas dos antigos códigos ou promulgação de novos (Código das Sociedades, Código Cooperativo, Código do Procedimento Administrativo). Além do Penal, novas revisões (ou novos Códigos até, como o Código do Contencioso Administrativo, devido a Freitas do Amaral) foram sendo feitas. Desenvolvidamente, v. Mário Júlio de Almeida COSTA – *História do Direito Português*, 2.ª ed., pp. 404 ss. e 463 ss.; Mário Bigotte CHORÃO – *Codigo*, in Pólis, Lisboa / São Paulo, Verbo, vol. I, 1983, col. 920 ss..

[52] Sobre os filipismos, José Veríssimo Alvares da SILVA – *Introdução ao Novo Código*. Cf., v.g., Rui de ALBUQUERQUE / Martim de ALBUQUERQUE – *História do Direito Português Português*, com a colab. de Duarte Nogueira, Adelino Maltez e Leite Santos, II, Lisboa, 1983, pp. 60-61.

da lei passa a processual, deslocando-se para o título 64 do Livro III[53].

Em suma: foi este carácter pouco inovador e pelo menos exteriormente respeitoso para com o direito nacional – apesar de, no meio de tantos textos, terem sido usadas *ex novo* três fontes castelhanas[54] – que permitiu à Restauração, em 1640, confirmar a vigência deste texto, pela lei de 29 de Janeiro de 1643.

Embora D. João IV tivesse prometido um "Novo Código". O que não cumpriu.

Começa a haver um certo messianismo nesse novo código que não vem. Não nos esqueçamos que D. João IV é o "D. Fuão" das trovas messiânicas, o novo D. Serbastião, que jura solemente ante a nação ceder o trono no dia em que o verdadeiro e original D. Sebastião regressar. Talvez o novo código só o possa dar D. Sebastião. Daí o seu eterno adiamento.

---

[53] Mário Júlio de Almeida COSTA – *Apontamentos...*, p. 316; Idem – *Debate Jurídico e solução pombalina*, in "Boletim da Faculdade de Direito", Coimbra, Universidade de Coimbra, vol. LVIII, 1982, Estudos em Homenagem aos Profs. Doutores M. Paulo Merêa e G. Braga da Cruz, p. 19, aplaude a mudança. Não o acompanhamos neste ponto: a questão das fontes é constitucional, não é uma mera técnica processual. Apesar da importância teórica e dignidade prática que, ultimamente, se vem reconhecendo – e com justiça – ao processo. Sobre o problema do enquadramento sistemático, é interessante a posição de Guilherme Braga da CRUZ – *O Direito subsidiário...*, p. 349: "É discutível se o enquadramento dado pelo legislador filipino ao problema do direito subsidiário – ao fazer dele um problema de *direito processual*, ligado ao julgamento das causas judiciais – teria sido o mais indicado e o mais feliz; mas o que importa registar é a preocupação que houve de romper com o seu enquadramento tradicional, que nada já justificava na mentalidade jurídica da época, e dar-lhe uma colocação, no texto das *Ordenações*, que exteriorizasse suficientemente a sua natureza de problema independente de qualquer conflito de jurisdições".

[54] A Lei de Toro, de Fernando, o Católico; a *Nueva Recopilación*, e uma lei de Filipe II. Cf. Brites RIBAS et al. – *Lições... segundo... Paulo* MERÊA, pp. 144-145.

## II. PLURALIDADE E HIERARQUIA NORMATIVA NO ÂMBITO DA VIGÊNCIA DAS DIVERSAS ORDENAÇÕES

### 1. Um episódio da luta entre David e Golias (o Direito e o Estado): o pluralismo legal e a vocação totalizante do poder[55] – premissas teóricas gerais

Tudo nos parece decorrer de um ponto mítico essencial, sobre o próprio poder. O poder é essencialmente uno, e possui essa expansividade elástica que depois se assinalou aos direitos reais (*iura in rem*): ocupa qualquer espaço deixado vazio. Não gosta de concorrência.

Essa é a história de todas as lutas pelo poder. A luta pela exclusão dos poderes concorrentes, pela unidade sob um uno mando.

Os processos de formação de reinos e de impérios, a centralização do poder real e a criação do Estado, tudo na História nos exprime e ilustra esta tendência. E quando há feudalismos ou descentralizações, tal parece dever-se à emergência de novos poderes que, enquanto não absorvem os antigos, partilham com eles, precariamente e em tensão embora, o mando total. Mesmo a separação de poderes ou o estado misto parece ser um interlúdio fugaz à espera da emergência de um poder dominante que engula os demais e reconstitua essa unidade perdida[56].

O jurídico, apesar da sua especificidade, e de ter sido, nos seus primórdios teóricos greco-latinos epistemologicamente talhado como uma espécie de zona relativamente livre da mutabilidade destas expansões e contracções do tecido político, não pode resistir em absoluto a estas lutas. De forma alguma constitui a esfera jurídica um espelho servil das querelas do poder. Pelo contrário, o Direito e

---

[55] Cf. Paulo Ferreira da CUNHA – *Reservas de Poderes ou poder dominante* e "O Mito da Separação de Poderes", hoje ambos em *Pensar o Direito*, I, respectivamente pp. 307 ss. e 233 ss..

[56] Cf. Paulo Ferreira da CUNHA – *Reservas...*, in *Pensar o Direito*, I, p. 307 ss..

os Juristas em boa medida se instituíram, e até há bem pouco desempenharam socialmente o papel de árbitro e mediador, o que implicava uma sábia "neutralidade".

Porém, não é uma pura *res inter alios* se o poder se comporta desta ou daquela maneira. A proximidade do jurídico e dos juristas com o poder impõe-lhes cedências, além da existência de direitos híbridos, jurídicos e políticos, concebíveis por uma forma mental não muito distinta da que encara os direitos mistos, naturais e positivos[57]. Ao ponto de haver quem pareça suspirar pela perfeição apolítica (no sentido apenas a-governamental e civil, *sine imperium*) do direito civil. Esse seria, assim, o único direito perfeito[58].

Está bom de ver porquê. Mesmo limitando a nossa versão do direito a uma perspectiva realista clássica, teremos, *grossissimo modo*, que o direito, além de coisas e de penas (para os infractores de bens talvez mais morais que tipicamente jurídicas), também distribui poderes e honras. E se há honras privadas (em recuo, porém – remanescendo algumas apenas no direito familiar, mas que se arriscam a ser letra morta, por inefectividade), o certo é que a maior parte delas são mesmo honras públicas.

Ninguém duvida que a distribuição, pelo menos – no mínimo dos mínimos – as regras do jogo gerais da distribuição, de poderes e de honras, numa sociedade política, é questão mais política que jurídica. Depende das opções livres que o real detentor do poder (pessoal ou colectivo), o verdadeiro soberano, decidir tomar a esse respeito. Por vezes – cada vez mais – fá-lo-á com recurso aos métodos e técnicas do direito: a começar pela legislação, e a terminar na

---

[57] Uma possível teorização deste fenómeno é a de Javier HERVADA – *Introducción Crítica al Derecho Natural*, 4.ª ed., Pamplona, EUNSA, 1986, máx. p. 79 ss.. Cf. igualmente Otfried HÖFFE – *La Justice Politique*, trad. fr., Paris, P.U.F., 1991. Há tradução portuguesa de Ernildo Stein, *Justiça Política*, 2.ª ed., São Paulo, Martins Fontes, 2001.

[58] Por todos, Michel VILLEY – *Philosophie du Droit*, I, p. 84. Há tradução portuguesa de Márcia Valéria Martinez de Aguiar, *Filosofia do Direito. Definições e fins do Direito. Os meios do Direito*, São Paulo, Martins Fontes, 2003.

constituição. O Direito poderá conformar-se com as formas que lhe parecerem aceitáveis desta partilha de poderes (ou ausência dela, nas fórmulas mais despóticas ou totalitárias), e repudiar as que julgue incompatíveis com o *suum cuique*. Não sendo ele próprio a política, enquanto arte da governação, nem ideologia, enquanto figurino alternativo a outros, quanto à construção de uma cidade ideal (utopia), só pode recusar as intromissões abusivas do poder na Justiça. Essas, poderá dizer, mais ou menos platonicamente, são leis (ou actos) injustas, constituindo "legislação" ou "administração", ou "política" (e, no limite, "jurisprudência" ou "doutrina", porque as baixas razões da *raison d'Etat* podem perfeitamente ditar, e historicamente ditaram já, sentenças e tratados ou pareceres manifestamente iníquos).

A vinculação e a dependência do jurídico face ao político torna-se deveras problemática. E aumenta com o crescimento do Estado, qualquer que seja a sua feição ideológica aparente.

Assim sendo, é o Leviathã, o Estado, esse gigante enorme que sai das páginas de Hobbes como dum pesadelo que olha o direito e o quer tragar, para o funcionalizar ao seu serviço. David contra Golias. Resta apenas ao David direito, além da sua razão, uma funda e a pontaria.

A funda e a pontaria são as manhas e os ardis que essa seita ou casta de gente decidida mas subtil (mais ainda que os *cimini sectores* de que fala Bacon – sempre prontos a distinguir, a dividir, para reinar) foi durante séculos urdindo para, por linhas tortas, encontrar direito – iludindo e lisonjeando o poder que muitas vezes afrontava. Claro que estes ardis também serviram as causas privadas dos juristas, e algumas coincidiram com os interesses do poder, como é óbvio.

De todo o modo, a História mostrará os pequenos Davides juristas, ora afrontando o Golias político, embora subtilmente (o persistente silêncio de Tomás Moro é disso um eloquentíssimo exemplo – e também eloquente é o seu sorriso e o seu olhar persistentes), ora tornados Ulisses, guiando o gigante cego, para o perder depois (veja-se a obra centralizadora dos legistas).

Retomemos a oposição que está latente desde o princípio:

A política é tendencialmente totalizadora, unitiva, centrípeta.

O direito é naturalmente uno no seu cerne essencial, mas na sua fenomenoménica mais imediata é mutável, variável, subdivisor, centrífugo.

Daí que a política tenda para o Estado.

Daí que o Direito tenda para o Homem. Ou o homem tenda para o Direito.

Todavia, o Estado não pode existir sem agregar e enquadrar em malha curta – ou rédea curta – o Homem, todos os Homens. Daí a intrínseca vocação utópica do Estado.

Daí também a sua sede de domesticar e integrar o Direito. No limite, de o absorver até à identificação. Como, decerto sem o querer, fará Kelsen, e outros positivistas.

Pelo contrário, o Direito, que não é uma criação estadual, antes precede o Estado cronológica, lógica e axiologicamente, não necessita de submeter externamente os homens, como numa utopia, mas tem antes de os conquistar internamente, como no mito.

Na utopia, os homens seriam felizes porque obedientes.

Correndo o risco de exagerar um pouco no paralelismo, mas com alguma razão e propriedade, dir-se-ia que no mito os homens seriam obedientes porque felizes. Pelo menos, contentes com a sua obediência a rituais ancestrais, interiorizados.

Daí a efectiva existência de direito extra-estadual em todos os momentos, mesmo nos mais entusiasticamente estadualistas. O mesmo é dizer: daí o mau funcionamento de todas as utopias realizadas – esses infernos denunciados por Berdiaeff, e que Huxley significativamente citava no início do seu *Brave New World*.

O caminho percorrido pelo poder político central (em Portugal como noutros países, *mutatis mutandis*) vai acabar por ser o da progressiva domesticação do direito de fonte orgânica ou política não estadual ou central, até reduzi-lo a uma risível referência no actual código civil[59]. Golias subordinou David. Melhor: o gigante

---

[59] Na verdade, as fontes extra-legais no nosso actual código civil são quase nulas: art. 2.º a art. 4.º.

de um só olho (unilateral, unidimensional no monopólio normativo estadual, por via da Lei toda poderosa) tem preso Ulisses na sua caverna.

Os juristas estão prisioneiros do Estado, porque agregados a ele cada vez mais, e, em certo sentido, dele solidários.

Mas esta unificação jurídica, se pôs fim à pulverização de normas e à insegurança e confusão dos "feitos" – tão lamentadas, se bem virmos, por D. Pedro regente e D. Manuel –, veio consolidar de forma absoluta o poder do Estado.

A pluralidade normativa é o domínio de um caos, na perspectiva do racionalista extremo, do geométrico utopista. Mas é apenas o *cosmos* natural, oposto à *taxis* artificial para quem rejeite a ordem imposta do voluntarismo político-jurídico[60]. Conquanto este pluralismo, feito então pulverização, não venha a ser erigido artificialmente em quintessência da juridicidade, subvertendo as essências e colocando a desordem no lugar da organização, é de saudar, e mais: é de reconhecer como uma dimensão sempre presente na juridicidade, embora adormecida e sufocada em certos momentos.

Por outro lado, a existência de múltiplas fontes, sedimentos de fontes, oposição de fontes, etc., obrigaria, em princípio, ao exercício da verdadeira e original metodologia jurídica, que consiste no exercício da dialéctica[61], e não na simples dedução de um raciocínio *more geometrico*. A dialéctica, a arte a exercer no domínio das coisas não absolutamente certas, para as quais se necessita de um juízo de probabilidade, assente numa opinião, transformada numa convicção, pelo debate contraditório encerrado por um juiz independente dos partidos retóricos ou das partes judiciais. Independente, sabedor e prudente.

Nada de mais diverso do raciocínio silogístico, da própria proibição de "interpretar" dirigida aos juízes, reificados em máquinas de

---

[60] F. A. Hayek – *Droit, législation et liberté*, I. *Règles et Ordre*, trad. fr., Paris, P.U.F., 1973, p. 41 ss.. Há tradução portuguesa de Henry Maksoud, *Direito Legislação e Liberdade*, São Paulo, Visão, 1985, 3 vols..

[61] Cf., por todos, Juan Vallet de Goytisolo – *Metodologia Juridica*, Madrid, Civitas, 1988.

aplicar a função matemática da lei estadual, fixa, una, e unívoca no sentido: "*la bouche qui prononce les paroles de la loi*" – como diz a frase de Montesquieu tornada lugar comum, o que, evidentemente (e retomando outro *topos* frequente), vem a fazer desembocar o poder judicial numa função efectivamente "*en toute façon nulle*".

Sem embargo, é evidente que a codificação possui várias vantagens: pelo seu carácter sintético, sistemático e científico. Há também a considerar, do lado contrário à codificação, os interesses mesquinhos dos juristas mais afoitos na floresta de normas, costumes, sentenças as mais díspares, que fazem dessa sua ligeireza um tesouro, e do seu método um segredo. Os advogados que não querem ver os truques revelados, os juízes que já os conhecem, e temem se instalem outros, que deverão aprender de novo[62]. Todos, que não desejam queimar as pestanas a decorar mais leis[63].

As vantagens de cognoscibilidade normativa e acesso geral à justiça por parte do sistema de codificação não invalidam o desejo utopista de uniformização e de demiurgia social ("engenharia social", para outros), que lhe estão na base, por parte do poder político.

Os juristas, de uma maneira geral, colaboraram e quiseram a codificação[64], mas as suas relações com qualquer poder absoluto ou totalitário – à excepção dos que pertencem ao bloco no poder, ou os que decidiram restringir-se a tarefas puramente burocráticas e ancilares, defendendo (quando possível) os lugares e a até vida – sem-

---

[62] Uma das críticas à não revisão profunda das Ordenações virá a ser a de que se estaria apenas a poupar os juízes mais idosos de aprenderem de novo.

[63] Neste sentido, em geral, Giovanni TARELLO – *Cultura giuridica e politica del diritto*, Bologna, Il Mulino, 1988, p. 51.

[64] É, porém célebre a polémica entre Thibaut e Savigny. Mas não olvidemos uma passagem muito citada (Agostini, Fassò, etc.) de Thibaut, comparando, no seu *Ueber die Notwendigkeit eines allgemeinen buergerlichen Rechys fuer Deutschland* (1814), certas partes do direito civil a pura matemática. Mito de tecnicidade e pureza que encobre muita ideologia.

pre foram más. Por alguma razão a comuna de Paris proclamou o *slogan* "Nenhuns advogados" (como a Revolução Francesa, na sua fase extremista, havia prescindido de Lavoisier por alegadamente não precisar de cientistas), e ouvimos ainda ecoar uma voz shakespeareana, no *Henrique V*: "*The first thing to do: let's kill all lawyers*", ou um Filipe V de Espanha, lamentando-se de que todo o mal adviria dos togados. Como os juristas incomodam tanto os poderes, e os piores dos poderes...

## 2. A solução do pluralismo normativo[65] antes e na vigência das Ordenações Afonsinas

A solução e a convivência estadual com o pluralismo normativo anterior às ordenações Afonsinas parece complexa.

Três tipos de fontes estavam então em uso: a lei, naturalmente, norma expedida em nome do rei; os estilos da corte, ou seja, costu-

---

[65] Preferimos a designação de "pluralismo normativo" à de direito subsidiário, porque esta evidentemente pressupõe uma opção (ainda que ténue ou não consciente) a favor da prevalência de um certo direito, de que outros são tidos como subsidiários. Ora, pelo menos antes da decisão geral e unitária sobre as fontes de direito (que é uma decisão política, por contraposição a uma decisão difusa, dos julgadores, que só essa poderia ser propriamente jurídica – eventualmente dialéctica) e sua hierarquia, o que há, numa situação de recepção plúrima de fontes, é pluralismo normativo. Com a decisão política sobre o seu valor relativo, passa, então, a haver fontes principais, primárias ou primeiras, e secundárias, suplentes ou subsidiárias. Aliás, no caso concreto, parece-nos tanto mais de acolher esta designação quanto é certo que Braga da CRUZ – *O Direito subsidiário...*, pp. 246--247, expressamente declara a insuficiência e precariedade das "fontes imediatas" (que opõe ao "direito subsidiário"), nestes termos: "No domínio da história do direito, o problema cresce de interesse e importância quando recuamos em data e remontamos a épocas em que a escassez e a imperfeição das fontes imediatas – e, sobretudo, o seu carácter incompleto – obrigavam a recorrer constantemente às fontes subsidiárias, que assim obtinham, não poucas vezes, no quadro dos diversos direitos nacionais, um lugar de maior relevo e de mais larga aplicação do que as próprias normas de direito pátrio."

mes jurisprudenciais do tribunal supremo, que com a sua diuturnidade foram sendo admitidos pela doutrina e, afinal, pela ordem jurídica, como constituindo uma espécie de leis tácitas (uma vez que os juízes julgavam em nome do rei e, assim, exprimiriam a sua vontade, do mesmo modo que a lei); e o costume, então designado como "costume do Reyno antigamente usado", com os conhecidos requisitos cumulativos do *corpus* e do *animus*, que, como é sabido, constitui a forma mais espontânea e natural de criação de direito. Aliás, o costume, apesar de todas as imposições legais, é ainda a principal fonte do Direito, hoje: pois, não tendo a lei poder para a si mesma se impor como rainha das fontes, é pelo costume jurídico que à própria lei obedecemos.

A ordem de valoração destas fontes, tal como era aceite na corte, não deveria ser senão a de uma maior valia atribuída à lei, seguida, sucessivamente, do costume jurisprudencial e do costume *tout court*. Porém, a afirmação de que tal caso estava ou não previsto legalmente, isto é, o mecanismo de subsunção, nunca foi questão concretamente pacífica – também neste domínio não há casos claros[66].

Se às questões interpretativas normais (nunca foi verdadadeiro o brocardo *in claris non fit interpretatio*) se acrescentarem as decorrentes de uma certa insegurança no direito efectivamente em vigor (por exemplo, pela obscuridade dos mecanismos de revogação e pela dificuldade das vias de difusão, entre outros factores), poderemos concluir que não raro devem ter surgido dúvidas (e erros ou desvios, à luz da hierarquia pelo poder assumida) quanto à aplicação de uma fonte voluntária ou não voluntária, legal ou de origem consuetudinária ou jurisprudencial. Não foram só dúvidas que surgiram. Houve mesmo julgados contra direito pátrio expresso, e com base no direito romano – e isto até durante todo o Antigo Regime, apesar de inúmera e repetida doutrina em contrário – o que só comprova a

---

[66] Cf. Paul J. van den HOVEN – *Clear Cases: Do they Exist?*, in "Revue Internationale de Sémiotique Juridique / International Journal for the Semiotics of Law", Vol. III, n.º 7, 1990, pp. 55-63.

actualidade da questão, em várias épocas[67]. Poderá falar-se aqui em costume jurisprudencial *contra legem*? Decerto. E também, evidentemente (mas há que lê-lo *cum grano salis*), ao mesmo tempo *secundum legem*, face à lei romana.

Muito importantes aos olhos do poder são as divergências quanto à aplicação dos diversos complexos normativos legais aceites.

O princípio geral, naturalmente, é de que a lei especial revoga a lei geral, no caso particular de que trata, permanecendo a geral válida para todos os demais casos, como que constituindo um "pano de fundo" do ordenamento legal. Utilizamos esta formulação, aqui aparentemente anacrónica, porque ela nos parece dar uma melhor imagem do que realmente se passava.

Pensa-se por vezes que a lei nacional seria a fonte principal. Sê-lo-ia, face aos casos que expressamente regulava. Mas não quanto à generalidade do ordenamento jurídico português de então. É certo que as leis deste género, pouco a pouco, vão completando o quadro. Contudo, atente-se numa subordinação ao menos mítica face aos dois outros ordenamentos: o canónico, e o romano-justinianeu.

A proeminência do ordenamento canónico é pelas próprias Ordenações Afonsinas admitida, em homenagem à proveniência sacra dos cânones – do Papa e da Santa Igreja[68].

Por outro lado, há documentos do próprio rei D. Afonso V que comprovam o carácter principal e não subsidiário do direito romano, uma vez que o referencia antes das próprias leis nacionais, as suas e de outros reis[69]. Ora se o critério de importância das fontes, na análise das Ordenações, decorre "da ordem do enunciado"[70], pela mesma ordem de ideias, e para documentos oficiais do mesmo rei,

---

[67] Cf. Guilherme Braga da CRUZ – *O Direito Subsidiário...*, p. 300 ss., n. 1, 350, 400, *et passim*.

[68] Cf. a mesma opinião em Marcello CAETANO – *História do Direito Português*, pp. 547-548.

[69] Cf. *Ibidem* e Lopes PRAÇA – *Colecção...* I, pp. 92 e 96.

[70] Marcello CAETANO – *História do Direito Português*, p. 548.

se há-de entender a prevalência do direito dito "imperial". Confessamos que o argumento pode parecer artificial (já que excessivamente formalista e assente em analogia discutível), mas não encontramos também bases para o poder solidamente refutar.

O direito miticamente mais importante no plano moral e religioso é, naturalmente, o canónico. Aquele a que miticamente mais está vinculada a ordem jurídica no plano estritamente jurídico, é o romano. E isto não por uma subordinação política qualquer – "não devemos em nenhum caso aos imperadores de que as leis imperiais procedam"[71] – mas por uma razão tipicamente mítica: pelo sentido de se estar perante direito racional, natural, comum aos povos europeus. Um pouco como mais tarde Domat projectará o núcleo (mítico) imutável do direito natural-romano-civil-privado...[72], por oposição à mutabilidade e arbitrariedade do restante direito.

Estamos, por consequência, no plano das fontes legais, perante uma contradição.

O poder nacional, para se afirmar, necessita de fazer leis próprias, e de lhes dar o lugar cimeiro da pirâmide normativa.

Mas este mesmo poder nacional, mercê das condições culturais, ideológicas (míticas) do tempo – e em muito grande medida por motivos práticos de normogénese e sua técnica –, necessita de se colocar à sombra de dois poderes ainda, um real e outro sobretudo fantasmático, mítico.

À sombra do poder real da Igreja e do seu ordenamento jurídico, sem dúvida – dada a religiosidade do tempo, e, também o poder ainda temporal do Papa. Recordemos que Portugal foi enfeudado à Santa Sé logo por D. Afonso Henriques[73], embora ele próprio se haja depois negado a cumprir integralmente o que prometera, num rasgo de afirmação soberana e nacional.

---

[71] *Apud ibid.*, p. 547, n. 2.

[72] Cf. comentário em Giovanni TARELLO – *Cultura giuridica...*, pp. 49-50.

[73] Em 1211, a discrepância entre o direito canónico e o pátrio era resolvida a favor da solução do direito canónico. Não já assim, porém, nas Ordenações Afonsinas, apesar de todo o respeito pelos "Santos Cânones" (*sic*).

À sombra também desse paraíso perdido (sobretudo no Ocidente) que fora o Império (um império fantástico, ideal, e cristianizado, além do mais)[74]. Os pergaminhos das monarquias nacionais nobilitavam-se e ganhavam em prestígio e legitimação simbólica se referidos ao passado grandioso do Império Romano.

Por outro lado ainda, esta referência, uma vez que era comum em toda a Europa, tornava-se semelhante ao que hoje vale, entre nós, o argumento do lugar paralelo em direito comparado. E o exemplo estrangeiro, designadamente em matéria legal, parece sempre ter tido, em Portugal, bom acolhimento...

Em conclusão: o direito pátrio seria o direito de fonte imediata, mas o chamado direito subsidiário parece que não o seria realmente. Tinha aplicação directa em muitos casos. Quer dizer: a subsidiaridade era chamada muitas vezes, da suplência à efectividade.

Compreende-se como haja razão quer nos autores que se inclinam para a tese do direito subsidiário (como, apesar dos matizes já citados, Braga da Cruz), quer naqueles que propendem antes para a tese contrária (como Marcello Caetano).

A verdade é que a distinção entre as fontes imediatas e as subsidiárias faz o sentido que hoje tem num ordenamento como o actual, em que uma matéria (por exemplo, o direito do trabalho ou o direito comercial[75]) é regulada pela respectiva legislação própria, abundante e vocacionalemte abrangente dos seus casos específicos, ficando o venerável direito civil, direito privado comum, de reserva para alguma esporádica (mas relativamente rara) matéria omissa que tutele, e ainda servindo como sistema de normas comuns, por exemplo de capacidade, prova, aplicação temporal e espacial, etc. – essas que entre nós hoje se agrupam na Parte Geral do Código Civil. Num sistema como este, de grande desenvolvimento e vocacionação de cobertura temática do direito de fonte imediata, não há dúvida que o subsidiário, posto que jamais afectado na sua dignidade "histórica",

---

[74] Sobre o mito de Roma, cf., *v.g.*, Manuel GARCÍA-PELAYO – *Los Mitos Políticos*, Madrid, Alianza Editorial, 1981, p. 111 ss..

[75] Já não será assim num sistema como o suíço.

é suplente – acabando, assim, por ter pouca importância prática, naquele âmbito, a não ser no respeitante a regras comuns (pessoais, temporais, conflitos de normas, etc.).

O mesmo não sucede no caso vertente. É que, numa situação de produção normativa ainda relativamente modesta (apesar das queixas das cortes e da confusão e lentidão dos especialistas – talvez mais um argumento político de D. Pedro, futuro regente, para acelerar a centralização), o que não é fonte nacional, na falta desta, vai entrar em acção muitas vezes[76]. Será "subsidiário" no sentido em que, a haver lei nacional, não é usado, segundo a regra geral. Mas como esta falta muito, e é muito usado aquele[77] – além de profundamente venerado (nada que se pareça com o respeito que nutrimos hoje pelos códigos, por magníficos que sejam), talvez a situação seja mais a da referida pluralidade de fontes. Uma pluralidade semi-ordenada, ou teoricamente ordenada, se quisermos[78].

Ainda no domínio da inspiração legal como fonte de direito deve referir-se o caso de faltar norma pátria, canónica, e imperial (romana). Então, e sucessivamente, se procurava solução em fontes

---

[76] Mário Reis MARQUES – *O Liberalismo e a Codificação do Direito Civil em Portugal. Subsídios para o Estudo da Implantação em Portugal do Direito Moderno*, Coimbra, separata do "Suplemento ao Boletim da Faculdade de Direito da Universidade de Coimbra", Coimbra, 1987, p.19: "É que o carácter muitas vezes controverso e lacunoso das Ordenações impunha o recurso quase permanente ao direito subsidiário".

[77] Importa precisar que no contexto de oposição de lei nacional a lei canónica ou imperial, o sentido de lei nacional deverá abranger normalmente todas as espécies normativas de criação portuguesa, englobando as fontes consuetudinária geral e consuetudinário-jurisprudencial. Todavia, talvez nem assim se conseguisse uma larga cópia de soluções. Porque o costume tinha de ser imemorial, porque a jurisprudência talvez não chegasse... Fosse por que fosse, o facto é que o problema se punha amiúde, e houve de ser resolvido pelas Ordenações – prova da sua não ociosidade.

[78] Com uma expressão semelhante – falando simultaneamente de "Direito subsidiário" e de "Pluralismo de fontes e sua hierarquização", Nuno Espinosa Gomes da SILVA – *História do Direito Português*, p. 193 ss..

(essas sim parece que claramente subsidiárias) doutrinais: primeiro na glosa de Acúrsio, e depois no comentário de Bártolo.

Mas não esqueçamos que os especialistas têm entre si profundas divergências quanto à hierarquia normativa, não só relativamente ao período de antes, como ao de depois da entrada em vigor a compilação afonsina[79].

As Ordenações Afonsinas[80] irão fundamentalmente acolher as ideias previamente aceites sobre esta questão, com um ou outro laivo de decisão "voluntarista".

Assim, o título IX do Livro II (atente-se no carácter político da questão, revelado aqui pela sua sede), as Ordenações Afonsinas põem o problema da hierarquia normativa, a propósito do conflito entre a lei e a decretal, entre o direito pátrio e o canónico. Mas nesta sede regula muito mais que a epígrafe – "Quando a Ley contradiz aa Decretal, qual dellas se deve guardar".

O texto do proémio do título em apreço estabelece desde logo o princípio geral a observar:

> "Estabelecemos e poemos per ley que quando alguu caso for trazido em pratica, que seja determinado por algua lei do Regno, ou estilo da nossa Corte, ou custume dos nossos Regnos antigamente usado"

---

[79] Assim, além da divergência entre António Hespanha e Nuno Espinosa Gomes da Silva, quanto ao sentido da carta de D. João I à cidade de Lisboa, também entre este último e Martim de Albuquerque. Com efeito, Martim de Albuquerque defendia que, em 1433, Bártolo prevalecia sobre o *ius regni*, o *ius proprium*. Uma tal tese deita por terra as ideias mais consensuais sobre a hierarquia normativa aceite, e reforça, em termos algo "perturbadores", porém, a tese de um pluralismo de fontes, de que não será consequentemente fácil aperceber a coerência. Cf. Nuno Espinosa Gomes da Silva – *Ibidem et sq.*; Martim de Albuquerque – *O Regimento Quatrocentista da Casa da Suplicação*, separata especial do vol. XV dos Arquivos do Centro Cultural Português, Paris, 1980, p. 20, n. 4.

[80] Cf. Nuno Espinosa Gomes da Silva – *O Sistema de Fontes nas Ordenações Afonsinas*, Braga, Livraria Cruz (*Scientia Iuridica*), 1980.

Primeiro valem, pois, as três fontes nacionais já referidas: lei, costume jurisprudencial e costume jurídico *tout court*.

Mas continua a disposição atalhando a possíveis interpretações especiosas e contrárias à *ratio legis* que assim, definida pela negativa, fica ainda mais explícita:

> "seja por elles julgado nom embargante que as Leys Imperiaaes acerca do dito caso ajam desposto em outra guisa, por que onde a Ley do Regno dispoem cessam todalas outras Leys e Direitos"

O primado do direito nacional é assim absoluto, quando exista. Porque, caso contrário, valem as leis imperiais ou canónicas, agora sim[81]:

> "e quando o caso, de que se trauta, num for determinado per Lei do Regno, mandamos que seja julgado, e findo pelas Leys imperiaaes, e pelos Santos Canones."

Ficava depois consagrada a primazia do direito romano nas matérias que não trouxessem "pecado", e do canónico, nas restantes. Também prevalecia o direito canónico nas questões espirituais, reservando-se o imperial às temporais. Ainda aqui nos ajudará a transcrição do preceito, ele próprio fazendo apelo a um caso ilustrativo, para se fazer cabalmente entender:

> "E acontecendo que acerca de tal caso as Leyx Imperiaaes sejam contrairas aos Canones, mandamos que assy nas cousas temporaaes, como espirituais, se guardem os Canones, se o caso tal for, que guardando as Leyx Imperiaaes, traga pecado;"

E logo segue o exemplo, aproveitando para distinguir a obediência aos autores de umas e outras dessas leis, canónicas e imperiais:

> "pode-se poer enxemplo no possuidor de maa fe, que segundo as Leyx Imperiaaes per trinta annos possoindo sem titulo, pres-

---

[81] Fórmulas semelhantes estavam em vigor nas comunas italianas.

cepve a cousa alhea, e segundo Direito Canonico, o possuidor de maa fé nom pode prescepver per nenhuu tempo; se em tal caso se guardassem as Leyx Imperiaaes, giardando-as, necessariamente trazeria pecado ao possuidor, o que nom devemos a consentir, maiormente que em tal caso devemos necessariamente obediência ao Padre Santo, e aa Santa Igreja, de que os Canones procedem, a qual nõ devemos em nenhum caso aos Emperadores, de que as Leyx Imperiaes procedem; e por tanto convem que tal caso, e em outro semelhante se guarde o Direito Canonico, e nom o Direito Imperial"

Conclui esta passagem com a divisão temporal/espiritual na prevalência da aplicabilidade do Canónico e do Romano:

"e no caso temporal, que a guarda das Leyx Imperiaaes nom traga pecado, ellas devem ser guardadas nom embargante que os Canones sejam em contraira disposiçom."

No caso extremo de ausência de solução nos três direitos, dispõem assim as Ordenações:

"se o caso de que se trauta em pratica, nom fosse determinado por ley do Regno, ou estilo, ou custume suso dito ou Leyx Imperiaaes, ou santos Canones, entom mandamos que se guardem as grosas d'Acursio encorporadas nas ditas Leys. E quando pelas ditas grosas o caso nom for determinado, mandamos, que se guarde a opiniom de Bartholo"

E de novo se contraria qualquer pretensão interpretativa adversa: deve, pois, neste caso, seguir-se primeiro a Acúrsio e depois a Bártolo, "no embargante que os outros Doutores digam o contrário [...]"

Restaria apenas o caso da lacuna completa em todas estas fontes. Então, o rei manda que o notifiquem, para que resolva o problema, por meio de uma lei geral. Contudo, as Ordenações consideram também dever regular o caso de incompatibilidade entre cânones e doutores, porque a autoridade destes últimos se funda em leis imperiais. Assim, o rei entende chamar a si igualmente a decisão destes casos.

## 3. O Problema das Fontes nas Ordenações Manuelinas e Filipinas

O modelo básico nas compilações subsequentes vai ser o traçado pelas Ordenações Afonsinas. Estava criada uma estrutura-padrão, um paradigma.

Todavia, introduzir-se-ão algumas alterações, que vale a pena enunciar.

Nas Ordenações Manuelinas[82] a aplicação do direito imperial passou a ser mais vasta, dado que se passou a arbitrar a sua possível discordância com o canónico, e a decidir a prevalência deste último apenas para os casos em que houvesse pecado. Isto significava extender também o direito romano a questões que, anteriormente, caíam sob a alçada das matérias espirituais, até então do domínio do direito canónico.

Por outro lado, e na senda da escola dos comentadores (dando pois ouvidos a influência estrangeira[83]), passou a adoptar-se Acúrsio e Bártolo com uma restrição: desde que não fossem comtrários à *communis opinio doctorum*. E isto em atenção à racionalidade. Assim rezam as Ordenações[84]: siga-se pois a Acúrsio, e faltando este, a Bártolo,

> "[...] salvo se a comum opiniam dos Doutores que despois delle escreueram, for contrira, porque a sua opiniam comunmente he mais conforme aa razam."

---

[82] Cf. especificamente Nuno Espinosa Gomes da Silva – *O Direito Subsidiário num Comentário às Ordenações Manuelinas atribuído a Luís Correia*, Lisboa, Ática, 1973.

[83] Mas, como também é habitual, procurou-se em Portugal "ser mais papista que o Papa". E foi aqui um dos raros sítios em que o recurso a esta opinião comum teve honras de consagração legal.

[84] II, V, § 1.

As Ordenações Filipinas, pouco inovadoras em geral, fizeram, como dissemos já, transitar esta matéria para o âmbito processual, regulando-as no título LXIV do Livro III. O texto é muito semelhante aos anteriores, sucessivamente retocados. Transcrevâmo-lo, como síntese que, afinal, acabou por durar quase dois séculos e meio mais:

"Como se julgarão os casos, que não forem determinados por as Ordenações.

"Quando algum caso for trazido em pratica, que seja determinado per alguma Lei de nossos Reinos, ou stylo de nossa Còrte, ou costume em os ditos Reinos, ou em cada huma parte delles longamente usado, e tal, que por Direito se deva guardar, seja per elles julgado, sem embargo do que as Leis Imperiais acerca do dito caso em outra maneira dispoem; porque onde a Lei, stylo, ou costume de nossos Reinos dispoem, cessem todas as outras Leis, e Direito.

E quando o caso, de que se trata não fòr determinado por Lei, stylo, ou costume de nossos Reinos, mandamos que seja julgado sendo materia, que traga pecado, per os sagrados Canones.

E sendo materia, que não traga pecado, seja julgado pelas Leis Imperiaes, posto que os sagrados Canones determinem o contrario.

As quaes Leis Imperiaes mandamos, somente guardar pela boa razão em que são fundadas.

"1. E se o caso, de que se trata em pratica, não fòr determinado por Lei de nossos Reinos, stylo, ou costume acima dito, ou Leis Imperiaes, ou pelos sagrados Canones, então mandamos que se guardem as glosas de Accursio, incorporadas nas ditas Leis, quando por commum opinião dos doutores não forem reprovadas; e quando pelas ditas glosas o caso não fôr determinado, se guarde a opinião de Bartolo, por que a sua opinião commumentre he mais conforme á razão, sem embargo que alguns Doutores tivessem o comtrario; salvo, se a commum opinião dos Doutores, que depois delle sceveram,fòr contraria.

"2. E acontecendo caso, ao qual por nenhum dos ditos modos fosse provido, mandamos que o notifiquem a Nós, para o determinarmos: porque não sómente tais determinações são desembargo daquelle feito que se trata, mas são Leis para dezembargarem outros semelhantes.

3. E sendo o caso, de que se trata tal, que não seja materia de pecado, e não fosse determinado per Lei do Reino, nem stylo da nossa Corte, nem costume dos nossos Reinos, nem Lei Imperial, e fosse determinado pelos textos dos Canones per hum modo, e per as Glosas e Doutores das Leis per outro modo, mandamos que tal caso seja remetido a Nós, para darmos sobre isso nossa determinação, a qual se guardará."

A doutrina das Ordenações Manuelinas prevaleceu, por esta fórmula, até Pombal e à lei da Boa Razão[85], a qual, com um novo modelo de fontes e uma técnica subtil de remissão, faria a economia de um Código novo.

## 4. A revisão do problema das fontes pelo Marquês de Pombal. A Lei da Boa Razão[86], de 18 de Agosto de 1769

Pombal vai introduzir o *usus modernus pandectarum*, as ideias racionalistas e iluministas da escola moderna do direito natural, através de um processo subtil, que, aliás, não será único na nossa história legislativa[87]: pretensamente está a atalhar abusos e a restituir a autenticidade da interpretação das Ordenações.

---

[85] A designação com que hoje corre a lei na totalidade da doutrina, "da Boa Razão", só foi cunhada por J. H. Correia TELLES – *Commentario critico à Lei da Boa Razão em data de 18 de Agosto de 1769*, Lisboa, 1824.

[86] Texto integral em António Delgado da SILVA – *Collecção da legislação portugueza desde a ultima compilação das ordenações redigida pelo Desembargador...*, II. Legislação de 1763 a 1774, Lisboa, 1829, pp. 407-415.

[87] Seria também o caso da revisão do Código Civil por via interpretativa, em que teria redundado a proposta legislativa do Ministro da justiça, Campos

Vimos *supra*, na transcrição da passagem das Ordenações Filipinas que nos interessa, a utilização da expressão "boa razão". Pois Pombal, fundamentado nos abusos pró-romanistas do foro em geral (ou nos alegados excessos...), e numa certa usurpação de poderes, na edição de assentos (os quais competiriam exclusivamente à Casa da Suplicação), por parte de algumas Relações, do Porto e do Ultramar (Rio de Janeiro, Bahia, Goa) – em suma, naquilo a que chama a "inadmissível jurisprudência"[88] –, vem pretensamente repor o sentido das Ordenações, estabelecendo uma autêntica revolução no sistema jurídico nacional.

Tendo tido o cuidado de discretamente restringir o direito canónico ao seu âmbito eclesiástico normal, e de pôr requisitos muito exigentes (sobretudo para a época) para o que devesse considerar-se costume[89], estabeleceu apenas que o legislador das Ordenações houvera estabelecido a boa razão como critério de integração das lacunas do direito pátrio. E assim sendo (e não, como era o caso, como razão fundante e talvez medida ou critério de decisão pontual sobre o acolhimento do direito romano), dado que o direito pátrio persistia lacunoso, tratava-se de fixar critérios a essa dita boa razão que possibilitassem a prevalência de um certo tipo de jusracionalismo.

A tarefa não parecia difícil. A par de uma reforma da Universidade que procurava formar quanto antes neste sistema mental

---

Henriques (7.2.1903), não fora a pronta oposição de Guilherme Moreira, na *Revista de Legislação e de Jurisprudência*. Cf. uma síntese em Reinaldo de CARVALHO / Paulo Ferreira da CUNHA – *História da Faculdade de Direito de Coimbra*, com Prefácio do Prof. Doutor Orlando de Carvalho, Porto, Rés, 1990, I, p. 113; desenvolvidamente, Guilherme Braga da CRUZ – *A Revista de Legislação e de Jurisprudência. Esboço da sua História*, II, Coimbra, 1979, p. 40 ss..

[88] Lei da Boa Razão, § 10.º.

[89] Na verdade, o costume passava a ter três requisitos cumulativos, que o relegavam para uma situação secundaríssima no sistema das fontes: o costume nunca podia ser contrário à lei, tinha que ser conforme essa tal essência meio mágica que era a "boa razão", e tinha que datar de há mais de cem anos (§ 14.º da Lei da Boa Razão).

novo pessoal judiciário[90], o Marquês estabeleceu três veículos da *boa razão*:

Primeiro, um vago jusnaturalismo, misto de lei natural, romana e cristã, numa ideia geral de moralidade e civilidade;

Segundo, o direito das gentes, à maneira de Hugo Grotius;

Terceiro, e expressamente interpretado como afastando a correspondente legislação romana, as leis das nações cristãs, cultas e policiadas, nos domínios políticos, económicos, mercantis e marítimos. Portanto, também em boa parte do direito público, e especificamente do domínio do constitucional.

Proibidos de permeio Acúrsio e Bártolo, passavam as *auctoritates* a ser Carpzov, Thomasius, Boehmer, Heineccius, Struve e outros de idêntico estilo.

O carácter utópico desta subtil revolução esbarrou com os usos do foro, que se não reformou. Por um lado, teve dificuldades em entrar verdadeiramente em vigor. E quando foi sendo adoptada, não alcançou simplificar ou acelerar as coisas. Porque agora o processo emperrava nas discussões em torno, a propósito, ou tendo como pano de fundo a *recta ratio*, e a sua concordância ou não com certa

---

[90] Cruz e Silva, Tomás Gonzaga e Mello Freire são exemplos de pombalistas fiéis, embora o seu valor se não pudesse confinar no servilismo vitalício e sem restrições. Cf. os nossos estudos "As Contradições do Jusracionalismo (Cruz e Silva: um Jurista Literato do Século das Luzes)", in *Pensar o Direito*, I, p. 53 ss.; *Idem – Mello Freire Advogado. Notícia de um Manuscrito*, "Revista de Estudios Historico-Juridicos", Valparaiso, 1992-1993; *Idem – Mello Freire, Advogado. Notícia de um (?) Manuscrito*, "Revista da Ordem dos Advogados", Ano 52, II, Lisboa, Julho de 1992 [aprofundamento e actualização do anterior]. E ainda: *Idem – La Polémique du premier Manuel d'Histoire du Droit Civil Portugais, de Mello Freire. Suivant le Manuscrit de son critique, António Pereira de Figueiredo*, in "Quaderni Fiorentini per la Storia del Pensiero Giuridico Moderno", 23 (1994), p. 487 ss.. Para uma visão de conjunto, cf. Paulo Ferreira da CUNHA – *Temas e Perfis da Filosofia do Direito Luso-Brasileira*, Lisboa, Imprensa Nacional-Casa da Moeda, 2000, p. 71 ss. (Tomás António Gonzaga), p. 87 ss. (Mello Freire); *Idem – Pensamento Jurídico Luso-Brasileiro*, Lisboa, Imprensa Nacional - Casa da Moeda, em preparação.

passagem do direito romano, quando outrora se esgrimiam autores uns contra os outros, numa *opinio* pouquissimo *communis*.

Este processo, que Braga da Cruz com acerto considera de meter vinho novo em odres velhos, pôde depois ser esvaziado de sentido, e a boa razão, no período individualista e liberal, passará a ser essencialmente encarnada pelos códigos de mesma feição das nações avançadas da Europa: nova lavagem de tonéis e nova safra de vinho.

A empresa de Pombal tem tudo de utópico salvo no processo jurídico, subtil, que não costuma ser apanágio dos utopistas.

Contudo, é importante salientar (como já aflorámos) que esta simples lei, aparentemente continuadora, poupou a Pombal a feitura de um novo código, mudando de feição, por completo, o nosso panorama jurídico.

Ao deixar incólume o mito da imutabilidade do direito, Pombal evitou alguns confrontos que naturalmente teriam advindo da promulgação de um código absolutamente novo, acolhendo de fio a pavio as soluções conformes ao seu despotismo iluminado. Mesmo para a sua mão de ferro ganhava-se em evitar uma tal contrariedade.

Mas não era apenas um problema de táctica. Era a substancialidade das soluções que também se não ajustava, por razões circunstanciais e estruturais.

## 5. O Mito do Nó Górdio: A codificação como "solução final" para a questão do pluralismo normativo: pela sua abolição (ao menos tendencial[91]).

Tendo falhado a solução paradoxalmente subtil do reputadamente (e insofismavelmente) duro Pombal, restaria ousar fazer o

---

[91] Não pode estar tudo codificado. Por isso, a codificação, no sentido moderno, iluminista, é uma tarefa de Sísifo, obrigando sempre a reformulações codificadoras (que contrariam a própria essência e vocação de perenidade das codificações), porque novas leis vão entretanto saindo. A única empresa codificadora bem sucedida seria a codificção de algumas utopias literárias, que têm leis

que ele não tinha tido coragem de fazer: cortar o nó górdio da maranha legislativa vigente, em lugar de tentar desatá-lo com reformas de pormenor.

Face ao pluralismo jurídico, transcrever de vez, em português e como se fora direito pátrio, o exemplo polido e ilustrado; ou então fazer leis portuguesas adaptadas aos novos tempos.

Estas, em abstracto, as duas soluções que terão feito ganhar adeptos da codificação *ex novo*, que na verdade, era já coisa bem diferente das antigas compilações.

É que já muita água tinha passado sob as pontes, mesmo desses moinhos que moem muito devagar que são as azenhas dos juristas. A doutrina jurídica concebia agora um código como um novo monumento legislativo, como uma lei global, articulada, dirigida a grandes fatias individualizáveis do ordenamento jurídico nacional, e não como uma colecção de leis...

Era, aliás, a solução ideal para o poder político. Assegurava o domínio muito mais completo, e nivelava os súbditos.

III. DAS ORDENAÇÕES À CODIFICAÇÃO
E AO CONSTITUCIONALISMO

1. **Codificação e Constitucionalismo**

1.1. *Disjunção e confluência*

Codificação e Constitucionalismo não são, obviamente, idêntica coisa. Mesmo considerando a *Codificação* em sentido restrito, apartada de toda a compilação, como codificação moderna e iluminista. Mesmo considerando o Constitucionalismo igualmente na

---

dadas por legisladores extremamente sábios, e que valem para todo o sempre, sem necessidade da medição legislativa corrente. Na verdade, a codificação perfeita seria essa. A matriz utópica do conceito (ou do projecto codificador) é, assim, aqui perfeitamente posta em relevo.

sua acepção moderna e técnica, enquanto movimento constitucional mais recente[92].

A menos que se fale de codificação moderna num sentido latíssimo, envolvendo todo o tipo de documentos estruturadores do direito e da política (e nesse sentido aí se compreenderiam os códigos de direito político, as constituições e até cartas constitucionais e declarações de direitos[93]), trata-se de duas realidades a distinguir – e efectivamente distinguíveis com clareza.

Em princípio, e tradicionalmente, a codificação versa essencialmente sobre o domínio do direito privado (civil, comercial...) e do penal. Englobando, aliás, por essa via, não poucas matérias políticas. Dando-lhes até conteúdo muito técnico e prático: estabelecendo as fontes de direito, definindo os sujeitos de direito, regulando a propriedade e a concomitante liberdade, estipulando as condutas tidas por criminosas e ligando-as a sanções penais. Tudo isto, podendo ser próprio desses códigos, não deixa de definir profundamente os parâmetros da comunidade política, não deixa de constituir as tais muralhas (e até os alicerces) da *pólis*, que Hesíodo e Heraclito quase identificavam com a própria constituição – como dissemos já[94].

---

[92] Cf. Paulo Ferreira da CUNHA – *Teoria da Constituição*, I. *Mitos, Memórias, Conceitos*, Lisboa / São Paulo, 2002, máx. p. 276 ss.; *Idem – Mito e Constitucionalismo*, p. 87 ss..

[93] Embora as constituições pactuadas ou outorgadas (normalmente ditas Cartas) possam não se enquadrar no conceito rigoroso de constitucionalismo, que implicaria uma ruptura com qualquer princípio monárquico ou monarquia dualista, etc.. Cf. J. M. Cardoso da COSTA – *Constitucionalismo*, in "Pólis", Lisboa, Verbo, 1983, I vol., col. 1151 ss..

[94] "O povo deve lutar tanto pelo seu nomos como pelas muralhas da cidade" HESÍODO, *apud* Rogério Ehrhardt SOARES – *O Conceito Ocidental de Constituição*, in "Revista de Legislação e de Jurisprudência", n.° 3743, p. 37; Alberto MONTORO BALLESTEROS – *El Derecho como sistema normativo: notas sobre su naturaleza preceptiva y su función educadora*, in AA. VV. – "Funciones y Fines del Derecho. Homenaje al Profesor Mariano Hurtado Bautista", p. 211 e n. 131. HERACLITO – *Fragmento* 44, *in* Herman DIELS (org.) – *Die Fragmente der Vorsokratiker*, I, p. 160; *Idem – Fragmento* XLIV, *in* Jean-Paul DUMONT (org.) – *Les Présocratiques*, p. 156. Referindo-se ao valor simbólico e político dos muros da

Digamos que a codificação acaba por ser a desenvolução, aplicada a casos mais imediatos e mais atinentes aos singulares actores jurídicos, dos grandes princípios políticos que as constituições procuram juridicizar.

Mas esta asserção não deve ser aceite senão a benefício de rigoroso inventário. Na verdade, ela comporta muitas excepções, ou matizes.

Por um lado, precise-se, antes de mais, que essa constituição de que os códigos seriam a concretização, pode não ver jamais a luz do dia dos Diários oficiais. Pode tratar-se de uma constituição não escrita, ou não "codificada", constituída por elementos dispersos, e até historicamente superpostos, sedimentados, por camadas "geológicas" (como é o caso da constituição inglesa).

Por outro, e o exemplo inglês continua a ser iluminador, pode dar-se o caso de um constitucionalismo (movimento constitucional, de ideologia e mitologia constitucionalistas) não codificado, coexistir com ausência de codificação.

Por outro lado ainda (e só estamos a ver alguns exemplos de não verificação da tese geral), a cronologia e as ligações directas entre códigos e constituições escritas variam muito. Vejamos dois exemplos simétricos:

Os Estados Unidos tiveram muito cedo constituição, mas, salvo o caso muito peculiar da Luisiana[95], influenciado pelo legado espanhol e francês, não possuem verdadeiros códigos.

Na Prússia e na Baviera, assiste-se a uma codificação precoce, a que se não seguiu constitucionalização correspondente[96].

E não necessitamos de referir os casos difíceis da pura e simples importação de Códigos ou de Constituições, como a adopção

---

Pólis, Jean-Marc TRIGEAUD – *Éléments d'une Philosophie Politique*, p. 79 ss., e Luigi BAGOLINI – Prefácio à edição original, italiana, desta última obra, p. 13. Noutra perspectiva, Michel VILLEY – *Philosophie du Droit*, I, p. 60.

[95] Cf. Eric AGOSTINI – *Droit Comparé*, p. 296 ss..

[96] Mais exemplos de situações de relacionamento claro ou menos claro em G. TARELLO – *Storia della cultura giuridica moderna*, p. 24.

na Turquia do código civil suíço, ou da Constituição espanhola de Cádis em Portugal (embora por brevíssimo período[97]).

Acrescendo ainda os complexos problemas resultantes da simultânea vigência, num país que acede à independência, de uma constituição nacionalista e de códigos da autoria do legislador colonial – como ocorreu, pelo menos nos princípios, no caso das ex-colónias portuguesas em África[98].

De todas estas objecções e precisões se deverá talvez extrair uma conclusão, modeladora da tese apresentada: as codificações são, quando existam, um modo de plasmar numa legislação una e articulada os princípios vigentes na constituição iluminista, revolucionária, liberal, etc., que pode ser ou não escrita, codificada, etc..

Ou seja: quando a codificação é anterior à constituição escrita, como que antecipa as ideias iluministas que ela consagrará... se vier a ser redigida; quando o inverso sucede, é a constituição que proclama os grandes princípios que os códigos desenvolverão e aplicarão a mil e um recantos da vida dos cidadãos... se chegarem a ser redigidos.

Se não forem redigidas constituições, haverá um clima geral, uma constituição "material" na classe política que a aplicará sem lhe conhecer o texto, ou conhecendo-lhe um texto ritual, ou o texto pelo ritual – como é o caso da prática britânica. Mas, normalmente não se trata de inexistência pura e simples de textos. Trata-se apenas de falta de codificação dos mesmos.

Se não chegarem a ser elaborados códigos, haverá uma bateria de leis avulsas (que acabarão por ser compiladas em colecções, e publicadas assim, mesmo por particulares, isto é, normalmente por juristas não investidos de qualquer poder), que reflectirá os prin-

---

[97] Veremos ainda para o caso português muitas fórmulas (pelo menos hipotéticas) de adopção de textos franceses.

[98] Códigos coloniais aos quais se começaria primeiramente por acrescentar, em mescla muito "medieval", novas "extravagantes", quer de tipo colectivista, quer de retorno a fórmulas pré-iluministas ou até tribalistas – ex.: reintrodução da pena de morte, e da pena de chibatadas. Fases que vão superando nos caminhos da paz, e da construção do Estado de Direito Democrático – via que todos vão empreendendo. E também em Timor, depois do interregno da ocupação Indonésia.

cípios constitucionais, seja da constituição codificada, seja da não codificada constituição. Trata-se tão-somente de ausência de codificação das leis.

Donde tudo acaba por confluir nesta ideia: codificação e codificação constitucional (processo de elaboração de constituições escritas) são fórmulas que não esgotam o cerne político-cultural da modernidade e do Iluminismo jurídico. São, é certo, as formas mais características de que esse Iluminismo se revestiu. Mas poderá mesmo havê-lo sem qualquer dos dois elementos, e até sem ambos. Desde que a legislação e o espírito da época se harmonizem nesse sentido[99].

### 1.2. *Uma cosmovisão comum*

De novo se afirma a prevalência do conteúdo sobre a fórmula.

O que mais importa no Iluminismo jurídico e político, é uma concepção do poder, do Homem, do Mundo, essencialmente racionais, e quase sempre calculadores, materialistas, proprietaristas, burgueses. A luta entre codificação e não codificação, na Alemanha do início do séc. XIX, aparentemente de estritas motivações metodológicas e teóricas, não foi senão a oposição entre dois modelos políticos, sendo o modelo pró-codificação o liberal-burguês. E esta luta era conduzida pelos mesmos juristas que se batiam pela constitucionalização, que defenderia os mesmos interesses[100].

---

[99] Há, todavia, que ressalvar a peculiaridade do sistema inglês, o exemplo de ausência de ambos os elementos em questão – códigos e constituição "codificada"–, e reconhecer que, aí, a situação dos juristas, e o modo de agir dos juízes, apesar de todo o Iluminismo, permaneceu, em boa medida, durante muito tempo quase intocada, até ao processo de "continentalização" do direito inglês. Assiste-se a um processo de influência recíproca, que também *insularizou* o modelo romanístico. Cf., por todos, Eric AGOSTINI – *Droit Comparé*, p. 186 ss.; mais detidamente, *v.g.*, J. H. BAKER – *An Introduction to English Legal History*, 2.ª ed., Londres, Butherworths, 1979.

[100] No mesmo sentido, G. TARELLO – Storia *della cultura giuridica moderna*, pp. 25-26.

Essa cosmovisão é servida pela proclamação de declarações de direitos, pela institucionalização da separação dos poderes, e pela feitura de constituições escritas, saídas de constituintes eleitas, consubstanciadoras da soberania popular[101].

Essa cosmovisão é ainda auxiliada poderosamente pela aprovação de códigos que transformam em inócua técnica e tranquila

---

[101] Eis a tríade (mítica também, mas real) definidora do constitucionalismo: separação de poderes, texto constitucional escrito e codificado, Direitos do Homem. Todos estão explícita ou implicitamente definidos na Declaração dos Direitos do Homem e do Cidadão (máxime no seu art. 16.° – "Toute société dans laquelle la garantie des droits n'est pas assurée, ni la séparation des pouvoirs déterminée, n'a point de constitution"). Cf. J. M. Cardoso da COSTA – *Constitucionalismo*, cit.. Quanto ao carácter mítico de cada um dos elemntos da tríade, cf. para a separação de poderes, o nosso "O Mito da Separação de Poderes", in *Pensar o Direito*, I, p. 233 ss. e uma síntese em Paulo Ferreira da CUNHA – *Política Mínima*, p. 143 ss.; para os Direitos do Homem, por último, Paulo Ferreira da CUNHA – *A Constituição Viva*, Porto Alegre, Livraria do Advogado Editora, em prep.. Cf., em geral, para a mitologia do constitucionalismo, S. GOYARD-FABRE – *Philosophie Politique, XVIe-XXe siècle*, Paris, P.U.F., 1987, máx. pp. 330-331. A análise mítica da sacralidade textual em sede autónoma é mais rara: no fundo, esse problema subsume-se, no plano prático, à questão do grau de rigidez constitucional, e a toda a problemática das revisões constitucionais. Também se detectam importantes elementos de coincidência em Howell A. LLOYD – *Constitutionalism*, in *The Cambridge History of Political Thought, 1450-1700*, ed. de J. H. Burns, Cambdridge et al., Cambridge University Press, 1991, p. 254: "[...] advocacy of a system of checks upon the exercise of political power. Such a system is commonly taken to involve the rule of law, a separation of legislative from executive and from judicial power, and representative institutions to safeguard the individual and collective rights of a people who, while governed, are nonethless sovereign". Ao contrário do que muitas vezes se pensa, o mito, e em especial o mito juspolítico, e constitucional em particular, não é apenas mentira, ilusão, mistificação (e como tal nocivo ou alienante). Pelos mitos se fundam malhas de sentido profundo, se entretecem motivos de pertença, se produzem discursos legitimadores, que podem ser essenciais para a coesão social e juspolítica. Cf. Fábio NADAL – *A Constituição como Mito.O Mito como discurso legitimador da Constituição*, Apresentação de Dimitri Dimoulis, Prefácio de André Ramos Tavares, São Paulo, Editora Método, 2006.

abstracção as opções políticas que as constituições – ordenações fundamentais dos Estados[102], estatutos jurídicos do político[103] – ainda deixam transparecer, numa realidade ideológica e mítica ainda não suficientemente domesticada pelos articulados do direito[104].

Mas em qualquer situação histórica – mais ou menos codificação, mais ou menos constituição escrita – o que mais importa é a mundividência de base.

Assim sendo, o que verdadeiramente une codificação e constitucionalismo, mais que a estrita solidariedade liberal, mais que o carácter ilusório (e, portanto, em certo sentido, também mítico) dos direitos liberais, constitucionais ou civis, criticada pelos autores socialistas, mais que o comum desejo de abater os corpos intermédios, denunciado pelos de orientação corporativa ou comunitária[105], mais ainda que a desresponsabilização política que ambas conspiram para obter nos juristas (tal é a posição de Tarello), rebaixando-os e anulando-os – e todos têm razão no que dizem – parece-nos ser outra coisa.

### 1.3. *Codificação e Constitucionalismo: Razão e/ou Mito?*

O que codificação e constitucionalismo pretendem (alegadamente, mas muitas vezes ingenuamentre, ilusoriamente) instituir é a razão na política, no poder. E daí a sua juridicização. Porque o Direito, ele também juridicizado, emprestaria geometrismo e

---

[102] Rogério Ehrhardt SOARES – *Constituição*, in "Dicionário Jurídico da Administração Pública", Coimbra, p. 661.

[103] José Joaquim Gomes CANOTILHO – *Direito Constitucional*, 5.ª ed., Coimbra, Almedina, 1991, p. 39 ss..

[104] Cf. Paulo Ferreira da CUNHA – *Mito e Ideologias. Em torno do Preâmbulo da Constituição*, in ex in *Pensar o Direito*, I, p. 341 ss.; e *Idem – Constitution, Mythes et Utopie*, in AA. VV. – *1791. La Première Constituiton Française*, Paris, Economica, 1993, p. 129 ss..

[105] Sobre todos, ainda TARELLO – *Storia della cultura giuridica moderna*, pp. 25 ss..

compostura ao mundo de paixões e arbítrio que é (era) a política, o poder.

O constitucionalismo procura operar esta racionalização refreando os instintos e as maldições viscerais do mando, espartilha-o na camisa de forças de artigos, que não só definem quem manda, como permitem a regular circulação das elites através de processos de escolha maioritários – os ritos eleitorais. E concomitantemente defende os subordinados, os súbditos, do arbítrio do poder, conferindo-lhes (ou reconhecendo-lhes) direitos naturais, imprescritíveis e inalienáveis.

A codificação, por seu turno, actua dando dimensão concreta a esses direitos "sagrados", desde a propriedade aos princípios penais do *nullum crimen...* e à *nulla pœna... sine prævia lege pœnale*.

Estamos assim perante passos importantes (embora, como primeiros passos, muitas vezes tão grandiloquentes quão ingénuos) para a abolição da irracionalidade, menoridade, na política e no Direito. E o Direito, feito geometria, irá impregnar a política dessa certeza. Seria assim o fim do mito no poder e na justiça? De modo nenhum, porque o mito é metamórfico. E tanto está antes como depois das revoluções: só muda de feição.

É assim preciso não confiarmos nas aparências – e muito menos nas proclamações (ou nas boas intenções).

Pretendendo racionalizar, logicizar, matematizar, vai-se ainda mitificar. Embora haja um salto qualitativo da liberdade.

Essencialmente porque os homens não são números, e as sociedades não são equações que possam resolver-se com uma fórmula apriorística, na verdade decorrente de uma plenitude lógica anterior que já definira por axiomas as qualidades das incógnitas.

As incógnitas da álgebra – se bem que, ao que parece, inspiradas nos casos práticos romanísticos, na sua apresentação simbólica[106] – não são verdadeiras incógnitas. Só o Homem e o transcen-

---

[106] *Apud* Michel SERRES – *Le contrat naturel*, François Bourin, Paris, 1990, máx. p. 94.

dente são a grande interrogação. E a essas não sabe nunca a utopia responder.

Mas a mitificação deriva não apenas do utopismo do legislador, codificador ou constituinte. Ela decorre directamente das suas opções ideológicas.

É que não há ideologia sem mito. Sem a tríplice função (e essência) mítica de Girardet: ilusão, discurso legitimador, ideia-força[107]. Por vezes cumulativamente, mas outras vezes alternativamente.

Parece ser da qualidade das coisas ideológicas serem não racionais, não científicas (mesmo com a falibilidade que à ciência hoje se reconhece já[108]), logo, matéria de opinião (*doxa*), logo, aptas à captação retórica – vítimas, portanto, dos artifícios da ilusão, do *slogan*, do discurso primordial legitimador...

O mito vai prosperar num ambiente pseudo-científico, pseudo-racional. Porque vai muiltiplicar-se por si próprio com a hipocrisia da situação (*hipocrités* é o actor, aquele que, na Grécia, usa *persona*, uma máscara, uma segunda personalidade[109]). Há mais mito ainda ao negar-se o mito. Embora o novo mito seja Razão.

Na verdade, o que o constitucionalismo moderno e a codificação operam é a adopção dos mitos políticos de uma nova ideologia dominante (os já referidos mitos liberais, depois democráticos,

---

[107] Raoul GIRARDET – *Mythes et Mythologies Politiques*, Paris, Seuil, 1986.

[108] E que em Portugal seria denunciada, a propósito precisamente da filosofia constitucional, por António José BRANDÃO – *Sobre o Conceito de Constitutição Política*, Lisboa, s/e, 1944.

[109] Todavia, a *Persona* tem em Direito e na Filosofia jurídica em especial um lugar relevantíssimo, quer enquanto pessoa, quer como máscara. Cf. Jean-Marc TRIGEAUD – *Idée de Personne et Vérité du Droit. De la Dikélogia à la Prosopologie*, in "Filosofia Oggi", Genova, Edizione dell'Arcipelago, anno XIV, n. 56, F. IV, out.-dez. 1991, p. 475 ss.; Idem – *La Personne Dénaturalisée. De l'impuissance de la 'naturalistic fallacy' à atteindre la personne*, in "Persona y Derecho", 29, 1993, p. 139 ss.; *La Personne Humaine, sujet de Droit*, in AA. VV. – *La Personne Humaine, sujet de Droit*, Paris, P.U.F., 1994; Idem – *Persona ou la Justice au double visage*, Genova, Studio Editoriale di Cultura, 1990; e *v.g.* Paulo Ferreira da CUNHA – *Princípios de Direito*, máx. p. 52 ss..

depois sociais/socialistas, etc...[110]), servidos ao nível jurídico pelos correspondentes mitos jurídicos.

Mas a imaginação dos homens é pequena. E é assim que a tríade mítico-constitucional, sobre que assenta todo o edifício mítico, jurídico e político, acaba por ser, em grande medida, uma tradução laicizada de antigos mitos religiosos, que impregnavam a cosmovisão do período anterior. Não poderia deixar de ser assim, e é já um grande passo, que muitos verão como sacrilégio e ruptura: mas somos sempre anões aos ombros dos gigantes... ou anões aos ombros de anões...

A separação de poderes, em todas as suas fórmulas, e englobando mesmo as posições dos seus detractores, reactualiza o problema teológico em torno do dogma da Santíssima Trindade.

O carácter escrito, uno e sagrado da constituição – e do código – não faz senão reviver a ideia de Torah, ou de Vulgata, ou de Bíblia, companheira inseparável e resposta a todos os problemas do cristão, versões judaica, católica e protestante do escriturismo ocidental. Ou do Corão, se quisermos alargar a analogia a todas as religiões do Livro (ou de Livros).

Os direitos naturais remetem-nos para o natural estado de Graça que o pecado original interrompeu, e antecipam (ou recordam) o paraíso (perdido e a conquistar – mito e utopia), que é – decorre do Génesis – correlativo da ausência de pecado. Direitos inatos – graça hereditária; pecado original – culpa transmitida.

A esta ideia de confluência ideológica, racionalista e alegadamente anti-mítica da codificação e do constitucionalismo, que os coloca como braços do mesmo corpo em movimento (o corpo do Leviathã), acresce no caso português uma particularidade histórica, decorrente de uma situação de sistematização jurídica, que ajuda a que ambos caminhem de par, numa primeira fase.

---

[110] Cf. Paulo Ferreira da CUNHA – *Mito e Ideologias. Em torno do Preâmbulo da Constituição*, in ex in *Pensar o Direito*, I, p. 341 ss..

É que, havendo razoáveis compilações quer de elementos político-constitucionais, quer de elementos civis, processuais, criminais, etc. – as Ordenações – o processo de constitucionalização nos seus primórdios acompanhou o de codificação.

O que estava em causa era o conjunto do sistema normativo legal do *ius proprium*. Logo, havia que rever todos os livros das Ordenações, sem distinção – do constitucional ao criminal[111].

E vai ser precisamente dessas duas pedras de toque de todo o concreto sistema jurídico que o mítico jurisconsulto Paschoal de Mello Freire se irá ocupar, no reinado de D. Maria I.

## 2. O "Novo Código" a vir, encarnação do mito de D. Sebastião

### 2.1. *Das Ordenações Filipinas às Cortes de Lisboa de 1641*

Recordemos, antes de mais, alguns factos. Em 1595, Filipe II sanciona as Ordenações Filipinas. Em 1603, são as Ordenações

---

[111] Se considerarmos que um dos elementos, indiciador ao menos, de constitucionlidade é o carácter de maior perenidade de um texto legal, então as Ordenações têm já esse elemento de para-constitucionalidade. É que expressamente se entendeu, a partir dos Filipes, pelo menos, que as Ordenações (incluindo as da Fazenda) e os Artigos das Sisas eram válidas "para sempre", e assim se deviam "guardar" e "praticar"; o mesmo não sucedendo já com os textos legais que se mantiveram avulsos, e se encontravam registados num livro da Casa da Suplicação. Estes, poderia o rei "revogar e mudar pelos tempos". Não desconhecendo a teoria tripartida da rigidez constitucional, que vai das constituições flexíveis às totalmente rígidas (só susceptíveis de mutação revolucionária), a verdade é que uma constituição totalmente flexível não parece muito consequente. E todas as leis que a si mesmas dificultam a revisão acabam por constituir, de uma maneira ou de outra, um núcleo considerado central da organização da pólis. Têm sempre algo de "constitucional".

Quer isto dizer que a revisão de todos os livros dessa colecção de coisas jurídicas eternas (no dizer dos Filipes, que assim pretendiam estar a respeitar rigorosamente os direitos e o direito dos portugueses) tem característica em si de uma revisão constitucional, para além dos aspectos especificamente constitucionais de tal revisão, comportados com o refazer do Livro II.

publicadas, já durante o reinado de Filipe III. Apenas em 1778, por decreto de 31 de Março, a rainha D. Maria I vai criar uma comissão para rever estas Ordenações.

Se nos lembrarmos de que a comissão falhará, e, depois dela, também o projecto individual de Melo Freire, e que a primeira Constituição datará de 1822 (depois de uma revolução), e o primeiro código, o Comercial, de onze anos mais tarde, ficaremos decerto surpreendidos com a longevidade deste texto mandado elaborar e "promulgado" por dois reis estrangeiros. Para mais, a partir de 1640, proclamados ilegítimos – se não pelo título (Filipe II de Espanha "herdara, comprara e conquistara" Portugal, nas míticas palavras que lhe foram atribuídas), ao menos pelo exercício[112].

Alguma coisa se passou necessariamente entretanto. E o que se passou foi fundamentalmente importante no reinado de D. João IV, o rei restaurador.

Já em 13 de Julho de 1613, apenas dez anos volvidos sobre a publicação das Ordenações, havia sido cometida a Gabriel Pereira de Castro a elaboração de uma colecção complementar das Ordenações: uma compilação das leis extravagantes.

Mas o que vai ser decisivo na história mítica deste Novo Código será o sucedido nas Cortes que primeiro se reuniram após a recuperação da independência.

Nestas Cortes de 1641, o terceiro estado ou os três estados do reino[113] pediram ao novo rei que fosse revista a legislação em vigor,

---

[112] Recordemos que a doutrina política da Restauração portuguesa vai afinal reabilitar (desta feita sobretudo com apoio nas fontes tomistas) a velha tese do contratualismo do poder em S. Isidoro de Sevilha: *rex eris si recte facies...* Cf. o nosso *Mythe et Constitutionnalisme au Portugal*, ed. policóp., p. 25 ss.. Sobre a filosofia constitucional da Restauração, Paulo Ferreira da CUNHA – *Temas e Perfis da Filosofia do Direito Luso-Brasileira*, p. 37 ss..

[113] Luis Reis TORGAL – *Ideologia Política e Teoria do Estado na Restauração*, Coimbra, Biblioteca Geral da Universidade, 1982, II, p. 96 n. 1 fala apenas no terceiro estado, baseado na colecção legislativa de Andrade e Silva. Mário Reis

reelaborando-se Ordenações, quer pela recolha nelas do avulso entretanto surgido, quer alterando o que fosse necessário.

Mas, mais importando então as armas que as togas (ou as leis), para defesa das fronteiras do reino assediado pelos espanhóis, D. João IV não acedeu a esta pretensão. As Cortes tiveram como consequência 33 novas leis como resposta a 108 capítulos dos povos, 27 do clero, e 36 da nobreza. Mais simples leis, e não uma compilação, de momento.

Parece que, assim como D. João IV se comprometera a ceder o trono a D. Sebastião, logo que ele voltasse, também prometera, para tempo oportuno, novas Ordenações. Eram duas promessas míticas, e que veriam destino muito idêntico.

### 2.2. *A Convalidação das Ordenações por D. João IV e a sua justificação teológico-política em António Vieira*

Entretanto, logo a 29 de Janeiro de 1643, as leis do invasor eram convalidadas. Oiçamos o rei restaurador, nesse seu aproveitamento das leis que os reis estrangeiros haviam feito, afinal, para demonstrarem o seu respeito pela individualidade portuguesa:

> "Hei por bem de minha certa ciência, poder Real, e absoluto, de revalidar, confirmar, promulgar, e de novo ordenar, e mandar que os ditos cinco Livros das Ordenações, e Leis que neles andam, se cumpram, e guardem, como se até o presente

---

MARQUES – *O Liberalismo e a Codificação do Direito Civil em Portugal. Subsídios para o Estudo da Implantação em Portugal do Direito Moderno*, Coimbra, separata do "Suplemento ao Boletim da Faculdade de Direito da Universidade de Coimbra", Coimbra, 1987, p. 96, n. 216 refere, por seu turno, os três estados. Em três estados fala também o manuscrito de António Ribeiro dos SANTOS – *Notas ao Título II das Leys, e do Costume do Novo Codigo de Direito Público de Portugal do Dr. Pascoal José de Mello, Escritas e Appresenttadas na junta da Revisão*, censura ao § XVIII, fl. 22 (Manuscrito da Faculdade de Direito da Universidade de Coimbra).

praticaram, e observaram, como se por mim novamente foram feitas, e ordenadas, promulgadas e estabelecidas, em tudo o que não estiver por Mim, e minhas Leis, e Provisões, e outras validamente depois delas feitas, praticadas e observadas, em quanto não mandar o contrário."[114]

Ao proceder assim a uma cabal recepção da legislação filipina, o rei restaurador limitava-se a realizar, no plano jurídico, uma *Traditio Legal*.

Reis Torgal desenvolve uma teoria que nos pode fazer pensar na hipótese de uma tal atitude de recepção poder estar já na mente de D. João IV, pelo menos nos fins de 1641.

Vejamos. Este historiador afirma que o Padre António Vieira, que nós sabemos protegido de D. João IV e por ele encarregado de espinhosas e delicadíssimas missões diplomáticas (portanto, um seu homem de confiança – pelo menos até certa altura[115])

"num dos seus sermões, pregado no início de 1642, já se referia à impaciência que os portugueses manifestavam pelo facto de as leis filipinas se manterem, procurando convencer o auditório de que elas não poderiam ser modificadas de repente."[116]

Apresenta o Autor como fonte o *Sermão dos bons anos*, § VI, e remete para um longo passo, transcrito no I vol. da sua obra[117].

---

[114] Cf. Andrade e SILVA – *Colecção chronológica da legislação Portuguesa, 1640-1647 compilada e anotada por...*, Lisboa, 1857; *Collecção da legislação antiga e moderna do Reino de Portugal*, pt. II, t. I, Coimbra, 1790, pp. VI-IX).

[115] Sobre a (relativa) queda em desgraça de Vieira, cf. *v.g.* o Prefácio do Padre Gonçalo ALVES à ed. dos *Sermões*, I vol., pp. XLIII ss..

[116] Reis TORGAL – *Ideologia Política e Teoria do Estado na Restauração*, II, p. 96, n. 1.

[117] *Ibidem*, I, p. 307 nt.

Embora este Sermão não refira jamais expressamente as Ordenações, é muito possível que a subtileza do pregador visasse o problema, ao afirmar, por exemplo:

"Circuncida-se Cristo para tirar do mundo a circuncisão[118], porque quem entra a introduzir uma lei nova, não pode tirar de repente os abusos da velha. Há-de permitir com dissimulação, para tirar com suavidade: há-de deixar crescer o trigo com cizânia, para arrancar a cizânia quando não faça mal às raízes do trigo. Todo o zelo é malsofrido [sic], mas o zelo português mais impaciente que todos. A qualquer relíquia dos males passados[119], a qualquer sombra das desigualdades antigas, já tomámos o Céu com as mãos, porque não está tudo mudado, porque não está emendado tudo[120]. Assim se muda um reino? Assim se emenda uma monarquia? Tantos entendimentos assim se endireitam? Tantas vontades tão diferentes assim se temperam?"[121]

E Vieira consegue ser profético, ao atirar para as calendas o refazer da lei; continua ele:

"Rei era Cristo, o Rei Redentor, e nenhuma cousa trazia mais diante dos olhos, que extinguir os usos da Lei velha, e renovar e introduzir os preceitos da nova; e com ter sabedoria infinita e braços omnipotentes, ao cabo de trinta e três anos de reino, muitas cousas deixou como as achara, para que seu sucessor[122]

---

[118] É quase uma metáfora à *traditio* das Ordenações por D. João IV.
[119] Realmente, parece estarmos a ver os grandes livros das Ordenações.
[120] "com a alteração que fosse necessária", como se dizia para as Ordenações.
[121] Padre António VIEIRA – *Sermão dos bons anos*, in *Sermões* I, p. 334
[122] A analogia entre D. João e Cristo – após o passo, antes (não citado aqui) em que é comparado a um D. Sebastião vivo (já que o outro está morto) – culmina com a ideia de sucessão, e vai no final desembocar no tema do V Império. Sublinhemos aqui, todavia, apenas a ideia de que parece que as novas leis serão para os sucessores de D. João IV. E foram...

S. Pedro as emendasse. Já Cristo não estava vivo, quando se rasgou o véu do Templo, figura da Lei antiga."[123]

Fala Vieira, ou D. João pelo verbo de Vieira?

### 2.3. Novas tentativas compilatórias

A situação foi-se degradando. Relembremos que só na sequência das cortes de 1641 foram produzidas 33 leis. O seu número foi crescendo, e a confusão progrediu também. Os próprios tribunais não sabiam muitas vezes que leis vigoravam, sobretudo, como é natural, se extravagantes.

Para obviar a este problema, sai o Decreto de 13 de Julho de 1679[124], o qual parece querer reeditar a Carta Régia de sessenta e seis anos antes. Tratava-se, mais uma vez, de tentar reunir em nova colecção todas as leis extravagantes feitas desde as Ordenações.

Porém, talvez se visasse ainda mais longe, porquanto se trataria, além de rever essa legislação avulsa, de apreciar o próprio texto "intocável" das Ordenações.

Para tão ingentes tarefas foram nomeados Gonçalo de Meirelles Freire, João Carneiro de Moraes e Manuel Lopes de Oliveira.

Não sabemos do resultado dos seus trabalhos.

Apenas temos notícia de sempre novos projectos de realização de novas compilações. Assim, o sonho de manhã de nevoeiro reaparecerá pelos decretos: de 14 de Maio de 1680, de 4 de Março de 1684, e de 20 de Novembro de 1687.

No reinado de D. João V, novamente surge a ideia, por pressão de alguns doutores e desembargadores, segundo parece deduzir-se de uma carta de Alexandre de Gusmão a Frei Gaspar da Encarnação.

---

[123] Padre António VIEIRA – *Sermão dos bons anos*, in *Sermões* I, p. 334.
[124] Cf. José Justino de Andrade e SILVA – *Collecção*, v. 1657-1683)

E o avisado Alexandre de Gusmão retrai-se, refazendo o discurso de Vieira:

"A collecção das Ordenações do Reino, que deve fazer o Corpo do Direito da Nação Portuguesa, não he obra, que se possa fazer com tanta ceremonia, e facilidade como elles incautamente imaginão."[125]

## 3. O "Novo Código" marino antes da participação de Mello Freire

### 3.1. *O Decreto de 31 de Março de 1778 e as limitações à acção reformadora da Comissão*

O Decreto de D. Maria I de 31 de Março de 1778[126] marca o início legal da preparação do *Novo Código*.

A exposição de motivos desta nomeação tem um certo sabor iluminado, embora os seus propósitos reformistas concretos sejam limitados. Visa a "felicidade dos povos", apenas possível com o conhecimento certo e indubitável das leis, o que andava muito difícil, pela sua abundância e pelo envelhecimento de algumas, "que a mudança dos tempos tem feito impraticáveis".

Presidia à Junta encarregada do Código o Visconde de Vila Nova de Cerveira, velho inimigo do Marquês de Pombal, agora reabilitado e promovido[127]. Da comissão faziam parte ainda os Doutores Bartolomeu J. Nunes Giraldes de Andrade, do Conselho da Rainha e Procurador da Fazenda do Ultramar, João Pereira Ramos

---

[125] *Collecção de Vários Escritos Inéditos, Políticos e Literários de Alexandre de Gusmão*, Porto, 1841, p. 59, apud Nuno Espinosa Gomes da SILVA – *História do Direito Português*, p. 284, n. 2.

[126] De seu nome "DECRETO / Para se ordenar um novo Codigo". Consagrando legalmente a expressão "Novo Código" que teria grande fortuna.

[127] Era agora o Visconde Ministro e Secretário de Estado dos Negócios do Reino.

de Azeredo Coutinho, Procurador da Coroa, José Ricalde Pereira de Castro, do Conselho da Rainha e Derembargador do Paço, e Manuel Gomes Ferreira, Desembargador dos Agravos da Casa da Suplicação[128]. A eles se agregavam outros, especificamente encarregados da revisão de partes concretas das Ordenações.

A Junta tinha funções bem especificadas pelo Decreto. Pertencia-lhe descobrir – é preferível a citação, por mor do rigor dos dados da questão –:

> "primo, quaes leis se achem antiquadas, e pela mudança das coisas inuteis para o presente e futuro; secundo, quaes estão revogadas em todo, ou em parte; tertio, quaes são as que na prática forense tem soffrido diversidade de opiniões na sua intelligencia, causando variedade no estilo de julgar; quarto, as que pela experiência pedem reforma, e innovação em benefício público para que sendo elle presente tudo Eu determine e estabeleça o que deve constituir-se no novo Código."[129]

D. Maria punha limites mais rigorosos ainda, porque mais explícitos. Na verdade, não desejava rever tudo, e muito menos fazer tudo de novo. O Templo velho havia de ser reformado, mas mantido nos seus fundamentos e nas suas divisões. A planta era, no fundo, a mesma.

Desde logo, tudo deveria ser distribuído "pela fundamental divisão dos cinco livros da Ordenação". Até porque não seria conveniente que os Ministros acostumados a esta sistematização tivessem que mudar de método. E, antes de tudo, porque as velhas ordenações tinham boa aceitação entre os vassalos.

---

[128] Gonçalo J. da Silveira Preto também faria parte, segundo Nuno Espinosa Gomes da SILVA – *História do Direito Português*, p. 284, n. 3.

[129] António Delgado da SILVA – *Collecção da Legislação Portuguesa desde a última compilação das ordenações redigida pelo desembargador...* (Legislação de 1775 a 1790), Lisboa, 1828, pp. 162 ss..

Vale a pena citar:

"constando-me a boa aceitação com que athe ao presente tem sido recebida de todos os meus vassalos; e não sendo conveniente ao meu Serviço obrigar aquelles Ministros costumados a julgar e fazer o seu estudo pelos antigos Códigos deste Reino a um novo methodo, ainda que melhor na opinião de alguns, certamente para aquelles mais difícil [...]"

Em suma: quando muito, vinho novo em odres velhos.

### 3.2. *Impasse na Comissão*

A esta camisa de forças reformadora critica, mais tarde, Borges Carneiro, em termos vigorosos:

"Está em boa aceitação a Ordenação do Reino. Tão bem os Turcos e os Judeus tem em grande aceitação o seu Alcorão e os legaes do Deuteronomio, porque lhes ensinarão desde a infância que são aquelles os melhores códigos do mundo. Não quer obrigar os Ministros a novos estudos. Há uma razão mais pueril? Deverá pois a presente e futuras gerações viver sempre embaidas em preocupações, porque não tenhão incomodo alguns septuagenarios do tempo presente? 'Os Membros desta comissão sigão a divisão das matérias adoptadas no Código actual'. Não é isto principiar por manietar os redactores, e querer o Secretário de'Estado ensinar o Padre Nosso ao Vigario?"[130].

Aliás esta crítica é muito semelhante, quer no fundo, quer até na forma polémica, com a do sobrinho de Mello Freire, Freire de

---

[130] Borges CARNEIRO (sob o pseudónimo de D.C.N. Publicola) – *Juízo Crítico sobre a Legislação de Portugal ou Parábola VIII acrescentada ao Portugal Regenerado*, Lisboa, 1821, p. 12, nota a) *apud* Nuno Espinosa Gomes da SILVA – *História do Direito Português*, p. 285, n. 1

Mello, a propósito da mesma questão. Permitomo-nos transcrevê-la, intercalando comentários:

"Esta razão é vergonhosa e indigna de vir neste Decreto. O bem geral de cada nação devêra antepor-se inda ao mais ímprobo trabalho que os julgadores podessem ter no estudo das leis. Que differença entre este Decreto e as Instrucções dadas pela grande Imperatriz da Russia [lá vem o mito do direito alheio, da cidade ideal lá fora... e bem longe!] para um novo Codigo? Este Decreto, bem mostra ser feito pos algum desembargador ferrugento, ignorante da philosophia legal, que depois de inventados os saborosos fructos, queria ainda alimentar-se a si e aos outros das bolotas ou do manjar de EZECHIEL!"[131]

De qualquer modo, fosse pela camisa de onze varas em que se encontrava a Junta, obrigada a fazer obra de fachada iluminista com restrições sistemáticas, e mesmo de conteúdo, além de internamente dividida no plano ideológico e jurídico, fosse pelo inveterado hábito nacional de raramente se conseguir realizar em grupo – e para mais em Comissão estadual – a tentativa inicial saíu gorada.

Os primeiros problemas surgiram da compatibilização entre os que se inclinavam por uma solução meramente reformista do texto e das soluções filipinas, tomando totalmente ao pé da letra as instruções da Rainha, e os que, no fundo, as procuravam subverter o mais possível, fazendo com que os odres velhos se transmutassem por acção regeneradora do novo néctar.

De entre estes reformadores mais ousados, estava o quase esquecido[132] Desembargador da Relação do Porto Duarte Alexandre Holbeche[133].

---

[131] Francisco Freire de MELLO – *Discurso sobre delictos e penas*, 2.ª ed., Lisboa, 1822, p. 96, n. 45.

[132] Cf., porém, *v.g.*, Luís Bigotte CHORÃO – *O Discurso de Duarte Alexandre Holbeche – Subsídios para a História do Novo Código*, in *Estudos em homenagem ao Professor Doutor Manuel Gomes da Silva*, coord. de Ruy de Albu-

querque / Martim de Albuquerque, Coimbra, Coimbra Editora, Revista da Faculdade de Direito da Universidade de Lisboa – Estudos em homenagem, 2001.

[133] O sobrinho de Mello Freire, Freire de Mello, o mesmo que viria a criticar acerbamente as edições das obras didácticas do tio publicadas pela Academia das Ciências (o que lhe valerá a expulsão e a expurgação do seu prefácio da obra do tio, além de outras curiosas peripécias) foi um grande panegirista e um grande polemista. A sua verve desabrida não poupava ninguém, enquanto se não cansava de elogiar o douto parente. Ao seu afã e à sua eloquência se deverá certamente a entronização do mito da comissão ociosa de quinze jurisconsultos, incapazes de fazer, durante cinco anos, o que o génio, sozinho, erguerá e magnificamente. Cf. Freire de MELLO – *Discurso sobre delictos...*, máx. p. 98. Será naturalmente graças a este mito do gigante Melo Freire (sem embargo do seu real valor, como é óbvio) que homens como Holbeche ficara à sua sombra, olvidados, ou até maltratados. Freire de MELLO – *Op. cit.*, p. 104, fazendo o compto do trabalho da comissão remodelada, pronto para rever: "Havia tambem [além das obras do tio] para a censura alguns titulos pertencentes ao direito testamentario, feitos por DUARTE ALEXANDRE HOLBECHE (morto muito antes do Decreto da revisão acima) que mais se devião reputar uns ridiculos commentarios ao direito romano, do que um codigo de leis patrias". De novo o mito do direito nacional e o mito do direito estrangeiro.

Embora perfeitamente cientes da personalidade de Freire de Mello, há eminentes estudiosos que não discutem (ou não o fazem claramente) o mito. Assim, Braga da CRUZ – *O movimento abolicionista e a abolição da pena de morte em Portugal*, in *Obras Esparsas*, II, 2.ª parte, p. 86, n. 2 da p. 85: "Diz FREIRE DE MELLO [...] – e parece ser verdade – que os 15 jurisconsultos a quem foi cometida tão delicada tarefa 'nada fizerão'. E, ao cabo de 5 anos, em 22 de Março de 1783, foi então 'chamado da Universidade de Coimbra para esta Obra o sr. PASCOAL JOSÉ DE MELLO', o qual – continua o sobrinho – 'concluio não ensaios, mas um verdadeiro Codigo de Direito Publico, e Criminal Portuguez, o qual foi mandado rever por Decreto de 3 de fevereiro de 1789, o que atégora [o autor escreve em 1822] inda se não fez". Apesar da modelação e moderação do "parece ser verdade", e da citação do sobrinho como fonte, o que de alguma forma iliba as responsabilidades do Autor, não parece haver dúvida que a progressão narrativa que daqui resulta é a de uma narrativa mítica, a história do mito do Salvador, aplicada ao legislar: um legislador mítico, mas incompreendido. Cf. Raoul GIRARDET – *Mythes et mythologies politiques*, p. 63 ss.. Um herói. Outros autores vão mais longe, parecendo identificar a "improdutividade" da comissão com uma espécie de constante ou normalidade da *natura rerum*. E depois vem o salvador. Está pre-

Cabendo-lhe o Livro IV, elabora um longo e bem fundamentado relatório[134] que claramente propugna uma ideologia codificadora e iluminista, em tudo contrária aos princípios (ou ausência deles, no seu parecer) das Ordenações. Influenciado pela legislação de Catarina II da Rússia, de Luís XV de França, Frederico da Prússia, Carlos Manuel da Sardenha, e frequentador assíduo do

---

sente o mito do visconde de Seabra, autor singular do código de 1867, esse sim entrado em vigor (por 99 anos!), após as desventuras de uma comissão. A história repetir-se-ia, andando a interpretação histórica às arrecuas. Também no séc. XIX, depois de se ter mesmo oferecido alvíssaras a um desconhecido autor de código, sem sucesso (mas em direito penal houve projectos apresentados) – e aqui reeditava-se o mito do codificador de Bentham, só que para este tal trabalho não deveria ser senão gratuito – "Procurava-se, romanticamente, um iluminado jurisconsulto retirado do século" – adaptação do mito do príncipe encarcerado, e liofilização (singularizadora) do mito do legislativo esclarecido. (Mais desenvolvimentos em Nuno Espinosa Gomes da SILVA – *Codificação em Portugal*, in Joel SERRÃO – *Dicionário de História de Portugal*, I, p. 600). As mais conhecidas versões deste passo, no presente, serão talvez as seguintes: J. M. da Silva CUNHA – *História das Instituições*, II, p.992: "Como muitas vezes acontece, não foi produtiva a actividade da comissão até que, em 1783, Melo Freire foi encarregado de escrever o livro segundo do projecto, respeitante ao Direito Público, e, depois, o livro quinto sobre Direito Criminal." Já, *v.g.* Mário Júlio de Almeida COSTA – *História do Direito Português*, p. 384, opina prudentemente, matizando logo com uma expressão inicial significativa: "De qualquer sorte, não chegou a referida comissão a resultados palpáveis. Daí que, no ano de 1783, MELLO FREIRE fosse encarregado da revisão do livro II das Ordenações e, em seguida, do livro V, relativos, como sabemos, respectivamente ao direito público político-administrativo e ao direito criminal." Nuno Espinosa Gomes da SILVA – *História do Direito Português Português*, p. 285, conta a história com a mesma brevidade: "Não foi, todavia, frutuosa a actividade da comissão, até que, em 1783, Melo Freire foi encarregado de escrever o *livro segundo* do projecto, respeitante ao *direito público*, e, depois, o *livro quinto*, sobre *direito criminal*." Não nos deve surpreender esta semelhança de versões: ela espelha um mito enraizado, e não apenas uma verdade histórica. E, nos mitos, a própria forma – o ritual – conta, e muito.

[134] Duarte Alexandre HOLBECHE – *Discurso de... sobre a jurisprudência em geral; tratando em particular da parte que lhe foi distribuída, que compreende os 79 tt. os do L.° IV.°*, (Manuscrito, in Arquivo Nacional da Torre do Tombo, 85, ref.ª 20).

Montesquieu do *Esprit des Lois*, e dos modernos, desde Hobbes a Domat, de Puffendorf e Wolff a Martini, passando, evidentemente, por Thomasius, Holbeche – até no nome estrangeirado[135] – quer clareza, certeza, sistematização, universalidade, plenitude do ordenamento, simplificação do Direito. E reconhece os erros e complexidades introduzidas pela própria Lei da Boa Razão[136].

A sua ideia é a distribuição normativa por uma ordem e método naturais e claros. Começa a esboçar verdadeiros recortes de institutos jurídicos. A superação das Ordenações parece completa, embora, evidentemente, no domínio do Direito Civil.

É para nós um enigma talvez só explicável pela fortuna académica de Mello Freire, e pelo silêncio tradicional dos Magistrados, a fama do primeiro e o olvido deste corajoso Desembargador.

Não poderá haver duas estrelas no firmamento jurídico de um tempo e dum lugar? Para que o mito de um sobressaia há que ignorar o outro?

Apesar das ideias que se viriam a plasmar num projecto como o de Holbeche serem completamente alheias (e contrárias) às intenções da soberana, e também inaceitáveis para alguns dos seus pares na comissão, chegou-se a um compromisso. Não se inovaria totalmente, mas isso não impedia que se usasse uma metodologia moderna, e se introduzissem novas normas[137].

Mas nem assim os trabalhos devem ter feito progressos.

---

[135] Jorge Borges de MACEDO – *Estrangeirados. Um conceito a rever*, Separata de "Bracara Augusta", Braga, vol. XXVIII, 65-66 (77-78), 1974.

[136] Aludindo à permeabilização dos juízes à política por via da imprecisão e subjectivismos introduzidas pela Lei da Boa Razão (apesar de todos os seus méritos), cf., contemporaneamente, o juízo de A. H. de Oliveira MARQUES – *História de Portugal*, 4.ª ed., Lisboa, Palas Editores, 1974, pp. 551-552. Parecendo concordar com esta posição, Teresa BERNARDINO – *Sociedade e Atitudes Mentais em Portugal (1777-1810)*, Lisboa, Imprensa Nacional Casa da Moeda, 1986, p. 77.

[137] *Voto dos ministros do código sobre o método que devem observar na sua composição*, 17-IX-1778 (manuscrito inédito, *in* Arquivo Nacional da Torre do Tombo, 85, ref.ª n.º 17.

E foi assim, graças às desventuras da Junta, que em 1783[138] se encarregou Melo Freire da redacção do Livro II, e, mais tarde, também do Livro V das Ordenações – cabiam-lhe as questões constitucionais e criminais. O Direito Público mais simbólico.

A Comissão, de resto, não acabava. Chamava a si mais três Ministros[139], por quem distribuía os Livros (à excepção do I, para ulterior harmonização com os restantes). Mas de todos, apenas o nome de Melo Freire[140] ficou.

---

[138] A proposta da integração na Junta é de 23 de Maio de 1782.

[139] Além de Mello Freire, o Lente Francisco Xavier de Vasconcellos, e o Desembargador de agravos e ex-Lente, José Joaquim Vieira Godinho, os quais ficavam encarregados, respectivamente, do princípio do Livro IV e do Livro III. Os contratos permaneciam com Holbeche, no livro IV também.

[140] Paschoal José de Mello Freire dos Reis, filho de Belchior Freire dos Reis, oficial cumulado de glória nas guerras de sucessão de Espanha, viu pela primeira vez a luz do dia a 6 de Abril de 1738, em Ansião, Leiria. Após distintos estudos de Leis, obteve o doutoramento com a idade de 19 anos (a 3 de Maio de 1757). Imediatamente se dedicou ao ensino, e em seguida à reforma da Universidade (1772), foi-lhe dada a oportunidade de inaugurar a cadeira de Direito português ("Direito Pátrio"), que o Marquês de Pombal acabara de criar. Muito jovem, não era titular da cadeira de que seria o arquitecto e o obreiro, tendo o curioso título de "substituto", embora tenha sido ele quem, sem qualquer colaboração, percorreu toda a antiga e moderna legislação nacional, e pela primeira vez a dotou de um verdadeiro sistema dogmático. Quando foi nomeado definitivamente, nove anos somente antes da sua aposentação, um monumento jurídico havia já sido erguido pela sua pena: a primeira história do direito português (*Historiae Juris Civilis Lusitani*, 1788), os dois tratados fundamentais do nosso direito, o "Civil" e o Criminal, que ninguém jamais ousara escrever (*Institutiones Juris Lusitani, cum Publici tum Privati*, 1789, e *Institutiones Juris Criminalis Lusitani*, 1789), esta última numa perspectiva mais prospectiva, infuenciada pelo iluminismo penal de Beccaria e Filangeri, aos quais se juntam muitas obras menos conhecidas, ditadas sobretudo pela motivação polémica do momento, alguns inéditos, ou publicados *post mortem* por seu dedicado sobrinho, Francisco de Melo, ou por outros. Sublinhamos: *Dissertação histórico – jurídica sobre os direitos e jurisdição do Grão – Mestre do Crato...; Ensaio de Código Criminal; Projecto de Código Criminal; Alegação jurídica: Discurso sobre os votos de Santiago; Projecto de regulamento para o Santo Ofício*; diversas respostas aos críticos das suas

Mais: Melo Freire seria consagrado como o novo legislador mítico[141], o "grande e nunca assaz louvável Papiniano deste reino", no

obras, etc. Mas Mello Freire, embora titular de diversos cargos e sinecuras – Grão-Mestre do Crato (1785), juiz de tribunais superiores (1785), deputado da "Bula da Cruzada" (1783), deputado do Conselho Geral do Santo-Ofício (1793), Conselheiro da Rainha (1793), membro da Academia Real das Ciências (*idem*), etc. – entrou verdadeiramente na vida pública e adquiriu interesse como juspublicista e teórico constitucionalista *avant la lettre* sobretudo com a sua nomeação para a comissão de elaboração do "Novo Código", em 1783. Aí, o famoso jurista, que tinha seguido o humanitarismo penal do iluminismo em voga, e adoptado da escola alemã o *usus modernus pandectarum*, teve o seu baptismo de fogo. O seu projecto e a resposta às suas críticas testemunham uma muito curiosa atitude. Ribeiro dos Santos, seu colega da gémea faculdade de Cânones, acusa-o e estigmatiza-o (justamente, aliás) como o representante do despotismo.

É desnecessário dizer que os ventos revolucionários de França e a dissensão entre os nossos jurisconsultos desencorajaram a rainha a promulgar os códigos constitucional e criminal.

As exéquias fúnebres de Melo Freire, falecido a 24 de Setembro de 1798, em Lisboa, foram uma grandiosa homenagem do mundo jurídico nacional ao grande mestre jurisconsulto. O elogio, em latim, de Garção Stockler, é uma bela peça de oratória e um exemplo da sua fama.

[141] Ainda hoje o é. Inúmeras obras o consideram genial, o põem ao lado dos maiores génios da História Universal, sem, contudo, indiciarem minimamente que o leram. A celebridade é a pior das incompreensões, e a mítica é a incomporeensão total, por total *Recuperatio pro domo sua* de quem usa os mitos. Há quem considere que sobre o Autor em causa existe "suficiente informação", para depois só citar o seu elogio fúnebre, por Garção STOCKLER – *Elogio Histórico de Pascoal de Melo Freire dos Reis pronunciado na assembleia pública da Academia Real das Ciências de 17 de Janeiro de 1799*, e dedicado a Sua Alteza Real o Príncipe D. João Nosso Senhor, Lisboa, Tipografia da Academia R. das Ciências, 1799. Cf. Francisco José VELOZO – *Prefácio* a *Instituições de Direito Criminal Português*, trad. port. do Dr. Miguel Pinto de Meneses, in "Boletim do Ministério da Justiça", n.º 155, Abril 1966, p. 13. Convenhamos que um elogio, embora de título longo, é parca bibliografia... No sentido da escassez de fontes ("A obra do eminente jurista Pascoal de Melo Freire [...] ainda não foi objecto do estudo completo que merece" – palavras que abrem o artigo), cf. Luis A. de Oliveira RAMOS – *Melo Freire, Verney e a Inquisição*, in "Bracara Augusta. Revista Cultural de Regionalismo e História da Câmara Municipal de Braga", Braga, Vols. XXV-XXVI, anos 1971-72, n.ºs 59-62 (71-74), p. 170.

dizer do fecundo (mas nem sempre profundo) advogado de Lobão, Almeida e Sousa, que da terra ganhou o apelido[142].

Um mito que, nos sectores especializados (máxime no do Direito Criminal) ultrapassou fronteiras, e alçou Melo Freire às alturas de Voltaire, de Montesquieu, de Thomasius e do Marquês de Beccaria[143].

Mello Freire trabalhou depressa nos seus projectos de Livro II e de Livro V. Tinha erudição vasta, que gostava de ostentar, possuía ideias claras e um objectivo: instaurar um pombalismo mitigado, um despotismo sem déspota. O seu projecto é o de uma utopia iluminista, tanto ao arrepio dos novos ventos que já sopravam fortes da França revolucionária e liberal, como das pretensões aristocrático-tradicionalistas (por vezes identificadas com as liberais, ou como liberais *avant la lettre*, devido a alguma convergência pontual de posições e ao comum inimigo absolutista). Se no domínio penal segue moderadamente o humanitarismo em voga com Beccaria e o seu arauto Voltaire, já no constitucional assume posições cristalizadas de despotismo iluminado, que lhe valerão críticas profundas por parte desse eminentíssimo e tão injustamente esquecido jurista e humanista que foi o Doutor António Ribeiro dos Santos. Incapaz de sustentar as críticas no seio da comissão em que Ribeiro dos Santos era censor, Freire respondeu àquele de sua casa, num processo que (de permeio com a Revolução Francesa) viria a inviabilizar a revisão das Ordenações, mas em que estão vivissimamente aclaradas as razões dos contendores do debate político entre nós.

---

[142] M. de Almeida e SOUSA (de LOBÃO) – *Notas de uso practico...*, parte I, Lisboa, 1847, p. 3.

[143] Cf. Hans-Heinrich JESCHECK – *Principes et solutions de la politique criminelle dans la réforme allemande et portugaise*, in "Estudos 'in memoriam' do Prof. Doutor José Beleza dos Santos", I, Coimbra, 1966, pp. 436 ss.. Mário Júlio de Almeida COSTA – *História do Direito Português*, p. 379, n. 1, que também faz esta referência, diz mesmo que "não falta quem o compare aos grandes reformadores".

Em consequência deste pleito, Ribeiro dos Santos seria (injustissimamente) acusado superiormente de republicano e monarcómano, do que viria a ser absolvido. Essa calúnia ensombra a glória de Mello Freire. E para alguns será caso para dizer, mais serenamente e mais profundamente, sobre as posições políticas em confronto, que mais se parece o despotismo esclarecido com certo jacobinismo (quais "gémeos inimigos", saídos do mesmo espírito – quais sombras das Luzes[144]), e que o tradicionalismo das liberdades, em certo sentido e alguns aspectos ao menos, se assemelha ao liberalismo burguês.

O reinado de D. Maria vai cada vez mais entrar na defensiva face à perturbação do velho mundo, que parece espelhar-se nos temores da soberana, a qual, como se sabe, acabará por enlouquecer.

As invasões francesas, ocorrendo já na regência e no governo de D. João VI, não constituíram um lapso no movimento constitucionalista e no codificador. Vamos assistir a várias tentativas portuguesas e francesas para dotar o país (ou o que dele restasse, designadamente no caso de divisão em três partes, como desejava Godoy, ironicamente cognominado de "Príncipe da Paz") de uma constituição (normalmente um texto outorgado, que se pensou até poder copiar-se do do Grão Ducado da Polónia). E, quando as tropas anglo-lusas expulsam o invasor, parece que estava já pronta e nos prelos a tradução portuguesa do *Code Civil* napoleónico, cuja aplicação se preparava. O tradutor, um magistrado, protestou que se tratava apenas de um trabalho científico, decerto precursor do Direito Comparado. Parece que os seus juízes se deixaram convencer.

A ocupação inglesa que se seguiu à expulsão dos franceses, tendo transformado o país numa caserna, aumentaria muito os descontentamentos. E a revolução de 1820 acaba por ser a confluência do descontentamento com a tutela britânica, com a *colonização pela colónia* que constituía a permanência da capital no Brasil, e

---

[144] Cf. Rui de ALBUQUERQUE / Martim de ALBUQUERQUE – *História do Direito Português Português*, p. 138.

finalmente com ideias intelectuais de constitucionalismo, cautelosamente apresentadas, a princípio, como simples processo restaurador – como aliás sucedera também em França, e consta, como veremos, dos preâmbulos e proclamações constitucionais (mito da idade do Oiro e regresso a ela)[145]. Se o povo em geral sentiria o peso de Beresford, e se os comerciantes se ressentiam da concorrência e do favor dos sul-americanos, os intelectuais seriam decerto os únicos a equacionar a questão numa perspectiva constitucionalista revolucionária corente e progressiva. Todos, porém, confluíam na necessidade de mandar vir o rei que se demorava no Brasil. E quando ele chegar já ninguém o irá verdadeiramente querer. A Constituição que obrigarão a família real a jurar (ainda antes de ter sido redigida) será uma constituição republicana que se "esqueceria" de abolir a monarquia. Já em 1820 parecia inevitável a guerra civil...

Quanto aos Códigos, esses, teriam que esperar tempos mais calmos. O artifício da consensualidade codificadora não pode vingar entre lutas fratricidas.

---

[145] Cf., *v.g.*, Rui de ALBUQUERQUE / Martim de ALBUQUERQUE – *História do Direito Português Português*, p. 174 ss..

## CAPÍTULO II
## DO DIREITO CONSTITUCIONAL NAS ORDENAÇÕES

> *"Agora no segundo livro, e d'hi en diante entendemos fallar, e trauctar das Leyx, e Hordenaçooes, per que se os Regnos governem, e os ditos officiaaes ajam de reger por boa eixecuçom dellas."*
>
> Ordenaçones do Senhor Rey Dom Affonso V, Livro II

CAPÍTULO II
# DO DIREITO CONSTITUCIONAL NAS ORDENAÇÕES

I. O LIVRO DE DIREITO POLÍTICO NAS ORDENAÇÕES

## 1. As matérias reguladas no Livro II das Ordenações

Importa, antes de mais, dar uma breve passagem de olhos pela evolução do conteúdo do Livro II, nas três Ordenações.

Depois do Livro I, de âmbito jurídico-administrativo, especialmente votado a explicitar as funções dos funcionários mais próximos do Rei, o Livro II curava de Direito Público, essencialmente constitucional ou político.

Pode dividir-se, de facto, em duas partes, e só da segunda curaremos, porque só ela diz especificamente respeito à nossa noção moderna de Constituição, a do Constitucionalismo. Ou, talvez melhor: porque o primeiro conjunto de matérias foi, pelo menos no Ocidente (salvo na Grécia e ainda hoje[146]), perdendo acolhimento formalmente constitucional. Na verdade, primeiro, vêm os artigos que recordam as leis ou definem as soluções sobre as relações entre o Estado e a Igreja. As quais então eram bem mais complexas que hoje, e, constituindo como que uma partilha prévia de poderes entre

---

[146] A Constituição Grega em vigor começa precisamente com a explicitação constitucional de matéria religiosa e eclesiástica.

o Sacerdócio e o Império, entre o Trono e o Altar, não podem deixar de ser consideradas constitucionais no sentido mais lato do termo. Aliás, numa linha que inclui o sagrado no direito público, e que vem já do Direito Romano. Depois destas disposições, e só depois delas, encontram-se os normativos que estabelecem o direito mais especificamente político.

Por entre estas normas – quase de início, e por isso se encontrando entre estatuições que repartem poderes entre "a Igreja e o Estado" – surgem, nas Ordenações Afonsinas[147] e nas Manuelinas[148], as já aludidas normas sobre as fontes e sua hierarquia. Decerto pelo facto de um dos direitos concorrentes com o direito do reino, o *ius proprium,* ser precisamente o Direito Canónico, e um dos métodos de sistematização mais usuais ser o da associação de ideias[149]. Como vimos, estas disposições apenas foram relegadas para o Livro III, processual civil, nas Ordenações Filipinas[150].

Pondo de parte, por ora, quer as questões jurídico-eclesiásticas[151], quer as referentes ao dito "direito subsidiário" (esta última

---

[147] *Quando a Ley contradiz aa Degratal, qual dellas se deve guardar* – Título VIIII [sic, por IX], do Livro II.

[148] *Como se julguaram os casos, que nom forem determinados por Nossas Ordenaçoens* – Título V, do Livro II.

[149] Dá a impressão que a ordem de disposição das normas segue o fio da memória do primeiro compilador (o das Ordenações Afonsinas), ao qual os ulteriores vão juntando, nos lugares próprios, mais lembranças a propósito dos mesmos assuntos, mas frequentemente perdendo-se (na nossa perspectiva actual).

[150] *Como se julgarão os casos, que não forem determinados per as Ordenações* – Título LXIV, do Livro III.

[151] Há um claro intuito centralizador e regalista na evolução deste Livro II das Ordenações. E isso seria importante estudar, mas em trabalho específico. Por exemplo: nas Ordenações Afonsinas, surge logo no Título VIII a preocupação de restringir a imunidade dos "que se coutam aa Igreja", ou de penhorar os bens dos clérigos condenados pela justiça do Rei (Título XI), etc. As Ordenações Manuelinas começam logo este seu livro pela enumeração dos casos em que os clérigos "ham de responder perante as Justiças Seculares" (Título I), prosseguindo com os casos de confisco real "a aquellas pessoas que se liurarem pelas Ordens, que nom forem pelo Eclesiastico dereitamente julgadas e punidas" (Título II). Ainda as

questão porque já tratada *supra*), debrucemo-nos de relance sobre a parte juspolítica das três colecções.

## 2. Conteúdo constitucional do Livro II das Ordenações Afonsinas

### 2.1. *Os Direitos Reais nas Ordenações Afonsinas*

As Ordenações Afonsinas começam a sua parte juspolítica verdadeiramente[152] com o Título XXIIII (*sic*, por XXIV), que cura dos Direitos Reais, do Rei.

Evidentemente que as concepções da época misturam aqui constantemente patrimonialidade do Rei com poder real, sendo difícil não considerar tal patrimonialidade, então, como um elemento que se aproxima dos seus direitos constitucionais.

Assim, tratando destes Direitos Reais, deparamos com um texto muito interessante enquanto discurso legitimador, que recua até tempos sucessivamente mais remotos, e instâncias de legitimação mais altas.

Começa logo pelo título: "Dos Direitos Reaaes, que aos Reys perteence d'aver en seus Regnos per Direito Comuu." Não se trata, pois, de uma estatuição *ex voluntate* do rei português, e menos ainda do monarca então governante em especial. É matéria de *ius commune*.

Mas o texto é mais rico. Começa por remeter para o pai do monarca compilador:

"El Rey meu Senhor, e Padre de gloriosa memoria fez hua Ley, de que o theor tal he."

---

Ordenações Filipinas insistem em igual Título I, consistindo os subsequentes em variações quase só meramente sistemáticas dos primeiros das Ordenações anteriores. E a doutrina é a mesma.

[152] Exceptuando uma ou outra referência intercalada, de carácter misto, como o Título XIII – *Que os Clerigos, e Hordeens, e Moesteiros, e Fidalgos, e Cavalleiros nom possam a ver, nem gaançar bens nos Regueengos d'El Rey.*

A lei não é, pois, de D, Afonso V, mas de D. Duarte. Porém, nem isso. Este, depois de se apresentar com os títulos (onde não falta, evidentemente, e desde logo, "pela graça de DEOS Rey..."), remete para a "Ley santa" e para a "Natural". A ideia justificativa da enumeração de direitos parece ser a seguinte: se os direitos fossem poucos ("minguados"), os reis haveriam de agravar os povos com encargos ilegais. Assim, D. Duarte não desejou impôr direitos, nem arrogar-se mais dos que lhe coubessem. Disso é testemunha o procedimento legislativo, que assim se torna legitimador por excelência. Anda de par a *Legitimation durch Verfahren*[153], legitimação ritual e legitimação retórica. Aliás, o procedimento é um discurso, e o discurso é um ritual, logo, um procedimento.

Mas voltemos "aos factos". Que faz, então, D. Duarte? Não pretende ser ele autor da lei, antes encarrega Ruy Fernandes, do seu conselho, de buscar em todas as fontes admitidas – e aqui parece ir mais além que as fórmulas do Título IX das Ordenações, porque se trata de texto anterior, a elas ainda não vinculado – o "verdadeiro conhecimento de todolos Direitos Reaaes".

Ruy Fernades procuraria nas Leis Imperiais, e em quaisquer outros direitos, canónicos ou civis.

Após "estudo deliberado", o letrado deu ao soberano uma declaração do que achou por Direito, e D. Duarte, que apenas queria ser "certamente enformado", limita-se a reproduzi-la.

Este legislador que se apaga perante a lei santa e a natural, e o trabalho de investigação (afinal doutrinal) de um doutor[154], e esse outro, que se inclina diante da lei de seu pai, de "gloriosa memória", e ainda o jurista que logo começa o seu texto com a lição das Leis Imperiais[155] – todos pertencem a um tempo de legislação (pelo me-

---

[153] Cf. Niklas LUHMAN – *Legitimation durch Verfahren*, 2.ª ed., Neuwid, 1975.

[154] Nos §§ 37 e 38 volta a falar o rei, para lhe conferir solene aprovação ("[...] avemo-la por boa, e mandamos que se cumpra, e guarde como em ella he contheudo" – § 38).

[155] E termina o jurista, no § 38, dando como prova de serem tais os Direitos reais, nada menos que o Digesto.

nos aparentemente) não voluntarista. Daí todos negarem às leis a sua paternidade.

Os trinta e seis artigos dos direitos do rei, além dos de carácter patrimonial, incluem um encargo geral de obediência ou serviço, desde que "emposto por Ley ou per Costume longamente approvado" (§ 21). Acrescem a esta cláusula, de alcance muito lato, e a ser preenchida ulteriormente nos casos concretos, direitos mais especificados:

- o poder de chefia geral e superior dos assuntos militares, designando as chefias – o Almirante e o Capitão (§ 3);
- a autoridade de cunhar moeda (§ 4);
- o poder de lançar imposto por seu casamento ou de sua filha;
- o ser servido em tempo de guerra por pessoas e seus pertences, máxime meios de transporte (ambos no § 20), bem como a possibilidade de, nessas circunstâncias ou noutra "necessidade", "lançar pedidos, e poer imposições" (§ 24);
- o poder de nomear funcionários, e magistrados: designadamente juízes; reconhece, porém o texto que houve usurpação em "todas as partes do Mundo" deste poder, que era do rei, por parte das cidades e vilas – daí que se se ordene o pedido de confirmação desses magistrados pelo monarca (§ 25).

## 2.2. *Os direitos nas Ordenações Afonsinas*

Consideramos o título dos direitos reais uma pedra de toque da constituição de então. Pode mesmo dizer-se que muitos dos títulos subsequentes são desenvolvimentos ou complementos dos seus parágrafos, tanto dos patrimoniais[156] como dos políticos[157].

---

[156] No caso patrimonial, por exemplo, o Título LIIII – *Dos beens, que perteencem a ElRey per caso de heresya, ou treiçom*.

[157] As normas políticas aparecem mais como complementares que como desenvoluções.

Há ainda normas administrativas ou, no máximo, de procedimento constitucional[158].

Há sobretudo a registar uma preocupação com a manutenção dos direitos de cada um. Não, evidentemente, os direitos gerais e abstractos, universais, do Iluminismo. Mas os *jura* do *suum cuique* de cada qual, muitas vezes estabelecidos consoante a sua ordem (ou estamento) social ou outras malhas de inserção concreta, profissional, local, de estado, etc. Tal é, aliás, o projecto assumido logo no preâmbulo, quando se fala na manutenção e respeito dos privilégios e liberdades das instituições e pessoas religiosas[159]. Trata-se não apenas dos direitos dos religiosos, mas também da protecção muito concreta das diversas pessoas e do que lhe é próprio, dos seus "direitos", os quais foram interpretados, para a Hispânia em geral, por Bernardino Bravo Lira[160], ou Alberto Montoro Ballesteros[161].

Assim, vai-se não estabelecer situações ou proclamações de princípio mais ou menos igualitárias, mas sim procurar atalhar os abusos resultantes de exemplos concretos de violação do "seu" de cada um.

---

[158] Título XXV – *Que não seja creuda Portaria nenhuma d'ELREY, salvo per sua Carta seellada do seu seello;* XXVI – *Que se nom faça obra per Carta, ou Alvará d'alguum Desembargaor, se nom for seellado com o seello d'ElRey.* XXXVIIII – *Que as Raynhas, e os Iffantes nom dem Cartas de Privilegios a nenhumas pessoas*;

[159] Pela sua fidelidade à Santa Madre Igreja, e outras razões de religião, D. Afonso V estipula: "[...] e Mandamos que todolos privilegios, e liberdades, que foram outorgadas pelos Santos Padres, e pelos Reix, que ante Nos forom, aas Igrejas, e Mosteiros, e Lugares piadosos, e aos Clerigos, e Frades, e pessoas Eclesiasticas, e Religiosas, lhes sejam guardadas tão compridamente, como he conteudo nos artigos, que forom acordados em Corte de Roma antre os Reix, que ante Nos forom, e a Clerzia [...]" (p. 2 da edição da Fundação Calouste Gulbenkian).

[160] Bernardino BRAVO LIRA – *Poder y Respeto a las Personas en Iberoamerica. Siglos XVI a XX*, Valparaíso, EDUVAL, 1989, máx. p. 35 ss..

[161] Alberto MONTORO BALLESTEROS – *Raíces medievales de la protección de los derechos humanos*, cit..

Alguns exemplos apenas deste tipo de protecção mais casuística:

Em lugar de se conferirem aos plebeus direitos de igualdade com os nobres (ou de, mais radicalmente ainda, se abolir a nobreza; ou de, por relativo absurdo, se nobilitar toda a gente – porque o estatuto de cidadania é, de algum modo, a recuperação da "nobreza natural" de cada um referida por um Agostinho da Silva), o Título LX dispõe sobre as "malfeitorias" dos nobres e poderosos, acolhendo uma lei de D. Fernando[162], a qual, depois de retratar e reverberar muito alongadamente o comportamento criminoso dos senhores, dispõe:

"5. Porem estabelecemos, ordenamos, e mandamos, que nenhuu, de qulaquer estado e condiçom que seja, nom mande filhar, nem filhe aos Lavradores, nem a outras quaaesquer pessoas doos nossos Regnos, pam, nem vinho, nem galinhas, nem aves [...] nem outras nenhuãs cousas, que tenham, contra vontade desses, cujas som."

São depois estabelecidas variadas penas. No final (§ 20), o rei reserva-se a aplicação das penas mais graves (pena de morte, desterro, privação de bens, tenças, etc.), conforme o "que nos bem parecer, e que se requerer aa grandeza, e graveza dos erros que fezerem."

O já referido Título XXXVIII, ao invalidar os privilégios concedidos pelas rainhas e infantes, é mais um exemplo de uma boa lei que surge da prática dum "mau costume" – o das benesses e partidos na corte, que sempre põe em causa a coesão do governo. Mais uma vez visa directamente um conjunto de casos concretos.

Julgamos, todavia, que as ilustrações mais impressivas dizem respeito ao que hoje colocaríamos, decerto no âmbito das liberdades

---

[162] A qual, no seu preâmbulo, cita, além da Justiça e da "Ley de DEOS", ainda a Salomão e a Aristóteles.

públicas, ou dos direitos, liberdades e garantias: sobretudo nos casos atinentes à liberdade religiosa e à não discriminação em razão da raça, cultura, etc.

Como todos conhecemos a diversidade abissal de esquemas mentais de então e de hoje, não há, quer-nos parecer, qualquer perigo de lermos o passado com os olhos do presente. Façamos então a experiência, muitas vezes rejeitada de uma só penada, para que se não incorra em "etnocentrismo histórico", ou "cronocentrismo".

Ao contrário das nossas actuais concepções[163] de igualdade abstracta[164] entre religiões e raças, partia-se então do princípio contrário, decerto chocante: a desigualdade. Os Judeus eram considerados os "assassinos de Cristo", e os Mouros os descendentes dos vencidos da Reconquista cristã. Ambos infiéis. A igualdade não estava em causa, então.

Todavia, reconhecia-se-lhes, como hoje diríamos, "dignidade humana", e o direito de fazerem a sua vida, de terem os seus direitos, dentro de regras do jogo fixadas pelo poder, mas que se não permitia fossem infringidas pelos cristãos.

Assim, parece-nos muito significativo que haja medidas de concreta protecção de Judeus e Mouros, as quais são concretamente dirigidas aos abusos que, relativamente a eles, deveriam, à época, ser mais frequentes. Outras medidas são claramente profilácticas, estabelecendo uma espécie de *apartheid* com o fito de, introduzindo a distância em certas relações sociais potencialmente conflituosas, evitar a eclosão de litígios.

---

[163] Referimo-nos ao círculo juridico-cultural das famílias ocidental e soviética de direitos. As quais, porém, têm restrições à plena igualdade. Como, por exemplo, a inscrição obrigatória no passaporte dos judeus soviéticos dessa qualidade. Cf. *Les Juifs en URSS*, Cahier de la Bibliothèque juive contemporaine, Paris, p. 5, *apud* Eric AGOSTINI – *Droit Comparé*, pp. 149-150, n. 228.

[164] Não curando aqui nem de preconceitos individuais, nem grupais, nem ainda de formas mais ou menos subtis de discriminação – que eventualmente tenderão sempre a existir...

Não é uma perspectiva que encha a medidas dos nossos ideais, é uma forma primitiva de evitar conflitos, partindo da realidade, e não apostando no lado angélico do Homem. Pelo contrário, trata-se de aceitar a realidade da discriminação e moderá-la, sem todavia pôr em causa os próprios preconceitos do grupo dominante e dominador.

Estas questões civilizacionais preocupavam sem dúvida a consciência jurídica da época, porquanto os títulos a elas consagrados ocupam os Títulos LXVI a CXXI, o que, num total de cento e vinte e três títulos, nos dá bem a dimensão do problema.

Em síntese, e recapitulando um pouco: O Livro II das Ordenações Afonsinas, o primeiro a fixar aquilo que por séculos vai ser o arquétipo mítico de "um Livro II", de todo o "Livro II", comporta a definição dos poderes e privilégios eclesiásticos, a hierarquia das normas e a definição das regras de interpretação (e sobretudo de integração), os direitos reais, algumas normas avulsas de procedimento constitucional e certas normas administrativas, e a definição dos direitos e obrigações de alguns súbditos, muitas vezes definidos pela negativa – como regras votadas à punição de abusos. De entre estas, ganham particular relevo as normas que atalham os desmandos da nobreza (Títs. LX a LXIII e LXV) e o estatuto dos Judeus e Mouros (LXVI a CXXII).

Neste sentido protectivo, encontramos, por exemplo:

- Confirmam-se os rabis nos seus julgados, direitos e costumes (Tít. LXXI; cf. Tít. LXXXI);
- Proíbe-se que os Judeus sejam presos por dizerem contra eles que se tornaram cristãos em Castela, salvo "sendo delles querellado", numa lei que evidencia bem a tolerância portuguesa (Tít. LXXXVII);
- Proíbe-se que os Judeus sejam presos por dizerem contra eles, que fizeram moeda falsa, ou compraram ouro, ou prata, com ressalva idêntica à anterior (Tít. LXXXII);
- Permite-se que um Judeu possa demandar uma dívida que para com ele haja contraído um cristão, ainda que sobre ela

tenham decorrido vinte anos, e mesmo que haja lei em contrário (Tít. LXXXIIII);
- Considera-se irrelevante o testemunho em juízo de cristão contra Judeu, se não for corroborado pelo testemunho de outro judeu, cabendo, evidentemente, o julgamento final ao juiz (Tít. LXXXVIII);
- Isenta-se o Judeu de responder em juízo ao sábado (Tít. LXXXX);
- Proíbe-se o constrangimento na conversão de Judeus ao cristianismo (Tít. LXXXXIIII);
- Permite-se que as pagas e entregas entre cristãos e judeus sejam feitas sem intervenção de juiz (Tít. LXXXXVIII);
- Confere-se aos Mouros uma jurisdição especial nas contendas entre si (Tít. LXXXXVIIII);
- Confirmam-se os Alcaides dos Mouros nos seus julgados entre si, nos seus direitos, usos e costumes (Tít. CI);
- Proíbe-se o constrangimento na conversão de mouro ao cristianismo (Tít. CXVIIII);
- Proíbe-se o homicídio de mouro, o roubo (e o furto), a violação das suas sepulturas, e o "embargo" das suas festas (Tít. CXX).

Compreende-se a mais específica regulamentação comercial-financeira e jurídica com os Judeus, e a maior protecção às vidas e bens dos Mouros: os primeiros eram pilar da alma económica do país, os segundos, eram vencidos que se não integraram como os outros.

No plano da separação (e hierarquização) social, há várias medidas:
- Os Judeus têm de trazer sinais vermelhos (Tít. LXXXVI)
- Judeus e Mouros vivem em locais separados dos cristãos (judiarias e mourarias – Títs. LXXVI e CII), tendo incómodos se delas saírem depois do toque das Trindades ou "do fino da Ooraçom" (Títs. LXXX e CIIII; CXII)

- Nem Judeus nem Mouros podem empregar cristãos (Títs. LXVI e CVI);
- Nem Judeus nem Mouros podem exercer cargos públicos ou afins (Títs. LXXXV e CVII);
- É proibida a entrada de Judeu ou Mouro em casa de mulher cristã, e de mulher cristã em casa de Judeu ou Mouro (Títs. LXVII e CV);
- Nem Judeus nem Mouros têm privilégios relativos a várias isenções de pagamento de direitos atribuídas a cristãos (como isenções de portagens, etc.) (Tít. LXVIIII; Tít. CVIII);
- Nem Judeus nem Mouros podem levar armas quando forem receber El Rey, "ou fazer outros Jogos" (Títs. LXXV e CXVII)

Trata-se apenas dos que pensamos serem os mais significativos exemplos deste princípio que traduziríamos (sempre actualizando) como do "different and separate". Pior ainda: "inferior and separate".

## 3. Conteúdo constitucional do Livro II das Ordenações Manuelinas

### 3.1. *Sentido geral e Direitos das Ordenações Manuelinas*

Já vimos que as Ordenações Manuelinas começam também com matéria eclesiástica, e no meio dela, mas mais sobre o princípio do Livro, inserem o problema das fontes (Tít. V). Já sabemos que não há aqui grande inovação. Introduziram-se, todavia, algumas disposições novas, relativas ao procedimento constitucional ou ao estatuto das pessoas, e repetiraram-se muitas das antigas. O Tít. XLI faz-se eco dum mito jurídico servido por uma ficção ritual religiosa. Na verdade, enquanto ele considera expulsos do reino Mouros e Judeus, o que sucedeu foi que, no momento do embarque, o rei mandou grupos de sacerdotes irem ao cais baptizar os expulsos, quisessem ou não (e contra o prescrito pelas Ordenações Afonsinas, claro). E os barcos já não partiram, porque, afinal, não havia já judeus ou mouros, mas somente cristãos. A partir daí, o "racismo" – como costuma suceder nestas abolições por decreto ou baptismo – passaria a ser entre *cristãos velhos* e *cristãos novos*.

Com a expulsão fictícia dos Judeus e dos Mouros retiraram-se das Ordenações os artigos discriminatórios e também os protectivos, empobrecendo o capítulo dos "direitos". Todavia, devem referir-se ainda disposições no sentido de:

– Reconhecer (ou outorgar?) liberdades e privilégios a rendeiros (Tít. XXIX);
– Escusar dos "encarreguos dos Concelhos" (espécie de corveias), mediante privilégio real, os lavradores, mordomos, caseiros dos fidalgos e outros vassalos (Tít. XXXIX);

Neste capítulo, parece merecer especial atenção o Título XLVI, que se pode referir à servidão da gleba. Ela é tida por abolida "porque Queremos que em Nossos Reynos nom aja semelhante genero de Obriguaçom". Todavia, o facto de não haver mais pessoas "ascriticias", como refere o diploma, se vale contra quaisquer leis ou ordenações em contrário, não prejudica o cumprimento de contratos, feitos pelos próprios, ou por seus ascendentes (desde que os herdeiros hajam aceitado a herança).

Parece, em conclusão, que se admite uma servidão contratual ou *jure hereditario* (mas esta sujeita a aceitação da herança). Esta situação, execrada a nossos olhos, e fazendo parte da mitologia medieval de cadeias e peias, já foi comparada, porém, à situação do trabalhador hodierno no caso de cessão do estabelecimento do empregador, e do locatário no caso de cessão do prédio do locador[165]. É de salientar, de todo o modo, o carácter voluntário (tanto quanto as limitações exógenas e endógenas o permitem – mas essa é uma questão de sempre) da situação.

---

[165] Cf. Paulo Ferreira da CUNHA – *Trabalho e Direito. Pensar o Trabalho, o Direito do Trabalho, e a Pessoa no Direito do Trabalho*, in *Pensar o Direito*, II, cit., p. 101.

### 3.2. *Os Direitos reais nas Ordenações Manuelinas*

Analisemos brevemente os outros aspectos não directamente protectivo-pessoais:

Os direitos reais estão agora no Título XV, que corresponde, assim, ao Título XXIIII das anteriores Ordenações.

A primeira diferença a assinalar é que todo o preâmbulo, e remissão para a lei de D. Duarte, desapareceu. O texto oferece-se-nos nu de todo o discurso legitimador, apenas na sua dimensão dispositiva.

Assim, o § 1 deste título vai corresponder ao antigo § 3. Mas, desta feita, foram eliminadas as referências às Leis Imperiais. Trata-se agora e simplesmente do poder de criar capitães na terra e almirantes no mar, sem mais explicações. A crescente centralização do poder não se compadece com circunlóquios justificatórios.

O § seguinte, sobre as armas, é igual.

Depois, embora a ordem difira, o conteúdo no essencial se mantém.

Deixando os direitos patrimoniais, que mais uma vez fazem pertencer ao rei muitas espécies de coisas, por natureza, ausência de dono, sucessão, confisco, etc., etc., concentremo-nos nos direitos mais políticos.

É interessante que ora eles se agrupam mais entre os enunciados primeiramente, o que pode fazer supor que começava a haver uma pré-compreensão da sua magna importância em contraposição com os demais.

Não terá sido por acaso que agora ficam sucessivamente alinhados os seguintes direitos:

§ 1 – Poder de nomeação de chefes militares (como vimos);

§ 2 – Poder sobre o fabrico de armas;

§ 3 – Poder de cunhar moeda;

§ 4 – Poder de lançar impostos por seu casamento, de sua filha, ou em tempo de guerra, etc.

§ 5 – Ainda poder de tributação em tempo de guerra ou "qualquer outra semelhante necessidade"

§ 6 – Poder de requisição em emergência, atinente a meios e vias de transporte.

Só depois vem o enunciado de bens, a começar nas estradas públicas. Realmente, por aí se deveria miticamente começar (as Ordenações Afonsinas fazem-no mais cedo, no § 5), já que, como se sabe, miticamente, D. Duarte se teria queixado de que o pai o teria deixado somente dono das estradas do reino. Assim, o primeiro bem real em ambas as ordenações são mesmo as estradas (agora § 7). Seguem-se-lhes os rios navegáveis (ainda no § 7) e os portos de mar (§ 8) e as ilhas (§ 8)[166].

Ao antigo § 21, embutido como corpo estranho no meio de duas disposições concretas, e para valer como geral coonestação de leis e costumes impondo direitos ou obrigações, corresponde agora uma verdadeira "disposição final", do mesmo teor (§ 33):

"33 ITEM geeralmente todo encarreguo assi real, como pessoal, ou mixto, que seja emposto por Ley, ou por Custume longuamente aprouado."

### 3.3. *Disposições moderadoras da nobreza e dos funcionários*

Novamente se procuram prevenir e punir abusos da nobreza (além das aludidas fugas à justiça real ao abrigo da sombra protectora da Igreja). Estabelece-se nomeadamente:

– "Que os fidalgos ou seus mordomos não pousem nas Igrejas, ou mosteiros, nem lhe tomem o seu contra sua vontade" (Tít. XI);

– "Que os fidalgos ou prelados não ponham defesas em suas terras, per que façam hermar as herdades das Igrejas, ou Mosteiros, nem prejudiquem aos arrendamentos delas" (Tít. XII);

---

[166] Neste tipo de artigos poderíamos estar numa proto-definição do território do Estado (e não meramente do monarca), e nesse sentido aumentaria a sua "constitucionalidade". Mas sabemos do sincretismo destas ideias (não nascidas ainda) no tempo de então.

Há também que pôr cobro à falsa nobreza, que em tempos, como aqueles, de mobilidade social (no caso, derivada da expansão) costuma surgir. Estipula-se então:

- "Da pena que aueram os que trouxerem as armas, que lhe nam pertencem. E dos que tomam Dom, ou apelidos de linhagens, nom lhes pertencendo. E dos que se nomeam por Fidalgos nom o sendo." (Tít. XXXVII);
- "Que os Caualeiros nom guozem dos priuilegios da Caualaria, sem terem caualos e armas, e confirmaçam de sua Caualaria." (Tít. XXXVIII)

Acrescentam-se desta feita mais disposições atinentes a uma burocracia de funcionários crescente, também imbuídas da preocupação com a repressão de abusos:

- "Dos oficiais d'ElRey que lhe furtam, ou com malícia deixam perder a Fazenda do dito Senhor." (Tít. XXVIII);
- Proibição de os Tesoureiros, Almoxarifes, recebedores do rei e outros praticaren a usura, ou de darem algo sem ordem do rei (Tít. XXX).

### 3.4. *Alguns aspectos procedimentais nas Ordenações Afonsinas*

Quanto a estados e procedimentos constitucionais ou constitucionais-administrativos, dispõe-se, em parte retomando soluções antigas:

- A obrigação de os oficiais que tiverem livros os façam contar e assinar (Tít. XLVIII);
- Estipulam-se privilégios e liberdades do regedor, governador e desembargadores da casa da suplicação (Tít. XLIII);
- Regula-se a jurisdição dos "Capitães dos Lugares de África" (Tít. XXVII);
- Estabelece-se a forma de vários actos e as consequências de formalidades (Títs. XVIII a XX; XXIII, XXXI);

– Reafirma-se a jurisdição real e a irrevogabilidade tácita das suas ordenações[167] (Tít. XLIX);
– Estabelecem-se algumas disposições sobre os forais e o fisco (Tít. XLV);
– De novo se proíbem mercês concedidas pelos membros da família real (Tít. XXVI).

## 4. Conteúdo constitucional do Livro II das Ordenações Filipinas

### 4.1. *Sentido geral e Direitos Reais*

Sabemos que as Ordenações Filipinas não foram inovadoras no conteúdo. Além de terem alterado o lugar sistemático do Título das Fontes, introduziram aqui e ali uma melhor arrumação nas disposições. Aliás, se a saída do Título em causa para o Livro III é, a nosso ver, uma despromoção (desde logo, descida na escala que é a "pirâmide normativa"), a verdade é que a sua inserção entre disposições eclesiásticas, no Livro II, também não relevava da melhor sistematização.

No tocante aos direitos reais, que aparecem agora logo a seguir ao termo das questões eclesiásticas, segue-se na esteira simplificadora e sistematizadora das Ordenações Manuelinas. O Título (o XXVI) é quase uma reprodução do título XV das antigas Ordenações.

### 4.2. *Aspectos procedimentais*

Um traço que pode pôr-se em evidência é o de uma certa proximidade entre os preceitos procedimentais e da concomitante forma e trâmites de actos.

---

[167] Misturando assim dois aspectos que nós diríamos substancialmente diferentes (jurisdicional e legislativo), por associação de ideias.

Assim, do Título XXXVIII ao XLII se trata sucessivamente:

- de quando as cartas das doações e mercês devam passar pela chancelaria;
- de que se não faça obra por Carta ou alvará do rei, nem de qualquer oficial, sem haver passado pela chancelaria;
- de que que as "cousas" cujo efeito há-de durar mais de um ano passem por cartas e não por alvarás;
- de que se não faça obra por portaria que da parte do rei se der;
- do modo de registar as mercês do rei.

### 4.3. *Disposições relativas a Prelados, nobres e funcionários*

E logo se continua com matéria idêntica, mais virada, porém, para as responsabilidades e deveres de nobres, prelados e funcionários.

Numa zona intermédia, volta-se a afirmar "Que se não entenda derogada por El Rey Ordenação, se da substancia della não fizer expressa menção." (Tít. XLIV).

Vêm depois as já conhecidas disposições:

- sobre os abusos dos prelados e dos fidalgos ao tomarem o que seu não é (Títs. XLIX e L);
- sobre as operações financeiras não autorizadas dos Tesoureiros, Almoxarifes e outros (Tít. LI);
- sobre a jurisdição dos Senhores (Tít. XLV) e dos Capitães dos lugares de África (XLVII);
etc..

Assinale-se ainda uma deslocação sistemática que nos parece significativa. O Título XLI do Livro IV das Ordenações Manuelinas (meramente processual civil) ganha agora dignidade constitucional.

Trata-se, realmente, de um problema fundamental da estrutura e do funcionamento do Estado, agora mais ainda governado pelo rei – a venalidade dos ofícios.

É assim que o Título XLVI do Livro II das Ordenações Filipinas vai buscar ao processo a proibição: "Que as pessoas, que tem poder de dar Officios, os não vendam, nem levem dinheiro por os dar."

### 4.4. *As Pessoas e os Privilégios*

Concentram-se agora no fim do Livro II, a partir do Título LV, uma série de disposições que têm, face ao direito anterior, uma relativa originalidade, se bem que não propriamente fortíssima inovação.

Aí se enquadram, na verdade, cláusulas sobre as pessoas e seus privilégios. Isto é, começa-se na lei da naturalidade (Título LV), e passa-se sucessivamente:

- ao tempo necessário para se gozar do privilégio de vizinho (Tít. LVI);
- à repartição de direitos entre o morador da terra e o seu senhor (Tít. LVII);
- aos privilégios concedidos "aos fidalgos para seus lavradores, moradores, caseiros e criados" (Tít. LVIII);
- aos privilégios dos desembargadores (Tít. LIX);
- aos atributos dos cavaleiros, e sua obrigação (ter lanças, cavalos, armas) (Títs. LX e LXI);
- aos privilégios dos moedeiros de Lisboa (Tít. LXII);
- aos privilégios dos rendeiros (Tít. LXIII).

À excepção da primeira disposição, sobre as Pessoas, que foi certamente tirada da Ordenação espanhola de Filipe II de Castela, de 1565[168], o mais andava no direito português. Assinale-se que o

---

[168] Constante da *Recopilación do* mesmo rei como Lei 19, do Tít. 3, do Livro I. Diz, aliás, Melo FREIRE – *Instituições de Direito Português*, Livro II, Tít. 2 § 6, acerca deste título das Ordenações Filipinas, que foi esta passagem transcrita das *Ordenanças Reales*, apud *Ordenações Filipinas*, anot. ed. Gulbenkian, p. 489.

título dos desembargadores, inspirado embora no XLIII das ordenações anteriores, autonomiza em epígrafe o caso destes magistrados, e adita-lhe basta matéria, sobretudo constante de alvarás avulsos. E o Título LXII, sobre os moedeiros, é novo.

## 5. O arquétipo mítico-temático do Livro II

### 5.1. Sedimentação Positiva

Timidamente, embora, começam a destacar-se com alguma clareza os núcleos essenciais das áreas constitucionais, mercê da concentração de artigos. O arquétipo mítico de Livro II e suas matérias completa-se com as Ordenações Filipinas, onde, apesar da alteração já muito referida da matéria das fontes, figuram, mais ou menos por ordem – as relações com a Igreja, os direitos reais, e depois os direitos patrimoniais do rei, em especial, seguidos das questões procedimentais, do estatuto e abusos dos grandes, e finalmente das pessoas, voltando-se aí a falar de privilégios e isenções de vários grupos.

Vai ser sobre a divisão geral das Ordenações, enraizada, três vezes repetida, que, como sabemos, por determinação de D. Maria, a comissão de reforma irá trabalhar. Diante dos seus olhos, no Livro II, a sistematização é esta. O passado está grávido de futuro, não haja dúvida: as Ordenações Filipinas constituíam já um *fumus* de arrumação, e a sedimentação temática estava feita, por um passado de já duas compilações mais. Caminhava-se para uma sistematização mais temática.

Melo Freire, no seu projecto, não conseguirá, porém, ultrapassar a metodologia dos títulos de enfiada, sem significativas subdivisões ou categorias mais gerais deles englobantes, que melhor lhes dessem consistência lógica e explicitassem a sua coordenação ou subordinação.

Quanto ao conteúdo, trata-se já de uma outra concepção do Estado. Vinho novo em odres velhos – mais uma vez. Tarefa habitual, aliás, do jurista reformador.

### 5.2. As Cortes: uma ausência significativa

Em nenhum dos Livros II de quaisquer das Ordenações nos aparece uma referência individualizada às Cortes.

Tal facto seria de estranhar, aos nossos olhos habituados a considerar as instituições de tipo "parlamentar", consulta ou conselho, como órgãos constitucionais.

Estaríamos, portanto numa situação de lacuna, e de lacuna grave do texto "constitucional". Não é o caso, porém.

O Livro II das Ordenações não é uma vera constituição escrita. Pretende ser (e é) um texto exclusivamente *jurídico*. Todos os aspectos claramente políticos são evitados – recordemos a própria enunciação dos direitos reais na formulação prudentíssima das Ordenações Afonsinas. Toda a preocupação vai para não imiscuir nas leis do reino a incerteza da política, a sua plena e difícil *liberdade*.

Não existia ainda a própria ideia de Constituição do constitucionalismo, e não se tinha a noção de um código juspolítico, híbrido de política e de direito, enquanto *estatuto jurídico do político*. Por isso é que nunca se pensou em dotar as Cortes de autónoma organização jurídico-constitucional. A questão das Cortes ficava dependente do rei – na convocação, na ordem de trabalhos, no local, na aceitação ou não dos pedidos que lhe faziam[169].

Para quê, então, dar especial corpo jurídico (institucionalização no *corpus juris*) a um órgão, fosse qual fosse o seu relevo social e o seu eco e prestígio nacionais (quer ao nível do mito, quer no plano da utopia)?

Instituição política, de conselho, de reclamação, de propaganda real, de aglutinação das forças nacionais – sim. Dignidade jurídica como órgão de alguma forma repartidor do "meu" e do "teu" – isso é que não. Porque as Cortes, no plano jurídico, esta-

---

[169] Cf., por todos, António M. HESPANHA – *História das Instituições*, p. 370 ss., e, comentando-o, Armindo de SOUSA – *As Cortes Medievais Portuguesas (1385-1490)*, Porto, INIC, Centro de História da Universidade do Porto, 1990, I, p. 271.

vam à sombra das funções e poderes reais. Pelo menos enquanto não pusessem decisivamente em causa a ilegitimidade de exercício do monarca.

Evidentemente que por razões ideológicas se agigantou (como também se apoucou, é certo) o papel das Cortes. Fosse como prefiguração das assembleias legislativas liberais[170], fosse como assembleias dos três estados, tradicionalistas, contra o poder absoluto, proto-liberal e proto-democrático[171]. Criou-se assim o mito e o antimito das Cortes. Ou melhor, criaram-se três mitos consoante o tradicionalismo, o liberalismo e o centralismo-absolutismo da historiografia ou da doutrinação em presença.

Apesar de existirem alguns estudos clássicos e recentes sobre a matéria, continuamos a pensar que a questão não se encontra cabalmente resolvida. Talvez muito simplesmente pelo facto de tais assembleias não constituírem uma instituição com sentido, regras e práticas uniformes. E porque sempre, insensivelmente, pensamos em assembleias parlamentares quando ouvimos a palavra: o presente volta a "contaminar" o passado dos seus sentidos.

Esta confusão é compreensível, e tanto mais desculpável quanto, tal como sucedera em França com os Estados Gerais, também em Portugal a doutrinação liberal apostou primeiramente na confusão entre Cortes e as Constituintes, ou melhor, entre as Cortes tradicionais e as Cortes parlamentaristas[172]. Isso convenceu, ao que parece,

---

[170] Assim, desde logo, embora tacitamente, o Preâmbulo da Constituição de 1822, afirmando (como vinha sendo hábito – é uma reassunção vivida como o Quixote de Menard: não é cópia, é uma nova e sincera vida vivida de forma "igual") que o esquecimento das velhas liberdades é a única causa dos males do reino...

[171] Assim, v.g. António SARDINHA – *A Teoria das Cortes Gerais*, 2.ª ed., Lisboa, qp, 1975, pp. 17 ss..

[172] José Liberato confessa-o abertamente nas suas Memórias. José Liberato Freire de CARVALHO – *Memórias da Vida de...*, 2.ª ed., Lisboa, Assírio & Alvim, 1982 [1.ª ed., 1855], p. 120: "[...] eu não tinha escrito ao acaso, havia feito um plano, e sobre ele é que dirigi sempre a minha pena. Pedi sempre a restituição das nossas antigas Cortes, porque via, que era o que eu só podia pedir sem passar pelo

todos, ou a quase todos uniu numa primeira fase. E, entre nós, as duas fórmulas de legitimidade (melhor, de legitimação) fundiram-se e confundiram-se, ao ponto de os liberais não prescindirem de juramentos à moda das Cortes antigas, e os absolutistas aceitarem alguns rituais inovadores. A Carta Constitucional de 1826 será, não só no seu conteúdo como no seu processo de elaboração, um compromisso entre essas diferentes origens.

---

labéu de revolucionário, e porque não queria assustar o governo que me podia logo desde o princípio impedir a minha marcha; e porque enfim sabia muito bem, que as Cortes velhas traziam no ventre as Cortes novas. Aparecendo as primeiras, não havia muito que não aparecessem as segundas, porque esta era a marcha do espírito humano e a opinião do século.".

CAPÍTULO III
# CONSTITUCIONALISMO ILUMINISTA. DO PROJECTO DE NOVO CÓDIGO DE DIREITO PÚBLICO

"[...] *sarebbe comparabile a chi volesse occuparsi seriamente di fantasmi*"

PAOLO GROSSI – *Pagine Introduttive, 1972-1991*, Milão, Giuffrè, 1992, p. 49


"*[...] La silhouette d'un fantôme, la hantise de la conscience démocratique. Le fantôme a des droits et des pouvoirs.*"

JACQUES DERRIDA – *L'Autre Cap*, Paris, Minuit, 1991, p. 103

CAPÍTULO III

# CONSTITUCIONALISMO ILUMINISTA. DO PROJECTO DE NOVO CÓDIGO DE DIREITO PÚBLICO

I. INTRODUÇÃO

## 1. Da protecção

Perguntemos tudo desde o princípio: de quem precisa a Pessoa de ser protegida, contra quem reclama ela protecção?

Em termos filosóficos ou psicológicos (e não sabemos se de certo modo éticos e teológicos – mas disso não devemos aqui curar), a primeira pessoa de quem alguém se deve proteger, é de si próprio. Não é preciso, para tal, ser lombrosiano, nem acreditar num criminoso nato (que decerto se não suicidaria): o simples livre arbítrio nos dá a dimensão da luta que cada um tem de travar consigo mesmo.

Em segundo lugar, deve cada um precatar-se do seu vizinho, e só depois de todo o mundo. Todos se recordam da teoria do "pisca-pisca" e da efectividade dos direitos reais como variável dependente da proximidade e da densidade populacional[173]. O meu direito

---

[173] Os pretendentes à minha maçã não são, decerto, o longínquo tailandês, que no seu país permanece, enquanto eu não exporto o precioso pomo. São antes os meus próximos, e ela será, em princípio, tanto mais cobiçada (e assim o meu direito mais fraco) quantos mais à minha volta se encontrarem. Cf. Emilio BETTI –

depende efectivamente da sua protecção *erga omnes*, mas sobretudo da protecção face aos que me estão mais perto.

Há, todavia, uma protecção muito mais importante – e é dessa que curaremos. A protecção em que a omnipresente estrutura do Estado intervém.

A típica questão protectiva, na Idade Moderna, e sobretudo no Iluminismo, é assumida de duas formas diferentes:

Do lado do poder, perguntar-se-á pela forma como poderá o Estado passar a proteger o indefeso cidadão, outrora à mercê da ignorância, do arbítrio dos senhores, da confusão e irracionalidade das leis, etc..

Do lado do particular, que sente na prática o peso dessa liberdade e felicidade que os soberanos absolutistas, despóticos e iluminados lhe pretendem impôr, a pergunta é outra: como proteger-se a si, à sua pessoa, aos seus bens, etc., de um Estado cada vez mais opressivo?

O poder pensa, com alguma ingenuidade, aliás: *obligo, ergo protego*; mas alega no seu discurso legitimador: *protego, ergo obligo*.

O particular pensa: o Estado obriga-me, portanto, devo proteger-me. E, virando-se para o Estado, reclama: "Protege, portanto, obriga-te. Obriga-te para comigo. Garante-me direitos".

Há assim duas maneiras de abordar o problema da protecção das pessoas neste período, de que somos ainda algo tributários:

Ou pensando na protecção à sua vida, propriedade e liberdade exercida pelo Estado, de acordo com os seus fins próprios e no processo de construção da cidade nova iluminista; ou reportando-nos aos direitos das pessoas face a esse Estado que foram reivindicados pelos súbditos (e alguns até concedidos).

Enquanto nos casos de auto-protecção e de protecção *inter cives* a simples força de cada um chegaria, em abstracto, para repelir as ameaças ou punir as ofensas (diz a Bíblia que a tentação vem

---

*Teoria generale delle obligazioni*, II vol., Milano, 1953-1955, p. 12 ss.; José de Oliveira Ascensão – *As Relações Jurídicas Reais*, Lisboa, Moraes, 1962, p. 35 ss.; Orlando de Carvalho – *Direito das Coisas,* Coimbra, Centelha, p. 121 ss..

na medida das forças do tentado, e Marx, em relação às sociedades, afirma que elas só se põem os problemas que podem resolver[174]), nos casos de protecção exercida pelo poder e face ao poder a questão é muito mais complexa. É que as fórmulas de enquadrar os processos de protecção do cidadão por parte do Estado são, afinal, praticamente todo o Direito. A começar pelo Penal que, monopolizando no Estado o *ius puniendi*, priva o particular ofendido de se fazer justiça (salvo os casos simbólicos de autotutela[175]), obrigando-se concomitantemente a protegê-lo. Mas já com a defesa do cidadão frente ao Estado, além das garantias penais e processuais penais e outras, está fundamentalmente em jogo o problema dos Direitos do cidadão e a relação da pessoa com o poder.

## 2. Do poder e do constitucional

O Poder é um fenómeno estranho e sagrado. Talvez demoníaco. Demoníaco, decerto. E o direito mais directamente relacionado com o coração do poder, o Direito Constitucional[176], comunga com o seu

---

[174] Além de que o perigo que John LOCKE – *Second Treatise of Government*, parece ver no estado de natureza com autotutela dos direitos será antes e apenas o excesso de legítima defesa.

[175] Muitíssimo reprimidos na Idade Moderna, a começar na discutida e só lentamente cumprida proibição do duelo.

[176] Sobre o demonismo do poder, cf. o clássico Gerhard RITTER – *Die Dämonie der Macht*, Munique, R. Oldenbourg, 1948. O Direito Penal comunga dessa essencialidade mágica e ritualística. Cf. *v.g.* Francisco PUY – "La pena y el derecho penal", in *Topica Juridica*, Santiago de Compostela, Imprenta Paredes, 1986, p. 251 ss.; Enrico CASTELLI (org.) – *Le Mythe de la Peine*, Paris, Aubier, 1967; Franco CORDERO – *Riti e sapienza del dirito*, Roma, Laterza, 1985; René GIRARD – *La violence et le sacré*, Paris, Grasset, 1972; Paul RICOEUR – *Lectures in Ideology and Utopia*, New York, Columbia Univ. Press, 1986, máx. pp. 364 ss., Robert MANDROU – *Magistrats et Sorciers en France au XVII.e siècle*, Paris, seuil, 1980; e Paulo Ferreira da CUNHA – *Mito e Constitucionalismo. Perspectiva Conceitual e Histórica*, Coimbra, Separata ao Suplemento do "Boletim da Faculdade de Direito" da Universidade de Coimbra, 1990, pp. 49 ss., 57 ss.; *Idem – Le droit*

objecto dessa estranheza e dessa sacralidade. Cada coisa engendra o seu semelhante.

Não basta que o Direito Constitucional seja ensino impossível e ciência enciclopédica[177], que são já características que farão desanimar qualquer um. A Constituição é para alguns um *templo alegórico habitado por sombras* e, quando não seja uma simples *folha de papel*, como asseverava Lassalle (ou até precisamente porque o seja), pode tornar-se até *tigre de papel*[178]. Mas eis que outros fazem sair das sombras do templo uma *Constituição fantasma*[179] e outros ainda uma *hidra de mil cabeças* (Garcia de Enterria).

Direito Constitucional e Constituição, fenómenos jurídicos de arrumação e domesticação do político, têm, na verdade, definições bizarras para o olhar esquadrinhador de *cymini sectores* tecnicistas em que se tornaram os juristas comuns.

Não vamos agora curar directamente do templo do direito constitucional, mas das entidades – mais ou menos ficcionais – que ele produz.

---

*et les sens*, loc. cit.; Peter A. WINN – *Legal Ritual*, in "Law and Critique", Liverpool, Deborah Charles, II, n.º 2, 1991, pp. 207-232.

[177] Como nos dizem Burdeau e Xifra e nos recorda Gomes CANOTILHO – *Direito Constitucional*, 4.ª ed., Coimbra, Almedina, 1986, p. 5, cuja síntese de rol das abordagens heterodoxas do Direito Constitucional nos inspirou. Tomamos, porém, a liberdade de transpôr a imagem da "hidra de mil cabeças" de símbolo da confusão babilónica do Direito Constitucional para imagem do Leviathã estadual absolutista, tal como o defendia Mello Freire.

[178] Como "tigre de papel" seria a Constituição portuguesa de 1976 invocada pelos que lhe eram desafectos, sobretudo na primeira fase de vigência (até à revisão de 82), alibi para muito, sendo, contudo, tão fáceis de superar as suas barreiras... Cf. o nosso "A Constituição como Mito (No dealbar da Constituição de 1976)", in *Pensar o Direito I. Do realismo clássico à análise mítica*, Coimbra, Almedina, 1990, p. 329 ss..

[179] De Constituição fantasma fala Jacques ELLUL – *Histoire des Institutions*, vol. V, 6.ª ed., Paris, PUF, 1969, p. 88 ss., a propósito da constituição convencional francesa. Retomámos a imagem, adaptando-a aos tempos actuais, *in* Paulo Ferreira da CUNHA – *Teoria da Constituição*, I. *Mitos, Memórias, Conceitos*, p. 241; *Idem – Mito e Constitucionalismo*, p. 241.

Hoje estamos habituados a ver sair do Direito Constitucional um estendal imenso de direitos, a que se designa vagamente como "humanos", e que alguns pensam que nos garantiriam o paraíso na terra caso fossem efectivados. O Templo alegórico ter-se-ia transformado, pois, em fábrica de sonhos[180]. Já outros aproveitam o exagero dessa cornucópia de promessas (que na maioria dos casos nem o são, se lermos juridicamente as constituições: e não com olhos profanos e sensacionalistas) para clamar por constituição minimalista, simples regra do jogo de acesso ao poder, indiferente aos fins do Estado e à coesão e progresso sociais. Ambos exageros que não relevam de uma cultura jurídica plena, e são avessos a uma vera cultura constitucional.

Todavia, não vamos rebuscar as casas ideológicas que engendram tais e tantas (e tamanhas) criaturas. Pelos frutos se chegará à árvore. E se avaliará da sua qualidade.

Vemos sair do templo do Direito Constitucional, neste simbolismo que não é nosso, mas que nos permitimos recuperar, fundamentalmente, duas entidades: um fantasma e uma hidra de mil cabeças.

É a análise desses fantásticos prodígios que faremos de seguida.

---

[180] A crítica mais clássica do uso e abuso dos direitos humanos foi, como se sabe, a de Michel VILLEY – *Le Droit et les Droits de l'Homme*, Paris, PUF, 1983. Muita doutrina hispano-americana foi sabendo compatibilizar os direitos humanos e a juridicidade. Cf., além da obra de um Javier Hervada, por exemplo, o extenso rol de direitos apresentados inteligentemente por Francisco PUY – *Derechos Humanos*, Santiago de Compostela, Imprenta Paredes, 1985, 3 vols.. Para uma avaliação geral do problema, Joaquín GARCÍA-HUIDOBRO – *Defensa y Rescate de los Derechos Humanos,* Valparaiso, EDEVAL, Universidad de Valparaiso, 1987. Cf. ainda Paulo Ferreira da CUNHA – "Michel Villey e o Jusnaturalismo Hispano-Americano no contexto do Realismo Clássico (Para uma comparação doutrinal)", in *Pensar o Direito II. Da Modernidade à Postmodernidade*, Coimbra, Almedina, 1991, pp. 365 ss., e especialmente Idem – *Droit et Récit*, Québec, Presses de l'Université Laval, 2003, p. 91 ss. e sobretudo, mais actualizado, Idem – *A Constituição Viva*, cit.

Centrar-nos-emos, como ilustração, no chamado "Novo Código de Direito Público" e na polémica que o envolveu. A questão começa em 1778, um ano após a queda do Marquês de Pombal, e terminará formalmente por meados de 1789, data célebre que é, além do mais, o *terminus ad quem* do estudo da época moderna: ano do início da Revolução Francesa.

Entre a entrada em vigor das Ordenações Filipinas e a Polémica do Novo Código de Direito público há, como se sabe, um importantíssimo episódio constitucional: a Restauração da Independência nacional, que ficara comprometida com a união real com Espanha, de 1580 a 1640. Contudo, tendo-se embora mandado rasgar a página de rosto com o brasão estrangeiro, as Ordenações continuaram a vigorar entre nós, apesar de, como se sabe, D. João IV ter prometido novas[181]...

## II. O FANTASMA

### 1. Desventuras de um projecto de código de direito público

O direito constitucional português tem razões para temer. Assombra-o o fantasma do morto-vivo Código chamado "Novo".
A história, relembremo-la em breves palavras, é a seguinte.
Em 31 de Março de 1778, D. Maria I nomeia uma comissão para proceder à revisão das Ordenações Filipinas, em vigor e, mantendo-lhe a estrutura, as pôr em melhor ordem, tendo em atenção o inútil, o desusado, e o que suscitou diversa jurisprudência.

Para além do trabalho do injustamente esquecido desembargador Holbeche, da Relação do Porto, que escreveu um projecto para o Livro IV, a comissão encalhou.

---

[181] Para mais desenvolvimentos, Paulo Ferreira da CUNHA – *La Restauration Portugaise et sa Théorie Constitutionnelle*, Separata dos "Quaderni Fiorentini per la Storia del Pensiero Giuridico Moderno", 27 (1998), hoje recolhido *in* Idem – *Temas e Perfis da Filosofia do Direito Luso-Brasileira*, pp. 37-69.

Em 23 de Maio de 1782, é proposto o nome de Paschoal José de Mello Freire dos Reis, professor de Leis de Coimbra, para integrar a comissão, sendo-lhe confiada a redacção dos projectos do Livro II, do Direito Público, e do Livro V, do Direito Criminal.

Na opinião do seu crítico, o canonista António Ribeiro dos Santos, também da Universidade de Coimbra, Mello Freire trabalhou apressadamente e para "ganhar o prémio". Na verdade, laborando simultaneamente nos dois projectos, Freire dá o livro II por acabado menos de um ano após a encomenda. O decreto que ordena a revisão do seu texto data de 3 de Fevereiro de 1789.

É então que Ribeiro dos Santos empreenderá uma crítica tão profunda quão sistemática a este projecto que, apesar da réplica de Freire (a que ele treplicará) os fundamentos do Estado Moderno em Portugal ficarão teoricamente tão revolvidos – e por isso abalados – que se enterrará a questão. O censor oporá ao absolutismo do projectista uma monarquia tradicionalista baseada na sociedade de Ordens e numa valorização das Cortes, em moldes que foram até comparados a um pré- ou proto-liberalismo[182]. Na verdade, porém,

---

[182] Apesar do inegável interesse quer da polémica em si, quer das posições a este propósito de António Ribeiro dos Santos, razões sistemáticas e de economia de tempo e espaço obrigam-nos a curar apenas do projecto de Mello Freire, fazendo apenas raras e incidentais alusões quer às críticas de Ribeiro dos Santos, quer à resposta que Freire lhes deu. Sobre a questão a bibliografia é escassa. Quase se resume a sínteses breves nas Histórias do Direito ou das Instituições de Rui e Martim de Albuquerque (e passagem de José Adelino Maltez), Nuno Espinosa Gomes da Silva, Mário Júlio de Almeida Costa (e o seu artigo sobre *Melo Freire* no "Dicionário de História de Portugal", dirigido por Joel Serrão), Joaquim da Silva Cunha, etc. Além das obras citadas nas demais notas, v. José Esteves PEREIRA – *O Pensamento Político em Portugal no século XVIII. António Ribeiro dos Santos*, Lisboa, Imprensa Nacional, 1983, p. 243 ss.; Idem – *António Ribeiro dos Santos*, in "Logos. Enciclopédia Luso-Brasileira de Filosofia", Lisboa/São Paulo, 1992, IV, col. 910 ss. (com bibliografia mais recente); Idem – *Pascoal José de Melo Freire*, in "Logos. Enciclopédia Luso-Brasileira de Filosofia", Lisboa/São Paulo, 1991, § III, col. 783 ss.; uma alusão muito consultada é ainda uma simples mas documentada nota de Guilherme Braga da CRUZ – "O movimento abolicionista e a abolição da pena de morte em Portugal", in

Ribeiro dos Santos é uma espécie de Montesquieu português, e por isso terá dado lugar a idênticas confusões, mal-entendidos, e aproveitamentos *pro domo*.

A Revolução Francesa foi uma coveira indirecta destes primeiros passos de codificação moderna. Apesar de tudo, as leis antigas não seriam tão más como pareciam... – pensou o nosso trono, assustado com tantas nudanças. Pelo menos, relativamente aos ventos revolucionários que passaram a soprar, melhor seria (pensou) não agitar por aqui as águas. D. Maria, ante a procissão de catástrofes e mortes a que assistiu (e que a terá levado à demência, pelo menos intermitente), deve ter acabado por se encerrar num conservantismo quietista com pavor que qualquer mudança desequilibrasse a ordem de um universo cujos fundamentos pareciam irremediavelmente abalados.

O fantasma deste nado-morto vai reaparecer, assombrando o nosso direito público.

Numa primeira fase, quis-se esquecer o fracasso com o recurso à importação constitucional. Durante as invasões francesas, reclama-se de Napoleão uma Constituição semelhante à de Varsóvia.

Mas logo em 1809, o Conde de Linhares pretende ressuscitar a ideia de um Novo Código nacional, sugerindo a tarefa a João Pinto Ribeiro. Debalde.

Será apenas na sequência da revolução liberal de 1820 que as Cortes extraordinárias (na verdade, já uma verdadeira assembleia constituinte) elaborarão primeiro as Bases e depois a Constituição

---

*Obras Esparsas, vol. II Estudos de História do Direito Português. Direito Moderno.* 2.ª Parte, Coimbra, Acta Universitatis Conimbrigensis, 1981, p.85-89, n. 2 da p. 85; apologética é a referência do sobrinho de Mello Freire, também citada por vezes: Francisco Freire de MELLO – *Discurso sobre delictos e penas*, Lisboa, 1922, pp. 95 ss.. Mais pormenorizada é a exposição deste tema nas lições universitárias de Rui de ALBUQUERQUE / Martim de ALBUQUERQUE – *História do Direito Português Português*, com a colab. de Duarte Nogueira, Adelino Maltez e Leite Santos, II, Lisboa, 1983, pp. 130-153. Mais recentemente, cf. Paulo Ferreira da CUNHA – *Temas e Perfis da Filosofia do Direito Luso-Brasileira*, pp. 87-207.

de 1822. Os liberais sempre tinham dito que o projecto constitucional de Freire só poderia ser levado a cabo após uma revolução[183]. A simpatia dos liberais para com Mello Freire, e de alguns deles para com o Marques de Pombal, cuja obra Freire na verdade continua, embora com moderação, é desses paradoxais casos históricos de atracção de contrários... Ou de recuperação nobilitante.

Mas o fantasma de Freire perseguia mesmo estes seus apoiantes póstumos. Todas as constituições portuguesas terão vida breve: a de 1822, a 1838, a de 1911 (ainda se não sabe da de 1976: mas tem resistido, apesar das revisões e dos novos críticos radicais que despontam mais actualmente – sobretudo neoliberais radicais e presidencialistas). As únicas que o fantasma não perseguiu não saíram (pelo menos inicialmente) do poder constituinte popular, mas foram obra de um príncipe: assim a Carta constitucional de 1826, dada pelo Imperador do Brasil, D. Pedro I, a qual, embora com vários interregnos, durou 70 anos, e a constituição de 1933, que vigoraria até 1976, sujeita a plebiscito, mas elaborada, ou pelo menos fortemente inspirada, pelo Presidente do Conselho de Ministros António de Oliveira Salazar.

Houve mesmo quem tivesse afirmado que Mello Freire poderia rever-se no texto do Estado Corporativo, de 1933[184]. E não cremos que se tenha tratado por completo de delírio histórico: imaginação historiográfica, concedemos. O fantasma encontrara finalmente um corpo onde encarnar?

Apesar dessa identificação, Mello Freire continua incompreendido e celebrado: como um desses fantasmas de hoje, que já só vivem nos castelos da Escócia. Muito falado, mas desconhecido, e, na verdade, raramente visto.

---

[183] Tal é, por exemplo, a opinião do "cidadão Borges Carneiro", como lhe chamava enfaticamente Garrett.

[184] Vítor António Duarte FAVEIRO – *Melo Freire e a Formação do Direito Público Nacional*, in "Ciência e Técnica Fiscal", Boletim da Direcção-Geral das Contribuições e Impostos, Ministério das Finanças, Lisboa, n.º 109, Janeiro de 1968, p. 73 ss., p. 109.

## 2. Os direitos-fantasma – tese

Mas nem apenas nos desaires da História surge o fantasma constitucional.

O que é um fantasma?

É uma forma sem conteúdo, é uma aparição vã, etérea, volátil, de uma pessoa. Talvez uma imagem, uma projecção de uma pessoa. Não o seu sangue e carne.

E o que são os direitos na modernidade?

Têm sido, muito, na prática, direitos fantasmáticos. Têm forma, têm mesmo luz no escuro, apresentam-se como esperança, mas quedam-se (pela inépcia e pela tibieza) em *silêncio, escuridão e nada mais*. São intangíveis. Não em essência, mas na concretização, as mais das vezes. Mesmo os seus defensores teóricos não os têm sabido concretizar. Proclamamo-los de mais; defendemo-los de menos.

São infelizmente fantasmáticos, em grande parte, os direitos dos grandes catálogos, nacionais e internacionais, pela sua inefectividade, por um lado, e pela consideração (errónea, mas prevalecente) de um seu alegado carácter não jurídico, por outro – o que até agora tem tido como consequência, normalmente, a não sindicabilidade em tribunal de muitos direitos sociais, económicos, culturais, direitos prestativos, etc..[185]

Mas são fantasmáticos, muitas vezes, até os direitos fundamentais da primeira geração, aqueles mais primários, que consubstanciam a protecção do cidadão contra intromissões abusivas do Estado na sua esfera de liberdade natural e imprescritível.

O texto de Mello Freire, pretendendo afirmar-se como protector de direitos, afirmando logo no seu Título I os direitos dos vassa-

---

[185] Cf. *v.g.* a síntese de José Carlos Vieira de ANDRADE – *Direitos Fundamentais*, in "Verbo. Enciclopédia Luso-Brasileira de Cultura", vol. XXI, Verbo, Lisboa, 1986, cols. 454 ss., máx. col. 459. Diz também Orlando de CARVALHO – *Op. cit.* p. 121 que "Só há direito na medida em que há uma *protectio*", recordando-nos que uma coisa, num direito subjectivo, é o *licere*, um conjunto de faculdades, e outra é a *protectio* – um aparelho sancionatório. Donde retiraremos que não há protecção sem sanção e aparelho que a imponha.

los, acaba por *proteger* os vassalos confiscando-lhes muitos dos direitos que já efectivamente possuíam, reduzindo-os a uma menoridade de súbditos felizes de um reino utópico.

Daí que o seu texto consagre tão poucas linhas aos direitos próprios dos súbditos, e tantas e tão minuciosas páginas à ordem protectiva, nomeadamente à polícia e ao poder económico do rei.

Os direitos são fantasmas. Mas o poder, esse, é uma hidra de mil cabeças. Quando uma é abatida, logo nascem duas para a substituir[186]. A hidra alimenta-se do seu próprio sangue derramado.

## 3. Os direitos fantasma – desenvolvimento

Relembremos a aguda divisão dos Direitos da Pessoa segundo Carl Schmitt. O renomado juspublicista alemão "conservador" considerava existirem três grandes tipos de direitos[187]: os liberais, os democráticos e os sociais (ou até socialistas).

Os direitos liberais, são garantias liberal-individualísticas, quer da pessoa isolada (liberdade de consciência, liberdade pessoal, propriedade privada, inviolabilidade do domicílio e da correspondência), quer da pessoa em relação (liberdade de expressão e imprensa, de culto, de reunião, de associação, podendo aqui detectar-se formas de passagem para os direitos políticos de participação).

Os direitos democráticos, correspondem à faceta da pessoa enquanto cidadão, são direitos de participação na vida política do Estado, englobando a igualdade perante a lei, o direito de petição, a igualdade do sufrágio, o igual acesso a cargos públicos.

---

[186] Quando se abate uma cabeça do Estado, isto significa que, de algum modo, se está em guerra (interna ou externa) com ele. Ora mesmo a própria guerra *tout court* é um factor fundamental do engrandecimento do Estado e do poder. Cf., *v.g.* Bertrand de JOUVENEL – *Du Pouvoir. Histoire naturelle de sa croissance*, nova ed., Paris, Hachette, 1972.

[187] Seguimos Carl SCHMITT – *Verfassungslehre*, trad. cast. de Francisco Ayala, *Teoría de la Constitución*, Madrid, Alianza Editorial, 1982, pp. 164 ss., máx. p. 175.

Finalmente, os direitos sociais são direitos prestativos, que têm o Estado como sujeito passivo. Neles se incluem o direito ao trabalho, à assistência e socorro, a educação, a formação e a instrução.

Munidos desta subdivisão, que tem a grande vantagem de ser clara e evidente (ao contrário de tantas outras, mais recentes, mas complexíssimas), vamos fazer o que talvez se não deva fazer historicamente, mas se há que tentar uma vez na vida como cientista político ou filósofo do direito e mesmo constitucionalista não encerrado na torre de marfim: experimentar com o tempo. Olhar o passado com óculos de etnocentrismo histórico (ou cronocentrismo).

Pois bem. Permitir-nos-emos averiguar da presença destas formas de protecção da pessoa (que, como bem sabemos todos, são formas anacrónicas relativamente ao tempo que estamos a considerar).

Comecemos, para sublinhar o anacronismo, pelo fim. Pelas "últimas conquistas" em matéria de direitos.

É forçoso dizer-se que, embora sem a formulação presente de "direitos", a preocupação social, assim como a "democrática", estão paradoxalmente muito presentes no projecto freireano.

Mello Freire pretende na sua cidade ideal que estejam assegurados o trabalho, a assistência, a educação e os demais direitos sociais assinalados por Schmitt. Claro que não institui nenhum mecanismo de tutela, até porque os não tem como o *suum* dos cidadãos, mas um objectivo do Estado.

Poderá ser esclarecedor verificar que, de todos os elementos democráticos referidos pelo nosso autor alemão, apenas um, o sufrágio, não é aceite por Mello Freire. É evidente que hoje em dia se fez do sufrágio o cerne de toda a democracia (muitas vezes a ele reconduzida e limitada, e assim esvaziada de conteúdo), e daí a sobrevalorização da simples aritmética dos votos na construção do conceito – condição necessária mas não suficiente da democracia. Mas não olvidemos que, apesar de Freire pensar que os povos nada têm que decidir do governo das repúblicas, confere ele aos súbditos igualdade ante a lei, direito de petição (humilde e reverente), e concede-lhes a igualdade de acesso a cargos públicos.

Conclusão: da democracia e do social apenas não aceita Freire o voto. Ou seja, não aceita a decisão política dos cidadãos.

Passemos agora aos direitos liberais sociais e individuais. Aqui é que começa a haver grandes problemas.

É certo que em nenhum Estado se conseguiu a total compatibilização de direitos, e que sempre qualquer deles parece ter de comportar restrições, em situações de conflito, ao menos. Mas em Mello Freire se pode afirmar com pequena margem de erro que nenhum dos direitos em causa é verdadeiramente respeitado, excepto a propriedade privada. A liberdade pessoal é declarada direito conjuntamente com esta no § 8 do Título XLV. Mas de que liberdade pode tratar-se, se se vive num Estado de Polícia?

Entretanto, uma interrogação lateja: Será que o Estado social (de Direito?) é um estado neo-iluminista? É-o, sem dúvida. Mas na sua versão positiva, demofílica e emancipadora, e não nas sombras despóticas do Século das Luzes... Pode, com efeito, haver um neo-iluminismo que proclame, com o o velho e bom iluminista *tout court* Kant, a emancipação, a maioridade dos Homens, e um neo-iluminismo dos filósofos oportunistas, vegetando em filosofia servil junto dos tronos pretensamente demofílicos e anti-democráticos.

Retomemos Freire e o seu trabalho: há, estranhamente, muitos "direitos" atinentes à pessoa no projecto do Novo Código, o que mostra o carácter ilusório, e até hipnótico dos catálogos de direitos. Pelo menos daquele. Mas mostra também que a liberdade e a protecção não se ajuízam pela simples enunciação...


III. A HIDRA DE MIL CABEÇAS

1. **A hidra engoliu o fantasma**

Afinal, os direitos fantasmas já são parte da hidra de mil cabeças. Por cada direito adquirido é uma cabeça que se abate. Mas a maldição demoníaca da política (mesmo quando o direito a quer domesticar) faz nascer logo duas cabeças. E essas novas cabeças, cheias de sangue novo, fazem com que o direito nascido tenha aquele ar anémico e fugaz de fantasma. As hidras sugam o sangue do direito, e ele torna-se fantasma do que fora, fantasma de si próprio, uma das tais sombras do templo alegórico.

Se o direito é um fantasma, quem é a hidra?

Pode ter muitos nomes. Realismo, realidade, pragmatismo, *raison d'Etat*, factos, força normativa dos factos – é hidra, tem mil cabeças. No fundo, é a política prática, e a própria prática do direito, tantas vezes infelizmente feita simples questão de facto, ou de política.

Os direitos fantasmas são afinal mitos-ilusão, estrategicamente colocados para ocultar ou dulcificar a dura realidade da hidra.

Mello Freire diz que os vassallos têm direitos. Mas quais? Ribeiro dos Santos ao criticá-lo, afirma:

"[...] pois que todos os direitos enunciados no dito Titulo [I] parece que se reduzem ao unico artigo de poderem pedir os vassallos ao Principe em recompensa de seus merecimentos as mercês e premios, que constão de doações dos bens e direitos da Corôa, e concessão de graças novas, e confirmação das antigas, que é o de que se tracta desde o Titulo 48 até o Titulo 57."[188]

Assim, se os direitos afinal se ligam já ao tentacular monstro do Estado e à sua política, desçamos um pouco ao pormenor, e vejamos sucessivamente no projecto de Mello Freire:

1) a protecção do cidadão através dos seus direitos (fantasmas);
2) a protecção do cidadão por parte do Estado-Leviathã (a hidra de mil cabeças)[189].

---

[188] António Ribeiro dos SANTOS – *Notas ao Plano do Novo Codigo de Direito Publico de Portugal, do D.or Paschoal José de Mello, feitas e apresentadas na Junta da Censura e Revisão pelo D.or António Ribeiro em 1789*, Coimbra, Na Imprensa da Universidade, 1884, p. 21.

[189] Cf. HOBBES – *De Cive*; Idem – *Leviathã*; o clássico Santo AGOSTINHO – *Civitas Dei*. V., contemporaneamente, Eliaz DIAZ – *De la maldad Estatal y la soberania popular*, Madrid, Debate, 1984.

## 2. O aspecto fantasmático da hidra

Há muitas normas de importante atinência protectiva pessoal ao longo deste projecto. Referimo-nos, evidentemente, às que estabelecem ou interferem em estatutos pessoais, e às que especificamente especificam os direitos e obrigações do cidadão.

Enquanto as segundas se encontram sistematizadas pelo autor do projecto, e agrupadas no Título XLV, que se designa mesmo "Dos Direitos e Obrigações do Cidadão", já as primeiras se encontram dispersas, e hão de buscar-se especialmente:

- No Título I, para a generalíssima norma de reconhecimento de direitos (§ 1), que é o pilar de todas as demais nesta matéria[190]
- No Título II, no estabelecimento da igualdade jurídica de todos perante a lei (§ 8), sem embargo de dispensas, graças e privilégios concedidos pelo rei (§ 10).
- No Título III, na definição de áreas da jurisdição secular e da eclesiástica (§ 8 *et sq.*), e no carácter pessoal e não hereditário ou venal dos cargos da magistratura judicial (§ 16 *et sq.*).
- No Título V, na consideração da "imunidade das pessoas e bens eclesiásticos", a qual, porém, é considerada apenas de forma muito limitada, e subordinada ao princípio geral da igualdade perante a lei.
- No Título XXXIX, na igualdade tributária (§ 6).
- No Título XL, na não hereditariedade dos ofícios públicos em geral (§ 6) e alguns direitos dos funcionários[191].

---

[190] Ribeiro dos Santos critica o pouco desenvolvimento deste ponto, sobretudo se comparado com a especificação dos diversos direitos reais, que seriam correlativos dos dos vassalos. Bernardino BRAVO LIRA— *Melo Freire y la Ilustración. Catolica y Nacional en el Mundo de Habla Castellana y Portuguesa*, separata da "Revista de Derecho de la Universidad Catolica de Valparaiso, Valparaiso, Publicaciones de la Escuela de Derecho, 1984, vol. VIII, pp. 93 ss., sublinha também o carácter fundamental destes direitos dos vassalos.

[191] Contudo, há normas que relevam manifestamente de um pensamento utopista, regulador até dos mais ínfimos pormenores do foro pessoal, para maior

– No Título XLI, no direito de precedência (uma manifestação da função jurídica de distribuição de "honras").
– No Título XLVII, na regulamentação dos serviços e mercês (outra manifestação do "direito honorífico").

Além destas, e da confirmação e especificação destas no articulado interno de outras normas (como quando se reitera a igualdade perante a lei criminal em particular, no § 2 do Título XLIV, "Do direito militar"), retém-se a lição do legislador filipino que, ao invés da tradição nacional anterior, que não especificava a questão da nacionalidade, resolveu consagrar um título a "Dos Naturaes e estrangeiros", o XLVI. Muito compreensível com os Filipes, menos agora.

Mantém-se ainda a velha ficção dos vícios da obrepção e da subrepção[192], mas agora permitindo aos súbditos apenas impugnar as cartas e decisões dos tribunais passadas em nome do rei, e não as do próprio rei[193].

De todo o articulado, quer do disperso, quer do sistematizado, ressalta a empresa de igualitarização, de nivelamento dos "vassallos", e de estabelecimento do fortíssimo poder real, legitimado por lei igual, racional, etc..

Falemos agora do título que expressamente cura de direitos e obrigações dos súbditos.

Dividamos as prescrições do Título XLV numa coluna de Direitos, e noutra de Deveres ou obrigações do cidadão. Que obteremos?

---

glória ou operacionalidade... da república. É o caso do requisito do casamento para certos funcionários. O que Ribeiro dos Santos, aliás celibatário, não deixará de criticar...

[192] Como se sabe, mas o texto anotado das Ordenações Filipinas não deixam de lembrar, "*Subrepticia*, i. e., quando se occulta a verdade, que sendo conhecida obstaria a mercê. § *Obrepticia*, he quando se allega falsa causa, que move á concessão da graça, Alv[ará] ou Provisão." (*Ordenações Filipinas*, Lisboa, Fundação Calouste Gulbenkian, Livros II e III, p. 466).

[193] O Título XLIII das Ordenações estabelecia uma mais lata protecção, porquanto fala de "[...] alguma Carta nossa [...]" e não apenas de seus tribunais. Cf., sobre o assunto, Bernardino BRAVO LIRA – *Melo Freire y la Ilustracion...*, pp. 95-96.

Comecemos pelas obrigações, que vêm primeiro (sintomaticamente) na redacção deste título:

– Desde logo, a ela se refere o corpo do Título, especificando as modalidades das obrigações do cidadão quanto aos seus destinatários (ou sujeitos correlativos): pode-se estar obrigado com respeito ao imperante, à sociedade ou aos seus semelhantes e iguais (o que parece ter-se por um subconjunto das obrigações relativas à sociedade, que englobará superiores e/ou (?) inferiores[194]). A sanção para qualquer destas obrigações é em geral cominada pelo § 5, que ameaça os eventuais infractores com as penas do Código Criminal. Os §§ 1 a 4 estabelecem sucessivamente essas obrigações para com o soberano, a sociedade e "os outros". Torna-se preferível citar:

– "§ 1. Ao imperante deve principalmente obediencia, reverencia e fidelidade, e esta sua obrigação é perfeita, e não só externa, mas interna."
– "§ 2. A' sociedade deve do mesmo modo assistir com os seus bens, serviços e pessoa, ainda com perigo da propria vida, quando assim for necessario para sua conservação e defesa, ou por nós lhe for mandado."

Neste caso se inclui a obrigação de pedir licença para se ausentar do território, nacional ou mesmo apenas do solo metropolitano (§ 3).

– "§ 4. E com os outros deve viver do modo que pede a natureza e fim da sociedade, e abster-se de todos aquelles factos, que podem perturbar a sua paz, socego e segurança"

É este § 4 um outro *neminem laedere*, ou *alterum non laedere*. Do lado dos direitos, estão os §§ 6 a 9.

– Primeiro, o direito de aceder a cargos públicos e de recorrer à justiça real (§ 6). O que é uma manifestação da igualdade jurídica e do supremo poder do monarca sobre todos.

---

[194] A sociedade é, no fundo, vista como uma entidade abstracta, mitificada. E os "semelhantes ou iguais" são os demais particulares.

– Depois, o direito de se candidatar a recompensas e remunerações pelos bons serviços. Pedido feito ao rei, nos termos do Título 48. Outra manifestação do supremo arbítrio (agora de benesses e prémios) do imperante.

– E finalmente, os míticos – expressamente se diz mesmo que "são entre todos os mais sagrados" – direitos da propriedade e liberdade do cidadão. Os quais são reconhecidos e protegidos pelo Rei (§ 8). Acrescentando-se ainda (§ 9), como desenvolvimento:

"Por tanto todo o proprietario poderá livremente usar e dispôr dos seus bens e direitos, e obrar na sua casa e na sociedade o que quizer, salvas sempre as leis públicas do estado."

Este final é deveras esclarecedor – no fundo, as leis tudo podem, mesmo contra os direitos sagrados. Trata-se de uma lição que haveria de ser muito aprendida, designadamente pelo positivismo jurídico.

Falemos agora das normas dispersas com atinências à protecção pessoal.

A definição a cidadania portuguesa (Tít. XLVI), aliás em termos bastante latos, isto é, de extensão da cidadania, não se limita a definir os membros *da tribo*, identificados pelo *ius sanguinis*. Acrescenta-se-lhe um considerável elemento de *ius soli*. O território e a ascendência vão definir o cidadão português, essa entidade a quem todo o direito se vai aplicar, sem qualquer diferença (Tít. II, § 8). E a quem desde logo se reconhecem direitos (Tít. I, § 1)[195]. O carácter de cidadão português é pressuposto da protecção jurídica; contudo, por exemplo no caso da liberdade religiosa, é ao cidadão estrangeiro que essa liberdade (cerceada embora) é concedida (Tít. IV, máx. §§ 7 e 8).

---

[195] O reconhecimento de direitos aos vassalos é uma componente iluminista, enquanto o monopólio pelo imperante dos poderes do Estado é uma componente do absolutismo. Cf. Bernardino BRAVO LIRA – *Melo Freire y la Ilustracion...*, p. 94.

Definidas as normas da cidadania, a igualdade dos cidadãos perante a lei, e a universalidade dos direitos para os cidadãos, ressaltam normas de atinência pessoal que explicitam e especializam o já determinado, ou nos "princípios gerais", ou nos "direitos e obrigações", do Título XLV.

– No capítulo dos magistrados judiciais e dos funcionários (oficiais) públicos, em geral, a regra é a da igualdade de todos no acesso, da nomeação e demissão pelo soberano, numa especificação dos princípios da igualdade perante a lei e do supremo poder do imperante sobre todos os seus vassalos (Tít. III, § 16 *et sq.*; Tít. XL).

– No domínio do estado e jurisdição eclesiástica, o princípio é a separação muito rigorosamente delimitada das esferas de competência (com o banimento do direito canónico do quadro das fontes jurídicas civis, ou seculares), e a recusa, tanto quanto possível, de privilégios de qualquer ordem em função do estatuto pessoal de eclesiástico (na verdade, o Título V – "Da Imunidade das Pessoas e bens eclesiásticos" procura dar a ilusão da imunidade no título, enquanto essencialmente prescreve a igualdade perante a lei, no conteúdo – esta imunidade é um mito, como se vê dos §§ 1 e 2:

"§ 1. Os ecclesiasticos [...] devem contribuir igualmente como os outros vassallos a todo o genero de tributos e de impostos.".

"§ 2. A immunidade destas leis e direitos é um privilegio, que deve constar das nossas mesmas leis; e em quanto não consta, e prova, não ha isempção alguma, e tem lugar a regra de que estão obrigados igualmente.

Depois, dão-se aos eclesiásticos algumas benesses honoríficas (§ 4), vagas (§ 5), penas mais severas para os que os maltratarem (§ 6), podendo realizar negócios jurídicos (§§ 7 e 8), sem o temor da prisão por dívidas (§ 9), etc.. Mas, apesar de tantos artigos, as verdadeiras prerrogativas de antanho esboroavam-se.

No mesmo sentido vão as disposições do § 6 do Título XXXIX, quanto à igualdade entre todos os vassalos como sujeitos passivos de imposto, as normas de jurisdição, etc..

– Esta igualdade tributária passiva dos súbditos, sob o poder absoluto do monarca taxador é ainda (e sobretudo) motivo para se notar a ausência de qualquer direito a interferência dos cidadãos na determinação ou no consentimento do imposto. Quando muito, podem os sujeitos passivos "modestamente" queixar-se dos excessos dos recebedores e outros, sobre a "ordem, método e suavidade da cobrança", e a sua "causa, justiça e necessidade", pagando boamente entretanto (§ 1). Porque, em matéria de impostos o direito cabe ao rei, e a ninguém mais:

> "A nós somente pertence o direito de impôr todo o genero de tributos novos, e de conservar, diminuir, ou augmentar os antigos, segundo a exigencia da causa pública, entendida pelo nosso real arbitrio, sem necessidade de concurso, ou dependencia dos nossos vassallos, assim ecclesiasticos, como seculares, e das cameras das cidades e villas de nossos reinos."[196]

– Todas estas formas de nivelar os súbditos aos pés do soberano encontram um tudo nada de moderação em modalidades de diferenciação dos vassalos expressamente admitidas, designadamente através da atribuição de incentivos à abnegação, as mercês (as quais se procura regular – Tít. XLVII –, restringindo-as a prémio pelo serviço público), e do reconhecimento honorífico de direito de precedência, segundo uma hierarquia social que o Título XLI vem esclarecer ("para tirar as dúvidas, que muitas vezes costuma haver sobre a sua precedencia").

Com influência decisiva nos direitos das pessoas está a concepção de concentração dos poderes nas mãos do imperante, e a própria concepção do funcionamento das diversas instâncias do Estado, desde a administração (Título XL) à jurisdição (Título III). No fundo, muitos direitos, mas exangues e pálidos, enquanto a hidra estadual vende saúde.

---

[196] Mello FREIRE – *O Novo Código do Direito Publico de Portugal, com as Provas compilado pelo Desembargador Paschoal José de Mello Freire dos Reis, em que se contém a matéria do Livro II das actuaes Ordenações*, 1.ª ed., Coimbra, na Imprensa da Universidade, 1844, Tít. XXXIX, pr., p. 127.

## 3. A hidra em acção

O Título XLII é uma verdadeira descrição de uma utopia. O próprio tom em que é escrito tem um travo a literatura: é o retrato de um país de maravilhas, subdividido em parágrafos. Tem todos os condimentos necessários à construção de uma cidade ideal pelo engenho de um sonhador intelectual e pela força de um príncipe que lhe dê ouvidos. E se há matérias que compreendemos na política de força do absolutismo, outras mais parecem saídas da ficção que da realidade, por mais dura que esta seja.

Não admira. A polícia é o governo da *pólis,* afinal. Quando Mello Freire, nas provas deste título, afirma, como vimos, que a polícia é "a economia, direcção e governo interno do reino"[197], não fala senão do "Estado-polícia"[198]. E a "economia", neste seu discurso, parece ser mais a "arrumação da casa" (*oikos* + *nomos*) pública que a específica política "económica"[199], embora, evidentemente, a englobe[200].

Aliás, tudo se enquadra na polícia. Ou melhor: a polícia a tudo enquadra. O corpo do Título XLII esclarece o objecto da polícia, o qual dificilmente poderia abarcar mais domínios:

"Sendo os principaes objectos da policia *a religião, os costumes, e a subsistencia, commodidades e segurança dos nossos vassallos*; e devendo a todos igualmente, como a proprios filhos, desejar e procurar todos os bens:" (sublinhados nossos).

---

[197] Mello FREIRE – *O Novo Código,* p. 152 (Provas ao Tít. XLII).

[198] Tão diferente do tipicamente constitucionalista Estado-guarda nocturno que surgirá depois, na fase demo-liberal.

[199] Sobre a dificuldade da delimitação epistemológica da Economia, cf. Paulo Ferreira da CUNHA – *Direito e Economia: da síncrese ao reencontro,* in *Princípios de Direito. Introdução à Filosofia e Metodologia jurídicas,* Porto, Rés, 1993, p. 233 ss.

[200] O Autor conhecia certamente a origem etimológica da palavra "economia". Há, por exemplo, um passo da sua obra em que nos apresenta a οιχονομια como organização, *economia,* utilizando mesmo a expressão em grego. Mello FREIRE – *História do Direito Civil Português,* trad. do latim do Dr. Miguel Pinto de Meneses, in "Boletim do Ministério da Justiça", n.º 173, Lisboa, Fev. 1968, p. 77.

Esta vocação totalitária vai evidenciar-se ainda mais nas prescrições dos sessenta e sete parágrafos subsequentes, em que o paternalismo (ou, no caso, maternalismo) aqui declarado, dará lugar não raro a um dirigismo de mítico legislador draconiano.

A polícia é omnipotente e tudo invade: quer o espiritual, quer o temporal. Como nas utopias literárias, trata-se de conformar a alma e o intelecto dos cidadãos, antes de os dotar de leis que os obriguem a fazer o que não queiram já intimamente, e muito antes de os ameaçar com sanções para a sua eventual desconformidade com as normas.

Dentro desta orientação, é compreensível que o projecto comece logo por pretender – numa conhecida e ao longo da História repetida táctica – servir-se dos sacerdotes da igreja oficial (a que chama, com o seu regalismo típico "Igreja Portugueza" como agentes da política (e polícia – agora no sentido actual e corrente) estadual.

Assim, no § 1 está em causa a própria religião [assimilada com a justiça com a simples expressão "ministros da igreja e da justiça"] (com um particular relevo para os seus "ritos" – todos os ritos são disciplinadores, incutem respeito e obediência) enquanto instrumento de aculturação política e legitimadora do poder (não nos esqueçamos que o soberano o é por exclusiva graça de Deus, e não perde oportunidade para reiterar a sua fidelidade religiosa[201]).

A esta conformação geral, acresce logo no § 2 a agregação dos ministros sagrados [e da justiça] à disciplina e vigilância dos costumes, designadamente "não consentindo ajuntamentos e communicações illicitas e suspeitosas." Negação clara da liberdade de reunião, manifestação, etc.

Esta preocupação com a moral – a grande barreira à infracção, o polícia interior de giro à consciência de cada um – estende-se depois à escola, outra determinante instância na criação do Homem Novo, obediente, bom cidadão. Assim, o § 3 impõe aos professores

---

[201] Designadamente no Título IV.

de gramática, latina ou portuguesa[202] mudarem, por obra e graça da lei, o objecto principal do seu labor docente (a "sua primeira e principal obrigação") para a vigilância dos costumes, impondo-se-lhes que observem "à risca as instruções que, a este respeito lhe forem dadas pela nossa Real Mesa Censoria".

Esta Real Mesa Censoria distribuirá um manual de moral, espécie de catecismo cívico, breve e preciso, e obrigatório nas escolas e para todos os pais de família[203], contendo:

> "[...] as principaes obrigações do homem, do cidadão, e do christão, e dos pais e filhos-familias entre si, e o que a estes respeitos dispõem as nossas leis criminaes."[204]

No mesmo afã de conformar desde tenra idade os futuros cidadãos da cidade nova, o Novo Código não se contenta com o constrangimento religioso, jurídico, escolar e paternal. Vai à própria constituição da família, e fá-la depender da conformidade com o novo credo cívico. Assim, é instituída a utópica licença (gratuita[205]) para casamento, garantia última de que a prole terá pais diligentes na educação cívica:

> "§ 6. Os que houverem de casar, não só serão examinados da doutrina christãa pelo seu parocho; mas tambem por algum dos ditos professores, ou por outra pessoa intelligente, de ordem da policia, serão examinados sobre a educação civil, e ensino, que devem dar a seus filhos; de que se lhes passará uma certidão em fórma, sem a qual o parocho os não poderá receber."

---

[202] Aos professores de gramática, precisamente, outra grande disciplinadora dos intelectos – mas, para disciplina de rigor, também poderia ter sido outra, por exemplo, a matemática...
[203] Tít. XLII, § 5.
[204] Tít. XLII, § 4.
[205] Tít. XLII, § 7.

A família está sob vigilância apertada[206], aliás: como um condenado em liberdade condicional, todo o pai de família tem de apresentar-se, todos os anos, no mês de Janeiro, na polícia, prestando relatório do "nome, habitação, estados, familias" (§ 14)

Mas agora já se está no domínio dos constrangimentos externos, da vigilância à luz do olhar omnipresente do *Big Brother*. Por isso, também, a cidade de Mello Freire é, como a Lisboa pombalina, rectilínea, limpa[207] e asseada, e sobretudo – iluminada. Porque só à luz se pode ver o que os súbditos fazem, e os eventuais sediciosos tramam: e é assim que o § 15 deste título manda que todas as noites se acendam lampiões na capital e em todas as cidades populosas. Mas a luz é simbólica. E de novo temos uma ambivalência das Luzes: por um lado, a luz da Razão, que é benéfica. Por outro, a perversão sombria dessa luz, que é como que "luciferina".

O reino da razão é o reino das luzes, e o seu sentido nobre é a visão. Ver para crer é a máxima racionalista de S. Tomé. O domínio do mito é a noite, a sua subtileza, a adivinhação, a intuição – tudo dotes femininos como os da *rainha da noite*, da ópera *A Flauta Mágica*, de Mozart. E o seu sentido nobre é o ouvido (se é que não é o olfacto...). Acender lampiões na cidade não é só iluminar a via pública, é proclamar as Luzes, e a presença omnipresente do olho permanente do soberano.

No domínio dos constrangimentos e das actividades técnicas externas (porque aqui também vale a ambivalência de Jano de que falava Duverger), deve, antes de mais, sublinhar-se a omnipresença da "polícia", patente na forma como colide com todos os "ofícios",

---

[206] Cf. *infra*, as determinações atinentes ao poder económico, que é o poder do rei como uma espécie de super-pai da família geral do Estado.

[207] A limpeza (aliás como sinal exterior de pureza e perfeição essenciais) é obcecação utópica, aqui patenteada nos §§ 9, 23, 24, etc.. Neste quadro parece incluir-se também a proibição da vadiagem e da mendicidade (§§ 11, 20, 21, etc.). O procedimento utópico quanto à pobreza opera não pela via protectiva (aliás sempre um tanto quimérica quando estadual), mas antes pelo processo da avestruz jurídica: a realidade incómoda desaparece com a sua abolição legal.

arrogando-se interferências administrativas nas corporações e profissões, inspeccionando-as e tributando-as, e até arrogando-se competências de desenvolvimento técnico:

> "§ 41. Geralmente todos os officios necessarios para a subsistencia e commodidades do homem estão sujeitos a policia; e a ella pertence reformar os mesmos officios, procurar e promover o seu adiantamento, evitar os abusos dos officios, taxando-lhes e o preço e aluguer das suas obras e jornaes, e das suas bestas, carros e carruagens, ordenando a todos estes respeitos aquelles regulamentos, que forem convenientes."

Religião, educação, família e trabalho estão, *grosso modo*, dominados. O demais refere-se a variantes e concretizações, aos tempos livres, às comodidades públicas, enfim, a tudo o que possa importar à felicidade dos vassalos de tão solícita e prestimosa majestade, através da sua "polícia".

O § 9 estabelece como que uma cláusula geral utópica da actividade da polícia, contendo enumeração exemplificativa, que, de resto, se vai acrescentar nos parágrafos seguintes. Aí virtualmente já tudo se contém:

> "Vigiaráõ ao mesmo tempo sobre a bondade, qualidade e abundância dos mantimentos e mais cousas necessarias para a vida e commodidades do homem; sobre a construcção dos edificios e suas ruinas, incendios e outros similhantes accidentes, e modo de os remediar; sobre os rendeiros, taberneiros, trabalhadores, artistas e officiaes; sobre a limpeza e aceio das casas, ruas, praças, vallas, caminhos, estradas, pontes e fontes; e geralmente sobre todas aquellas cousas, que se julgarem precisas e indispensaveis para as necessidades e tracto da vida humana, na fórma deste Titulo, e dos seus regimentos."

Este parágrafo sucede àquele que consideraríamos propriamente "policial", e que já englobava toda a protecção de pessoas de crimes como o homicídio, o furto e a injúria. E ainda aqui aflora o projecto ideal de um cidadão pacífico e respeitador da autoridade:

"[...] procurando por todos os modos, que os nossos vassallos vivão quietos, contentes e seguros uns dos outros."[208]

Ainda policial, neste sentido, é o conteúdo do § 32, sobre contendas privadas, o § 17, sobre a prisão de criminosos, e a regulamentação da justiça e corpo da polícia (§§ 42 *et sq.*)

Vêm depois belas intenções (e consequentes prescrições) sobre a configuração concreta da cidade.

Os cidadãos andam desarmados (§ 10), a venda de venenos é restringida essencialmente aos profissionais médicos e afins (§ 22), e o armazenamento particular de combustíveis restringido (§ 27). O pacifismo ganha aqui pontos. Trata-se de uma medida prática com o fim utópico de evitar o agonismo interno da cidade ideal, e que, subsidiariamente, contribui para consolidar o monopólio da justiça por parte do Estado (proscrição do duelo, justiça privada, etc.), e anula o antigo sinal de distinção social que era o trazer espada, contribuindo para a igualitarização dos súbditos.

Na entrada das povoações, piquetes policiais, sem dúvida, inquirirão da identidade, profissão e motivo da visita dos viajantes, que, sendo desconhecidos ou não trazendo "passaporte", serão logo presos (§12). Esta protecção dos residentes a muito obriga os viandantes.

A vigilância nas estalagens e tabernas é apertada. Os seus responsáveis comunicarão os seus hóspedes à polícia no prazo de 24 horas (§ 13). E todos os meses essas casas, e ainda as particulares que se tornarem suspeitas, receberão a visita da polícia, para se averiguar da "vida e costumes das pessoas, que nellas se acharem" (§ 19).

Além de o censo estar sempre actualizado com a declaração dos pais de família (§ 15), da proscrição dos vagabundos e mendigos,

---

[208] Título XLII, 8, p. 135.

orfãos e expostos, que serão recolhidos a instituições totais convenientes (§§ 11, 20 e 21), e da iluminação pública (§ 15), as ruas serão percorridas por ronda militar, e jamais civil (§16 e 18). É novamente o monopólio estadual da justiça e da força a fazer-se sentir.

Limpeza de ruas (§ 23; tanto limpas de bandidos como "bellas e magníficas"[209], conforme recomenda, na medida do "possível", o § 34), pureza de águas (§ 24), cuidados na edificação para evitar inundações (§ 25; também prevenidas pelo § 35) e incêndios (§ 26), os quais estão também acautelados pela proibição do armazenamento particular de combustíveis em quantidade (§ 27), reparação de edifícios em ruína (§28), proibição ("nas povoações") de animais ferozes ou... "imundos" [idem] – são alguns exemplos da estruturação da cidade. Na medida em que moldam o espaço e criam no cidadão hábitos de uma administração omnipresente, activa, prestadora, e substitutiva da sociedade civil (que desaparece, ou quase), não são menos políticas que outras, que visam evitar sedições, como a do § 33, o qual desce da utopia harmónica à realidade sempre presente da dissenção entre os homens.

Dir-se-ia que a utopia freireana já integra (e resolve, com a polícia) o problema da dissidência e do descontentamento político:

> "§ 33. E principalmente os tumultos populares, e dos mal contentes, que necessariamente ha de haver em toda a sociedade, procurando conhcel-os, antes que aconteção, pela commoção dos espiritos do povo, e outros signaes, para em tempo se acautelarem".

No fundo, todas as normas concorrem para a totalidade do ideal, e cada uma à sua maneira prepara a felicidade dos súbditos.

No plano cultural e do lazer, contam-se disposições sobre teatro e sua censura (§31), a proibição dos jogos de azar, e sua substi-

---

[209] Este gosto pela magnificiência enquanto expressão do poder absoluto é uma das várias coincidências de Mello Freire com BOSSUET – *Politique tirée de l'Ecriture sainte*, Livre X, 1.ère proposition.

tuição por exercícios físicos, "dirigidos pela polícia" (§ 29)[210]. Nos quais se podem entreter as famílias, alternativamente com o passeio público, vigiado permanentemente pela "ronda militar, ou da justiça", mas em que se dá o benefício da adjacência de casas de bebidas... presume-se que não alcoólicas (§ 30).

A economia subordina-se à polícia. Quer no provimento das necessidades em víveres, e concomitantes importações (§ 36), quer mesmo, excepcionalmente embora (mas contra a sagrada propriedade – mito do poder da polícia e do interesse público contra o mito da propriedade privada) taxando e impondo preços de venda de géneros (§37)[211]. Há um *fumus* de defesa do consumidor no § 38, graças à vigilância sobre produtos alimentares, e de saúde pública no § 39, estipulando que os açougues e matadouros se localizarão em sítios menos prejudiciais à saúde dos habitantes das povoações, isto é, fora delas.

A assistência social está garantida por hospitais, casas pias, etc., de que tratam especialmente os §§ 55 *et sq.*. Ainda não estava criado o mito do *welfare state* e o mito da juventude eterna e da plena saúde como possíveis, pelo que Mello Freire é comedido nestas questões, e muito continua a requerer da "caridade" dos particulares, não impondo excessivas solidariedades estaduais.

Claro que para prover a tudo isto, quer no plano da execução pura, quer no da punição, parece importante a criação de um corpo de funcionários a tal devotados. A partir do § 42 se lançam as bases legais de "um tribunal e corporação de homens separado" destinado a tal serviço. São os olhos e ouvidos do rei...

Realista e moderado é que, no fundo, a alçada do tribunal da polícia acabe por ser de 12 000 reis e dois meses de cadeia (§ 50). Isto limita, de facto, o poder teoricamente todo-poderoso desta jurisdição algo extraordinária.

---

[210] Aliás, exercícios idênticos são também impostos (embora de acordo com o "que forem capazes") aos reclusos nas cadeias "oficiais" (já que a sociedade é uma cadeia não assumida como tal?) – § 58.

[211] Mas estipulando a venda e preço livres, § 38, *in fine*.

Deu-se conta Mello Freire de que o seu texto não podia passar por nenhuma actualização das Ordenações[212], antes constituía a base legal de uma fundação de cidade nova. Por isso, começa por se desculpar, nas provas, alegando a sua inexperiência nestas matérias[213]. Mas muito mais interessante e significativa que esta *humilitas* inicial, é a revelação dos trabalhos preparatórios pessoais do autor, e da confissão utópica de um anteprojecto, que Mello Freire diz ter rasgado, por inadequado à realidade portuguesa de então, ao *hic et nunc*.

"mas estas e outras idèas, com que fiquei, em logar de me habilitarem para este trabalho, me confundirão e me inhabilitarão mais; porque por ellas fiz um plano de policia, que parecendo-me ao principio decente, ao depois reflectindo vi que de nada servia, por ser um discurso especulativo academico, e impracticavel em Portugal, e que só poderia ter uso e applicação em alguma republica platonica, ideal e imaginaria."[214]

Tendo, pois, rasgado o plano inicial, Mello Freire renunciou à cientificidade e sistematização que considerava animarem-no, e ainda a tratar todos os objectos da polícia, limitando-se aos principais[215]. O catálogo destes é já muito considerável, e ficamos cada vez com mais dúvidas se o projecto alegadamente rasgado não é o ora apresentado, ou, então, pomo-nos a adivinhar que prodígios se conteriam no texto rejeitado pelo seu autor.

---

[212] A relativamente longa relação que faz do direito anterior só contribui para solidificarmos a ideia de que Mello Freire está a inovar. Cf. Mello FREIRE – *O Novo Código*, pp. 352-354.

[213] Mello FREIRE – *O Novo Código*, p. 352.

[214] Mello FREIRE – *O Novo Código*, p. 355.

[215] Principais objectos da polícia são, para o autor, os costumes, vida, saúde, subsistência e comodidades do cidadão. Outros objectos, alguns dos quais tratados noutros títulos ou no código criminal, seriam – agricultura, florestas e coutadas, finanças, fábricas, forais e luxo, armas, jogos, precedência e ordem de tratamento entre os cidadãos. Cf. Mello FREIRE – *O Novo Código*, p. 356.

Esteja Mello Freire a falar ou não verdade sobre as fases do seu trabalho, o facto é que este título, mesmo tal como o conhecemos, constitui um riquissimo repositório de traços utópicos de uma cidade ideal, tal como uma certa utopia iluminista (de despotismo dito esclarecido) a entendeu.

Uma das partes mais obscuras para o leitor moderno, mesmo para o que tenha feito a sua cadeira universitária de Economia Política, é o Título XLIII do projecto de Mello Freire, que ostenta a epígrafe "Do Poder Económico". Com efeito, nada do que aí se trata parece ter alguma coisa a ver com a produção e o consumo, a riqueza e a sua distribuição, o custo de oportunidade e a raridade de recursos, em suma, nada releva de Quirino, e tudo de Júpiter enquanto deus de soberania geral (para nos referirmos aos deuses romanos da trifuncionalidade indo-europeia, molde teórico sempre útil nestas indagações de funções sociais e políticas).

Mello Freire trata neste Título de ofensas e remédios para elas (castigos), e procedimentos e competências para tal. Dir-se-ia estar-se perante direito penal ou criminal, ou, no mínimo, direito de "mera ordenação social", dada a afectação de suavidade aqui patenteada.

Nas provas, Mello Freire alonga-se bastante, e é aqui um dos passos em que nos oferece dois nacos de doutrina sua dos mais substanciais. Previne logo da confusão entre economia, polícia em particular, e polícia em geral, e alude à dificuldade da distinção, para a qual seria necessário um enciclopédico conhecimento, cujos vagos e especulativos items enumera[216]. Depois de aprecisões doutrinais e do enunciado das suas fontes, passa a dar a sua doutrina sobre a diferença entre as várias áreas da "filosofia prática". É a sua construção epistemológica, que vai servir de máximo fundamento a essa nova arma do poder na mão do príncipe, que é o "poder económico". Assim, tudo se esclarece se virmos que a política visa a felicidade e a segurança pública, agindo tanto interna

---

[216] Mello Freire – *O Novo Código*, p. 361-362.

como externamente. A polícia, confina-se já à felicidade pública apenas interna, e especificamente usando de meios como a agricultura "e outros estabelecimentos". E a economia aponta ainda para o grande mito setecentista da felicidade, mas num âmbito ainda mais restrito, o da

> "[...] felicidade domestica das familias e sociedades menores, com muito pouca ou nenhuma contemplação ao Estado e sociedade civil [...]"[217].

Recapitula e alarga o autor este seu ponto, afirmando:

> "Contém, como disse, a filosofia práctica muitas partes, e todas tem differentes objectos. Porque a ethica procura a felicidade do homem; a theologia, do christão; a policia, do cidadão; a politica, de toda a sociedade; e a economia, de que tractamos, a domestica e familiar."[218]

É a perfeição teórica do jardim francês, embora com doutrina de Wolf e Justi.

A isto, que, embora vocacionalmente totalitário, e formalmente fruto de um racionalismo conceptualista, pode compatibilizar-se com a velha *divisio* aristotélica, acrescenta Mello Freire, prometendo passar das palavras às coisas:

> "Eu tenho por poder economico politico aquelle, que compete ao Principe na qualidade de pai de familias, na qualidade de chefe e cabeça principal de todos os corpos politicos do Estado, e na de primeiro e principal cidadão."[219]

Passando depois a expor a teoria segundo a qual vê o imperante: é o soberano que legisla, o juiz que decide dos pleitos, e o pai que governa a sua casa. E de novo nos surge, sempre, a capa do

---

[217] Mello FREIRE – *O Novo Código*, p. 364.
[218] Mello FREIRE – *O Novo Código*, p. 364.
[219] Mello FREIRE – *O Novo Código*, p. 364.

Leviathã, de Hobbes: Mello Freire vê o soberano como "*chefe* e *cabeça* de todas as sociedades e corpos políticos do Estado." (sublinhados nossos), mas também cabeça do corpo político da Igreja.

Em conclusão: na medida em que se não separa a sociedade do Estado, e em que se sobrepõem a concepção paternalista e a absolutista do poder e da realeza, o soberano iluminado e racional, de boas leis e oficiais diligentes, é também o pai comum de meios preventivos e correctivos informais e expeditos: os dois açoites na hora exacta, para evitar piores males. Mais tarde, durante o Estado Novo, esses dois açoites seriam caricaturados com um verso da parte habitualmente não cantada do Hino Nacional: "São como beijos de mãe"... O mesmo paternalismo autoritário. Quão longe se está da outra face das Luzes, a emancipatória: *sapere aude*! Ousai.

Em teoria, continua a apartar-se política de economia (e até política de polícia). Mas a distinção vai servir, paradoxalmente, não para confirmar os pais de família como reis em sua casa, deixando para governo do príncipe só a coisa pública, mas antes para dotar o imperante, na qualidade de pai comum, de mais meios (posto que ajustados ao diverso fim e objecto – *et pour cause*, já que de outros não tem necessidade), interferindo na sociedade até nas sociedades domésticas.

Mello Freire, em novo paradoxo misturador de objectos de regulação, estende esta intromissão "económica" a

> "todas as pessoas, que vivem em qualquer sociedade, ou seja natural e pacticia, como a conjugal [...][220]; ou politica, como as outras sociedades, corporações, universidades, collegios e conventos militares, juridicos, negociatorios; ou a santa e religiosa, como a sociedade e corpo politico da Igreja [...] e as communidades ecclesiasticas [...], e em quanto ao seu governo, decóro, direcção e externa economia."[221]

---

[220] E até aqui seria coerente. Não o sendo na intromissão subsequentemente citada, que se nos afigura relevar de ordem não "doméstica".
[221] Mello FREIRE – *O Novo Código*, p. 365-366.

Finalmente, também engloba neste domínio, que era todo do recatado e particular, a própria sociedade maior, a civil.

Para esta incongruência há uma explicação, que Mello Freire não dá agora, porque incongruência não vê, ou não a confessa. É que para o olhar macroscópico do imperante, todos os corpos menores ou intermédios, são minúsculos, micróbicos, e assim se confunde a sociedade e as instâncias intermédias com a família, ou as famílias. Uma outra explicação, partindo de outro argumento, decorrente da mesma cosmovisão. O imperante é pai de todos, pai de pequenos e de grandes. De forma que a todos trata por igual. Em suma: A sociedade e cada instituição, por pouco familiar que seja, é, para o imperante, seu assunto doméstico.

São mais alguns anéis nos círculos do inferno.

Honra seja feita a Mello Freire. Parece fazer, depois de ter justificado este poder, sucessivas marchas atrás, arrependido pelos poderes que conjurou, como o aprendiz de feiticeiro que, tal como o monstro de Hobbes, nos não sai de diante dos olhos ao lê-lo.

Reconhece que a família pode ser molestada, e, em apreço disso, conteve a sua minuciosa pena de regulamentador utópico (tanto mais utópico quanto mais regulamentador e específico), explicando que deixou propositadamente por isso este poder traçado de uma forma geral. Porém, o simples enunciado da regra é já expressão de uma visão das coisas fatal para a liberdade e autonomia dos lares, e para os direitos e garantias de pessoas e instituições. Porque, na verdade, se está perante uma espécie peculiar de "jurisdição" (que não chega a sê-lo) em que, como o próprio Freire afirma, quer a pena quer a prova são arbitrárias, e não legais (como ele defende no direito criminal)[222].

Do mesmo modo, repetidas vezes explicita Freire que este poder tem de ser exercido de modo diferente dos outros, e mais *more judiciali* que *more castrorum*[223], em tentativa de prevenir abusos. E limita os titulares concretos do perigoso poder, vedando-o

---

[222] Mello FREIRE – *O Novo Código*, p. 366.
[223] Mello FREIRE – *O Novo Código*, p. 365; cf. também pp. 366, 367, 369, etc..

designadamente a eclesiásticos, e só o admitindo, parece que com reservas, em poucos oficiais e magistrados[224]

Valham as palavras de Mello Freire em sua defesa:

> "Por muitos modos se póde inquietar e perturbar a paz e socego das familias, o seu decoro e honestidade, e as suas fortunas (o mesmo se entende das outras sociedades); e pareceo-me, que se não devião especificar, e que bastava dar a regra."[225]

Além de o mito da felicidade se encontrar abundantemente presente neste poder económico e na sua justificação doutrinal, de par com o mito do imperante todo-poderoso, como vimos, deve sublinhar-se uma característica utópica do maior relevo: a tendência para a anulação da distinção entre público e privado, entre família e sociedade, entre sociedade e Estado. Curiosamente, aqui elaborada de forma subtil – e quiçá não totalmente racionalizada (ou consciente) – através da pretensa "domestic(iz)ação" ou "familiarização" do sumo (realmente único) poder público – o imperante. De facto, se o titular do poder público passa a pai, e entra na sociedade doméstica e nas sociedades menores como tal, tudo está confundido, e tudo passa afinal a ser público, como na célebre frase de Lenine.

Ribeiro dos Santos critica este título sem sequer o ter lido (o texto ainda lhe não fora dado, só o plano): adivinhava-lhe já o conteúdo. E reagiu assim, vendo em tal poder uma total desprotecção das pessoas:

> "Seria muito para recear, que pelo uso de similhante poder, maiormente auctorizado no mesmo corpo de legislação, viessem a destruir-se um dia as fórmas publicas da lei e do juizo; a dar-se um grande golpe nos direitos, na fortuna e na liberdade dos cidadãos; e a abrir-se caminho franco a todos os abusos do poder arbitrario, e aos crueis excessos do despotismo."[226]

---

[224] Mello FREIRE – *O Novo Código*, p. 370.
[225] Mello FREIRE – *O Novo Código*, p. 366.
[226] Ribeiro dos SANTOS – *Notas ao Plano...*, p. 55.

Perante estas e outras réplicas de Ribeiro dos Santos, Mello Freire acusa-o de republicano e monarcómaco[227], e, negando que jamais em Portugal os povos tenham tido parte no governo[228] (protegendo-se a si próprios), afirma:

> "Se eu não me engano, o censor ou quer fundar em Portugal uma monarchia nova, e uma nova fórma de governo, ou quer temperar e accommodar a actual aos seus desejos e filosofia."[229]

Por via da polícia e do poder económico, e pela denegação de participação popular na governação a qualquer nível, as pessoas no Novo Código não estão verdadeiramente protegidas, mas sob custódia. E o problema é que os guardas são os cem olhos de Argos da Hidra de mil cabeças (parece que há cabeças cegas). Mas a pergunta continua sempre a ser, qualquer que seja o regime político: *quis custodet custodes ipsus*? Quem guarda os guardas? E o facto é que os protectores estão protegidos. *Hoc opus hic labor est.*

A desventura do código de Mello Freire, sempre adiado, fantasma vagueando pelos séculos, é uma mentira. No fundo e afinal, ele não faz mais que consubstanciar *o Có*digo, o único Código do Estado Moderno.

Por isso, as constituições mais liberais (*latissimo sensu*) passaram, e perduraram as menos liberais (*latissimo sensu*): porque só

---

[227] Ribeiro dos Santos sairá ilibado dessa acusação, a questão subirá ao Conselho Camerário.

[228] Mello FREIRE – "Resposta que deu o desembargador Paschoal José de Mello Freire dos reia ás censuras que sobre o seu plano do Novo Codigo de Direito Publico de Portugal fez, e apresentou na Junta da revisão o D.or António Ribeiro dos Santos", *in* Ribeiro dos SANTOS – *Notas ao Plano...*, cit., p. 84.

[229] *Ibidem*. Era verdade também, e o utopista acusava o utopista. Mas à utopia ribeireana da protecção da pessoa no seu pensamento aludimos no nosso *Mythe et Constitutionnalisme au Portugal (1778-1826). Originalité ou influence française?*, ed. policóp., p. 163 ss..

estas últimas visavam o fim político da consolidação e engrandecimento do Estado[230].

E por isso é que Ribeiro dos Santos é simultaneamente apelidado de liberal[231] e tradicionalista[232] (logo, pré-moderno), e longe de ser um Quijote enfrentando um fantasma, tem pela frente o Estado Moderno[233], verdadeiramente hidra de mil cabeças.

---

[230] Enquanto o liberalismo é uma espécie de anti-política, de anti-Estado, ou mais suavemente: um conjunto de fórmulas protectivas do cidadão no princípio da desconfiança pela bondade estadual. Cf. Carl SCHMITT – *Der buergerliche Rechtsstaat*, in "Abenland" 3, 1928, pp. 201-203.

[231] Mário Júlio de Almeida COSTA – *Apontamentos de História do Direito*, Coimbra, 1980 (policóp.), p. 385, diz expressamente que Ribeiro dos Santos "militava no campo dos princípio liberais" (*Idem*, no seu *História do Direito Português*, 2.ª ed., Coimbra, Almedina, 1992, p. 375; pp. 393-394: "liberalismo temperado de um Ribeiro dos Santos"]; Joaquim Moreira da Silva CUNHA ("Segundo as lições ao 1.º ano jurídico do Prof. Doutor..., revista com a colaboração do Assistente da Cadeira, dr. Carlos Marques de Almeida") – *História das Instituições*, II vol. 2.ª ed., Porto, Universidade Portucalense, 1987, p. 993, afirma que Ribeiro dos Santos "se inclinava para as ideias liberais nascentes"; Nuno J. Espinosa Gomes da SILVA – *História do Direito Português. I. Fontes de Direito*, Lisboa, Fundação Calouste Gulbenkian, 1985, p. 286 alude ao "aliás moderado liberalismo de Ribeiro dos Santos".

[232] José Esteves PEREIRA – *Op. cit.* p. 296, refere o "tradicionalismo" *sui generis* de Ribeiro dos Santos.

[233] Sobre várias das perspectivas e focalizações do Estado moderno, cf., *v.g.*, Joseph R. STRAYER – *On the Medieval Origins of the Modern State*, Princeton University Press, trad. port. de Carlos da Veiga Ferreira, *As Origens Medievais do Estado Moderno*, Lisboa, Gradiva, s/d; Gioele SOLARI – *La Formazione Storica e Filosofica dello Stato Moderno*, Napoli, Guida, 1988; Hugo KRABBE – *Die moderne Staatsidee*, Hagg, Martinus Nijhooff, 1919; Jean-Marie PONTAUT / Francis SZPINER – *L'Etat hors la Loi*, Paris, Fayard, 1989; François EWALD – *L'Etat Providence*, Paris, Grasset, 1986; Pietro COSTA – *Lo Stato Immaginario*, Milano, Giuffrè, 1986; Jorge Reis NOVAIS – *Contributo para uma Teoria do Estado de Direito. Do Estado de Direito liberal ao estado social e democrático de Direito*, separata do "Boletim da Faculdade de Direito da Universidade de Coimbra", Coimbra, 1987; Robert-Édouard CHARLIER – *L'Etat et son Droit, leur logique et leurs inconséquences*, Paris, economica, 1984. Mais recentemente, Paulo Ferreira da CUNHA (org.) – *Teoria do Estado Contemporâneo*, Lisboa / São Paulo, Verbo, 2003.

## SEGUNDA PARTE
# CONSTITUCIONALISMO LIBERAL

*"Eu, Dona Constituição*
*Que fui nascida na França,*
*E sendo ainda criança*
*Jurei a Revolução [...]*
*Viajei terras e mares*
*Fui à Itália e à Prucia*
*Porem da Espanha e Russia*
*Me fizeram mal os ares.*
*Nunca me dei a vagares,*
*Com presteza sem igual,*
*Vim á pouco a Portugal*
*Pelos Pedreiros chamada [...]"*[234].

---

[234] "Testamento da Constituição", p. 304.

## CAPÍTULO IV
## DO CONSTITUCIONALISMO MODERNO

> *"Mil oitocentos e vinte é apenas uma data. Echo remoto da revolução franceza, grito agonisante d'uma nação exhausta, indolente, ignorante, fanatizada e escrava, o povo balbuciou sem consciência nem fé a palavra liberdade, e adormeceu de novo, no meio de theorias que não entendeu, de princípios que não comprehendia [...]"*
>
> Visconde de Ougella, *apud* Camilo Castelo Branco – *Noites de Insomnia*, Porto, Lello, 1929, I, p. 105.

## CAPÍTULO IV
## DO CONSTITUCIONALISMO MODERNO

I. INTRODUÇÃO

O Constitucionalismo moderno foi, como se sabe, implantado em Portugal com a revolução liberal de 1820, e institucionalizado com a Constituição de 1822, de efémera vigência, mas plena de significado simbólico e repercussões práticas.

Sabemos, entretanto, que as mais antigas raízes nacionais do constitucionalismo *tout court* se poderão colher, não só no legado romanístico e visigótico (e em certa medida até muçulmano) que foi moldando a originalidade ibérica na protecção dos direitos, como nos nossos costumes e leis próprios. Conheceria pontos altos de afirmação na Restauração, na Polémica entre Mello Freire e Ribeiro dos Santos sobre o novo Código de Direito Público, e nas diferentes tentativas constitucionalistas durante as invasões francesas. Este conjunto constitui o nosso *constitucionalismo histórico* na sua essência.

Concentramo-nos, de seguida, nos elementos factuais e textuais significativos para a constituição desse novo modelo de constitucionalismo, o *moderno*, que, *na sua mais estrita pureza*, em boa verdade, acaba entre nós com o advento da Carta de 1826.

E porque definha esse constitucionalismo em 1826 (sendo depois recuperado, nomeadamente no efémero setembrismo, por exemplo: e mesmo assim não totalmente)? Porque a constelação mítica em que se funda o novo sistema (ou a nova utopia), e que está simbolicamente resumida no art. 16.º da Declaração dos Direitos do Homem e do Cidadão francesa (sacralidade textual, direitos e separação de poderes, assentes na soberania popular), perde com a Carta um pilar fundamental – a Carta é outorgada, enquanto que o constitucionalismo moderno arranca de um poder constituinte originário dos povos[235].

## II. 1820, 1822 – UMA RECEPÇÃO CONSTITUCIONAL INDIRECTA

### 1. Mitanálise do Constitucionalismo Português

#### 1.1. *O paradoxo das recepções. Dialéctica das teorias sobre as influências constitucionais*

1.1.1. *A tese da influência francesa*

Uma primeira aproximação ao problema da influência constitucionalista em Portugal inclina-nos para a ideia duma importante contribuição francesa.

Vimos que antes, durante e depois da ocupação francesa houve em Portugal entusiastas da França e da revolução, e mesmo contra-revolucionários imbuídos de "francesismo".

Antes das invasões, lembremo-nos de um fundo de significativa influência cultural gaulesa, *maxime* no domínio literário[236], e a exis-

---

[235] Cf., sobre o início do constitucionalismo moderno, e do português em especial, J. M. Cardoso da COSTA – *Constitucionalismo*, in "Pólis", I, 1983, col. 1151 ss.. V. ainda Charles Howard McILWAIN – *Constitutionalism – ancient and modern*, revised ed., Ithaca, New York, Cornell Univ. Press, 1974, e Paulo Ferreira da CUNHA – *Teoria da Constituição. I. Mitos, Memórias, Conceitos*, máx. p. 276 ss.; Idem – *Mito e Constitucionalismo. Perspectiva conceitual e histórica*, e Idem – *Pensar o Direito*, I. *Do realismo clássico à análise mítica*, máx. a última parte.

[236] Cf. Paulo Ferreira da CUNHA – *La Culture Portugaise et la France Littéraire*, in « Videtur », n.º 19, ed. *online in* http://www.hottopos.com/videtur19/pfcunha.htm (Abril 2003)

tência de uma facção ou clima de opinião muito favorável à França, ilustrável, *v.g.*, pelas cartas do Embaixador Sousa Coutinho, bastante adepto da Revolução Francesa[237].

Durante as invasões, pensamos não somente no grupo directamente ligado ao poder, mas também à Maçonaria de obediência ou inspiração francesa[238] e ao grupo que pediu a Napoleão um rei e uma constituição, e ainda na Legião portuguesa. Para além da persistência e da intensificação das influências francesas (é também o tempo da moda – *proprio sensu* – vinda de Paris), estes fenómenos são uma manifestação duma mais profunda atracção pela importação do que é francês.

Depois das invasões, o governo inglês e a ausência do rei no Brasil também contribuíram para reanimar uma imagem ideal (mítica) dos amigos franceses[239].

### 1.1.2. A tese da influência inglesa

No entanto, não podemos esquecer que outras influências se manifestavam simultaneamente[240]. Nomeadamente a influência inglesa.

A Inglaterra era o velho aliado português e, de facto, mantinha o país sob a sua tutela económica, a qual se tornava naturalmente cada vez mais política em todas as crises.

Portugal tem sempre honrado a sua velha aliança (considerada pela tópica dos discursos oficiais como "a mais velha da Europa"),

---

[237] D. Vicente de Sousa COUTINHO – *Diário da Revolução Francesa*, Lisboa, edições Távola Redonda, 1990.

[238] Sobre os problemas que as invasões criaram no dividido ânimo da Maçonaria portuguesa, A. H. de Oliveira MARQUES – *História da Maçonaria em Portugal*, I. *Das Origens ao Triunfo*, Lisboa, Presença, 1990, p. 93 ss..

[239] No mesmo sentido, *v.g.*, Marcello CAETANO – *História Breve das Constituições Portuguesas*, 3.ª ed., Lisboa, Verbo, 1971, p. 15.

[240] Fernandes Tomás, o chefe do "Sinédrio" estaria fascinado pelas constituições sul-americanas, especialmente a da Bolívia. A Constituição de Cádis vigorou em Portugal, pelo menos como lei eleitoral. Uma influência espanhola ou ibero-americana pode também vislumbrar-se.

e foi muitas vezes um peão no jogo de crises políticas europeias. Uma vez mais, disso se tratou na "guerra peninsular".

Para muitos espíritos, a via constitucional inglesa era um pouco o modelo a atingir. As invasões e depois a guerra civil levaram muitos emigrantes portugueses para Inglaterra. A Maçonaria em Portugal foi primeiramente de inspiração britânica, e muitos oficiais ingleses, que vieram comandar as nossas tropas contra os exércitos napoleónicos, eram mações (fizeram mesmo uma procissão maçónica em Lisboa). A sua influência foi significativa.

A tradição política inglesa era constitucional, assim como a tradição política francesa, embora dum outro constitucionalismo – em geral tido por mais moderado e evolutivo.

O governo inglês, depois da instauração do regime constitucional em Espanha, pressionou o governo português no Brasil para fazer o mesmo em Portugal.

### 1.1.3. *Dialéctica teórica*

Pergunta-se, então: no constitucionalismo português, há mais influência inglesa ou francesa?

José de Arriaga inclina-se para a inglesa. Eis o testemunho de Pinharanda Gomes:

> "França e Inglaterra são, para o historiador, duas matrizes, ou duas plataformas de recurso, para as tendências filosóficas e culturais portuguesas. A França é o espaço da abstracção, da fina razão, do mecanismo cartesiano. A Inglaterra é o trilho do realismo biológico, da teoria apostada à efectividade da prática, do emprirismo orgânico. Por isso que, em obediência aos trâmites do apogeu português, a Inglaterra respondia melhor aos projectos do pensamento português, ou, conforme Arriaga prefere dizer, da 'filosofia portuguesa' ".[241]

---

[241] Pinharanda GOMES – Prefácio a José de ARRIAGA, "A Filosofia Portuguesa. 1720-1820", in *História da Revolução Portuguesa de 1820*, nova ed.,

E Arriaga sintetiza, depois de conceder que os portugueses liam o excelente Montesquieu (um francês pró-inglês, aliás):

"Rousseau [....] não encontrou adeptos em Portugal [...] Bentham é o Rousseau dos portugueses."[242]

Muitos outros falam da influência francesa, não somente sobre a filosofia, mas também sobre o constitucionalismo. Citamos Vitorino Nemésio:

"A formação dos homens que promoveram a revolução portuguesa e prepararam os seus destinos foi toda feita sobre o acervo espiritual que gerou 89 "[243].

Além disso, os adeptos da influência francesa raciocinam frequentemente por dedução. Partem da posição da influência geral, e depois aplicam-na ao caso concreto.

Para tratar do caso de Antero de Quental, Barradas de Carvalho, afirma numa dada passagem:

"[...] experimentando a influência francesa, como todo o mundo, em Portugal desde o século XVII [...][244].

Do geral ao particular. Como não sofrer esta influência, se ela vinha já desde o séc. XVII e toda a gente a experimentava, mais ou menos voluntariamente?

---

pref. e notas de Pinharanda Gomes, Lisboa, Guimarães Editores, 1980 (corresponde, na antiga ed. a vol. I, Livro II, Cap. III – "Movimento intelectual", pp. 331--435), p. 11.

[242] José de ARRIAGA – *A Filosofia Portuguesa*, p. 62.

[243] Vitorino NEMÉSIO – *Exilados (1828-1832). História sentimental e política do liberalismo na emigração*, Lisboa, Bertrand, s/d, p. 119.

[244] J. B. de CARVALHO – *A la recherche de la spécificité de la renaissance Portugaise*, Paris, Fondation Calouste Gulbenkian. Centre Culturel Portugais, 2 vols., 1983, II, p. 533.

### 1.1.4. *Hipótese de conciliação teórica: as influências cruzadas*

Entretanto, analisemos de mais perto e friamente os factos.

O que se passa é um mecanismo de acção e de reacção. A influência inglesa e a influência francesa são, de começo, duas maneiras de enfrentar a hegemonia espanhola. Isto é muito notório durante o período da Restauração.

Depois disso, a Inglaterra ganhou, por causa da sua influência económica (e do velho mito da aliança?).

Todavia, os ingleses colonizavam já Portugal antes das invasões, e a colonização transformou-se em governo directo (sob Beresford), o que renovou a nossa simpatia pelos franceses.

Então, em conclusão, embora não tenha sido completa ou única, a influência francesa tornou-se bastante significativa em Portugal, numa larga medida graças ao sentimento anti-inglês.

Pode dizer-se também, como o historiador francês Albert Silbert, que

> "Não foi a influência directa das ideias francesas que desempenhou um papel essencial. Foi muito mais a influência inglesa que esteve na origem do desenvolvimento dos princípios liberais, na medida em que o contacto com a Inglaterra (e talvez com o exemplo espanhol) trouxe novos hábitos de espírito. E, fundamentalmente, também na medida em que a tutela inglesa, política, militar e económica, muito mais forte do que em qualquer outra altura, suscitou uma reacção que se alimentou de ideias de oposição ao Antigo Regime [...]".

> "O desaire do imperialismo napoleónico reaproximou em pouco tempo Portugal de França [...]"[245].

Enfim, o que é curioso, é que a influência francesa tenha provocado numa certa medida a influência inglesa, e vice-versa.[246]

---

[245] Albert SILBERT – *Do Portugal do Antigo Regime ao Portugal Oitocentista*, 3.ª ed., Lisboa, Livros Horizonte, 1991, pp. 77-78.

[246] Uma hipótese é também a de uma linha de influência constitucionalista Inglaterra → França → Espanha → Portugal (sem prejuízo de retroacção pelo

De todo o modo, se o movimento constitucionalista e muitos dos participantes nas lutas liberais encontraram em Inglaterra o seu modelo utópico e um abrigo durante os exílios, os textos a que deram origem são exemplos de influência francesa.

Uma situação de alguma maneira paradoxal se nos apresenta então – um constitucionalismo inglês, e uma constituição de influência francesa[247].

Mas poder-se-ia ir mais longe, como Vitorino Nemésio. A influência inglesa saía dum pano de fundo de influência francesa. Completamos assim a citação feita *supra*, que explica o desenrolar da influência inglesa na francesa:

> "É verdade, como vimos, que a emigração em Inglaterra os fez contactar com outras fontes; – mas não eram esses momentos do mesmo processo histórico em que a Revolução Francesa e a sua ideologia entravam? Parlamentarismo e particularismo inglês eram reforços institucionais ao corpo de ideias novas, já formado e robusto sob a influência das *Luzes de França*"[248].

## 1.2. As Cortes Constituintes e a elaboração da Constituição

### 1.2.1. *Os rumores de invasão e o mito do inimigo*

O mito do inimigo foi imediatamente agitado como *slogan* antes da abertura das Cortes. Os rumores mais inverosímeis circulavam, semeando o terror.

Dizia-se que os russos, ingleses, ou austríacos vinham invadir Portugal.

---

caminho). Cf. sobretudo o pensamento de D. Frei Fortunato de S. BOAVENTURA (*O Punhal dos Corcundas*, 4, p. 32 ss.; *ibid*, 33, p. 448).

[247] Uma outra explicação para as influências seria a da inspiração de certas ideias nacionais (desconhecidas) sobre certos grupos em especial. Na verdade, nem todos eram francófilos ou anglófilos, ou pró-espanhóis...

[248] Vitorino NEMÉSIO – *Exilados...*, p.119.

Arriaga atribui esses rumores à contra-revolução[249]. Mas, com objectivos diferentes, é muito provável que o clima se tenha instalado com o concurso das duas partes e a credulidade dum povo sofredor.

O inimigo era o estrangeiro, pouco importava qual. A xenofobia parecia surgir num povo tradicionalmente tão afável e hospitaleiro. Era o preço de duas invasões sucessivas. A identificação do mito do inimigo e o do invasor era propícia à mudança de nacionalidade dos fantasmas que se agitam: russos, austríacos, ingleses – que importa?

Ter-se-ia estabelecido, no espírito dos portugueses, a relação clara entre a Revolução Francesa e a Revolução Portuguesa, temendo a invasão estrangeira depois da "morte" (real ou simbólica) do rei?

### 1.2.2. Limitações às Cortes

O poder constituinte originário das Cortes reunidas à maneira moderna era limitado de início. Os deputados estavam obrigados a fazer uma constituição "mais liberal que a de Espanha"[250].

Isto provocou a reacção dos deputados mais tradicionalistas. Um deputado muito activo durante a campanha eleitoral nas Beiras, Manoel Trigoso d'Aragão Morato[251], propôs mesmo um protesto junto do governo central contra esta limitação à liberdade da assembleia.

A proposta foi rejeitada, e o historiador liberal e republicano Arriaga[252] faz-se eco da argumentação dos mais liberais: isso seria ilegal.

---

[249] José de ARRIAGA – *História da Revolução Portuguesa de 1820*, p. 498.

[250] Sobre esse "mandato imperativo" há várias versões.

[251] Este activo político será autor dum novo projecto de Constituição. Cf. *Memórias de Francisco Manuel Trigoso de Aragão Morato*, coord. de Ernesto Campos de Andrade, Coimbra, Coimbra Imprensa da Universidade, 1993, e Almeida GARRETT – *Necrológio do Conselheiro Trigoso*, in *Obras de...*, I, p. 955 ss..

[252] José de ARRIAGA – *História da Revolução Portuguesa de 1820*, p. 499.

Entretanto, uma outra limitação, inspirada directamente na constituição espanhola, jogou contra a vontade dos mais radicais em começar imediatamente os trabalhos.

O Inverno estava muito chuvoso. Os deputados tardavam em vir a instalar-se em Lisboa. E os mais conservadores ou timoratos pediam instruções ao Rio de Janeiro antes da abertura.

Os mais radicais queriam abrir as Cortes mesmo sem os ausentes. Mas tinha sido estabelecido um *quorum* de dois terços dos deputados para a inauguração dos trabalhos. Tiveram que esperar.

### 1.2.3. *A associacão do novo poder constituinte à Igreja*

A inauguração dos trabalhos foi acompanhada pelo ritual festivo de uso. Cortejos, desfiles e salvas militares, fanfarra, iluminações públicas, e finalmente a missa. A despeito de três padres se terem recusado a proferir a homilia de circunstância.

A associação do novo poder à Igreja (em alguma medida, contra a vontade dela própria ou parte dela) é uma constante deste primeiro constitucionalismo. O juramento patriótico de cada deputado teve lugar no templo, entre cantos magníficos[253] e toda a pompa do ritual católico.

O povo estava impressionado e de alguma maneira persuadido de que tudo aquilo não passava duma evolução na continuidade.

O discurso do padre (o quarto convidado), que tinha consentido em dizer a missa (Frei Vicente Santa Rita, um franciscano), foi entusiasta: um misto de linguagem da retórica liberal com o discurso pie-

---

[253] O ritual constitucionalista fazia tudo para assegurar o concurso das cerimónias religiosas. Assim, o compositor João Domingos Bontempo foi encarregado pelas Cortes de escrever uma missa para o juramento das Bases da Constituição. Cf. *Diário das Cortes...*, 9-3-1821, citado por M. L. C. SIMÕES – "Notas", p. 24 e 25. Sobre a fusão de signos, o viajante em Portugal Conde de PECCHIO – *Cartas...*, p. 12, diz que se quer aliar os "dois símbolos da redenção: a cruz e a constituição".

doso. Os "vivas", que o sacro orador proclama, parecem extraídos do *numerus clausus* imposto aquando da chegada do rei:

"Viva a nossa santa religião, viva o nosso rei o senhor D. João VI, viva o governo supremo do reino, vivam as cortes e a constituição por ellas dada!"[254].

### 1.2.4. O persistente mito do rei

*João da Pátria he pai, he rei clemente.
Delícias, glória, amor da Luza gente*[255]

O rei parecia manter, apesar de tudo, o seu mito positivo.

Na sessão de abertura das Cortes, um ambiente frio, ditado por discursos rígidos e pouco entusiásticos do presidente do governo e do presidente das Cortes, foi quebrado por um gesto simbólico: a apresentação pública e em lugar de honra[256] do retrato do rei[257].

Isso, e isso apenas, provocou o entusiasmo dos presentes.

De facto, faltava o rei.

Pouco antes, Frei Vicente Santa Rita tinha feito uma alusão um tanto provocatória, mas capaz de excitar o público:

"Lagrimas inocentes, gemidos tristes, vós não pudestes chegar aos ouvidos do mais amado dos reis; barreiras quasi

---

[254] *Apud* José de ARRIAGA – *História da Revolução Portuguesa de 1820*, p. 506.

[255] Texto de uma legenda colocada perto da efígie régia, exposta durante uma festa no Porto, em 1818, *apud* João AMEAL – *História de Portugal*, Porto, Tavares Martins, 1958, p. 547.

[256] O plano consistia em colocar esse retrato sobre um trono, que deveria ser erigido na sala da assembleia. Um verdadeiro ícone, uma imagem de substituição do rei...

[257] Parece que o autor desse retrato fora o famoso pintor Domingos António Sequeira. No Teatro Nacional, o efeito do retrato do rei, em cena com uma cantora, que interpretava um novo hino constitucional, provocou um efeito semelhante.

insuperaveis vos desviaram; mas vós chegastes até ao céo; penetrastes até ao throno do rei dos reis [...]²⁵⁸.

A revolução e a constituição eram assim legitimadas por Deus.
Mas a mais sensata prova da persistência do mito do rei é-nos dada no momento do juramento da regência perante as Cortes. O conde de Sampaio, em nome da presidência da regência, dirige-se ao presidente das Cortes e – não foi um simples *lapsus linguæ* mas, psicanaliticamente, um acto falhado: chama-lhe "Vossa Majestade"...
Aquele não era o rei, certamente, mas sentia-se que, mais uma vez, o rei estava a faltar²⁵⁹. E alguém tinha que, necessariamente, tomar o seu lugar. É assim com instituições muito antigas e a que nos habituamos: demora muito a delas podermos simbolicamente prescindir.
Mas D. João VI já era deste modo um rei que progressivamente se substituía por um outro, ou, na verdade, por outros (poderes e personagens) soberanos...

### 1.2.5. *O mito da separação dos poderes*

As Cortes decidiram ser o único corpo legítimo da soberania (à excepção do rei – mas o problema permanecia confuso). Assim, deveriam substituir o governo provisório em exercício.
Discutiu-se como instituir uma regência. Ela seria colegial, certamente. Mas poderiam os deputados fazer parte dela, assim como dos futuros governos?
A discussão assemelhava-se à que havia tido lugar em França. E a solução foi também a mesma: por medo de que o rei pudesse subornar os deputados, e por causa do carácter insubstituível dos

---

[258] Apud José de ARRIAGA – *História da Revolução Portuguesa de 1820*, II, p. 506.
[259] Uma outra interpretação (persistência das ideias não democráticas) *in* José de ARRIAGA – *História da Revolução Portuguesa de 1820*, p. 530.

melhores de entre eles, que deveriam por conseguinte ser nomeados ministros, resolveu-se, com todas as cautelas, que o corpo legislativo e o executivo deveriam manter-se separados.

Isto deu lugar a incompreensões e tensões de ambos os lados.

As questões suscitadas pela separação dos poderes não apresenta aqui novidades – é sempre, no plano mítico-simbólico, a velha questão da secularização do dogma da Santíssima Trindade[260].

### 1.2.6. Balanço mítico. Um mito positivo e um mito negativo das Cortes constituintes

Há, numa historiografia em geral bastante apaixonada,[261] dois mitos contraditórios sobre as Cortes Constituintes. De um lado, o dos "pais da Pátria" (como se começou logo a chamar-lhes, pouco depois da abertura das Cortes). Do outro, o que os toma por demagogos, conspiradores, traidores, numa palavra (com as conotações da época nos círculos tradicionalistas), "mações"[262].

Há narrativas míticas de um e do outro lado. São inimitáveis, se bem que demasiado longas. No entanto, mais vale deixar falar ambas as partes que apresentam, evidentemente, versões com importantes divergências.

Joaquim de Carvalho diz desses homens:

"O País inteiro conhecia de nome a maioria dos deputados; alguns, encanecidos na idade, nos serviços à Pátria, no culto

---

[260] Cf. Paulo Ferreira da CUNHA – "O mito da separação dos poderes" in *Pensar o Direito*, I, p. 233 e ss.; *Mito e Constitucionalismo*; *Constitution, Mythes et Utopie*.

[261] Sobre este assunto, Victor de SÁ – *A Crise do Liberalismo e as primeiras manifestações das ideias socialistas em Portugal (1820-1852)*; José TENGARRINHA – "Prefácio" a Manuel Fernandes TOMÁS – *A Revolução de 1820*, p. 14 ss..

[262] Logo em 1823 se imprime em Lisboa um panfleto hiper-reaccionário, sob forma de Constituição comentada, ainda hoje muito esclarecedor no plano mítico-ideológico: Faustino José da Madre de DEUS – *A Constituição de 1822 commentada e desenvolvida na prática*, Lisboa, Na Typografia Maygrense, 1823.

da sciência, eram dignos da pena de Plutarco; e quási todos, honrados, escrupulosos, patriotas, pussuíam as grandes virtudes burguesas da decência, da dignidade grave, da honorabilidade perfeita."[263]

José de Arriaga igualmente escrevia na mesma linha apologética, quando nos conta quem foi eleito, na sua *História da Revolução Portuguesa de 1820*, II, p. 486:

"Como se vê, em primeiro lugar está o magistério, os homens de sciencia mais doutos e conhecidos; depois segue-se a magistratura, os bacharéis formados, o clero, os proprietários e negociantes, e em último lugar os militares. Os empregados públicos foram postos de parte, estando representadas tão somente as classes que teem interesse em que os negocios do estado[264] progridam. Os deputados sahiram das classes sociais mais independentes e menos submissas ao poder excutivo. D'aqui a independencia, honradez e mais nobres virtudes civicas que ornaram os deputados de 20".

Vêem-se claramente os aspectos míticos habituais no tempo e no quadrante ideológico em causa: os intelectuais e os bons burgueses independentes, os homens das Luzes capazes de fazer (ou descobrir) Leis no sentido liberal; a aversão em relação ao executivo, etc..

É interessante verificar que, sobre este ponto, a historiografia da segunda ou da terceira geração (depois dos acontecimentos) se refugia sob o argumento da autoridade dos contemporâneos. E no caso dos críticos, citam-se contemporâneos liberais para acrescentar uma carga de credibilidade ao testemunho.

---

[263] Joaquim de CARVALHO – *A Obra Legislativa das Côrtes*, in *História de Portugal*, dir. de Damião Peres, Barcelos, Portucalense Editora, 1934, vol., p. 97.

[264] Pode dizer-se que o conceito e a figura do funcionário foi sempre objecto de desconfiança pelos mais radicais representantes do espírito burguês, porque o funcionário deve fidelidade ao executivo, visto como o inimigo do espírito parlamentar do liberalismo. Cf., *v.g.*, Carl SCHMITT – *Verfassungslehre*, tradução castelhana de Francisco AYALA – *Teoria de la Constitution*, p. 184 e *passim*.

Assim, Joaquim de Carvalho, para moderar os seus elogios iniciais, cita Latino Coelho. E Oliveira Martins, para fundar a sua demolição sobre uma base sólida, começa a sua crítica por uma longa citação de Alexandre Herculano.

Retomamos esta tradição historiográfica. Os textos de Latino Coelho, Herculano e Oliveira Martins servir-nos-ão de... *sed contra*.

A historiografia mais contemporânea é muito menos literária[265] na sua apreciação, e acaba por de algum modo ocultar as suas preferências com um laconismo que é sem dúvida menos mítico, mas que nem sempre chega para atingir menor parcialidade.

Eis o texto (já seleccionado – mesmo a citação de Joaquim de Carvalho é demasiado longa) de Latino Coelho[266]:

> "os liberais de 1820 tinham toda a sciência especulativa dos revolucionários sem o arrôjo prático das grandes reformas públicas. Eram por assim dizer uns demagogos académicos, que faziam da revolução um tema de disputações e um certame de dialéctica."

Tal era a teoria sobre a frivolidade dos debates. Eis o mito dos "parlamentares" de Bizâncio, que discutem o sexo dos anjos...

Mas outras mitologias, mais recentes, entusiasmavam os deputados: as que haviam feito a Revolução Francesa. O Autor continua:

> "Ninguém mais do que eles sabia todos os antecedentes da grande revolução francesa. Não lhes eram recônditos os tesouros de toda a boa erudição democrática, nem lhes falta-

---

[265] Algumas vezes o corte epistemológico entre as disciplinas não é muito claro. Oliveira MARTINS – *Portugal Contemporâneo*, vol. III, 7.ª ed., Guimarães, 1953, p. 316, afirma, por exemplo: "Assim, senão é à política, é à literatura que iremos pedir uma explicação do novo sistema". Mas esta frase e o estilo literário da sua obra historiográfica condenaram-no injustamente junto dos historiadores mais secos e "objectivos". Cf. Victor de SÁ – *A Crise do Liberalismo e as Primeiras Manifestações das Ideias Socialistas em Portugal*, p. 48 e n. 13.

[266] Latino COELHO – *O Visconde Almeida Garrett*, apud Joaquim de CARVALHO – *A Obra Legislativa das Côrtes*, pp. 97-98.

ram nunca as comparações campanudas da democracia grega, nem os símiles oratórios da revolução de França. Tinham de cor os eloquentes desvarios de Rousseau, e sabiam parafrasear a tempo um trecho apropriado do *Choix de Rapports*[267]. Faziam da liberdade um hino, e da revolução um circo aparatoso. A par dos mais inspirados improvisos sobre a soberania popular, ouriçavam-se-lhes de terror santo as cabeleiras apolvilhadas ao menor tentame de verdadeira emancipação popular"[268].

Daqui derivaria a hipocrisia ou a imensa ingenuidade destes deputados. O autor prossegue criticando o estranho casamento do constitucionalismo e da monarquia, ornada da "túnica plebeia", que faz um ceptro dum ramo de "carvalho cívico".

Joaquim de Carvalho retoma a palavra, mais seguro com o concurso da autoridade, e dá-nos uma bela imagem da influência francesa, espanhola e inglesa na nossa constituinte[269]:

"Onde está o leitor equânime e desapaixonado do Diário do Soberano Congresso que não depare constantemente com o desiderato [...] de injectar o sangue novo e rubro de Montesquieu, de Rousseau, da constituição francesa de 1791 e da gaditana de 1812, de Benjamin Constant e de Bentham, nas dessangradas veias da velha democracia lusitana?"

Oliveira Martins, como dissemos, retoma Herculano, o velho liberal desiludido do exílio interno de Vale de Lobos:

"Eles [os democratas de 1820] mandaram a D. João II e a D. João III, nos seus túmulos, o código do absolutismo e a bula

---

[267] Aqui, Joaquim de Carvalho inclui, entre parêntesis, *addenda* de sua responsabilidade, para sublinhar também a influência espanhola: "e dos *Diarios de sessiones* das Côrtes de Cádis, acrescentamos nós".
[268] Latino COELHO – *O Visconde de Almeida Garrett*.
[269] Joaquim de CARVALHO – *A obra legislativa das Cortes*, p. 98.

da Inquisição[270]. Queimaram profusamente a cera e o azeite em iluminações brilhantes, vestindo-se de briche nacional, horrorosamente grosseiro e bastante caro. Foi um tiroteio de banquetes, procissões, foguetes, discursos, arcos de triunfo, revistas, tedéu, eleições, artigos de jornal, salvas de artilharia. Todos os dias havia novas festas, e babavam-se por elas. Era um salseiro de hinos, sonetos, canções, dramas, cortes de fatos, e formas de sapatos liberais. (Foi então que apareceu nas cabeças portuguesas o *chapéu alto*, revolucionário). Multiplicavam-se as lojas maçónicas: os tolos iam lá gastar dinheiro em honra do Supremo Arquitecto do Universo e os espertos comer-lho em honra do mesmo Arquitecto. Reuniram-se as Cortes. Fez-se uma Constituição pouco mais ou menos republicana, mas inteiramente inadequada ao País".

Até agora, além da moda *tout court* de importação francesa, é sobretudo a libertação dos antigos grilhões (o absolutismo, a Inquisição[271]), feita mito, o ritual da festa revolucionária, o oportunismo

---

[270] Os revolucionários de 1820 e os deputados que fizeram a Constituição de 1822 não estavam totalmente de acordo sobre o período da idade do oiro, quando os seus antepassados viviam felizes. Alguns, datavam o despotismo, o esquecimento das boas e velhas leis nacionais, do período de D. João II, como refere o texto. Mas para outros, a idade do oiro estava muito mais próxima: começava já antes de D. Maria I. Parece que se voltava aos dois mitos de Pombal: herói ou tirano. De qualquer maneira, a vaga formulação mítica do preâmbulo da constituição salvaguardava a unidade. O desprezo dos direitos não estava datado. Sobre esta questão, *v.g.*, A. H. Oliveira MARQUES – *História de Portugal*, 7.ª ed., Lisboa, Palas, 1977, II, p. 63.

[271] No momento da revolução de 1820, a Inquisição não funcionava há muito tempo. As suas prisões estavam vazias. Mas os revolucionários quiseram reeditar uma tomada da Bastilha. É interessante como os mesmos mitos perseguem os protagonistas das diversas épocas, e como a História se vai "repetindo". Uma vez tomado de assalto o edifício do Santo Ofício (onde estava reunido o governo do país, que fazia planos para abolir a instituição no dia seguinte), os revolucionários, decepcionados por não terem encontrado prisioneiros, começaram a destruir a casa. Ocorreriam assim duas mortes quando derrubaram a estátua

de uns, e a ingenuidade de outros. Agora o Autor é mais preciso sobre a influência estrangeira, que considera uma tradução. Oliveira Martins cita uma passagem de Herculano, traduzindo-o:

"Repetiu-se, palavra por palavra, traduzidos em português, ou coisa semelhante, os discursos mais célebres do *Choix des rapports*, ou as páginas mais excêntricas de Rousseau e de Bentham"[272].

Evidentemente, se alguns discursos seriam ou pareceriam uma cópia, outros tornavam-se a repetição da história pela semelhança dos acontecimentos. Em conclusão:

"O povo espantava-se de se achar tão grande, tão livre, tão rico, em direito teórico: porque na realidade, nos factos materiais, palpáveis, da vida económica, as coisas estavam pouco mais ou menos na mesma."[273]

Lembremo-nos que Oliveira Martins já fazia alusão ao mito anti-revolucionário. Em algumas das linhas da introdução ao longo texto de Herculano, evoca as caricaturas democráticas daquela época e como suscitaram e suscitariam ainda motivo para gracejos.

Depois da citação, confirma Herculano. Mas absolve-os por uma espécie de "inimputabilidade": Na verdade, estes "voltaireanos", aqueles adeptos de Rousseau e Bentham – seriam apenas ridículos. Ainda quando nobres, generosos, ingénuos que tinham pensado que o mundo muda "à voz dos apóstolos".

Pensava certamente nos liberais calculistas do seu tempo. Em comparação, esse Fernandes Tomás, ou esse Ferreira Borges, mesmo

---

da Fé do alto da casa. Cf. D. José Trasimundo Mascarenhas BARRETO – *Memórias do Marquês de Fronteira e Alorna...*, ditadas por ele próprio em 1861, reed., Lisboa, Imprensa Nacional – Casa da Moeda, 1986, I vol., II parte, p. 208-209. Estamos perante um mesmo ritual de destruição dos símbolos da opressão.

[272] Alexandre HERCULANO, *apud* Oliveira MARTINS – *História de Portugal*, Mem Martins, Europa-América, s/d, II, p. 181.

[273] *Idem, Ibidem.*

se acusado de aí defender os interesses da Companhia vinícola de que era secretário[274], eram bem puros – ou Catões (ou Robespierre) incorruptíveis. Oliveira Martins acaba por assinalar e louvar o seu idealismo.

Os comentadores pósteros, sobretudo os comentadores pósteros e póstumos das revoluções, mesmo os espíritos progressivos como o de Oliveira Martins, são muito frequentemente tentados a fulminar com graves veredictos os exageros, as ingenuidades, as pretensões demiúrgicas dos entusiasmos revolucionários. É quase também um ritual sacrificar a essa ironia fácil quando se não viveu o entusiasmo e as promessas da própria revolução, e já se sabe (e tanto se sabe) que as revoluções têm a sina de ser recuperadas e traídas, e de não atingirem os seus fins em boa medida. Por isso é que há tantos testemunhos sérios e ponderados sobre a imponderação revolucionária, depois de encerradas todas as revoluções. Por seu turno, os revolucionários, estão sempre tão afadigados a viver 24 horas por dia o momento extraordinário da sua revolução, que produzem normalmente apenas papéis de momento, sempre efémeros, pouco destacados dessas vivências em turbilhão em que se encontram imersos.

A dialéctica mítica a propósito das Cortes de 1821 e da Constituição de 1822 é ainda mais impressionante se se compara num mesmo autor a evolução do seu pensamento. Verifica-se entre os autores da própria revolução uma evolução que vai do entusiasmo à desilusão.

É o caso – muito paradigmático[275] – do escritor (feito visconde pela nova ordem liberal) Almeida Garrett.

Em muitas proclamações académicas e num artigo do jornal *O Patriota*, Garrett proclama os princípios da revolução e insurge-se contra os rumores de exclusão dos estudantes das eleições.

---

[274] Victor de Sá – *A Crise do Liberalismo e as Primeiras Manifestações das Ideias Socialistas em Portugal*, 2.ª ed., Lisboa, Seara Nova, 1974, p. 61, n. 5.

[275] E é por causa desta exemplaridade que iremos apresentá-lo, ainda que brevemente.

O mito do inimigo está aí presente, sobretudo sob a fórmula do traidor:

"[...] almas perversas, hipócritas, envenenadas de malvadez, azedas de ódio, corruptas de peçonha, adversárias da luz, inimigas declaradas da razão e da verdade [...] não, decerto não as há entre nós: e, se as há, se um tal monstro habita entre nós, se algum bárbaro sectário do feudalismo... [...] nós repetimos, com os nossos companheiros do Porto: 'Esse não é Académico'[276]; nós o expulsamos do nosso grémio; nós lhe negamos o doce e santo nome de irmão: nós o amaldiçoamos até à hora em que se alistou sob os estandartes de Minerva."[277].

E o estudante exaltado ameaçava os traidores que tinham caluniado a Universidade junto do governo para que o voto fosse recusado aos estudantes. Quantos mitos se encontram aqui!

---

[276] O mesmo processo de recusa de dependência (uma manifestação negativa do mito da unidade) é utilizado no artigo de 10 de Fevereiro: Almeida GARRETT – "Festa Constitucional do corpo Académico-escolástico da Universidade de Coimbra" – in *Obra Política*, p. 174: "haverá ainda um Português que desconfie dos nossos sentimentos, de nosso patriotismo? Se algum há, esse não deve ser Português"). Um processo idêntico consíste em afirmar ou incitar à união ou ao afastamento do grupo. Garrett acaba quase todos os seus manifestos dessa época de uma tal forma. A 4 de Dezembro, a nação pode contar com as penas, os braços e até com as vidas dos estudantes. A 6, o autor recorda que, se os estudantes não podem votar, eles não o serão eternamente: e recusar as Letras é um grande preço para obter a cidadania. A 8 de Dezembro, o manifesto acaba com um incitamento a todos esses ("dignos dos nomes de Académicos"). Um outro texto do mesmo dia fala de ser digno do nome de Homem. E um outro ainda – em apoteose da Unidade mítica – depois de ter começado por afirmar que todos são irmãos, filhos da mesma Pátria, termina: "Amigos! que o medo e a desconfiança se afastem de vós: abracemo-nos no seio da Pátria e que o nosso abraço seja eterno, e a nossa união e a nossa felicidade". Os mitos da unidade e da felicidade abraçados. V. Almeida GARRETT – *Obra Política...*, pp. 155-174.

[277] Almeida GARRETT – "Primeiro Protesto ao Governo", in *Obra Política. Escritos do Vintismo (1820-1823)*, p. 156.

Mitos positivos: a ciência protegida por Minerva, as Luzes, a Razão, etc.; mitos negativos: o feudalismo, a traição, etc..

### 1.2.7. O ataque contra os velhos mitos

> *Se não se revogam aqui todos os dias trezentas leis, sessenta funções e vinte ministros, não se faz nada.".*
>
> BORGES CARNEIRO[278]

As Cortes não tinham somente o mandato imperativo de fazer um texto mais liberal que o de Espanha[279]. Assumiram o papel legislativo, e ensaiaram reviver a grande noite do 4 de Agosto[280].

A assembleia aboliu a Inquisição por unanimidade (decreto de 7 de Abril de 1821), introduziu diversas reformas administrativas, decretou várias amnistias e perdões (decretos de 15, 17 e 22 de Março de 1821), aboliu alguns privilégios monopolistas em diversos produtos (a 31 de Março e a 5, 24 e 29 de Maio e a 9 de Junho), instituíu a liberdade do ensino (a 3 de Julho de 1821), etc..

Todavia, o decreto de 10 de Abril de 1821 seria o equivalente mítico das decisões da longa e célebre noite de 4 de Agosto. Assinando a sentença de morte de vários direitos do Antigo Regime.

Não era a abolição completa do regime "senhorial" (mais miticamente dito "feudal", na época). Mousinho da Silveira deveria ainda

---

[278] Borges Carneiro, na sessão de 20 de Outubro de 1821. Algo nisto nos lembra a voz de Saint-Just.

[279] Por outro lado, como os trabalhos de discussão da Constituição propriamente dita eram bastante lentos, a assembleia votou, sob proposta de Fernandes Tomás, a aprovação prévia das Bases da Constituição, a fim de que o rei regressado pudesse jurar os esteios fundantes da nova ordem. O que viria realmente a suceder. As bases eram quase uma tradução dos artigos da Constituição Espanhola...

[280] Contra uma tal analogia, Joaquim de CARVALHO – *A Obra Legislativa das Cortes*, cit..

legiferar muito... para não conseguir pôr-lhe ainda fim. Mas era um declamatório e significativo começo.

O utopismo era mesmo assim muito audacioso. Teve grandes problemas e até confrontações entre os antigos titulares dos direitos e os seus sujeitos passivos.

Não eram apenas os senhores a ser expropriados. O clero[281] sentia que a religião de diversos deputados não era mais do que um vago deísmo, e temia a liberdade de imprensa em matéria de fé; a magistratura sentia o poder a escapar-se-lhe; o funcionalismo, maltratado e ameaçado de limitações de efectivos, não podia ser afecto à nova ordem; a Universidade (e especialmente o Reitor), tinha sido ofendida. E o rei, o rei era decorativo no sistema da constituição em génese[282]. Aliás, uma decoração a todo o momento dispensável.

---

[281] O patriarca de Lisboa recusou-se a prestar juramento, e foi exiliado para Baiona.

[282] Um incidente constitucional marcou a entrada do rei no palácio das Cortes, a 4 de Julho. Lembra um pouco as primeiras tentativas de tutela de Luis XVI sobre os deputados. D. João sabia que Luís XVI se viria a tornar mítico no cadafalso. Jurou a meia-voz, mas o seu discurso foi lido por Silvestre Pinheiro Ferreira. Este, apresentou a teoria da monarquia dualista, baseada no equilíbrio entre a soberania real e a nacional (da assembleia). Na prática, o rei dizia polidamente aos deputados que aguardassem as ordens dos ministros... Ou, pelo menos, tal foi a interpretação das Cortes. A reacção da câmara foi muito negativa, porque o discurso era contrário às bases da constituição. Foi o rei obrigado a ceder, mais uma vez, e o ministro Pinheiro Ferreira acabou por ser demitido. V. Joaquim de CARVALHO – *A Obra Legislativa das Cortes*, p. 107. Cf. José Esteves PEREIRA – *Silvestre Pinheiro Ferreira. O seu pensamento político*, Coimbra, Universidade de Coimbra, Faculdade de Letras, Seminário de Cultura Portuguesa, 1974, p. 43 ss.. Contudo, Silvestre Pinheiro Ferreira terá uma interessante carreira política, de filósofo e de pensador do direito público. V. Nomeadamente: Nady Moreira Domingues da SILVA – *O Sistema Filosófico de Silvestre Pinheiro Ferreira*; Lisboa, ICALP, 1990; Maria Beatriz Nizza da SILVA – *Silvestre Pinheiro Ferreira: Ideologia e Teoria*; Lisboa, Sá da Costa, 1975. Uma selecção dos seus textos – Pinharanda GOMES (introdução e selecção) – *Silvestre Pinheiro Ferreira*, Lisboa, Guimarães, 1977; António Braz TEIXEIRA – *Sentido e Valor do Direito*, Lisboa, Imprensa Nacional – Casa da Moeda, 1990, p. 42 ss.; Paulo Ferreira da CUNHA – *Pensamento Jurídico Luso-Brasileiro*, em preparação.

Os mitos tradicionais tinham, certamente, sido aparentemente respeitados. Mas o Homem (ou a sociedade) não vive apenas dos mitos. A realidade sofria profundas transformações. Demasiado profundas, talvez.

## 2. A constituição de 1822: Análise das fontes

> *"A Constituição de 1822, baseada sobre a constituição espanhola de 1812, que por seu lado se inspirara na constituição francesa de 1791 [...]"*
>
> MARQUÊS DO LAVRADIO[283]

### 2.1. *O constitucionalismo espanhol (de Cádis) e suas fontes*

> *"[A Constituição de Cadis foi uma constituição] democrática na sua essência, mas democrática à francesa, e absolutamente inaplicável nos lugares e tempo onde foi feita... [ Como ] Fruto de todas as tendências desorganizadoras do século XVIII, fermentou, reduzindo-se a leis, o espírito da Enciclopédia e do Contrato Social."*
>
> MENENDÉZ Y PELAYO[284]

### 2.1.1. *O conflito das interpretações sobre as influências*

Há várias posições sobre as influências deste período.

Uns, vêem somente o pano de fundo. Dizem então que toda a influência estrangeira na nossa constituição foi francesa.

---

[283] Marquês de LAVRADIO, *apud* João AMEAL – *História de Portugal*, p. 567.
[284] MENENDEZ Y PELAYO, *apud* João AMEAL – *História de Portugal*, p. 554.

Outros, não conhecem senão o pormenor, e explicam que a influência inglesa teve um enormíssimo papel: Bentham é mesmo referido nas Cortes constituintes portuguesas[285], e suas obras foram traduzidas no mesmo ano da Constituição por ordem das Cortes.[286]

Mas há também um terceiro grupo de pesquisadores que se debruçam fundamentalmente sobre os textos exactos produzidos pelas Cortes, quer os dos debates, quer os das bases e da Constituição em si mesma. E concluem que a influência foi espanhola[287].

### 2.1.2. *O mito da Constituição de Cádis*

#### 2.1.2.1. Mitificação e influência

A Constituição de Cádis de 1812 era, ela mesma, o símbolo duma ordem restaurada. Em 1821, data da reunião das Cortes extraordinárias portuguesas, este texto constitucional encontrava-se pela segunda vez posto em vigor. Uma constrituição que é calcada aos pés por um monarca, e depois lhe é imposta de novo, deveria sem dúvida excitar os ânimos revolucionários. Isto deve ter dado, evidentemente, uma importante contribuição para o prestígio entre nós da Constituição de Cádis, também assim mitificada.

Já se viu a importância atribuída a esse texto em Portugal. Era citada como uma Bíblia. A sua mitificação como *o texto mais libe-*

---

[285] *Diário das Cortes*, 11-4-1822. Cf. Manuela Lobo da Costa SIMÕES, "Notas" a José PECCHIO – *Cartas de Lisboa 1822,* trad, port., Lisboa, Livros Horizonte, 1990, p. 56, n. 1 e p. 57, n 2.

[286] J. BENTHAM – *Tradução das Obras do sábio jurisconsulto... vertidas do inglês na Língua Portuguesa por mando do Soberano Congresso das Cortes Gerais, Extraordinárias e Constituintes da mesma Nação*, 2 vols., 1822.

[287] Numa visão abrangente, José Joaquim Gomes CANOTILHO – *Direito Constitucional*, 4.ª ed., pp. 209-210, faz corresponder as influências às tendências políticas portuguesas. Assim, a cada "originalidade" poderia corresponder uma influência. Os moderados inspiraram-se na Inglaterra; o sector mais radical tinha sido influenciado pela convenção francesa; e os "gradualistas" inspiraram-se na Constituição de Cádis.

*ral do mundo* em vigor contribuíu para fazer nascer um outro mito que se debate (como habitualmente em Portugal depois das Luzes) entre a influência e a originalidade (ou o complexo de inferioridade e o de superioridade[288]). De facto, quando se impõe aos deputados das Cortes extraordinárias a criação duma constituição *não menos liberal que a de Espanha*, isso significa, na verdade, fazer uma constituição *ainda mais liberal que a espanhola*. Aqui, sente-se o duplo complexo português: fazei como os outros, mas ainda melhor que os outros, ultrapassai-os.

Há uma preocupação por esta especial originalidade que não nega as fontes, mas que as quer ultrapassar.

Ora o português não imita senão o que ele próprio já mitificou. É o mito do constitucionalismo espanhol que o atrai, é esse que ele aspira a ultrapassar.

### 2.1.2.2. O espectro constitucional e as influências em Portugal

Embora verdadeiros partidos, organizados como os conhecemos hoje, não existissem ainda nessa época, como se sabe, as diversas tendências políticas que então se desenhavam nas assembleias têm uma certa importância para o esclarecimento deste assunto.

A maior parte dos historiadores deste período declaravam a influência francesa da constituição.

Timidamente, alguns assinalavam a influência inglesa.

Depois, sem negar as demais influências, sobretudo a francesa, sublinhava-se o legado espanhol.

Gomes Canotilho sintetizando, duma maneira bastante interessante, esta complexidade intertextual, faz corresponder as influências aos partidos. Assim, cada grupo *ad hoc tinha* as suas fontes estrangeiras. Este último contributo faltava. É provável que assim tenha sido. Mas não esqueçamos a dialéctica das influências, e as

---

[288] Cf. Eduardo LOURENÇO – *O Labirinto da Saudade. Psicanálise Mítica do Destino Português*, Lisboa, Dom Quixote, 1978, *passim*.

mudanças de posição. Após o período inicial, parece que os argumentos se misturaram ou cruzaram.

2.1.2.3. O espectro constitucional e as influências em Espanha

Na constituinte de Cádis, também se verificaram diversas tendências, da originalidade e da influência.

Três grupos se definem, como aliás se observa em Portugal, com os nossos deputados às Cortes de 1821[289].

Se em Portugal os deputados do Brasil são de algum modo postos num *guetto*, como reacção à preponderância do Portugal americano nos tempos mais recentes sobre uma "metrópole colonizada", já em Espanha os deputados sul-americanos estiveram muito activos e representavam uma posição bastante interessante e coerente. Eis o primeiro grupo.

O segundo era constituído pelos deputados monárquicos, mais tradicionalistas. Também os tivemos em Portugal.

O terceiro – o nosso grupo radical? – Era o dos deputados metropolitanos liberais[290].

Estes três grupos tinham as suas fontes e os seus respectivos projectos.

Comecemos pelos liberais metropolitanos, o que parece ser o modelo mais exportado (e melhor recebido como herança do constitucionalismo de Cádis em Portugal).

---

[289] No entanto, em Portugal, *grosso modo*, o que é assinalado é a posição política (dividem-se assim os deputados entre direita, centro e esquerda). A divisão pode, todavia, ser feita segundo a filiação doutrinal, digamos, as influências recebidas e a formação "ideológica" que possuíam. Há, certamente, relações entre o compromisso político e as posições dos deputados e a sua formação e influências, mas não se verifica em todos os casos uma ligação absoluta. O estudo de Joaquin Varela SUANZES-CARPEGNA – *La Teoria del Estado en los Origenes del Constitucionalismo Hispanico (Las Cortes de Cadix)*, Madrid, Centro de Estudios Constitucionales, 1983, é um exemplo duma análise doutrinal. Adoptamos a sua categorização para o caso espanhol. V. o exposto sobre as classificações dos deputados, *Ibidem*, pp. 5-12.

[290] Sobre estes três grupos, em geral, Joaquin Varela SUANZES-CARPEGNA – *La Teoria del Estado*, máx. p. 10-57.

Os liberais metropolitanos tiveram uma formação em três tempos que correspondem a três tipos de fontes. Eram, sem dúvida, sobretudo juristas (como aliás os seus colegas de outras tendências). Tinham frequentado a Universidade, ou, pelo menos, encontravam-se dotados de algum conhecimento e ilustração. Tinham sido formados tendo por base as Luzes, mas ostentavam ainda consideráveis resíduos escolásticos. Eis mais duas vertentes de inspiração. Por um lado, é a força da corrente das Luzes despóticas; por outro, ainda a reminiscência de Aristóteles, S. Tomás, e a sua releitura por Suarez, e a segunda escolástica em geral.

Mas como vai esta (aparentemente estanha) mistura formar os liberais?[291]

Na verdade, o escolasticismo dos liberais é pré-liberal, e limita-se a algumas referências e fundamentos. Não é consequente. Constitui já uma inspiração distante, ou declinante pelo menos.

Nestes liberais portugueses, o despotismo das Luzes vai aperceber-se somente por algumas referências (que serão, aliás, mais jusracionalistas que despóticas), retóricas (Luzes, razão, natureza... são tópicos, ou mitos... muito bem recebidos) e nos projectos culturais, de desenvolvimento (no sentido indefinido – pois que economicamente há outras posições), etc..

A influência inglesa, a mais importante então, parece ter sido a de Locke. É verdade que em Espanha como em Portugal, se fala de Benthamismo, mas era ainda fraca a sua penetração efectiva (embora um pouco presente) em 1812.

---

[291] O eclectismo dos homens do constitucionalismo português é realçado assim por Vitorino NEMÉSIO – *Exilados...*, pp. 125-126:"Embora as 'luzes' não fossem o principal farol dessa gente, os seus clarões conviviam com a chama do catolicismo liberal numa iluminação confusa e polícroma, [...] Garrett, para justificar a revolução de 20, prometia argumentos de Rousseau, Mably, Volney e Condorcet". No entanto, continua Nemésio, mesmo que Herculano tenha lido Mably, considerava que a revolução portuguesa tinha fundamentos próprios.

É verdade que os jusracionalistas alemães, em Espanha como em Portugal, tinham sido lidos e aceites. Mas sobretudo como lastro dogmático; não inflamavam as ideias. E ainda menos os corações.

É também verdade que os liberais espanhóis, assim como os portugueses, vincavam o seu historicismo, a sua fidelidade à tradição, às leis antigas e fundamentais dos seus reinos (que numa larga medida se misturavam no passado mítico e histórico – e isso foi visto e defendido pelo nosso Ribeiro dos Santos), tomando a defesa do novo sob a etiqueta do velho. Eles invocavam o Mito *tout court*, a narrativa primordial de fundo.

Mas era na verdade uma invocação mítica, com momentos de auto-ilusão e momentos de argumento de propaganda para não chocar demasiado o público. A originalidade espanhola é assim mítica, e tanto mais que o afirmado pelos liberais como sendo historicamente tradicional não era senão o que, na ala contrária, pensavam os realistas.

É a influência francesa a mais essencial. Eis a terceira vertente. Era, aliás, a mais recente influência, a moda donde se esperava o remédio para todos os problemas.

É o pensamento constitucionalista doutrinal, de Sieyès e de Rousseau, assim como de Montesquieu, que a todos servia para manter as suas posições.

É também o texto de 1791 que vai inspirar directamente os liberais, e, através deles, a assembleia e, consequentemente, o texto final.

Não esqueçamos: os liberais ganharam e a Constituição de Cádis é essencialmente a consagração das suas ideias. Ainda quando havia outras em jogo.

Duma maneira geral, pode dizer-se que, quer os americanos, quer os realistas (uns e outros divididos entre os mais conservadores ou mais progressistas), tinham recebido a mesma formação de base dos liberais: da escolástica, e das Luzes. Eventualmente até mesmo (por adesão – mais rara, mais efectiva em alguns casos, sobretudo entre os americanos – ou reacção) o exemplo francês revolucionário.

A influência da formação escolástica era mais forte entre os americanos – ainda hoje o é[292] (é sempre o caso das periferias – as modas chegam tarde). Longe da mãe pátria e com um nascimento político na história moderna, o historicismo medieval não lhes dizia muito. Eles associavam o velho e o novo na sua linguagem: Suarez sob formulação lockeana ou rousseauista[293]. O constitucionalismo inglês não teve, aliás, bom acolhimento entre eles.

Os monárquicos não eram absolutistas, mas, na verdade, uns tradicionalistas, e os outros – como Jovellanos – moderados reformistas.

Os tradicionalistas repeliam todas as modas francesas (inclusivamente as modas *tout court*) e, fundamentados em argumentos históricos, lutavam pela originalidade espanhola. Havia contudo alguns mais reformistas, mais moderados.

Da França, todos (ou quase) aprovavam Montesquieu (curiosamente, muito mais que seus colegas liberais) e criticavam Mably, Rousseau e Sieyès.

E a Inglaterra (eventualmente vista também pelos olhos de Montesquieu) tinha uma boa cotação: lia-se, além de Locke, especialmente Sidney e Blackstone.

### 2.1.2.4. As lições de Cádis. O mito de Cádis e o mito da Constituição de 1822

O estudo comparado dos debates (e dos textos constitucionais; mas sobretudo dos debates, das posições dos deputados e de sua formação doutrinal) da constituição de Cádis de 1812 e da de 1822 leva-nos a verificar uma grande semelhança de situações.

Não é somente a proximidade dos textos, é a repetição dos debates.

---

[292] Os americanos encontravam-se também munidos de uma importante cultura clássica. Na América, estava presente o mito da primeira colonização – pelos sobreviventes da guerra de Tróia! Cf. Henry Steele COMMAGER – *The American Enlightenment and the Ancient World: a study in paradox* in "Festschrift Karl Lowenstein", Tubingen, J.C.B. Mohr (Paul Siebeck), 1971, máx. pp. 91-92; p. 94.

[293] Joaquin Varela SUANZES-CARPEGNA – *La Teoria del Estado*, p. 29.

Salvo os americanos espanhóis (e, em Portugal, a questão dos brasileiros poderia ainda ser vista sob uma outra luz...), os grupos são pouco mais ou menos os mesmos, as mesmas as suas contradições, os seus livros, as suas aspirações.

Dá que pensar é na questão da "originalidade". Quando se vê que os espanhóis clamam uma originalidade nacional com argumentos tão semelhantes aos nossos, onde está a originalidade portuguesa no domínio do governo da coisa pública?

A questão é complexa. Poder-se-ia dizer que se não trata duma originalidade portuguesa, mas peninsular, ibérica.

Mas não há senão uma maneira de o saber: será que esta reivindicação nacional-histórica não teve, em outros países, contornos semelhantes?

Basta ler Montesquieu. A França revolucionária também reivindicou o mito dos Gauleses contra os Capetos...

O historicismo nacionalista é, pois, muito conhecido.

Mas a questão subsiste: cada país tem o seu sistema próprio, específico, ou não se trata senão de um sistema medieval comum que se quer melhor que o novo (de resto também muito internacional), revolucionário ou liberal?

Faltam-nos ainda dados. Mas todas as faces desta questão parecem-nos ter algo de verdadeiro. É preciso rever as constituições materiais antigas (tão esparsas e incertas, hoje), as leis fundamentais dos antigos reinos europeus, e compará-las. Poderá haver uma natural similitude de soluções, uma similitude tão grande que a originalidade nacional ou regional corre o risco de se perder. A não ser como tópico, e bandeira.

Mas é importante que se precise bem de que constituição se está a falar. Conclui-se pelo paradoxo da originalidade.

Fernandes Tomás, no seu discurso contra Borges Carneiro quer, mesmo assim, uma constituição portuguesa. Os espanhóis têm uma constituição espanhola. Mas fizeram uma constituição que é uma cópia adaptada constituição da francesa... Portugal copiá-la-á através do vizinho exemplar espanhol.

### 2.1.2.5. Renovar uma utopia francesa sob uma bandeira mítica espanhola

Assim, os que pensavam que as ideias extraídas da constituição espanhola estavam bem ordenadas e eram mais aceitáveis, em relação às "ideias francesas, as do inimigo[294]", enganavam-se.

O inimigo é um mito algumas vezes subtil que, como diz o velho brocardo e a fábula de La Fontaine, "entra pela janela quando se faz sair a porta".

Mas, na verdade, se é provável que alguns actores sociais estavam convencidos da originalidade da Constituição de Cádis em relação à constituição francesa, uma outra hipótese se põe para muitos outros.

A despeito das manifestações populares em Lisboa, os deputados, sobretudo os mais radicais, sabiam que estavam isolados. A França tinha perdido muito do seu prestígio quer com a morte de Luís XVI, quer com as invasões. O povo miúdo permanecia essencialmente conservador. Então, seria manifestamente inadequado, muito pouco prudente, dar-lhe uma constituição tendo expressamente como modelo a francesa

É verdade que esse modelo nada tinha directamente a ver com o regicídio e com Napoleão. Mas sempre era um perigo a evitar – mandava a prudência.

Então, pode pensar-se que se forjou uma ideologia de substituição. Falou-se duma Espanha mítica para se falar, afinal, da França concreta. Da própria França tão execrada por alguns. Talvez por muitos...

---

[294] Albert SILBERT – "As Invasões Francesas e as Origens do Liberalismo em Portugal", *Revista de História das Ideias*, Coimbra, 1978, *apud* António Pedro VICENTE – *Le Portugal durant la Révolution française- attitudes contradictoires*, in AA. VV., "La Révolution Française vue par les Portugais", Paris, Centre Culturel Portugais, Fundação Calouste Gulbenkina, p. 88 ss., máx. p. 99.

Embora a Espanha fosse um inimigo tradicional, viu-se que as leis fundamentais eram quase como as nossas. Ou antes vice--versa... A Espanha, estava muito próxima, era mais fácil de aceitar. Estariam mais esquecidos os conflitos. Embora, em termos puramente mítico-psicológicos, pudesse também haver resistências, tem de confessar-se.

Partindo desta hipótese geral, dir-se-á que a França da Constituição de 1791 subsistia como utopia abortada do que se reclamava como objectivo. E a Constituição de Espanha funcionava assim como mito: estandarte de luta, certamente, e também narrativa das origens comuns para um historicismo constitucionalista que tinha argumentos e até textos comuns – porque havia tido uma história connosco comum, antes da fundação de Portugal.

Há contudo nestas opções ainda alguns pontos que parecem por esclarecer.

## 2.2. Presença estrangeira e originalidade na Constituição de 1822

### 2.2.1. Originalidade ou influência e sacralidade dos textos constitucionais num debate entre Borges Carneiro e Fernandes Tomás

Um dia, numa viva polémica contra Borges Carneiro, a propósito dum ponto que constava da constituição espanhola e que ele não aceitava senão num código judiciário, Fernandes Tomás, provavelmente irritado com tanto servilismo em relação aos nossos vizinhos (lembramos como tinha despedido os conspiradores espanhóis que lhe haviam proposto o iberismo), pôs os pontos nos "ii":

"[...] nem por estar na constituição espanhola essa especificação constitui artigo de fé [...]. A Constituição espanhola não é um evangelho. Eu sou português e estou aqui para fazer uma Constituição portuguesa e não espanhola".[295]

A assistência que frequentava as galerias obrigava, é certo, a estas tiradas sonoras. Mas há muito mais que isso nesse discurso. É o resíduo (o reduto, mesmo) da originalidade nacional que Fernandes Tomás quer salvar contra a pura e simples tradução dos textos estrangeiros.

É o grito da originalidade contra a influência puramente passiva.

Dum outro lado, sob o plano mítico, esse texto pretende fazer uma escolha mais crítica das fontes sagradas. Não é a recepção pura e simples do Antigo Testamento que é a constituição espanhola mas, sem lhe negar importância, há uma nova escritura a fazer, para o *hic et nunc*.

Fernandes Tomás, para enfraquecer o carácter mítico do texto sagrado espanhol, vai até fazer as comparações mais perigosas na mitologia política, quer dizer, as comparações explícitas com o sistema religioso instituído.

E a proximidade das atitudes de deificação salta aos olhos: constituição e evangelho, textos sagrados.

Fernandes Tomás é um desmitificador. Mas, mais importante do que isso: deu-se conta da mitificação política em curso.

### 2.2.2. *O legado constitucional de 1640*

Está fora de dúvida que em matéria de democratismo e de soberania dos corpos representativos, Portugal tinha uma tradição ainda mais antiga que a destes modelos, principalmente o modelo imediato que todos pareciam seguir de bom grado, o es-

---

[295] *Apud* Joaquim de CARVALHO – *A Obra Legislativa das Cortes*, pp. 101-102.

panhol de Cádis. Era a formulação (teórica, pelo menos) da Restauração.

Algumas vezes se reivindica expressamente este legado.

No entanto, ou porque tinha falhado na prática, ou porque não era tão velho como o mito da idade do ouro na sua formulação vaga, ou pelo carácter tradicional das Cortes nesta fórmula política, ou, finalmente, pelo impacte concorrente dos modelos modernos e estrangeiros, esta reivindicação de originalidade portuguesa não foi invocada senão como argumento subsidiário.

Tratava-se verdadeiramente de constitucionalismo moderno. E mesmo este ensaio precursor ainda não o era. Deveria assim manter-se no somatório das tradições democráticas dos portugueses, desde a alvorada da nacionalidade.

### 2.2.3. *Mito e Utopia: Originalidade e influência*

A originalidade constitucional portuguesa aparece, *in extremis*, como justificação histórica da revolução e da constituição, e algumas vezes em luta contra o excessivo servilismo ao exemplo estrangeiro. A originalidade é qualquer coisa do passado, que se deve recuperar depois de um período de decadência.

Pelo contrário, a influência estrangeira conduz os portugueses aos caminhos do futuro, porque o estrangeiro (diz-se, ainda hoje, repetidamente – mas nem sempre é verdade...) está mais esclarecido e desenvolvido que Portugal. Seguir o exemplo estrangeiro significa acompanhar o seu progresso. Do progresso surgirá uma idade de ouro futura para os portugueses, a sua felicidade... Uma utopia.

### 2.2.4. Influência espanhola e influência francesa[296]

*"Se por desgraça a revolução que os rebeldes querem fazer ganha, e o espírito de mudança se adianta em Espanha, isso não nos pode ser aqui indiferente, antes pelo contrário nos toca muito de perto."*

BERESFORD, carta a D. João VI[297]

---

[296] Há também a tese da influência inglesa. Mas esta tese só tem por base essencialmente dois factos: os constitucionais moderados – por exemplo, Palmela e seu grupo; e a correspondência de Bentham com a Constituinte. Quanto aos moderados, a questão é difícil. Tudo o que é moderado parece ser concebido como inglês. O que é uma interpretação abusiva. No entanto, um constitucionalismo moderno escrito baseado sobre uma constituição histórica é sempre um problema. Há, sem dúvida, um partido inglês. Mas mesmo a Inglaterra sabe que a sua situação não é um modelo e, ao longo do tempo, vai-se pronunciando contra ou a favor de um ou outro projecto de constituição escrita. No que se refere a Bentham, e se bem que a questão não esteja ainda profundamente estudada (os trabalhos concluídos e em preparação de José de Sousa Brito trar-lhe-ão certamente mais luz), os argumentos a favor da sua influência não nos convencem. É certo que a assembleia portuguesa foi favorecida pelo interesse do renomado filósofo. É evidente que a utilização dos seus argumentos poderia ser uma arma mais. Mas não acreditamos que a sua influência tenha sido decisiva. Uma prova da polissemia dos seus escritos é o uso do nome de Bentham por uns e por outros. A sua crítica dos direitos do homem como ficção, por exemplo, ajudaria os adversários das ideias de 20-22. A influência de Bentham seria a ultrapassagem da constituição espanhola, a câmara única, a eleição directa dos deputados, a mutabilidade constitucional, etc.. Não parece que um só desses princípios, efectivamente presentes na Constituição de 22, seja especificamente benthamiano, e não possa deduzir-se a partir de um aprofundamento do legado francês. Bentham aconselhou também os portugueses em coisas que eles não seguiram – e mesmo algumas que lhes repugnavam profundamente (por exemplo, na sua adesão a uma espécie de união ibérica). Para a discussão do problema, cf. Maria Helena Carvalho dos SANTOS – *A Maior felicidade do maior número. Bentham e a* Constituição *de 1822*, in Miriam Halpern PEREIRA *et alii* – *O Liberalismo na Península Ibérica na primeira metade do século XIX*, I, p. 91 ss.

[297] *Apud* Conde de LAVRADIO – *Memórias...*, vol. I, *apud* António Pedro MANIQUE – *Portugal e as Potências Europeias (1807-1847)*, Lisboa, Livros Horizonte, p. 51.

A tese da importância fundamental da influência espanhola sobre o constitucionalismo português não é uma tese unilateral mas, pelo contrário, uma posição modelada[298]. Ela não nega a influência francesa, mas dir-se-ia que prefere olhar o fenómeno de coincidência entre os constitucionalismos ibéricos e neles se centrar – o que, como sabemos já, tem todo o sentido histórico e jurídico. A exposição que sobre o tema se pode colher na obra de Jorge Miranda é muito clara e completa. É também uma das mais objectivas. Seguiremos agora a sua argumentação[299].

O Autor sublinha o paralelismo entre a história política e constitucional da Espanha e de Portugal, já verificável antes do século XIX, mas, de facto, sobretudo notória desde os princípios do século passado[300].

Traça-se assim uma espécie de pequena história paralela desta evolução. Portugal teria começado por ser influenciado pela Espanha, sendo a nossa primeira constituição baseada na de Cádis; mas acabaria por ser ele a influenciar a Espanha, porque, após uma longa série de acontecimentos portugueses realizados por inspiração espanhola,

---

[298] No entanto, há uma posição menos matizada, a de Marcello CAETANO – *História Breve das Constituições Portuguesas*. O Autor afirma nomeadamente: "Os revolucionários tinham presente, desde a primeira hora, como modelo a seguir, a Constituição espanhola de 1812 [...] (p. 16); uma primeira análise mostra a semelhança entre o sistema então (na Constituição de 1812) adoptado e o da Constituição de Cádis: a comparação das disposições confirma que a última foi a fonte principal da lei portuguesa" (p. 19). Esta visão parece ser partilhada por outros autores, nomeadamente Oliveira MARQUES – *História de Portugal*, II, p. 63. Um autor contemporâneo dos acontecimentos é também radical: "Porque se admiram eles que esta Nação tenha seguido o exemplo de Espanha, proclamando uma Constituição? Portugal sempre imitou a Espanha [...]. Os mesmos sacrifícios mereceram pois a Portugal a mesma recompensa". José PECCHIO – *Cartas*..., p. 27. Estamos em desacordo com esta tese radical da influência espanhola.

[299] Jorge MIRANDA – *Manual de Direito Constitucional*, t. I. *Preliminares. A experiência Constitucional*, pp. 229; 240 ss..

[300] No mesmo sentido, *v.g.*, António Pedro MANIQUE – *Portugal e as Potências Europeias (1807-1847)*, p. 81; Joel SERRÃO – *Setembrismo in Dicionário...*, III, p. 851 ss..

a revolução de 1974 "é um dos factores determinantes da 'reforma política' ou transição constitucional espanhola de 1976-1978"[301].

O Autor indica algumas coincidências que nos obrigam a reflectir.

O nosso texto de 1822 baseia-se no de Cádis. Em 1823 (depois de apenas sete meses de vida), este é abolido, após o restabelecimento de Fernando VII como rei absoluto. Nos dois países, a guerra de sucessão tem por base ideológica o conflito liberalismo/absolutismo. A nossa Carta Constitucional de 1826 terá o seu gémeo no Estatuto Real de 1834, e a constituição, que pretende ser a síntese do primeiro constitucionalismo com o cartismo, nascerá em 1837 em Espanha, e um ano depois (e tendo o texto do país vizinho entre as suas fontes), em Portugal... Os períodos de estabilidade e de instabilidade institucionais (respectivamente durante a segunda metade de século XIX e princípio do século XX) são simultâneos, assim como os períodos de ditadura (nos anos 20-30); há assim similitudes entre os regimes de Franco e de Salazar. E não poucas coincidências na restauração da democracia nos anos 70 do século XX e respectivas constituições. E poder-se-iam acrescentar a esta visão as similitudes constitucionais anteriores (aliás afloradas).

De qualquer forma, depois desta aproximação de fundo, o Autor desenvolve o seu pensamento, devidamente matizado. Afirma que

"A Constituição de 1822 tem por fonte directa e principal a Constituição espanhola de 1812, a de Cádis"[302].

Mas referirá também que as constituições francesas de 1791 e 1795 igualmente contribuiram para o texto português, embora através da lei fundamental espanhola, ou duma maneira subsidiária[303].

---

[301] Jorge MIRANDA – *Manual de Direito Constitucional*, I, p. 229 (*in fine*).

[302] Jorga MIRANDA – *Manual de Direito Constitucional*, I, p. 241.

[303] Num artigo de enciclopédia, o mesmo autor sintetiza: "A Constituição de 1822 provém directamente da Constituição espanhola de 1812 e, em menor medida, das Constituições francesas de 1791 e 1795". Cf. Jorge MIRANDA – *Constituições Portuguesas,* in "Polis", Lisboa, Verbo, 1983, I, col. 1174.

Vê-se, por este exemplo, que as mais objectivas posições historiográficas pró-influência espanhola não negam a influência francesa.

Um uniforme sistema mítico percorria toda a Europa Ocidental, fruto da grande revolução ocidental. É por isso natural que as influências possam mesmo cruzar-se e seja difícil determinar-lhes a exacta paternidade ou a mais rigorosa originalidade.

As Cortes de Cádis – embora tenham soluções orgânicas ou organizadoras algumas vezes diferentes das francesas (como será o caso do nosso texto de 1822 perante o de Cádis) – têm o mesmo sistema mítico. E isso é o mais importante.

A Constituição de Cádis é um texto afrancesado. Será precisamente por este argumento que será abolida. Era paradoxal que uma constituição, feita pelas Cortes enquanto o ocupante francês dominava ainda quase todo o território do país[304], e num ambiente muito francês, fosse conveniente, fosse sequer tolerável, no período ulterior à invasão.

Mas aqui reside a chave da influência espanhola sobre os primórdios do constitucionalismo português. Aliás, há um caso paralelo com o sucedido na Suíça.

Os constituintes portugueses, como os suiços, tinham na memória a imagem do francês napoleónico e invasor. Ou, pelo menos, sabiam que, numa fase pouco ulterior à experiência de contactos mais ou menos armados com a França, poderia haver reacções negativas à adopção dum modelo que podia apresentar-se aos olhos de muitos como o do inimigo... Então, para fazer esquecer os seus preconceitos, os constitucionalistas decidiram fazer um desvio.

Na Suíça, o alibi surgiu com uma obra teórica dum alemão, Ludwig Snell, no qual o constitucionalismo helvético poderia passar por fundar miticamente as suas fontes. É o mito do legislador estrangeiro, mais uma vez. O que é oculto a todos, é que as ideias deste alemão dador de boas leis são "traduzidas" do francês. Ele não

---

[304] Jordi SOLÉ TURA / Eliseo AJA – *Constituciones y períodos constituyentes en Espana (1808-1936)*, 14.ª ed., Madrid, Siglo veintiunio ed., 1988, p. 14.

revela as suas fontes, sem dúvida. Nunca a sua obra fala dos franceses, que contudo estão por toda a parte[305].

Em Portugal, a interposição do exemplo espanhol funcionou, no período constitucionalista, como cortina de fumo, para ocultar a verdadeira influência francesa.

E pode mesmo ir-se mais longe. Quando o mandato imperativo dos deputados das Cortes constituintes dizia – numa frase que se tornou um *slogan* ou um *topos* – que a assembleia deveria fazer uma constituição "ainda mais liberal que a da Espanha", não seria isso uma referência dissimulada ao não-dito, ao tabu francês? A França sempre houvera sido mais liberal que a Espanha. A Constituição pretendida não era, afinal, uma constituição francesa? Suprema subtileza do eufemismo através de uma perífrase.

Há também elementos nacionais nas soluções da nossa constituição. Jorge Miranda elaborou um rol de diferenças. Resulta, da análise desse catálogo (e pela comparação directa dos dois textos), que nenhuma é verdadeiramente essencial em termos míticos. Da mesma maneira, nenhuma das diferenças entre os textos ibéricos e o texto fundador francês é, nos mesmos aspectos, muito profunda.

Uma explicação para a teoria da influência espanhola poderá ser a seguinte: Sabe-se bem o impacte da revolução liberal que precedeu em Espanha a reunião das Cortes e a elaboração da Constituição de Cádis. Sabe-se também que medo esta revolução inspirou a Beresford e ao partido inglês[306]. Conhecem-se as tentativas de união ibérica (mesmo junto de Fernandes Tomás), e como a Inglaterra se lhe opôs[307].

---

[305] Cf. Jean-François AUBERT – *La Constitution de 1791 et la Suisse*, in AA. VV. – *1791. La Première Constitution Française*, máx. p. 415.

[306] Mas aqui há já um argumento (embora não muito forte) em favor do francesismo do constitucionalismo espanhol.

[307] O governo inglês insiste que não tem interesse n'"a união das duas monarquias na Península" Cf. *Ofício do Conde de Palmela a Tomás António de Villa-Nova Portugal*, de 11 de Maio de 1820, in *Despachos e Correspondência do Duque de Palmela*, Lisboa, I. N., 1851, t. 1, *apud* António Pedro MANIQUE – *Portugal e as Potências Europeias*, p. 55.

Mas sobretudo há dados em prol da influência espanhola. A afirmação de "fazer uma constituição ainda mais liberal que a espanhola"[308] poderia, à primeira vista, denunciar esta influência. Um argumento de peso é a ideia, que data de Novembro de 1820, de pôr em vigor em Portugal, ainda que provisoriamente, o texto integral da Constituição de Cádis[309]. E ela foi a lei eleitoral para a constituinte portuguesa, e esteve em vigor um dia no Brasil[310], como constituição integralmente aceite.

Tudo isto revelaria uma influência do texto espanhol bastante considerável. Ver-se-á, no entanto, ainda mais concretamente, que se tratava – como em muitos casos de importância total – não duma questão de adesão e verdadeira influência, mas duma manobra técnica, prática[311], para atingir um fim específico: a introdução do liberalismo em Portugal (ou no Brasil). Não haveria nenhuma devoção particular ao texto espanhol.

Finalmente, não esqueçamos que os constituintes, que deviam apresentar-se como patriotas, não poderiam, sem renunciar aos seus princípios, declarar a sua influência francesa. Não era somente a evocação das invasões francesas, nem uma opinião pública em geral desfavorável aos excessos do Terror, ao qual se reconduzia facilmente, no plano do imaginário ou da representação, o conjunto da Revolução Francesa e do seu constitucionalismo. Havia também

---

[308] Há uma versão da palavra de ordem que reforça ainda o pró-hispanismo. O *slogan* seria "fazer uma constituição tanto ou mais liberal do que a de Espanha". Cf. António VIANA – *A Revolução de 1820 e o Congresso de Verona*, Lisboa, 1901, pp.84-86; Sousa MONTEIRO – *História de Portugal*, VI, p. 185.

[309] Cf. Marcello CAETANO – *História Breve das Constituições Portuguesas*, p. 16.

[310] Na excitação revolucionária brasileira, a Bahia adoptou mesmo (a 10 de Janeiro de 1821) provisoriamente, a constituição espanhola (Cf. Marcello CAETANO – *Direito Constitucional, I. Direito Comparado. Teoria Geral do Estado e da Constituição. As Constituições do Brasil*, p. 481). A 21 de Abril um decreto ordena a observação da constituição espanhola, até à elaboração da portuguesa. Foi revogado no dia seguinte.

[311] Para além da função de álibi, bem entendido.

uma outra causa, uma causa próxima, e curiosamente ligada à Inglaterra, o novo invasor.

Paradoxalmente, as Cortes portuguesas deveriam rejeitar a influência francesa para não obedecer às imposições do seu velho aliado. Como? O facto é que a Inglaterra estava disposta a intervir entre Portugal e a Santa Aliança (que jurava extirpar o constitucionalismo a Nápoles e em toda a Península Ibérica), com uma condição: que os portugueses elaborassem uma Constituição à francesa[312]. Bem entendido, uma constituição baseada sobre a Carta Constitucional de Luís XVIII.

É evidente que entre o texto de 1791 e a Carta da Restauração francesa há uma grande, uma enorme distância. Mas, em matéria de palavras de ordem, todo o constitucionalismo francês tornar-se-ia assim pré-julgado por esta verdadeira imposição inglesa. Então, para ser constitucionalista, verdadeiro e radical, era preciso ser pró-espanhol.

### 2.2.5. Influência ou originalidade no texto constitucional de 1822
### Uma comparação da Constituição Espanhola de 1812 e a Constituição Portuguesa de 1822, à luz do texto fundador francês de 1791

As questões sistemáticas ou de arrumação das constituições em apreço não nos parecem duma grande importância quanto à questão fundamental, a dos grandes mitos ideológicos.

O sistema espanhol parece mesmo muito mais próximo do francês quanto ao lugar dos direitos. Se o modelo francês escolheu fazer antes de tudo uma Declaração de Direitos e pô-la à cabeça da sua constituição, os portugueses procederam duma maneira semelhante, porque começaram por redigir as bases da constituição, que constituem uma verdadeira declaração de direitos em sentido lato, e depois elaboraram o texto constitucional. Do mesmo

---

[312] Cf. António Pedro MANIQUE – *Portugal e as Potências Europeias*, p. 55.

modo, o texto português da constituição inclui um título específico para os direitos. É também o primeiro, como no texto francês. Contudo, a Constituição de Cádis não nos parece conter verdadeiramente uma parte autónoma para os direitos ou os deveres. E nesta, eles estão mais do que dispersos[313], quase dissolvidos em outras matérias. Dir-se-ia que se encontram algumas vezes subentendidos, por vezes ausentes. Porque, em matéria de direitos – segundo, aliás, as fórmulas constitucionalistas – é forçoso dizê-las e escrevê-las muito claramente para que existam indubitavelmente.

Assim ganha ainda mais sentido a ideia já formulada sobre o sentido de "fazer uma constituição ainda mais liberal que a espanhola".

Neste mesmo sentido, a Constituição portuguesa ultrapassou a espanhola no liberalismo (ou o radicalismo ou o democratismo..., segundo as terminologias) em quaisquer outros aspectos. Por exemplo:

No respeitante ao sufrágio, ele é indirecto em Espanha e directo em Portugal (respectivamente artigos 35.º e 37.º e seguintes). Duma certa maneira, o sistema português parece ainda mais democrático que o francês (Título 3.º, Capítulo 1.º). O que poderia constituir uma influência da "constituição fantasma"[314] (na verdade inaplicada) de 1793[315].

Quanto à titularidade do poder executivo, parece também que, numa certa medida, o texto português ultrapassa quer o espanhol,

---

[313] Como parece ser o pensamento de Jorge MIRANDA – *Manual de Direito Constitucional*, I, pp. 241-242.

[314] Jacques ELLUL – *Histoire des Institutions*, vol. V, p. 94 ss..

[315] Cf. Lopes PRAÇA – *Colecção de leis e subsídios para o estudo do direito constitucional português*, vol. II, pp. XVI-XVIII.

[316] "A Constituição de 1822 era uma constituição republicana que consentia na hereditariedade como forma de designar o Chefe de Estado. Portugal era, por aparente paradoxo, uma república hereditária". F. P. de Almeida LANGHANS – *Estudos de Direito*, p. 319. O curioso é que, segundo Ribeiro dos Santos, Portugal era tradicionalmente uma espécie de monarquia electiva. Almeida LANGHANS

quer o francês[316]. De facto, o executivo pertence exclusivamente ao rei em França e em Espanha, e ao rei e aos secretários de Estado em Portugal (respectivamente, artigos 1.º, do capítulo IV, do Título III, 16.º do texto de Cádis e 30.º da Constituição de 1822). Evidentemente, como os secretários de Estado exercem o poder "debaixo da autoridade do mesmo Rei", e são livremente nomeados e demitidos por ele[317], os efeitos práticos da afirmação não serão grandes. Fica, quando muito, o efeito mítico...

O problema do veto, tão discutido em França[318], foi decidido finalmente no sentido do veto suspensivo no texto de 1791, consagrando os artigos da secção III, do capítulo III, do Título III, a possibilidade de suspensão por duas vezes. Isto foi retomado pelo texto espanhol (artigo 148.º). Mais uma vez, os portugueses quiseram ir mais longe, e não concederam ao seu rei senão a possibilidade de um único veto (artigo 110.º). E excluiram também do poder de sanção real a constituição e as suas alterações futuras, toda a produção legislativa e normativa das Cortes constituintes, e ainda dezasseis outras questões concretas que constituem uma verdadeira reserva de lei da Assembleia (artigo 112.º). Estas dezasseis questões (artigo 103.º) dão o verdadeiro e total poder às Cortes nos domínios da sucessão da Coroa, da regência, etc. (I-V), da guerra (VI-VIII), das finanças e quaisquer outros problemas de administração (IX-XIV). O catálogo termina com o poder de verificar a responsabilidade dos

---

– *Op. cit.* p. 346: "*Os juramentos* e o *levantamento* ou aclamação podem ser considerados como uma espécie de rito destinado a relembrar, a ambas as partes, o pacto inicial no qual o povo se obriga para com o príncipe a troco do governo que lhe é necessário, mas que tem de ser justo (*pactum subjectionis)*".

[317] "Artigo 123, II – Especialmente competem ao rei as atribuições seguintes: II – Nomear e demitir livremente os Secretários de Estado".

[318] Lembramo-nos do ponto de vista mitico-ritual, por exemplo, da Carmagnole "Mme. e M. Veto". V. MIRABEAU – *Discursos sobre o direito de veto (o primeiro, de Setembro de 1789), in* FURET / HALEVI – *Les Orateurs...*, I, p. 674 ss.. Cf. sobre os mitos do rei e afins, Paulo Ferreira da CUNHA – *Teoria da Constituição. I. Mitos, Memórias, Conceitos*, p. 234 ss.; *Idem* – *Mito e Constitucionalismo*, p. 198, n. 426.

secretários de Estado e dos outros empregados públicos (XV) e a competência exclusiva para regular os assuntos internos das próprias Cortes.

A representação das colónias foi tratada mais largamente nas constituições ibéricas do que na francesa (Cf. artigo 1.º, da secção 1.ª, do Capítulo 1.º, do Título III, *in fine*). Mas, uma vez mais, o texto português ultrapassa o espanhol. No Conselho de Estado espanhol, haverá pelo menos uma dúzia de conselheiros nascidos além-mar (art. 232.º). No português, seis da Europa, seis das províncias ultramarinas, e um 13.º, escolhido à sorte (art. 162.º).

Duma maneira geral, a constituição portuguesa parece mais próxima da francesa, e quer mesmo aprofundar o seu legado democrático. No entanto, parece que toma medidas pragmáticas para ultrapassar as dificuldades encontradas pelo texto de 1791. Em certos casos, a constituição portuguesa, para preservar o essencial, afasta-se manifestamente do legado francês e espanhol.

Por exemplo: a associação muito estreita da Igreja à nova ordem na Constituição Portuguesa[319] é a prova da influência francesa, das dificuldades provocadas pela constituição civil do clero e pelas suas consequências. Haveria aqui uma influência por reacção, por rejeição duma experiência que provocou muitas clivagens em França. Este "clericalismo" manifesta-se também nas limitações à liberdade de imprensa[320]. O artigo 8.º da Constituição portuguesa estabelece não somente um Tribunal Especial para "proteger a liberdade de imprensa", como confere aos bispos a tarefa da censura dos

---

[319] Também presente na iconografia constitucional: há em algumas gravuras revolucionárias uma igreja ao fundo, como única decoração. Cf. a alegoria ao juramento da Constituição pelo exército *in* Carlos BABO – *As Luctas Liberaes*, p. 17. E há outras estampas mais eloquentes ainda no desejo de associar a cruz e a revolução. Não só em Portugal como noutros países.

[320] Recordemos que, em França, o artigo 11.º da Declaração, sobre a liberdade de comunicação das ideias, quase não teve senão a oposição do clero. Afora a Igreja, somente uma pequena minoria se opôs. Cf. *La Déclaration des droits de l'homme et du citoyen*, apresentada por Stéphane Rials, Paris, Hachette, 1988, pp. 333-334.

escritos sobre o dogma e a moral. O governo fornece a força do braço secular para a punição dos culpados.

Entretanto, os artigos 131.º, 24.º e 371.º da Constituição de Cádis são muito vagos e não fazem mais do que afirmar o princípio da liberdade de imprensa, sem lhe impôr restrições[321].

O artigo 11.º da Declaração francesa remete para a lei a punição dos abusos de liberdade de expressão em geral. O Título Primeiro da Constituição exclui toda a censura. É interessante sublinhar que, na constituição francesa, esta liberdade de imprensa é imediatamente seguida da liberdade religiosa. A transição entre uma e outra não se faz senão por meio duma vírgula. Tal parece-nos provar a indissolubilidade das duas questões, como o exemplo português o manifesta também.

Finalmente, a declaração expressa, no texto constitucional, da forma de governo, quer na constituição espanhola, quer na portuguesa, parece-nos determinada pela diversidade das experiências e dos modelos teóricos entretanto nascidos. A Constituição de 1791 só tinha uma precisão (tautológica, aliás, em relação ao sistema que ela manifestamente instituía) sobre o governo (quer dizer, sobre o executivo):

"O Governo é monárquico: o Poder executivo é delegado no rei [...]" (Art. 4.º, do Título III).

Pelo contrário, a constituição espanhola fala da forma de governo como de regime político ou sistema de governo (as termino-

---

[321] Embora as restrições à liberdade de expressão sejam, em Portugal, consequência dum certo "clericalismo" desse primeiro constitucionalismo, a verdade também é que não havia, à época, liberdade religiosa em Espanha. O artigo 12.º. da Constituição de Cádis é peremptório: "A religião da Nação espanhola é e será perpetuamente a religião católica, apostólica, romana, a única verdadeira. A Nação a protege por leis sábias e justas e proíbe o exercício de qualquer outra". O texto português correspondente, o art. 25.º, é mais tolerante: "A Religião da Nação Portuguesa é a Católica Apostólica Romana. Permite-se contudo aos estrangeiros o exercício particular de respectivos cultos".

logias não são homogéneas), e considera-se como uma "monarquia moderada hereditária" (artigo 14.°). A constituição portuguesa, no seu artigo 29.°, assim como já as Bases, no seu artigo 18.°, consideram o governo de Portugal (no mesmo sentido de regime político) como uma monarquia constitucional.

Em suma: é sempre, parece-nos, a ideia de ir mais além no liberalismo que a Espanha e, se possível, ultrapassar mesmo a concretização do ideal em França[322], que é, verdadeiramente, o exemplo não designado. Algumas vezes, por compromissos[323], outras vezes por expressões mais surpreendentes[324], outras vezes ainda por instituições ou métodos mais radicais[325].

2.2.6. *A influência de outros textos constitucionais franceses, para além do de 1791. A tese da influência francesa segundo Lopes Praça*

Viu-se que a influência fundamental, decisiva, o verdadeiro texto fundador e inspirador de todo o edifício constitucional portu-

---

[322] Uma coisa é o legado espiritual da França, a Utopia Francesa, que nem em França foi jamais realizada, e uma outra coisa, bem diferente, são os acontecimentos e as concretizações do ideal no solo gaulês. E parece que os constituintes portugueses tiveram uma ideia muito clara da diferença. Eles sabiam muito bem que o exemplo (a Utopia) francesa já não podia nomear-se e apresentar-se como exemplo, por causa de um mito negativo, duma lenda negra que tinha sido criada em volta das vicissitudes e dos abusos da Revolução Francesa. Eles também queriam a utopia sem os avatares do mito negativo. É provavelmente em nome da pureza da utopia que os portugueses querem ultrapassar os dados franceses, em alguns aspectos, e em outros deverão pensar que aprenderam com os erros do processo revolucionário francês. Assim, nestes aspectos, tornam-se moderados e "revisionistas".

[323] Era o caso da questão da Igreja e da liberdade de expressão.

[324] Como "monarquia constitucional", em vez da "monarquia moderada" dos espanhóis. Ou o exemplo da titularidade do poder executivo, que se estende (verbalmente) aos secretários de Estado.

[325] Ver o exemplo do veto real, do sufrágio directo, etc..

guês de 1822, foi a primeira constitução francesa escrita, a de 1791. Todavia, podem encontrar-se outras fontes constitucionais francesas no texto português.

O primeiro Título foi inspirado em larga medida no texto de 1791. Mas é verdade que disposições semelhantes figuram na constituição de 1795, principalmente na declaração que a precede. E em outros textos também.

No entanto, não seguimos Lopes Praça quando dissolve a influência francesa numa multiplicidade de influências de diversas constituições. Duvidamos que a Constituição do ano I (1793), no que ela tem de específico, possa ter influenciado muito o texto português. E mesmo a influência dos textos ulteriores seria relativamente fraca. Verificámos que a maior parte das fórmulas dos direitos utilizadas são as de 1791, e não as de 1795.

É preciso salientar a importância da contribuição de Lopes Praça, como uma voz algo esquecida e isolada no coro da teoria da influência francesa[326]. Mas, em nossa opinião, a importância da influência francesa pode ser muito forte, ainda que esta influência não manifeste a presença de todas as constituições francesas do século XVIII[327].

---

[326] Lopes PRAÇA – *Colecção de leis e subsídios*, cit..

[327] Há legados de 1791 retomados por outras constituições francesas. Neste caso, a influência é da Constituição de 1791. Porque o seu texto era muito conhecido. Somente se ela houvesse sido rara e se a sua transmissão tivesse sido realizada por uma via indirecta (uma constituição ulterior), o problema poderia pôr-se. O que não é o caso. Pode ver-se a preocupação de Lopes Praça em dotar o texto de 1822 da influência de várias constituições, quando, sacrificando mesmo parcialmente a tese da influência espanhola, afirma: "O poder legislativo foi confiado às Cortes com a sanção do rei (artigo. 30.º); como na constituição francesa de 1793 e na de Cádis, não pode vingar uma segunda câmara". Ora, sabe-se bem que a ideia do monocamaralismo é própria da Constituição de 91, embora esteja presente em outros textos. O artigo primeiro, do capítulo I, do título III, dizia já – "A Assembleia Nacional [...] é composta por uma Câmara".

Se é verdade que a influência principal é o original de 1791, é também verdade que o nosso texto coincide em algumas passagens com outros textos franceses.

Mas o mais importante contributo, entre estes textos de segundo nível de influência, é o da Constituição de 1795, ou do ano III.

Por exemplo, ausência do direito de resistência no texto de 1822 segue-se à inexistência do mesmo direito no catálogo da Declaração que antecede o articulado da Constituição Francesa de 1795.

Também é verdade que a presença, no texto de 1795, duma segunda parte da Declaração respeitante aos deveres do cidadão, corresponde, no texto português, ao artigo 19.º.

### 2.2.7. A Constituição de 1822 e sua influência francesa: balanço

Em resumo, se a presença efémera da Constituição de 1793 é uma reassunção para uma mais vasta democracia (manifestada, *v.g.*, no sufrágio directo), a presença da Constituição de 1795 parece funcionar ou como duplicado da de 1791 (e assim ela não é verdadeira, porque não é específica), ou como um conjunto de soluções concretas saídas da experiência anterior, que a Constituição de 1822 recebe.

É interessante verificar que se trata de moderação no caso das influências do texto de 1795, e de casos de radicalização no das influências do de 1793. Aliás, de harmonia com o sentido geral de cada uma daquelas constituições.

Isto parece provar que o texto-padrão é o de 1791, corrigido ou adaptado, segundo a necessidade, por medidas de abertura ou restrição, através dos contributos das constituições francesas subsequentes.

## 3. Mitocrítica do constitucionalismo português

### 3.1. As Fontes francesas: a Declaração dos Direitos do Homem e do Cidadão de 26 de Agosto de 1789 e a Constituição de 3 de Setembro de 1791

> *"[...] a irredutível complexidade deste punhado de artigos geralmente adamantinos mas dos quais a simplicidade aparente mascara muitas vezes uma armadilha [...]"*
>
> STÉPHANE RIALS[328]

#### 3.1.1. A Declaração enquanto narrativa e texto sagrado[329]

> *"[...] este texto a muitos títulos fundador da França moderna"*
>
> STÉPHANE RIALS[330]

A Declaração pretendia criar um mundo novo[331]; não somente uma França nova. E, por várias razões, atinge os seus alvos. Este universalismo é uma manifestação do mito (muito utopisante, aliás – mas de um utopismo positivo) da unidade do corpo social e político, fundado na mais geral unidade e igualdade de todos os Homens.[332]

---

[328] Stéphane RIALS – "Avant propos", in *La Déclaration des droits...*, p. 13.

[329] Cf. os textos de Jellinek, Boutmy, Doumergue e Posada, recolhidos *in* Jesus G. AMUCHASTEGUI – *Origenes de la Declaración de Derechos del Hombre y del ciudadano*, Madrid, Editora Nacional, 1984.

[330] Stéphane RIALS – "Avant Propos", p. 14.

[331] Georges GUSDORF – *La France, pays des droits de l'homme...*, in "Droits. Revue française de théorie juridique", n.º 8, 1988, p. 23 e ss.; *La Déclaration des droits de l'homme et du citoyen*, apresentada por Stéphane RIALS, p. 350 e seguintes.

[332] Cf., para o mito da unidade, Raoul GIRARDET – *Mythes...*, p. 139 s.; liga-se muito ao mito do homem novo, na verdade o único capaz de alcançar tal unidade plena e essencial, utopicamente. Cf. *Ibidem*, p. 141, ss..

A criação em causa opera-se através do *modus* bíblico, do Verbo. A palavra cria. *Fiat Lux...* E a luz fez-se. Da mesma maneira, as constituintes proclamaram os direitos, e os direitos aí estão. Na realidade, eles não são vistos como criação voluntarista, mas como declaração do que já existia. São direitos naturais. E assim devem ser vistos.

Deste modo, a Declaração não se torna apenas o Verbo criador, mas também o verbo declarador (tudo naturalmente, pois que se trata duma Declaração...). E esse verbo declarador é também uma história, uma narrativa fundadora (mítica) da nova Cidade e do novo Mundo. Fundador porque funda efectivamente. E fundador porque se refere à fundação, a uma outra fundação, a dos princípios, a da idade do ouro[333].

O Preâmbulo da Declaração é muito explícito sobre as razões dos trâmites da elaboração deste texto. É uma sacralização pela escrita[334]. São novas Tábuas da Lei (o texto será, aliás, reproduzido nesta fórmula plástica, e coroado pelo olho no triângulo ou delta do Ser Supremo) que fixam, para o uso e a utilidade gerais[335], os direitos que tinham sido ignorados, esquecidos ou desprezados.

### 3.1.2. Os mitos do preâmbulo da Declaração

Os representantes do povo, que falam na primeira pessoa do seu trabalho e dos seus objectivos, são, na nossa opinião, os protagonistas míticos de todo o texto. Eles apresentam-se como os salvadores – ou, pelo menos, como pontífices, os mediadores[336].

---

[333] Sobre o mito da idade do oiro, cf. André RESZLER – *Mythes politiques modernes*, p. 97 ss..

[334] Cf. Jack GOODY – *The logic of writing and the organisation of society*, trad. port. de Teresa Louro Pérez, *A lógica da escrita e a organização da sociedade*, máx. p. 149 ss..

[335] "... a fim de que esta declaração, constantemente apresentada a todos os membros do corpo social, lhes lembre sem cessar os seus direitos e os seus deveres".

[336] Jean Ehrard vê-os como mediadores e não como auto-instituídos salvadores, conforme a sua intervenção no debate que se seguiu à nossa comunicação

"A ignorância, o esquecimento ou o menosprezo pelos direitos do homem", males assim expressos, em progressão, como causa da corrupção dos governos, reenviam para uma idade do oiro efectiva (esquecida ou desprezada) ou sonhada (ignorada – porque não se pode negar ou contrariar, ou mesmo esquecer o que se não conhece).

A resolução de expor os direitos naturais, como permanente auxiliar da memória dos povos e guia dos poderes legislativo e executivo, releva do mito do texto escrito sagrado.

Os mitemas de simplicidade e comodidade do texto amalgamam-se aí:

"(...) a cada instante comparados (...). E sobretudo: " (...) sobre princípios simples e incontestáveis (...)".

O grande mito do século, a felicidade, coroa a parte não formulária[337] do Preâmbulo.

### 3.1.3. Os mitos nos artigos da Declaração. A importância da Lei[338]

É fácil detectar elementos de mitificação em quase todos os conceitos utilizados neste texto. Pode ter-se um certo pudor em classificá-los a todos como mitos. Mas o seu alcance mítico global existe, sem dúvida.

---

no Colóquio da Universidade de Borgonha sobre a Primeira Constituição Francesa, em 1991. Cf. AA. VV. – *1791. La Première Constitution Française*, Paris, Economica, 1993, p. 129 ss..

[337] Como é natural, o texto acaba por uma fórmula de transição e reforço jurídico dos artigos seguintes. Contudo, esta fórmula é importante do ponto de vista mítico, porque faz alusão ao Ser Supremo, sob os auspícios do qual os direitos teriam sido reconhecidos e declarados.

[338] Cf., para a génese desta importância, Michel BASTIT – *Naissance de la Loi Moderne*, Paris, P.U.F., 1990. Sobre a cristalização do modelo francês, recentemente, Marie-Luce PAVIA – *La loi en 1791*, in AA. VV. – *1791. La Premiére Constitution Française*, p. 329 ss..

Assim, poder-se-ia eventualmente dizer que algumas ideias, e alguns conceitos, podem ter um uso mítico. E isso não lhes retira também outras características. Por exemplo: No seu primeiro artigo, a Declaração fala no carácter natural e inalienável dos direitos, acentuando que os homens "nascem e vivem livres e iguais em direitos". Remete assim para a liberdade e igualdade, que farão *slogan*, e serão mitificadas. Mas que são muito mais que mitos: são valores políticos superiores[339] – como aliás viria a ser, muito mais tarde, expressamente reconhecido pela actual constituição espanhola (entre outros valores, de que ressalta a Justiça)[340].

No entanto, parece-nos que não estamos ainda aqui diante dos verdadeiros mitos da liberdade e da igualdade. Uma e outra são aqui chamadas a testemunhar outra coisa, aliás também mitificada – o que se chama *a igualdade perante a Lei*.

A Lei é um dos mais importantes elementos míticos desse texto.

De facto, ela é o mito dos mitos e o conceito dos conceitos, a norma das normas. Porque, retomando Carl Schmitt, ela decide do estado (ou dos estados, dos casos) de excepção[341]. Mesmo os direitos naturais mitificados – a liberdade, a propriedade, a segurança e a resistência à opressão (art. 2.º) – são-lhe subordinados na prática.

---

[339] Cf. Paulo Ferreira da CUNHA – *A Constituição Viva*, em preparação. E já *Idem – O Século de Antígona*, Coimbra, Almedina, 2003, máx. p. 107 ss. e p. 167 ss..

[340] Logo no seu art. 1.º. Cf., por todos, Milagros OTERO PARGA – *Valores Constitucionales. Introducción a la Filosofía del Derecho: axiologia jurídica*, Santiago de Compostela, Universidade de Santiago de Compostela, 1999; Gregorio PECES BARBA – *Seguridad Jurídica y Solidaridad como Valores de la Constitución Española*, in *Funciones y Fines del Derecho. Estudios en Honor del Profesor Mariano Hurtado Bautista*, Múrcia, Universidad de Murica, 1992; Idem – *Los Valores Superiores*, 1.ª reimp., Madrid, Tecnos, 1986; Javier SANTAMARÍA – *Los Valores Superiores en la Jurisprudencia del Tribunal Constitucional: libertad, igualdad, justicia y pluralismo político*, Madrid, Dykison / Universidad de Burgos, 1997

[341] Carl SCHMITT – *Théologie Politique*, trad. fr., Paris, Gallimard, 1988, p. 15. Decerto interpretamos muito extensivamente o propósito do Autor.

Porque a lei determina os limites desses direitos (art. 4.º)[342], em geral, e determina também especificamente os casos de abuso de liberdade – é o caso do abuso da liberdade de expressão (art. 11.º e 10.º).

A omnipotência e omnipresença da lei podem ser avaliadas pelo art. 5.º da Declaração. Começa por limitar a extensão da aplicabilidade legal ["A lei não tem o direito de proibir senão as acções nocivas à sociedade"] para chegar ao poder por acção e por omissão[343]:

"Tudo o que não é proibido pela lei não pode ser impedido, e ninguém pode ser forçado a fazer o que ela não ordena"

A lei é a expressão da vontade geral (art. 6.º), e o *numerus clausus* em matéria penal está aí fixado (art. 7.º). Mesmo o direito de propriedade, explicitamente considerado pela declaração como "inviolável e sagrado" (art. 17.º), pode ser posto em causa por uma *verificação legal* da "necessidade pública".

Acerca da Lei omnipotente, e expressão da vontade geral, gravitam os mitos da soberania (que "reside essencialmente na nação"), da igualdade dos cidadãos, e tudo isso conduz ao grande mito da Unidade.

O artigo 16.º explicita alguns mitemas importantes do mito da Constituição: a garantia dos direitos, e a separação dos poderes[344].

---

[342] Sabe-se bem que, em princípio, os limites não podem pôr em questão o núcleo essencial dum direito. Mas também se conhece a realidade histórica de limitação e mesmo aniquilamento de direitos por via legal, e até regulamentar, administrativa, etc..

[343] E este poder omissivo engendra a "motorização legislativa" ou "inflação legislativa". Porque o legislador não quer ser tomado por negligente ou omisso...

[344] Limitamo-nos ao alcance mítico da Declaração. Ela tem muitas outras leituras. Os artigos sobre os impostos, as questões penais, a liberdade de expressão, etc., são elementos juspolíticos efectivos e podem ser considerados como princípios gerais do direito. Sem dúvida são, nos nossos dias, vectores míticos – têm uma "aura" mítica. Mas isso é diferente. Há mitos e mitos. A celebridade é muitas vezes mitificada. Pelo contrário, não se pode abusar da palavra *mito* e tomá-o como sinónimo de vedeta...

### 3.1.4. *O esquema mítico geral da Constituição de 3-14 de Setembro de 1791*[345]

O mecanismo mítico das constituições torna-se repetitivo. O esquema é sempre o mesmo. A um conjunto de mitos negativos, que podem agrupar-se sob a designação geral do mito do Inimigo, opõem-se alguns outros conjuntos de mitos positivos. Um velho mito que assegura a possibilidade da felicidade no futuro, porque ela já teria existido, numa idade de ouro passada. Como fórmulas míticas de transição, é preciso que a Unidade do povo e o Salvador intervenham para garantir a passagem à Utopia, o mito duma futura cidade ideal a construir.

Tudo pode ser reduzido, *mutatis mutandis*, ao simplismo desta mecânica argumentativa. Neste, como noutros textos – e, em grande medida, independentemente da ideologia dos mesmos.

### 3.1.5. *Os mitos no texto da Constituição de 1791*

Assim, o Preâmbulo da Constituição contém referências ao inimigo, às suas manifestações e atributos. A nobreza, o pariato, o regime feudal, tudo isso constitui o inimigo.

De igual modo, a assembleia nacional, salvador do momento, com a sua varinha mágica legal-constitucional, aboliu irrevogavelmente tudo isso.

O Título 1.º explicita um dos mitos essenciais do constitucionalismo moderno: o dos direitos.

No Título 2.º, a unidade territorial e as normas da nacionalidade são sinal da Unidade maior e mítica da nação. No Título 3.º, a Unidade será retomada sob o aspecto da soberania "una, indivisível, inalienável e imprescritível".

O mesmo Título 3.º (a partir do art. 1.º, n.º 3) começa a explicação do segundo mito constitucional moderno, a separação dos

---

[345] Mais desenvolvidamente, cf. o nosso *Constitution, Mythes et Utopie*, cit..

poderes. Ela é concebida de maneira rígida, tão mitificada como sendo a separação à maneira de Montesquieu...

O terceiro mito constitucionalista – a sacralidade do texto constitucional – será tratado no último título, o 7.º. Afirmando o poder de mudar a Constituição, torna efectivamente a sua revisão muito difícil.

As disposições da estrutura política revelam os outros mitos já aparecidos – a soberania, sufrágio, etc..

Mas insistamos sempre: são princípios essenciais do Constitucionalismo moderno, e a sua mitificação só é benéfica, porquanto contribui para serem mais interiorizados. O mito é uma linguagem de que a Razão não pode prescindir. E acaba por ser ingénuo criticar-se à Razão que mitifique: na verdade, não mitificando é que andaria mal, se isso fosse realmente possível. Porque, mesmo no auge da abstracção, na utopia cega às raízes (não no utopismo redentor e princípio esperança – sempre se deve fazer essa distinção[346]) se está de novo a cair no mito: o mito da cidade ideal[347].

### 3.2. *As fontes espanholas: a Constituição de Cádis*

3.2.1. *Um texto mais conservador que o francês*

Se a Declaração dos Direitos do Homem falava do Ser Supremo como duma espécie de testemunha da sua acção, Deus, um Deus católico (pelo menos na aparência), vai aparecer repetidamente nas fórmulas introdutórias da Constituição de Cádis de 1812.

É Fernando VII que aparece como rei das Espanhas "pela graça de Deus", ainda que também pela "Constituição da Monarquia espanhola."[348]

---

[346] Cf. Paulo Ferreira da CUNHA – *Constituição, Direito e Utopia. Do Jurídico-Constitucional nas Utopias Políticas*, Coimbra, 'Studia Iuridica', Faculdade de Direito, Universidade de Coimbra / Coimbra Editora, 1996, máx. p. 447 ss..

[347] Roger MUCCHIELLI – *Le Mythe de la cité idéale*, Brionne, Gérard Monfort, 1960 (reimp. Paris, P.U.F., 1980).

[348] O título oficial do rei, decretado pelo artigo 169.º da Constituição, é o de "Majestad Católica".

São as Cortes espanholas que decretam a Constituição "Em nome de Deus Todo-Poderoso, Pai, Filho e Espírito Santo, autor e supremo legislador da sociedade"[349].

O carácter mais conservador desta constituição vê-se pela permanência das antigas fórmulas. "Deus" (com a enunciação da Trindade) e não "Ser Supremo", "Rei da Espanhas" (no plural) e não "dos espanhóis" (como sugeria o exemplo francês de 1791 – Título 3.º, capítulo 2.º, secção 1.ª, art. 2.º), são alguns dos possíveis exemplos, com muito peso simbólico, aliás.

### 3.2.2. A Utopia espanhola, a idade de oiro e o inimigo. Comparação com a constituição francesa de 1791

A utopia para que a sociedade espanhola tende é a da felicidade, naturalmente, como por toda a parte, nesta época. Mas a especificidade espanhola dá a esta felicidade outras cores. Em Espanha, a felicidade mítica é, sem dúvida, a prosperidade e o bem, mas também a *glória da nação*[350].

O mito da idade do ouro, nos termos habituais, está aí presente, misturado com o das leis fundamentais:

"As Cortes gerais e extraordinárias, bem convencidas, após o profundo exame e madura deliberação, que as antigas leis fundamentais desta Monarquia, acompanhadas das providências e precauções oportunas, asseguram de maneira estável a sua completa observância, poderão indubitavelmente preencher o grande objectivo de promover a glória [...]"[351].

---

[349] Aqui, trata-se realmente da função de pontífice que se atribui à constituinte. As palavras em castelhano parecem ainda mais impressionantes: "En el nombre de Dios todo poderoso, Padre, Hijo y Espiritu Santo, autor e supremo legislador de la sociedad [...]".

[350] Texto castelhano: "[...] el gran objecto de promover la gloria, la prosperidad y el bien de toda la Nacional [...]".

[351] Texto castelhano: "Las Cortes generales y extraordinarias de la Nacion espanõla, bien convencidas, despúes del más detenido examen y madura delibe-

Mas salientamos a diferença entre o texto do Preâmbulo espanhol e o da Declaração francesa. Estão como que em diálogo. E o primeiro é simétrico do segundo.

A Declaração culpabiliza a ignorância, o esquecimento e o desprezo dos direitos do homem, imaginados como concedidos durante uma idade do oiro passada, pelas desgraças do presente, pela corrupção dos governos.

Pelo contrário, mas partindo dos mesmos pressupostos, o texto espanhol indica o remédio para as desgraças do presente e aponta a via dum futuro utópico, recorrendo às antigas leis fundamentais da monarquia, que seriam restabelecidas e garantidas pelos artigos da constituição.

O texto francês começa por salientar sobretudo o inimigo (e fá--lo-á também, e muito pormenorizadamente, no Preâmbulo da própria Constituição). O texto espanhol embeleza especialmente a idade do ouro e a constituição, que segue o seu exemplo, como via para a utopia – "para o bom governo e a recta administração do Estado"[352].

### 3.2.3. Vicissitudes dos mitos da Lei, da Nação e da Soberania

O perigo duma lei toda-poderosa já tinha sido previsto pelos constituintes franceses. Era difícil aperceber tal perigo, porque o método francês de declarar os direitos reforçava exactamente a ideia duma boa lei, em relação ao método americano, onde a lei (aliás segundo um velho mito inglês...) teria como um pressuposto a sua prévia aplicação jurisdicional[353]. Mesmo assim (já se

---

ración, de que las antiguas leyes fundamentales de esta Monarquia, acompanãdas de las oportunas providencias y precauciones, que aseguren de un modo estable y permanente su entero cumplimiento, podrán llenar debidamente el gran objeto de promover la gloria [...]".

[352] Texto castelhano: "[...] decretan la siguinte Constitutión política *para el buen gobierno y recta administración del Estado*. (Sublinhado nosso).

[353] E até mais: "O que o francês se propõe, é fazer uma exposição de princípios para a educação de todos os homens; o que o americano se propõe, é

tinha visto), um Condorcet, por exemplo, queria que a Declaração fosse um

"baluarte dos cidadãos contra as leis injustas que os seus representantes poderiam ser tentados a fazer".[354]

A ideia foi timidamente acolhida pela Declaração no princípio do seu artigo 5.º. Porque essa passagem reduz a acção da lei proibitiva às acções nocivas de carácter social.

O Título 1.º da Constituição de 1791 vai um pouco mais longe:

"O Poder legislativo não poderá fazer quaisquer leis que causem prejuizo e obstaculizem o exercício dos direitos naturais e civis consignados no presente título, e garantidos pela Constituição".

Assim mesmo, parece que a incisiva formulação espanhola aprofundou a este respeito os limites da lei (e não o contrário). Se tal for verdade, então poder-se-ia ver nisso alguma reminiscência da velha técnica protectora das liberdades ibero-americanas, que se receia muitas vezes do geral e do abstracto na normatividade – impondo, por isso, liberdades e garantias directamente sobre coisas concretas, e com exigibilidade processual facilitada[355].

---

apresentar uma lista dos casos onde a lei será atacável perante o Tribunal Supremo do seu Estado", BOUTMY, *apud* S. RIALS – *La Déclaration...*, p. 370. A deificação da Lei está também muito presente no texto da Constituição de 1791. Basta citar o art. 3.º, da secção 1.ª, do capítulo 2.º, do título 3.º: "Deixa de haver em França autoridade superior à da lei; o rei não reina senão para ela, e não é senão em nome da lei que pode exigir obediência.". Há assim uma substituição do mito do rei pelo mito da lei. O cadafalso estava preparado...

[354] *Apud ibidem*, p. 373.

[355] Uma outra manifestação da persistência do método tradicional, mesmo num texto constitucionalista moderno, seria a ausência dum catálogo, declaração ou título da constituição com o enunciado dos direitos. O sistema em questão prefere a concretização à declaração... É também por isso que o texto espanhol é muito longo e abundante em precisões processuais ou procedimentais *(lato sensu)*.

De facto, depois de ter definido muito concretamente a Espanha como a reunião dos espanhóis dos dois hemisférios (art. 1.º), ter afirmado a liberdade e a independência da nação e – muito significativamente – negado a patrimonialidade do reino (art. 2.º), a Constituição de Cádis retoma a fórmula francesa da soberania (art. 3.º). Mas extrai uma consequência que tem uma fórmula tradicionalista: do facto de que a soberania pertence à Nação segue-se que ela tem exclusivamente o direito de fazer as suas *leis fundamentais*. E chegamos à nossa questão: assim, o poder legislativo (e mesmo constituinte) não é livre. Porque

"Art. 4.º A Nação é obrigada a conservar e a proteger as sábias e justas leis, a liberdade civil, a propriedade e os outros direitos legítimos de todos os indivíduos que a compõem"[356].

Parece que as palavras em questão – Lei, Nação, Soberania, etc. – continuam como bandeiras de luta e flores de discursos, mas que começa a haver uma melhor consciência dos perigos que eles encerram. Assim, um lento processo de desmitificação já germinava.

### 3.2.4. *Os mitos constitucionalistas de sempre numa desmitificação por concretização*

A originalidade da Constituição de Cádis reside, afinal, numa componente muito tradicionalista e nacional. Ela retoma o legado espanhol ao qual repugnariam as proclamações, esse legado que sobrecarrega o texto de artigos concretos (para alguns sem dignidade constitucional – *v. g.*, leis eleitorais).

---

[356] Texto castelhano: "Art. 4.º. La Nación está obligada a conservar y proteger por leyes sabias y justas la libertad civil, la propriedad y los demás derechos legítimos de todos los indivíduos que la componen".

A ideia de concretização conduz à proclamação, ao fim da constituição, de alguns artigos que pressupõem ou indicam a imediata possibilidade de invocação do texto constitucional. Assim, o artigo 373.º:

"Todo o espanhol tem o direito de se dirigir às Cortes ou ao Rei para reclamar a observância da Constituição"[357].

Quanto aos aspectos míticos, ela não pode inovar. A Constituição de Cádis limita-se à repetição dos mitos presentes já no texto de 1791, a não ser quando sublinha as leis fundamentais da monarquia (que não são todavia condenadas na tradição francesa...), ou fala da Divindade.

Já mencionámos a soberania. Ela mantém viva a sua capacidade mítica. No entanto, a concretização minuciosa das condições do sufrágio e da tomada de decisões é potencialmente desmitificadora. A mesma coisa se passa com os direitos naturais, disseminados no texto.

Por uma estranha coincidência, o artigo 13.º da Constituição fala do mito da felicidade, que é o objectivo do governo. O mito do texto escrito está presente nos juramentos da Constituição (art. 374.º) e na dificuldade da sua revisão (art. 375.º e ss.).

O mito da separação dos poderes persiste, mas também parece perder um pouco da sua força, por entre a floresta de disposições muito concretas[358].

---

[357] Texto castelhano: "Todo espanõl tiene derecho a representar a las Cortes o al Rey para reclamar la observancia de la Constitutión".

[358] Importa, para o nosso presente propósito, a possível atenuação mítica operada pela via da concretização. Outra coisa são as soluções concretas em si mesmas...

### 3.3. As influências e os Mitos na Constituição de 1822. Análise literal

> *"On répéta, mot par [sic] mot, traduits en portugais, les discours les plus saillants du 'Choix des Rapports', ou les pages plus excentriques de Rousseau et de Benthan; ce que l'on faisait avec la probité littéraire la plus scrupuleuse à l'égard des idées, en n'omettant que le nom des auteurs. Le peuple était ébahi de se trouver si grand, si libre, si riche en droit théorique".*
>
> ALEXANDRE HERCULANO[359]

#### 3.3.1. As Influências

##### 3.3.1.1. A origem mítica

A análise de textos mais ou menos antigos[360] conduz-nos à ideia da importância, da preponderância mesmo, do prefácio constitucional, quer dizer, textos de Preâmbulos, e sobretudo dos textos de Bases, as Declarações, as proclamações, etc.. É aí, nesses *paratextos*, que se encontra a maior concentração de material mítico, quando o legislador constituinte não se sente ainda limitado pelas fronteiras (e peias) da linguagem jurídica, geral e abstracta...[361]

---

[359] Alexandre Herculano, citado por Mousinho e por Vitorino NEMÉSIO – *Exilados...*, p. 126 (texto original em francês). Cf. *supra* a tradução de Oliveira Martins.

[360] Por exemplo, a análise do texto da actual Constituição Portuguesa, antes e depois dos seus momentos de revisão. Cf. Paulo Ferreira da CUNHA – *Mito e Ideologias. Em torno do Preâmbulo da Constituição* in "Vértice", 2.ª série, Lisboa, 1988, n.º 7, p. 25 s., in ex in *Pensar o Direito*, I, p. 341 ss..

[361] Cf. Paulo Ferreira da CUNHA – *Mito e Constitucionalismo*, p. 66 s., máx. pp. 84-85.

São estes textos que nos ocuparam essencialmente, enquanto origem sistemática da matéria mítica.

De uma maneira geral, quando existem[362], os paratextos contitucionais constituem o discurso de legitimação do que se seguirá, quer dizer, a narrativa das origens, um mito de fundação (ou de refundação, de renovação). E frequentemente revelam os principais mitos que o texto retomará.

3.3.1.2. A origem mítica e as influências

As soluções concretas de governo – já o vimos – diferem de constituição para constituição. Os órgãos, a forma de eleição, etc., são jogados conforme os interesses dos grupos pretendentes ao poder em presença em cada sociedade concreta. Haverá assim um resíduo de velhos hábitos e até de velhas instituições. A manutenção do rei é um destes casos. Por causa, também, dum mito muito comum. Mas há outros casos.

No entanto, o que permanece, o que é muito semelhante, é o sistema geral, o conjunto de pressupostos gerais que ditarão as soluções. Numa palavra, o que determina verdadeiramente a influência, é o mito. Para além da diferença de concretização, é a soberania, é o sufrágio, é a separação dos poderes, é a sacralidade do texto constitucional, são os direitos que constituem os mitos-soluções gerais[363]. E os mitos de legitimação permanecem sempre os mes-

---

[362] Na Constituição de Cádis, o texto do preâmbulo é muito breve. Mas, mesmo assim, ele acusa a presença de vários mitos. Aliás, muito mais fáceis de encontrar do que na densa e complexa mecânica institucional do texto dos artigos.

[363] Na medida em que estes mitos têm uma aplicação prática, e algumas vezes mecanizada (*v.g.* o sufrágio, o funcionamento regular das instituições, etc.) eles constituem verdadeiros rituais. Tais rituais encontram uma repercussão jurídica mais fácil que os mitos de legitimação (que muitas vezes são palavras de ordem). Somente após o sucesso das constituições programáticas e económicas, sociais e culturais, muitos aspectos da utopia se tornam juridicizadas. Esse não é ainda o caso das tímidas medidas *ultra- ou trans- políticas* das constituições liberais de que agora falamos. Mas é evidente que a tendência teria que ser para a con-

mos: a idade do oiro perdida para sempre pela ignorância, o esquecimento ou desprezo dos direitos, a antiga constituição, as leis fundamentais, etc., tudo isto deve ser restaurado pela utopia futura da felicidade, graças a um salvador constituinte, e pela unidade popular contra o inimigo – o feudalismo, o absolutismo, etc..

Mesmo a utilização de fórmulas, cujo valor alguns desprezam, não passa afinal do uso de fórmulas de mitos, de fórmulas mágicas, de rituais.

Poderão ver-se vários casos de recepção literal de fórmulas. Evidentemente, com a recepção da fórmula, pode acontecer que a ideia não seja simultaneamente recebida: o signo não transporta sempre o seu sentido. Mas isso era tão verdade para a França como para a Espanha. O subjectivismo de cada deputado, a sua formação ou a sua ignorância conferiam já colorações diferentes ao mesmo texto[364]. É bastante frequente nos textos "proclamatórios" que cada um tenda a ver neles o que neles pretende encontrar[365].

É o caso dos rituais e dos símbolos, vizinhos e solidários do mito.

Em suma – não se copia verdadeiramente uma constituição para saber o número de deputados ou para fazer a divisão administrativa do país. Isso pode ser invocado como argumento de direito comparado quanto ao princípio – são precisos muitos ou poucos deputados, ou esta ou aquela relação entre a população, a riqueza ou o território, etc. e os eleitos; é preciso ver o exemplo do bom funcionamento da divisão e da subdivisão num país semelhante, etc.. Mas não quanto ao pormenor. Não se verifica um tal servilismo senão quando se importam as leis pura e simplesmente.

---

sagração constitucional desses direitos ditos de novas gerações: 2.ª, 3.ª, 4.ª... Sem isso, ficaria sem letra (menos ainda que letra morta) uma boa parte das aspirações consequentes e legítimas da Liberdade, da Igualdade e da Fraternidade. E pode distinguir-se entre constituições que utopicamente cristalizam tais direitos sociais e as que os acolhem harmonicamente no seio de leis fundamentais pluralistas e democráticas.

[364] S. RIALS – *La Déclaration...*, p. 337.

[365] António REIS – *O suave Milagre da Constituição*, in "Opção", ano I, n.º 7, Lisboa, 1976.

O que se passa, é a adesão aos grandes ideais, aos princípios, aos mitos dos outros. E esta adesão, quando é verdadeira, perde a categoria de cópia, para se tornar uma nova incarnação das mesmas ideias. É o caso já citado de Pierre Menard, autor do *Quijote* na ficção de Jorge Luís Borges. Os constituintes portugueses e espanhóis não foram certamente culpados de plágio das ideias francesas. Assimilaram-nas duma tal maneira, que se apropriaram delas, e as fizeram suas. É um processo de assimilação e de apropriação cujo *animus* de possessão vale por título.

A influência transforma-se em nova criação. Outras vezes, é a admissão, da parte do influenciado, da simultânea obediência a princípios superiores (o tempo cronológico importa aqui pouco; trata-se duma contemporaneidade de espírito, de comunhão, obtida realmente a *posteriori*).

### 3.3.1.3. As Bases da Constituição

Podemos dizer que as bases da constituição são uma prova da nossa tese relativa à influência francesa directa sobre o texto português, embora dissimulada sob uma influência espanhola. De facto, a maior parte dos seus artigos míticos e de doutrina são adaptações ou paráfrases, ou explicitações dos textos fundadores franceses.

A influência espanhola é um álibi. Um outro álibi – aliás muito fácil de deslindar pela simples comparação dos três textos constitucionais em questão – é o invocado pelo presidente da comissão que elaborou as bases da constituição. Indica como fonte do seu texto não as confusas teorias dos publicistas modernos (fala até de "labirinto"), mas o antigo direito português, e os bons e antigos usos e costumes. A única coisa nova seria a separação dos poderes, para prevenir o despotismo, precisamente o responsável pelo desuso das antigas e boas leis[366].

---

[366] Cf. *Diário das Cortes*, I, p. 79 ss.. E ainda Marcello CAETANO – *História Breve das Constituições Portuguesas*, p. 126 ss..

Vai-se ver que, se é verdade que há um legado espanhol e um legado da tradição (ou, como quererão alguns, mais poeticamente, pelo menos: *da alma*) portuguesa, o essencial é pedido emprestado ao espírito (e à letra) do constitucionalismo francês.

Importa assim uma breve análise de cada número do texto das Bases.

O n.º 1 das bases pode ligar-se directamente ao artigo 2.º da Declaração francesa. Empresta-lhe esta a liberdade, a segurança e a propriedade (muda-se apenas a ordem dos dois últimos) e rejeita-se agora a resistência à opressão. No entanto, a Constituição de Cádis não tem disposição alguma preliminar e suficientemente destacada que sublinhe esses direitos naturais (para os franceses) e, para nós, simplesmente das "coisas" que devem ser mantidas pela Constituição[367]. É um caso de importação directa.

O n.º 2 começa por uma tradução (com uma aparente perífrase) do 1.º período do art. 4.º, da declaração. O texto português não afirma: "A liberdade consiste em poder fazer tudo o que não prejudique outrem". O seu texto sublinha antes que a liberdade consiste na faculdade que cada um tem de fazer tudo o que a lei não proíbe.

É, de facto, uma aparente perífrase. Porque realmente a superabundância de palavras supérfluas na primeira parte do texto (relativo à liberdade) é compensada por uma bastante notável síntese da sua parte final. O artigo 4.º da Declaração tinha tido necessidade de dois períodos mais para dizer que à lei incumbia determinar os limites dos direitos naturais[368]. Em conclusão, o texto português diz a mesma coisa que o francês, com uma perífrase de estilo e sem perí-

---

[367] "1.º – A Constituição da Nação Portuguesa deve manter a liberdade, a segurança e propriedade de todo o Cidadão."

[368] A mesma ideia se conclui do texto do Título 1.º da Constituição: "[...] mas como a liberdade não consiste senão em se poder fazer tudo o que se não nega nem aos direitos dos outros, nem à segurança pública, a lei pode estabelecer penas contra os actos que, atacando ou a segurança social ou os direitos de outrem, seriam nocivos à sociedade [...]".

frase de legitimação. Vai até às raízes das intenções francesas, e acrescenta: "A conservação desta liberdade depende da escrupulosa observância das leis"[369]. Vê-se aqui, de novo, a tendência portuguesa de ser ainda *mais papista que o Papa*.

Mais uma vez, o texto da Constituição de Cádis nada tem de semelhante a estas disposições. O seu artigo 4.º é muito vago. Já o vimos.

O número 3 é um caso de complemento do texto anterior. Faltava à perfeição do edifício francês a definição legal (declaratória) da segurança, pois que já existia a da liberdade (art. 4.º da Declaração). O texto português vai completá-la. Fá-lo em termos bastante evidentes, de resto:

"A segurança pessoal consiste na protecção que o Governo deve dar a todos para poderem conservar os seus direitos pessoais".

Uma vez mais não há exemplo espanhol a este respeito.

Os números 4 a 6, sobre matérias penais, são claramente tributários do art. 7.º da Declaração Francesa, e dos arts. 10.º e seguintes, do capítulo V, do Título III da Constituição de 1791. Mesmo o período de 24 horas (n.º 5) aí está presente (art. 11.º). Mas um tal período figura também na Constituição espanhola (art. 290.º).

O texto português possui, contudo, algumas singularidades.

Faz, por exemplo, depender a prisão da culpa do agente. No que é muito moderno, na mais rigorosa e fiel linha do humanitarismo penal. Ainda hoje a defesa desse princípio do *nullum crimen sine culpa* é uma linha de demarcação entre a liberdade e o despotismo.

O requisito francês é a legalidade da prisão: nos casos e sob as formas prescritas pela lei – o que é abstracto e menos garantístico para o cidadão (art. 7.º da Declaração). O mesmo formalismo (se bem

---

[369] Texto português completo: "2.º – A liberdade consiste na faculdade que compete a cada um de fazer tudo o que a lei não proíbe. A conservação desta liberdade depende da exacta observância das leis".

que mais pormenorizado) se encontra no texto da Constituição[370]. O texto espanhol contém várias garantias disseminadas.

O texto que mais se aproxima dos outros será eventualmente o do art. 287.º é igualmente formalista: o preso deve ter a informação sumária do facto pelo qual, segundo a lei, merece a prisão, e uma notificação escrita do juiz no momento da prisão.

O texto português estabelece um limite substancial, não formal.

Além disso, se os textos francês e espanhol se preocupam muito com a eventual resistência do preso, e a consideram como delituosa[371], o português, que não tinha mesmo incluído a resistência à opressão como direito natural, não parece atribuir-lhe uma grande importância.

A ausência desta culpabilização pela resistência ganha a sua plena significação quando se compara com a punibilidade dos responsáveis por uma prisão arbitrária (n.º 6 das Bases).

O n.º 7 corresponde ao art. 17.º da Declaração francesa. Algumas vezes, muda a ordem das palavras: em Portugal, a propriedade é um direito sagrado e inviolável. Provavelmente inviolável porque sagrado. Em França, era um direito inviolável e sagrado. Talvez sagrado porque inviolável? Ou trata-se de um simples jogo de palavras? Indiferente a ordem dos factores?

Em resumo, o texto é pouco mais ou menos igual. O texto português, que incluíu a omnipotência da lei, remete despudoradamente para ela. É possível que também se fundamente no célebre texto do art. 54.º do Código de Napoleão[372], que se liga ao texto da Declaração e da Constituição de 1791, lacunar sobre este ponto.

---

[370] Art. 10.º, do Cap.V, do Tít. III: "[...] ninguém pode ser posto em prisão ou detido, sem um mandato dos oficiais de polícia, duma ordem de captura dum tribunal, dum decreto de acusação do Corpo legislativo [...] ou dum julgamento de condenação a prisão ou detenção correccional."

[371] Art. 7.º da Declaração; art. 288.º da Constituição de Cádis.

[372] "A propriedade é o direito de usufruir e dispor das coisas da maneira mais absoluta, desde que se não faça um uso proibido pelas leis ou pelos regulamentos". Sobre este texto, cf. François VALLANÇON – *Domaine et Propriété (Glose sur Saint Thomas d'Aquin, Somme Theologique IIa, IIæ, Qu. 66, art. 1 e 2)*, Paris, Univ. Paris II, policóp., 1985, p. 3 ss..

O texto português não nos dá a excepção que limitaria este direito, como o texto francês. Apresenta o caso fisiológico, não o patológico. Sendo assim, diz:

"A propriedade é um direito sagrado e inviolável que tem todo o cidadão de dispor à sua vontade de todos os seus bens, segundo a lei."

O documento espanhol não nos parece conter qualquer disposição sequer parecida.
O primeiro período do número 8 é uma tradução literal do princípio do artigo 11.º da Declaração:

"A livre comunicação dos pensamentos e das opiniões é um dos direitos mais preciosos do homem."

dizia o texto francês. O português reza assim:

"A livre comunicação dos pensamentos ["e das opiniões" está cortada] é um dos mais preciosos direitos do homem".

Somente uma inversão e uma ausência, de um valor bastante duvidoso.
O texto segue o francês, mas realça que a liberdade de expressão é garantida sem qualquer censura prévia. Está influenciado pelo texto do título 1.º da Consitutição de 1791.
No entanto, como já se viu, os números 9 e 10 estabelecem garantias jurisdicionais (9) e restrições em matéria moral e religiosa (10).
Uma vez mais é aos textos franceses, e não ao espanhol, que as Bases vão buscar a sua inspiração.
A igualdade perante a lei, do n.º 11, tem provavelmente como bases longínquas o artigo 1.º da Declaração, o Preâmbulo da Constituição de 1791 no que se refere à igualdade perante a lei. No respeitante aos privilégios de jurisdição, o fundamento será o capítulo V, do Título III, do texto de 1791.

Mas aqui – e chamamos a atenção para que se trata de uma questão processual, e não declaratória ou declamatória – ressalta o diálogo directo com o texto espanhol.

Dir-se-ia mesmo que o texto português tenta proceder a uma síntese entre os princípios de jurisdição única (que será o espírito essencial das disposições francesas[373]), e os da multiplicidade das jurisdições (consagrados sem dúvida alguma pelos artigos 249.º e 250.º da Constituição Espanhola, em coexistência com o princípio geral – art. 248.º). Mas as Bases não mencionam as jurisdições especiais, e sobre essa matéria remetem para as leis ordinárias.

É a primeira vez que vemos uma hipótese de influência espanhola. E não muito claramente.

O n.º 12 começa pela reprodução aperfeiçoada do princípio do art. 8.º. Segundo o texto francês, só as penas estabelecidas pela lei deveriam ser estritamente necessárias. O texto português acrescenta a esta prescrição a lição do art. 5.º da Declaração francesa no referente à necessidade das leis. Interessa-se sobretudo pela matéria penal, mas aproveita a ocasião para fazer doutrina geral:

> "Nenhuma lei, e muito menos a penal, será estabelecida sem absoluta necessidade".

O texto português estabelece também a proporcionalidade da pena ao delito, o seu carácter pessoal (na pessoa do delinquente) e elimina as penas cruéis e infamantes.

Acreditamos que esta preocupação de garantia em matéria penal é bem portuguesa. Sem deixar de constituir igualmente um aprofundamento do legado da filosofia penal estrangeira, de Beccaria a Voltaire e a Montesquieu... Mas não esquecemos a recepção desta filosofia penal por Mello Freire. E, antes disso, a doutrina portu-

---

[373] Já o Título 1.º da Constituição dizia: "3.º Que os mesmos delitos serão punidos com penas iguais, sem qualquer distinção das pessoas". E dizia também o art. 4.º, do Capítulo V do Título III: "Os cidadãos não podem ser desviados dos juízes que a lei lhes destina, por alguma comissão, nem por outras atribuições e invocações senão as determinadas pela lei".

guesa penalística anterior mesmo ao livro imortal de Beccaria... No momento da elaboração destas Bases, havia já uma tradição nacional de garantia penal, ao nível da doutrina, bem entendido.

Todavia, o capítulo "Da administração da justiça no criminal" da Constituição de Cádis contém muitas garantias e elementos protectores. O art. 297.º é disso exemplo:

> "A disposição das celas será tal que elas sirvam para guardar e não para molestar os prisioneiros: assim o funcionário competente tê-los-á bem vigiados e separados dos que o juiz ordena manter incomunicáveis; mas jamais seráo postos nas prisões subterrâneas e insalubres"[374].

Entretanto, se o texto português aboliu expressamente as penas cruéis e infamantes, parece que o mesmo se não passou com a constituição espanhola. Porque esse tipo de penas é evocado (de passagem) no art. 24.º:

> "A qualidade de cidadão espanhol perde-se: [...] 3.ª – Em virtude da sentença que impõe penas aflitivas ou infamantes, se não há reabilitação."[375]

Eis um caso duma certa (absolutamente nada total) coincidência com o sistema espanhol. Mas acentuamo-lo ainda uma vez mais: são casos típicos de garantias que podem caber na ideia de uma tradição "ibérica". Pode não haver influência, mas confluência.

A igualdade no acesso aos cargos públicos é garantida pelo n.º 13, em termos semelhantes aos do fim do art. 6.º da Declaração e o 1.º do Título 1.º da Constituição de 1791.

---

[374] Texto castelhano: "Art. 297.º. Se dispondrán las cárceles de manera que sirvan para asegurar y no para molestar a los presos: así el alcalde tendrá a éstos en buena custodia y separados los que el juez mande tener sin comunicación; pero nunca en calabozos subterráneos ni malsanos".

[375] Texto castelhano: "Art. 24.º. La calidad de ciudadano espanol se pierde [...]. 3.º Por sentencia en que se impongan penas aflictivas o infamantes, si no se obtiene rehabilitación".

O direito de petição é garantido no n.º 14, como explicação da passagem do Título 1.º do texto de 1791. Não se trata somente de petição, mas também de reclamação, queixas, etc..

O segredo postal é garantido pelo n.º 15. Há no mundo ibero--americano uma forte tradição de inviolabilidade da correspondência. Essa pode ser a fonte directa desta disposição, que parece não encontrar paralelo algum visível nos textos espanhol e francês. O que provaria a filiação francesa do primeiro, e não a sua ligação com o seu legado anterior, mais directo.

Terminada a secção dos direitos individuais do cidadão, segue--se a secção que regula "A Nação portuguesa, a sua religião, governo e dinastia".

Aqui, a imitação de Espanha é um pouco mais clara.

O n.º 16 é a aplicação a Portugal do art. 1.º do texto de Cádis: A nação portuguesa é definida como a união dos portugueses de dois hemisférios.

O n.º 17 retoma a disposição sobre a religião do art. 12.º do texto espanhol. Mas é mais sucinto: "A sua Religião [da Nação Portuguesa] é a Católica Apostólica Romana". Assim laconicamente, e sem nenhuma proibição de outros cultos, como faz o texto espanhol.

O n.º 18 define a forma de governo. Como acontece em alguns casos, o texto parece ter uma dupla fonte: se toma a fórmula espanhola de estrutura (o texto original seria o art. 14.º de Cádis), que muda a *monarquia moderada em constitucional* (o que o aproxima do legado francês), passa a inspirar-se na Constituição de 1791 (artigos 3.º a 5.º, máxime 4 do Título III) quando, a esta monarquia constitucional hereditária, acrescenta a referência aos três poderes.

Uma particularidade portuguesa: a alusão também às leis fundamentais, as quais regulam esses mesmos três poderes.

Então, a síntese ficará assim:

"artigo 29.º – O Governo da Nação portuguesa é a Monarquia constitucional hereditária, com leis fundamentais, que regulam o exercício dos três poderes políticos".

Uma importante particularidade constitucional portuguesa é o texto do n.º 19, sobre a casa reinante, a dinastia de Bragança. Aliás, uma boa parte das antigas leis fundamentais do reino – mesmo as apócrifas das Cortes de Lamego, que se tornaram verdadeiras pela recepção legal-constitucional de 1641[376] – nada mais fazia do que assegurar a nacionalidade portuguesa do rei.

Após esta pequena originalidade, portuguesa ou ibérica[377], o texto retoma as suas fontes francesas.

"A soberania reside essencialmente na Nação", assim começa o n.º 20, retomando o princípio do artigo 3.º da Declaração francesa. Mas é verdade que o resto do artigo o reaproxima da fórmula do artigo 2.º da Constituição de Cádis:

"[...] esta é livre e independente, e não pode ser património de ninguém"[378].

É uma mistura de duas forças. A ideia da não patrimonialidade do reino está presente já (é certo que em outros termos) na Constituição Francesa, por exemplo no título do rei – rei dos franceses (artigo 2.º, do Capítulo II, do Título III).

O poder constituinte pertence à Nação, e só a ela, através dos seus representantes. Tal é a prescrição essencial do n.º 21. A fonte principal são os artigos 1.º e 10.º, do Título III da Constituição Francesa.

O n.º 22 delimita a revisão constitucional, como todos os textos constitucionalistas modernos *proprio sensu*.

O n.º 23 determina a separação dos poderes. O texto é bastante geral para que se veja bem qual tipo de separação de poderes em concreto se pretende designar. De qualquer modo, é ainda uma vez

---

[376] Henrique Barrilaro RUAS – *A Liberdade e o Rei*, Lisboa, ed. Autor, 1971.

[377] O texto espanhol refere o nome do monarca no preâmbulo, e inclui também um capítulo sobre a sucessão (artigos 174-184). O texto francês tem também artigos sobre a realeza, a regência, etc. (Título III, capítulo II). Mas o mais concreto de todos é o texto espanhol: nomeia o rei Fernando várias vezes. Isso é já um sinal.

[378] O texto espanhol diz: "24.º – La Nación espanola es libre y independiente y no es ni puede ser patrimonio de ninguna familia ni persona".

mais interessante verificar que não há artigo programático sobre a separação dos poderes na Constituição de Cádis, mas, em compensação, aí figuram três artigos (15.º,16.º,17.º), definindo cada um a titularidade de cada poder[379].

Contudo, o texto português fundamenta-se na tradição da Declaração (artigo 16.º). Começa pelo enunciado do princípio, e passa depois (agora como nos textos constitucionais francês e espanhol) às competências.

No n.º 24, encontramos a definição da lei, duma maneira menos mitificada que a do artigo 6.º da Declaração. Em Portugal, Rousseau foi demasiado mal recebido em vários círculos para que a sua *vontade geral* (de que não tem o monopólio, embora dela haja sido o principal beneficiário) fosse entendida como o outro nome, ou o nome disfarçado da lei.

Assim, entre nós, a lei não é uma vontade geral abstracta e mítica, que se não confundiria com a vontade de todos ou da maioria:

"24.º – A Lei é a vontade dos Cidadãos declarada pelos seus representantes juntos em Cortes [...]".

E o texto português explicita bem que a vontade assim obtida é formada por discussão seguida de votação, unânime ou maioritária.

Os números seguintes explicitam o funcionamento do legislativo. A partir do n.º 30, falar-se-á sucessivamente do Rei e do Conselho de Estado. Para nós, as soluções não têm grande importância. O mesmo ocorre com os pontos finais, que são semelhantes aos franceses, mas também aos espanhóis, que sofreram a sua influência: a contribuição proporcional às faculdades dos contribuintes, as disposições sobre a força militar, os estabelecimentos de caridade e de instrução. Tudo isso está nos outros textos, e a concisão do texto português não deixa ver claramente qual foi a fonte principal.

---

[379] No entanto, é preciso dizer que a técnica de exposição do Título III, artigos 3 a 5, é quase a mesma. Mas a declaração que antecedia o texto marcava bem a diferença.

Em conclusão, embora algumas influências de estrutura espanholas[380] estejam presentes, e embora o texto português queira algumas vezes fazer a síntese da Constituição de 1791 com o texto de Cádis, a maior parte das influências míticas – senão a totalidade – são francesas. E as soluções concretas são portuguesas, embora estejam presentes os exemplos estrangeiros anteriores.

### 3.3.1.4. O Preâmbulo

O Preâmbulo da Constituição Portuguesa é uma excelente síntese de todo o problema das influências[381] constitucionalistas.

Uma primeira leitura aproxima-o do preâmbulo espanhol. Uma segunda leitura revela-nos que, na realidade, ele procura conciliar o legado de 1791 e o legado de Cádis, retomando fórmulas recebidas de um e de outro.

Mas uma terceira leitura faz-nos ver que o legado espanhol não é verdadeiramente espanhol. É já uma adaptação (ou uma tradução) do legado francês.

Assim, mesmo quando bebe da fonte espanhola, é com a água francesa que o constitucionalismo português sacia a sua sede.

Precisemos: A Constituição de 1822 começa pela invocação da Santíssima e Indivisível Trindade. O texto é mesmo elaborado pelas Cortes em nome da Santíssima Trindade.

A mais próxima fonte é, sem dúvida, o texto do Preâmbulo da Constituição de Cádis, que igualmente o faz em nome de Deus Todo-Poderoso, nas suas três Pessoas explicitamente nomeadas.

Isto seria influência espanhola. Mas há mais.

---

[380] No mesmo sentido, António Pedro Ribeiro dos SANTOS – *A Imagem do Poder* no *Constitucionalismo Português*, Lisboa, ISCSP, 1990, p. 422, afirma: "A Constituição Portuguesa de 1822 adopta [...] como seu modelo estrutural a Constituição Espanhola de 1812, elaborada em Cádis, e composta dum preâmbulo e seis títulos". É a clarificação actual do legado espanhol: a aparência, a sistematização.

[381] Mas talvez não constitua um bom exemplo da originalidade portuguesa neste debate.

Primeiramente, verifica-se que o texto português não é tão pormenorizado como o espanhol. Em lugar de Deus e de Suas três Pessoas, a Constituição Portuguesa sintetiza: a Trindade. E sem perder nada de piedoso: "Santíssima Trindade" (embora as palavras não sejam sinónimos de devoção).

Em segundo lugar, a invocação da divindade, duma divindade, foi, certamente, adaptada pela Espanha às crenças nacionais. Mas é de origem francesa. A Declaração dos Direitos do Homem não é declarada em nome de Deus, mas é-o "em presença e sob os auspícios do Ser Supremo"[382].

Trata-se então duma adaptação aos costumes nacionais.

As Cortes consideram que:

"[...] somente pelo restabelecimento destas leis, ampliada e reformadas, pode conseguir-se a prosperidade da mesma Nação [...]".

Este texto é praticamente uma adaptação (muito tímida) do da constituição espanhola.

No entanto, há matizes portugueses.

Trata-se, entre nós, tão-somente da prosperidade da Nação. Nada de idêntico à sua "glória, prosperidade e bem" como diz o texto de Cádis. A escolha é significativa da mais modesta pose portuguesa. Menos utópica também. Às "providências e precauções" ["providencias y precauciones"] da Constituição de Cádis substitui-se, em Portugal, o aumento e a reforma das leis fundamentais. Aqui, parece que os portugueses foram mais concretos. Não há regra sem excepção. Mas nunca mais longos. Mantiveram – não obstante – a sua maior concisão.

Mas o que é mais marcante, é que há uma passagem desse texto que é completamente influenciada pelo legado francês. E encontra-

---

[382] Em França, parece que se tratava de perífrases para laicizar a Divindade, ou, pelo menos, para não chocar os não cristãos. Por exemplo, o projecto falava do "legislador supremo do Universo", Cf. Jacques GODECHOT – "Introduction" a *Les Constitutions de la France depuis 1789*, Paris, Garnier-Flammarion, 1979, p. 24.

-se mesmo situada antes do texto que imita aos espanhóis. É o início, justamente depois da invocação da Trindade:

"[...] As Cortes Gerais Extraordinárias e Constituintes da Nação Portuguesa, intimamente convencidas de que as desgraças públicas, que tanto a têm oprimido e ainda oprimem, tiveram sua origem no desprezo dos direitos do cidadão, e no esquecimento das leis fundamentais da Monarquia [...]".

É uma formulação muito próxima da do preâmbulo da Declaração francesa.

Há assim uma evidente influência francesa. E não esqueçamos que a formulação espanhola não é outra coisa senão a afirmação (pela positiva) do que os textos franceses diziam já pela negativa.

O texto português torna-se assim uma síntese, um pouco tautológica, mas que chega a conciliar a visão da causa das desgraças e a da sua solução. Diz mesmo mais: que o restabelecimento das leis fundamentais, reformadas e aumentadas, será não somente a maneira de obter a prosperidade nacional, mas também a garantia de não cair uma vez mais "no abismo".

Uma diferença profunda reside no objectivo ou fim da constituição. O estatismo endógeno da Espanha castelhana fala do "bom governo e a recta administração do Estado". O individualismo (por vezes solidário) português[383] afirma que os seus deputados

"... decretam a seguinte Constituição política, *a fim de assegurar os direitos de cada um, e o bem geral de todos os Portugueses.*"[384]

Em conclusão: a originalidade portuguesa manifesta-se por formulações mais próximas das crenças ou da *alma ou espírito (ou estilo) nacional,* por uma maior concisão que os textos espanhóis, pelo esforço de sintetizar os legados estrangeiros. Mas, com tantos

---

[383] Cf. Teixeira de PASCOAES – *Arte de Ser Português*, máx. pp. 100-102.
[384] Sublinhado nosso.

exemplos, afigura-se-nos estar demonstrado que os portugueses leram directamente os textos franceses, e tomaram apenas algumas fórmulas ou soluções dos espanhóis. Algumas vezes, eventualmente, como manobra de distracção duma verdadeira e profunda influência francesa.

### 3.3.1.5. Os artigos da Constituição são simples desenvolvimentos das Bases

Duma maneira geral, os artigos da Constituição não fazem mais do que aprofundar as posições já apresentadas na Bases.

Seria tautológico fazer novamente uma correspondência de artigos. É patente que o art. 1.º da Constituição retoma o n.º 1 das Bases, e o mesmo se passa com os arts. 2.º e 3.º.

Por vezes, a linguagem aperfeiçoa-se ou a sistematização muda. Alguns artigos são reagrupados. Por exemplo: o art. 4.º da Constituição completa a ideia de culpabilidade do respectivo número de Bases: trata-se da culpa formada. Mas o novo art. 4.º contém também a matéria do n.º 6 das Bases.

Simples desenvolvimento das Bases, os artigos da Constituição não apresentam nenhuma novidade significativa no domínio das influências de alcance mítico. Há, certamente, concretas soluções "de governo" que podem ser pedidas às suas fontes. Mas isso não importa para o nosso objectivo presente.

### 3.3.2. *Os mitos*

#### 3.3.2.1. Justificação metodológica

No plano mítico, o texto da Constituição de 1822 face ao texto das Bases é uma repetição. Isto impõe uma escolha, para não fazer uma duplicação de análises.

É verdade que as Bases são o fundamento no plano mítico, e constituem um resumo prévio assaz significativo de toda a Constituição. Assim, poder-se-ia pensar que a análise dos seus mitos poderia bastar à ilustração dos mitos da Constituição de 1822.

No entanto, duas razões nos impõem um procedimento contrário.

Em primeiro lugar, trata-se de analisar a Constituição no que tem de mais profundo, logo, no seu plano mítico, e não de meramente fazer o seu resumo.

Depois, a análise das Bases, embora apenas no plano das influências, já por nós foi levada a cabo. Optámos por recusar, assim, o sintetismo excessivo de analisar apenas as Bases, e a tautologia de fazer uma dupla análise, das Bases e da Constituição. Analisaremos somente a Constituição, que desenvolve as Bases, e que é verdadeiramente o texto definitivo. Quanto às Bases, o seu conteúdo é conhecido pela análise das fontes. Será bastante fácil transpor a análise mítica da Constituição para o seu texto, mais curto e ainda mais mítico.

### 3.3.2.2. O Preâmbulo como narrativa mítica típica

O carácter de síntese do preâmbulo da Constituição de 1822, utilizando elementos clássicos do legado francês e espanhol, dá-lhe um lugar importante como narrativa legitimadora, discurso mítico por excelência quanto à fundação ou refundação da cidade.

A justificação da Constituição é feita num estilo necessariamente grandiloquente, e numa situação bastante dramatizada. Não é somente invocar a Santíssima Trindade. É também falar em Seu nome. E é a narração da situação – anterior e presente – a qual justifica uma intervenção refundadora, esse ritual de sacrifício de renovação que é a elaboração dum novo corpo constitucional, desta feito com a sacralidade do escrito.

A situação é de catástrofe pública. Não se diz de que maneira. Mas adivinha-se pela mitanálise das circunstâncias. É de facto o absolutismo, o despotismo, enfim, o *desprezo* e o *olvido* (já mitificados) dos direitos do cidadão e das leis fundamentais. Quer dizer, a ausência do direito natural e do direito histórico.

Esta situação de catástrofe pública justifica a intervenção. Ela representa o Inimigo. Os seus autores e seus defensores são o Inimigo.

O *statu quo ante*, antes do "esquecimento" e do "desprezo", corresponde à idade do ouro. As leis fundamentais participam do seu carácter mítico, assim como os direitos do cidadão. A virtude heróica dos filhos da Pátria é o Salvador, segundo os termos do texto. Mas pode perguntar-se se o Salvador não seriam antes as Cortes, aquelas que falam em nome da Trindade...

A Utopia, a "Idade do ouro" futura é, contudo, bastante modesta. Duvida-se mesmo que se trate de autêntica utopia. É verdade que já é muito assegurar os direitos de cada um e o bem geral de todos. Mas querer a prosperidade da Nação é, mesmo assim, um desejo moderado para quem pode tudo prometer, ou a tudo aspirar.

A presença das constelações míticas de Raoul Girardet é total e sem grandes surpresas. A abertura simultânea para o passado feliz, o passado recente e o presente dominado pelo Inimigo, e ainda para o futuro utópico, cobre plenamente todos os clássicos aspectos míticos.

### 3.3.2.3. O maior mito é o da constituição em si mesma. Aspectos da sacralização do constitucionalismo e do texto constitucional

> "E todos, Rei, Família Real, Ministros, autoridades, se apressaram a jurar acatamento a uma Constituição que ainda se não sabia o que fosse. ' A constituiçao' aparece nas ideias da época como uma espécie de entidade mítica, de quem irradiariam sabedoria, felicidade e prosperidade gerais".
> 
> MARCELLO CAETANO[385]

O carácter sagrado do constitucionalismo, de toda a via constitucional, a começar pelo importante ritual eleitoral, é impressionante. Todos os eixos em presença são míticos e sagrados. Conse-

---

[385] Marcello CAETANO – *Direito Constitucional*, I, p. 482.

quentemente, a constituição em si mesma – porque não é somente o texto impresso mas a sua prática, as suas prescrições – é sagrada.[386]

a) *O tempo*

Tenta-se recuperar o tempo sacral da Igreja Católica pelo tempo sacralizado da Constituição. As eleições começam com o repique dos sinos da Igreja[387], o relógio social habitual na época. A eleição realiza-se no dia sagrado, o Domingo[388].

Há a tentativa de fixação dum calendário constitucional. Não é o calendário revolucionário francês, nem ainda a interessante proposta cívica (e muito abrangente, sublinhe-se) de Auguste Comte[389]. Mas é uma ritualização importante. Há actos que devem ser "imperativamente" realizados em momentos determinados. A 15 de Novembro, a 20 de Novembro, no 1.º de Dezembro, há actos rituais a cumprir obrigatoriamente. Ou antes, ou depois destas datas[390]. É porque há coincidência, até mesmo choque com o calendário litúrgico, ou escolheram-se as datas livres?

b) *O espaço*

O espaço é sagrado ou sacralizado. A reunião eleitoral realiza-se nas igrejas[391], beneficiando da sacralidade anterior – como se faz

---

[386] Do outro lado da barricada, acentuava-se uma contra-sacralidade constitucional. A Constituição era considerada como "infernal". Cf.*O Punhal dos Corcundas*, XXIX, p. 413, *apud* Telmo dos Santos VERDELHO – *As palavras e as ideias na Revolução Liberal de 1820*, p. 227. José Agostinho de Macedo fala também, ironicamente, de confissões e penitências constitucionais, in *Tripa Virada*, p. 224.

[387] Artigo 49.º.

[388] Artigo 63.º.

[389] Cf., v.g., Paulo Ferreira da CUNHA – *O Essencial sobre Filosofia Política do Idealismo ao Positivismo*, Lisboa, Imprensa Nacional – Casa da Moeda, em preparação.

[390] Artigos 75.º-80.º.

[391] Artigo 52.º.

sempre, de resto: a religião do conquistador aproveita o local de culto do vencido.

Os votos, num cofre com três chaves (ainda o número mítico, e eventualmente o símbolo da unificação dos três poderes... reunidos no sufrágio) são guardados na igreja, se não puderem ser contados durante o dia[392]. A noite, tenebroso símbolo, poderia ameaçar a contagem...

O espaço é sagrado. Certamente, é o espaço de um templo. E por causa da sacralidade eleitoral, é impossível lá entrarem armas durante o ritual.

c) *A acção*

O mito é também um acto ritual[393]. As fórmulas são sempre as mesmas, e a acção é de natureza formulária. É o *abracadabra*. São as palavras mágicas. Não admira que o legalismo triunfe neste ambiente. É preciso dizer, recitar o que está prescrito. É já o princípio de todo o positivismo jurídico. Numa magia, num ritual – quem diria!

As fórmulas dos juramentos (e outras, porque há muitas[394]) são uniformizadas e prescritas pela constituição, palavra por palavra. É a magia do texto sagrado. Agora, não é o conjunto do texto constitucional (que é também sagrado – o que se manifesta até na dificuldade da revisão) a estar em causa; trata-se de conceber o texto global como reunião de pequenas receitas mágicas, das fórmulas que, uma vez recitadas, garantissem o poder, garantissem a aquisição dos poderes. E tais rituais também tornam esse poder prisioneiro do sistema mágico, da Constituição em si mesma.

Então, não há mais forças dum poder autónomo, mas apenas dos servidores, aos quais se oferece o poder como contrapartida da sua servidão. E também não devem esses servidores ter uma vontade própria, incontrolável, mas serão as vozes e vias do cumprimento da

---

[392] Artigo 59.º.
[393] Katherine SPENCER – *Mythology and Values*, Filadélfia, American Folklore Society, 1957.
[394] Artigos 110.º e 113.º; arts. 78.º, 126.º, 135.º, etc..

utopia constitucional, as rodas de um sistema. Donde as fórmulas. E assim se entende a divisão dos poderes. Cada servidor (ou grupo de servidores) da divindade não tem senão uma parte do poder. Só a divindade abstracta o possui todo por inteiro. O equilíbrio é uma necessidade. Obedecer para ser obedecido. Servir para ser servido[395]. Pensa-se irreprimivelmente nos deputados, ministros, como em pequenos feiticeiros que se servem potências ocultas maiores, às quais, por seu turno, prestam serviço, ou a quem venderam a alma. Mas evidentemente que esta imagem é um exagero, ditada pelo mito fáustico, que não deixa de andar ainda nos ares...

A acção mítica convoca o concurso de rituais católicos. As missas estão por todo o lado[396]. Há mesmo a obrigação, imposta a todos os membros da "Junta" preparatória das Cortes, de *ir imediatamente à Catedral*, para assistir a uma missa solene, após a eleição do seu presidente e vice-presidente. Após este acto, que impressiona pela urgência ("imediatamente"), o presidente, que acaba de ser eleito, seguido de todos os deputados, jurará, sobre os Evangelhos, primeiramente a fé católica e depois a Constituição.

Pode-se perguntar se tudo isso era necessário, se era simplesmente questão de lisonjear a Igreja e de a consolar do maçonismo de muitos dos constituintes. Talvez os rituais tenham sido mais fortes, e que o peso da tradição se manifeste. Mas, em todo o caso, a ritualização – seja qual for, é sempre aliado do utopismo. O rito doméstico torna-se habitual, reforça o poder.

---

[395] Além de que tudo parece ter o seu preço. Até – ao que parece – o próprio amor à Pátria. A preocupação com a justa remuneração dos serviços prestados à Pátria é um dos *topoi* da época (Art. 15.°). Mas já havia estado muito presente no projecto de Novo Código de Mello Freire. Porém, a Pátria é uma abstracção modernizada – está-se em pleno Romantismo – para não dizer: é já em grande medida a Constituição, ou a matéria de que esta é a forma ou o molde. A personificação da Constituição será feita a um outro nível, quer nos poemas e canções, quer nas representações pictóricas. E o mito é ainda mais subtil. Porque a Pátria manda, e a Constituição, pelo menos na maior parte das representações, não faz senão dar. Pensa-se na liberalidade dadivosa e mágica dos deputados, dos ministros...

[396] Arts. 70.° (*Te Deum*), 78.°, 81.°, 53.°, etc..

A maior parte das missas – salvo o *Te Deum* do art. 70.º – são consagradas ao Espírito Santo. A diferença poderia passar despercebida, ou ser atribuída à grande devoção que os portugueses tinham, à época, a esta Pessoa divina, se o Preâmbulo da própria Constituição não tivesse evocado a Trindade. E porquê? Qual poderá ser o seu valor mítico?

A referência à Trindade poderá ser uma forma subtil de valorização do papel do Espírito Santo. Não esquecemos que o Espírito Santo é o responsável, no Pentecostes, pela iluminação dos discípulos de Jesus. As Luzes, poderiam apropriar-se desta iluminação? Os discípulos de Jesus eram ignorantes, pouco cultos, e o Espírito Santo, como o soberano das Luzes, tornou-os sábios. O Espírito Santo, aliás, é a Entidade da terceira idade, do fim dos tempos. O seu reino sucede ao do Pai e ao do Filho, numa utopia muito portuguesa, mas com raízes messiânicas, por vezes referidas, mesmo se com inexactidão, a Joaquim de Fiore.

É curioso que esta referência mítica – que é decidida, ou veiculada pelos homens da razão, do progresso, da influência francesa – se liga exactamente à herança templária e aos mitos da Atlândida. E os elementos de suspeita, têmo-los nos nossos dias: os únicos lugares de Portugal onde o culto autónomo do Espírito Santo parece morar ainda encontramo-los na cidade de Tomar, outrora centro da actividade templária, e nos Açores, de que uma tradição considera serem os restos do antigo continente perdido, mas em que é certa alguma colonização francesa. Coincidência ou enigma?

De toda a maneira, porquê missas do Espírito Santo? Provavelmente – e muito simplesmente – porque, de todas as três pessoas da Trindade, ele é o mais próximo do Deus dos deístas, do Grande Arquitecto do Universo, numa palavra, de um Deus sem face (o que pode ter uma versão negativa de deus abstracto "dos filósofos", ou de Deus ecuménico, de todos). Quer dizer que, mesmo com toda a religiosidade portuguesa de então, a Constituição de 1822 se liga directamente à declaração prévia da Constituição Francesa de 1791, que fala do Ser Supremo. O "Espírito Santo", dos constituintes é a sua versão (ou tradução) pseudo-católica.

d) *As personagens*

Os cidadãos detêm, naturalmente, o papel principal, sejam eles deputados ou não...

Os que não são deputados, obviamente a generalidade dos cidadãos, acabam por ser considerados sem especificidades: são homens totalmente normais, porque não têm nem inviolabilidade nem irresponsabilidade. Em todo o caso, porém, usufruem de alguns direitos invioláveis[397], e outros, "preciosos"[398].

A peça, no entanto, tem um encenador muito rigoroso. Há os excluídos, absolutamente excluídos e relativamente excluídos.

O mito da prosperidade económica decide da capacidade eleitoral. Este é misturado com a cultura, que pode ser uma circunstância atenuante da pobreza[399].

Nesse ponto, os constituintes não eram utópicos: a propriedade é uma eficaz garantia da liberdade.

Curiosamente, será este tipo de sufrágio que viria a ser mais criticado, mais tarde, pelos adeptos do sufrágio universal, sem dúvida generosos, mais generosos, e mais consequentes com os ideais de *liberdade, igualdade e fraternidade*, mas decerto menos capazes de verem as deformações que a plutocracia ou o domínio da informação, ou os poderes fácticos (entre outras) introduzem em todas as eleições.

Toda a formulação ritual eleitoral é uma protecção contra o caciquismo económico, mas também religioso[400]. Note-se que clérigo regular – tido por reaccionário[401] – não pode votar.

---

[397] Arts. 6.º e 18.º (propriedade e correspondência).
[398] Art. 7.º (comunicação do pensamento).
[399] Arts. 33.º a 35.º.
[400] O padre e o bispo não podem ser eleitos nas suas dioceses – art. 35.º, II e III.
[401] Nas guerras civis, há sempre monges à frente dos exércitos. Eles foram constituindo as tropas de elite dos exércitos messiânicos e milenaristas de sempre... Cf. Art. 33.º.

No entanto, o caciquismo político não é encarado directamente. Somente o é para o clero e os magistrados[402]. Quando um candidato for eleito por duas circunscrições, de preferência é considerado como eleito pelo distrito da sua residência, ou da sua naturalidade[403].

"Todos os animais são iguais, mas há alguns que são são mais iguais que outros". É o mito-ilusão da igualdade, sempre contornada pelo omnipresente inigualitarismo. E a justificação – também mítica – destas restrições, é a face tenebrosa do inimigo, da revolução e do povo.

Estamos longe do "nenhuma liberdade para os inimigos da liberdade", de Lenine. Trata-se de precauções contra a subversão do próprio sufrágio. Contradições internas, mas que, se hoje não podemos aceitar, é possível contudo compreender, tanto mais que a História de algum modo se repete, e sabemos que, mesmo nos nossos dias, está longe de conseguir-se que cada voto entrado numa urna eleitoral corresponda a uma vontade perfeitamente esclarecida e livre.

e) *O narrador*

Os constituintes, os sábios ou os pontífices, de toda a maneira, os sacrificadores no altar da constituição, falam. Ter o dom da palavra, é criar[404]. E dizer. Juridicamente, dizer, é decidir. Eles decidem. Logo, eles criam.

A constituição é uma grande força centrípeta em torno dos seus oradores. Os principais conceitos constitucionais tornam-se elementos autobiográficos dos deputados. Eles são os autores e os garantes – os guardiães – da constituição sagrada; e os conceitos mais importantes da constituição tocam-nos profundamente.

---

[402] Art. 35.º, IV. E de alguma maneira, os chefes militares – todos suspeitos de reaccionarismo (art. 35.º,V).
[403] Art. 39.º.
[404] Cf., por todos, Jo, 1: 1-3; Gén.1: 3 ss..

É um círculo vicioso. Não se sai do discurso dos deputados. A liberdade. Que coisa magnífica, ser livre... Para além de todo o texto, de todas as amarras. Contudo, a liberdade pode tornar-se um conceito fechado. Concentrado na constituição, e na vontade dos deputados.

As Bases diziam que a liberdade é a faculdade de fazer o que a lei não proíbe. E que a liberdade depende da observância da lei.

A constituição vai ainda mais longe. Conserva o segundo propósito. Mas quanto ao primeiro, afirma:

> "A liberdade consiste em não serem obrigados a fazer o que a lei não manda, nem a deixar de fazer o que ela proíbe [...]".[405]

Então, embora aparentemente a constituição dê mais liberdade aos cidadãos, o que acontece é que toda a acção humana estará doravante entre dois muros: o que a lei ordena, e o que a lei proíbe. Tudo gira em seu redor.

E, de quem é a lei? Sabe-se desde sempre: a lei é assunto das Cortes[406]. E o que é a lei? Essa questão é mais complexa...

A lei é ambígua: por um lado, é vista quase sacralizada e ao mesmo tempo equiparável às leis da Física; por outro, arrisca-se a um desenraizamento, se se sublinha o seu aspecto puramente formal de criação, desprovido de uma substancialidade material, num *quid* próprio.

Torna-se a lei única fonte do direito. Tudo será, ou tudo é – eis uma forma de ucronismo mítico e utópico. A lei simplesmente obra feita pelos deputados desvirtualiza-se, despe-se dos seus grandes objectivos. Ela obriga os cidadãos, sem que eles a aceitem – diz ingenuamente o texto, consciente da sua violência[407].

---

[405] Art. 2.º.
[406] Art. 102.º, I e II; 103.º, etc..
[407] Art. 104.º, *in fine*.

Havia, é certo, a lembrança das leis antigas – que parecem muito distantes agora. Onde estão as leis antigas? Não se sabe.

A assembleia é o legislador mítico, que fundamenta, cria, *declara* as leis da cidade, de uma vez por todas.

O utopismo deste ucronismo legislativo é patente. Assim como a ficção da representação: A lei é a vontade dos cidadãos. Mas determinada pela unanimidade ou pluralidade dos votos... dos representantes.[408].

Os deputados fazem tudo, são tudo. É natural que o autor da utopia seja deificado.

A verdade é que dificilmente poderia ser de outra forma. Pretendia-se, afinal, instaurar uma ordem nova, e a lei era um instrumento excelente de mudança. Estar a colocar muitas restrições à lei, pela determinação de um conteúdo de dignidade material excepcional, ou outro, seria manifestamente uma forma de se entrar numa discussão estéril, e de impedir as reformas necessárias, que se foram fazendo, com inquebrantável fé nas virtualidades demiúrgicas da lei. E é essa fé que ainda hoje anima tanto os políticos que se esquecem que a lei não pode tudo, e que muitas vezes continuam a promulgar pedaços de utopia insusceptíveis de aplicação no mundo real. A nossa concepção instrumental e até banal de lei vem deste tempo, em que ainda havia reverência por uma lei revolucionária em grandes autores, como, desde logo, em Montesquieu, mas que não podia ter agido de outra forma, na urgência de mudar o mundo.

### 3.3.2.4. Aspectos míticos dos poderes e da sua separação

Sabe-se bem que o mito dos três poderes está muito presente no texto da constituição. Como já o estava nas Bases.

No entanto, notaremos alguns aspectos mais vincados da mitificação deste importante elemento do conceito moderno de constituição.

---

[408] Art. 104.º.

Parece-nos que o modo indicativo[409] das regras jurídicas, como descrição duma realidade fictícia, desejada, e, nesse sentido, um pouco utópica, nem sequer é suficiente para explicar a diferença entre o emprego verbal do futuro nas Bases[410] e do presente no texto constitucional[411].

A explicação está, quanto a nós, mais ligada ao mito. É verdade que, quando um texto legal emprega o presente do indicativo verbal (e fá-lo com frequência), opera a magia de tornar em verdade o que para ele é desejável. Mas há mais. Esse não é senão um aspecto do problema.

Aqui não está em questão uma vontade do legislador, uma *ratio legislatoris*, uma ordem que indicaria uma construção mental (os três poderes) feita realidade. Estamos na presença duma inversão mítica de posições. O todo poderoso legislador aceita, dá como adquirido, como real, a existência dos três poderes. Fala deles naturalmente, como duma entidade com vida concreta.

Tal não é o que se passa nos casos habituais, onde o desprendimento do legislador face às suas próprias criações ou ficções é muito mais clara. Pode dizer-se que com esta reificação ou personificação até dos três poderes, o legislador está, perante a sua lei, como o aprendiz de feiticeiro face à feitiçaria que ganha vida própria. Não raro, o aprendiz de feiticeiro será a primeira vítima do sortilégio.

No texto da constituição em relação ao das Bases, o mito do rei é desenvolvido no sentido negativo.

O prestígio da instituição é substituído pelo do poder legislativo, o novo soberano. Recordemos o tratamento desajeitado de "majestade" dado ao presidente da assembleia.

Mito contra mito, então. Sempre.

---

[409] Cf. Michel VILLEY *et alii* – *Indicatif et imperatif juridiques. Dialogue à trois voix (Michel Villey, Georges Kalinowsky, Jean-Louis Gardies)*, in "Archives de Philosophie du Droit", Paris, Sirey, 1974, p. 33 ss..
[410] Art. 23.º.
[411] Art. 30.º.

O juramento do rei[412] é praticamente igual ao dos deputados[413] (e ao do príncipe herdeiro[414]). Este juramento põe toda a gente de joelhos perante a divindade Constituição, obra dos deputados.

O próprio rei está abaixo dos deputados.

Porque a única diferença significativa entre o texto do rei e o dos deputados reside no papel dessas personagens: o rei deve observar (respeitar e fazer respeitar) a constituição, enquanto os deputados se tornaram guardiães da nova deusa, porque a devem *guardar* e *fazer guardar*.

Um deputado poderia, no limite, "tornar-se rei", mas um rei não pode tornar-se deputado. Expliquemo-nos neste paradoxo: a regência (pelo menos, a presidência do conselho de regência) pode ser atribuída a um deputado[415], mas jamais o rei pode entrar no parlamento, salvo no princípio e no fim dos seus trabalhos, como simples elemento decorativo da festa[416]. Evidente consequência do republicanismo desta Constituição.

Ninguém pensaria em limitar a educação dos filhos dos deputados. No entanto, o cidadão-rei não pode, compreensivelmente, ter o direito de decidir da educação do cidadão príncipe herdeiro. O Rei deve fazer aprovar o plano da educação de seu filho pelas Cortes[417]. Mas tal justifica-se plenamente, porque a instituição monárquica está sob suspeita, neste tempo. E a República (sim, a República) não poderia dar-se ao luxo de ter um rei impreparado ou com uma educação transviada, por exemplo politicamente. O Rei não é um particular a quem privadamente incumba, sem limites, a educação da prole. E mesmo nesse caso há limites implícitos, pelo menos.

---

[412] Art. 126.º.
[413] Art. 78.º.
[414] Art. 135.º.
[415] Art. 148.º. Mesmo a regência provisória tem deputados (art. 149.º).
[416] Art. 91.º Trata-se, realmente, de uma interdição restrita ao rei. Toda a gente, menos ele, pode assistir às sessões. Os secretários de Estado – os únicos *responsáveis* de todo esse grupo de *irresponsáveis* – podem assistir a tudo, salvo às votações (art. 31.º das Bases).
[417] Art. 103.º, II.

Todavia, a importância preeminente dos deputados resume-se numa fórmula do art. 58.º, que fala dos *amplos poderes* dos deputados para providenciarem ao *bem geral* da Nação. São então os guardas do Bem comum, semi-divindades benfazejas.

Tudo isto se liga a um problema fundamental: quem é o soberano, quem está acima, quem constitui ou declara a excepção, ou quem é *inviolável?*

As únicas pessoas invioláveis são os deputados e o rei[418]. A inviolabilidade é uma espécie de qualidade divina. Evidentemente que há direitos invioláveis; esses são uma espécie de divindades abstractas.

### 3.3.2.5. Aspectos míticos dos direitos fundamentais

Sendo a manutenção da liberdade, de segurança e da propriedade, primeiro que tudo, o objecto expresso da constituição, duas observações se impõem.

---

[418] Do mesmo modo, a *inviolabilidade* vai a par da *irresponsabilidade*. Pelo menos numa visão, digamos, nominalista, a divindade nunca é responsável. Quer na medida em que se não podem criticar os seus actos, pela sua excepcional autoridade, quer na medida em que não tem necessidade de se justificar, porque tudo pode fazer. Lembramo-nos do parlamento britânico, que teria como único limite a transformação de um homem em mulher e vice-versa. No entanto, nesta situação constitucional, a *inviolabilidade* e a *irresponsabilidade do* rei não são tão divinizadas, como niilizadoras. Com efeito, o nada tem, como a infinitude do divino, as características da irresponsabilidade e da inviolabilidade. A responsabilidade implica a criação (à imagem do Deus cristão que está sempre subliminar no pensamento, mesmo eventualmente ateu, mas sobretudo deísta, dos deputados), enquanto Deus é criação, é vida. Este não é um demiurgo. Por outro lado, a responsabilidade é uma escolha entre o bem e o mal, e a divindade está para além (nominalismo) ou sob esta alternativa. O rei nada pode criar, o rei não pode escolher o bem e o mal. Então, é irresponsável. E, naturalmente inviolável. Certamente que a irresponsabilidade dos deputados baseia-se em duas coisas: o carácter representativo do deputado, e a previsão do eventual árbitro que viria a pedir-lhe contas sobre o que ele diz, investido desta qualidade especial, de pontífice, entre o povo e a Razão. Esta irresponsabilidade por ter sido usada para abusos, mas permaneceu uma das grandes barreiras ao arbítrio, em situações de hipócrita coexistência entre instituições livres e poderes com *derivas* despóticas, ou autoritárias.

A primeira é que (exactamente como a liberdade) a segurança e a propriedade, mau grado os seus atributos sagrados, dependem da lei. E esta já sabe de quem depende.

A segunda relaciona-se com um aspecto já tratado: a paradoxal simultaneidade (ucrónica, na verdade) do presente e da utopia. O que o artigo 1.º da Constituição diz é curioso, fala de manter a liberdade... *Manter*. Então, os três alvos da constituição estão já atingidos. É preciso apenas mantê-los. Sendo assim, trata-se da ficção[419] que pressupõe a cidade ideal já edificada em redor da sala da assembleia. A utopia já aí está, trata-se apenas de a manter[420].

Liberdade, segurança e propriedade são palavras de ordem[421], bandeiras de luta e, nesse sentido, eles empolgam enquanto elementos míticos. Mas são também fautoras de ilusão.

Porque a Constituinte rapidamente se apercebeu de que a liberdade total, a segurança total, e a propriedade total – não se fala dos abusos, mas apenas do exercício puro desses "direitos" – levariam provavelmente a situações inesperadas e não desejadas.

---

[419] Sobre a teoria geral das ficções, H. VAHINGER – *The Philosophy of As if. A System of the Theoretical, Practical and Religious Fictions of Mankind*, trad. ingl., reimp. da 2.ª ed., Londres, Routledge and Kegan Paul, 1965.

[420] A constituição é uma consequência de um estado recentemente adquirido pela revolução. Os deputados vivem num mundo ritual onde uma palavra chega para criar a coisa. *Fiat Lux* seria sua palavra de ordem simbólica. O preâmbulo pressupõe já a ultrapassagem da situação crítica. Fala para o futuro: para que se "não torne a cair no abismo". Uma das características da utopia, para alguns, é a sua instituição como realidade desde há pouco tempo. As cidades ideais fictícias reconhecem frequentemente que não existiram desde sempre. Há entretanto uma ambiguidade. Os deputados têm mesmo assim consciência de que nem tudo vai bem. E o *élan* revolucionário empurra-os para a frente. Eles sentem o desejo dum texto de mármore, sólido, é verdade, mas também com as raízes no passado. Mas mais do que tudo isso, é preciso sublinhar a relação estabelecida entre o passado e futuro – eles falam do "restabelecimento das leis, ampliadas e reformadas" – no Preâmbulo. E dão ideia que o restabelecimento ainda não está cumprido, mas que se encontra em marcha. Também a própria Justiça é *constans et perpetua voluntas*!

[421] Cf. o estudo monumental de Telmo dos Santos VERDELHO – *As Palavras e as Ideias na Revolução Liberal de 1820*, Lisboa, INIC, 1981.

Então, depois de tudo ter dado, consagra-se prudentemente algo esvaziar de sentido e de conteúdo.

Já a fórmula pseudo-benthamiana do Preâmbulo tem um toque de quimérico.

"[...] a fim de segurar os direitos de cada um, e o bem geral de todos os Portugueses"[422].

Na prática constituinte subsequente, os deputados, de facto, serão *benthamianos*, porque eles vão escolher *o maior número, o bem geral* – ou, pelo menos, esse será o seu álibi para limitar o que deram nas proclamações mais gerais.

Limitações à liberdade, em geral:

Art. 2.º – "[...] A conservação desta liberdade depende da exacta observância das leis."

No respeitante às liberdades concretas, a ambiguidade aumenta:

Quanto à compatibilidade da liberdade de culto e da liberdade de expressão, levantam-se alguns problemas[423]. O artigo 7.º estabelece que a livre comunicação do pensamento é um dos mais preciosos direitos do homem. Mas este fica também limitado: proscreve-se o abuso... na forma determinada pela lei. E limita-se a liberdade de culto. Ora, muitas das opiniões religiosas são exprimidas pelo culto. Tudo faz parte dum todo: há também a censura em matéria religiosa. A liberdade de imprensa é também aqui limitada.

---

[422] A fórmula de Bentham é "A maior felicidade do maior número", o que é diferente.

[423] Conhece-se o princípio da compatibilidade global do texto das constituições, pelo qual as antinomias devem ser resolvidas no quadro da sua concordância prática, e duma leitura de conjunto. Todavia, o problema é que há excepções, deve sempre haver excepções, mas há também verdadeiras fraudes intra-constitucionais. Princípios descritos como discursos de legitimação, como mito, e depois artigos concretos que subvertem a dimensão da narrativa utópica inicial – que é o que resta para a propaganda.

A Inquisição foi abolida com brado pela constituinte, mas a constituição vai re-instituí-la, de certo modo, e sem complexos:

"[...] Quanto porém ao abuso, que se pode fazer desta liberdade em matérias religiosas, fica salva aos bispos a censura dos escritos publicados sobre dogma e moral, e o governo auxiliará os mesmos bispos, para serem punidos os culpados."

E o artigo 25.º reforça este limite da liberdade nos aspectos religiosos:

"Artigo 25.º – A Religião da Nação Portuguesa é a Católica, Apostólica Romana. Permite-se contudo aos estrangeiros o exercício particular de respectivos cultos."

A jurisdição é uma, como todos os cidadãos são iguais perante a lei. Então, nada de tribunais especiais, ou de comissões especiais.[424]

Ora, não somente este artigo se segue a um outro que criou um tribunal especial, para proteger e limitar a liberdade de imprensa, como esse mesmo artigo continua, salientando que esta disposição não compreende os casos que, segundo uma certa natureza, determinada pela lei, devem ser submetidos a jurisdições à parte. Qual natureza? – perguntamos.

A lei é igual para todos, salvo nos casos em que ela determina o contrário.

Há muitos outros exemplos: a inviolabilidade do domicílio[425], a prisão sem culpa formada[426], etc., são todos belos direitos... que facilmente caem, na sua dimensão absoluta, pela magia toda-poderosa da lei, que potencialmente tudo poderia restringir. Esperando-se que haja para tal um limite, como hoje se diria, de um "círculo mínimo" e "núcleo duro" da essência dos direitos.

---

[424] Art. 9.º.
[425] Art. 5.º.
[426] Art. 4.º.

No limite, a lei pode criar o maior despotismo. Um despotismo do novo soberano, as Cortes, um déspota sem cara, irresponsável, e baseado no sufrágio. Ninguém é injusto para consigo mesmo – dizia Rousseau; então, a culpa pertence sempre ao povo. A história futura iria demonstrar como a simples crença na legalidade dos actos não resolve os problemas. É um passo, sem dúvida, contra o arbítrio. Mas está longe de ser uma solução. Quer a lei, quer as maiorias parlamentares, podem encarnar formas mais ou menos subtis de opressão. Além de, mais simplesmente, poderem apenas errar.

Cai-se assim na contradição.

As Bases da Constituição dizem que os princípios constitucionais são os que se manifestam

"[...] os mais adequados para assegurar os direitos individuais do cidadão, e estabelecer a organização e limites dos poderes políticos do Estado",

instituição que é então identificada com o poder real; agora que o mito do rei se encontra mais fraco, as Cortes substituem-se ao trono e tudo muda.

Para estabelecer a organização do Estado, as Cortes constituintes não pensam em limitar os poderes, nem o poder, mas em limitar os direitos individuais.

E pensa-se de novo na magnífica síntese do Marquês de Penalva: *dão-se os direitos a todos, para os retomar de cada um.* Síntese perversa e reaccionária... mas com muita verdade, infelizmente, na prática, ou nalgumas das práticas.

E ainda: dão-se todos os direitos em abstracto, para os limitar em concreto. E mesmo mais, na prática: dar-se-ão direitos na lei para os confiscar nos regulamentos. E também se reconhecem direitos nos regulamentos, que se negam na prática.

É já a pirâmide normativa de Kelsen que está em gestação, no plano formal.

Da liberdade muito provém: a segurança não é mais do que a

"[...] protecção, que o governo deve dar a todos, para poderem conservar os seus direitos pessoais" (art. 3.º).

Então, a segurança é a garantia da liberdade e da propriedade, em geral.

Quanto à liberdade, conhece-se já a história.

A propriedade será também muito limitada – provavelmente a despeito do espírito profundamente proprietarista dos deputados, que além de princípios proprietaristas liberais defendiam por vezes também os seus interesses económicos concretos. Pode dizer-se, mais uma vez, que o aprendiz de feiticeiro tinha desencadeado forças incontroláveis. E nota-se crescentemente a crença dos poderes da lei, instrumento cego dum Estado todo-poderoso – que no liberalismo ainda tem fundamento ético, mas que a prazo pode ficar desprovido, *post-modernamente* dirão alguns, de limites morais, tradicionais, e sem o freio da rotina também. Alguns dirão, mais radicalmente, que vai tudo naturalmente, e de maneira irrepreensível, atacar a propriedade. O liberalismo é o pai do socialismo, dizem os tradicionalistas, como se houvessem descoberto a pólvora. Em certa medida estão certos: nada de mais natural. O próprio Adam Smith falava já do programa liberal de Liberdade, Igualdade e Justiça... O que nada tem a ver com o socialismo é o anarco-capitalismo conservador, dito neo-liberal. O velho liberalismo passará, naturalmente, a formas de socialismo democrático ou liberal.

E uma intuição de interesse público e função social da propriedade se pode ver já num artigo como este:

"Art. 6.º: "[...] Quando por alguma razão de necessidade pública e urgente, for preciso que ele seja privado deste direito, será primeiramente indemnizado, na forma que as leis estabelecerem".

Compreende-se que os direitos sejam limitados. Compreende-se mesmo que uma constituição não pode tudo conter. E que as leis devem preencher os vazios. O problema que alguns sublinham, para salientar as contradições, é que há um discurso mítico de direitos absolutos e subjectivos que depois se desfigura para dar lugar a uma total devolução da decisão materialmente constitucional à lei ordinária. Não se dizem geralmente os critérios da limitação, não se protege o círculo mínimo que faz a essência dum direito[427] – mas tudo isso são preocupações e técnicas contemporâneas, muito ulteriores, que não poderiam estar explícitas no pensamento destes velhos vintistas. Então, o que restaria dos direitos, seria a fé, a repetição ritual que esta fé suporta? Obviamente que a fé e o ritual eram importantes. Mas a contradição entre o geral e o particular não seria sentida com tanta agudeza: havia a regra, e havia a excepção; uma coisa seria o normal, outra coisa o excepcional...

E no tocante à fé... *é a fé que salva*? E tudo parte da fé, de uma fé qualquer – ou de uma intuição, ou de uma vontade (se se preferir). No Preâmbulo, os deputados afirmam a sua crença nos mitos, dizendo que estão *convencidos*, e *intimamente convencidos*.

Já conhecemos as crenças que eles afirmam primeiramente: é o mito da idade do ouro e o mito do inimigo absolutista. Mas o importante é que eles fundamentam a sua acção sobre a sua "convicção íntima". Sobre a sua fé.

Por vezes, parece que nada mais resta senão a fé. Eles têm também fé nas leis. E confiam-se à nova divindade jurídica ou pseudo-jurídica. E os direitos limitam-se ao que a lei prescreve. É o fim prático do direito natural. É o positivismo, que vem pela mão do jusracionalismo. Na verdade, apesar de todas as tentativas de compatibilização, sente-se sempre um mal-estar em conciliar constitucionalismo e jusnaturalismo. Só de há pouco tem sido mais difundida a razão profunda dessa dificuldade: é que, em grande medida, a Constituição do constitucionalismo moderno é a laicização do direito natural[428]. Não quer dizer que não se possa arquitectar uma coexistência, que ainda reserve ao direito natural alguma utilidade e especificidade em contexto constitucionalista moderno. Mas, para

---

[427] Vieira de ANDRADE – *Os Direitos Fundamentais na Constituição Portuguesa de 1976*, Coimbra, Almedina, 1983, *v.g.*, p. 233 ss.

[428] Cf., *v.g.*, Pietro Guiseppe GRASSO – *El Problema del Constitucionalismo después del Estado Moderno*, Madrid / Barcelona, Marcial Pons, 2005, máx. p. 23 ss..

muitos, são antagónicas categorias, e mutuamente exclusoras, porque navegam nas mesmas águas. E sem o dizerem, sem invocarem explicitamente esta razão, estamos em crer que muitos dos que proclamam a morte ou a impossibilidade do direito natural insensivelmente e sem disso se aperceberem estão a pensar nos postulados do constitucionalismo moderno. Evidentemente que há sempre plácidos autores irénicos e eclécticos que podem acumular simultaneamente o maior número de teorias e filiações, sedimentarmente, por camadas, sem que se preocupem com a sua coerência ou compatibilidade.

Os deputados têm somente moderada a sua fé pela instituição dum órgão – a deputação permanente – o qual tem como funções (à parte as de uma comissão nacional de eleições e de serviços técnicos de apoio à assembleia) uma certa vigilância sobre as leis e a aplicação da constituição. É um tribunal constitucional sem título, uma réplica dum conselho de sábios guardiães dos guardiães – *quis custodiet ipsos custodes* – órgão presente algumas vezes nas utopias.

O artigo 118.º diz, sobre esta função da deputação:

> "Vigiar sobre a observância da Constituição e das leis, para instruir as Cortes futuras das infracções que houver notado; havendo do Governo as informações que julgar necessárias para esse fim [...]".

Já se suspeitava: a nova divindade colectiva, as Cortes, crê em si-mesma. E somente crê nas leis enquanto emanação da sua sabedoria. Crendo na deputação enquanto delegação da sua autoridade.

### 3.3.2.6. Aspectos míticos da soberania

Uma coisa é certa (e tão tautológica, como as principais certezas). A soberania pertence ao soberano. O Povo (ou a Nação) é o soberano. Então, está-se perante a soberania popular ou a soberania nacional – que era tradicional opor uma à outra, mas que muitos dizem difícil de determinar como categorias separadas.

Nacional ou popular, a soberania, na prática, é assunto da assembleia, na qual convergem os poderes dessas entidades mitificadas – Povo e Nação.

O mito da Unidade mistura-se com o da soberania. A Unidade é a mais forte justificação duma soberania amalgamada em teoria, e, na prática, instrumento dos deputados. Porque o artigo 26.º restringe aos deputados (os representantes legalmente eleitos da Nação), o exercício desta soberania.

A Unidade é evidentemente desejada como esforço de pacificação social, de integração, e ainda de estigmatização dos trânsfugas, dos que não estão normalizados. É um elemento essencial da utopia, porque é o princípio do unanimismo. Lembremo-nos de que a unanimidade parece ser o modelo preferido das decisões da assembleia. A pluralidade dos votos não vem senão como solução de recurso, quando a unanimidade – pode ser um resíduo da mítica vontade geral (aliás não unanimista...) – não é possível[429].

A Unidade é reforçada pela ideia da indivisibilidade e da inalienabilidade territoriais, baseadas na não patrimonialidade do reino[430].

A unidade do país, do reino, no plano institucional, aparece sob a fórmula "*Reino Unido de Portugal, Brasil e Algarves*"[431]. Mas esta não é a única unidade. Há também – principalmente? – a unidade de todos os portugueses. Está presente na definição da Nação mítica, consubstanciação da unidade:

> "A Nação Portuguesa é a união de todos os Portugueses de ambos os hemisférios".

Em conclusão, a Nação baseia-se, sob vários aspectos, na unidade. Como a soberania se baseia na Nação.

---

[429] Cf. art. 104.º. A unanimidade vem antes da pluralidade, e este lugar tem o sentido de que se trata de uma prioridade.
[430] Arts. 27.º e 124.º.
[431] Art. 20.º.

Numa perfeita obediência ao princípio do poder constituinte originário e a uma soberania não real, as Cortes de 1821-1822 decidiram que o rei não teria realmente soberania alguma. Não teria poderes delegados pela Nação. O artigo 121.º diz que a autoridade do rei provém da Nação. Nem sequer pode abdicar sem o consentimento das Cortes[432]. A soberania reside essencialmente – quer dizer, na sua essência – na nação, conforme o refere o artigo 26.º.

No entanto, o rei faz a guerra e a paz, somente comunicando às Cortes os seus motivos[433]. Pode também nomear e destituir os secretários de Estado[434].

Quanto ao resto, o círculo é fechado: a Nação torna-se *deus otiosus*, e toda a actividade demiúrgica passa para os deputados.

Em todo o caso, a unidade e o mito da unidade num sistema pluralista como o liberal é muito menos uma dimensão utópica que uma dimensão mítica. E naturalmente não adquire as conotações totalitárias (muito ao contrário) que o simples tópico da unidade ganha precisamente onde não há amizade pela liberdade liberal. É em clima colectivista que o mito da unidade é preocupante.

### 3.3.2.7. Simbologia e ritualização

Embora, numa primeira fase, os artistas estejam ainda ligados ao gosto antigo[435], sobretudo da Arcádia, começaram progressivamente a conhecer e a divulgar as novas ideias. Todas as artes contribuíram.

Os elogios à constituição sagrada substituíram parcialmente os exercícios habituais, duma sacralidade mais convencional, especifi-

---

[432] Art. 125.º, I.
[433] Art. 123.º, XIII.
[434] Art. 123.º, II.
[435] Maria Cândida PROENÇA – *A Primeira Regeneração. O Conceito e a Experiência Nacional (1820-1823)*, Lisboa, Livros Horizonte, 1990, p. 124.

camente religiosa. A arquitectura – e o urbanismo – viram aparecer arcos e ruas denominadas *da Constituição*, como, aliás, já acontecia em Espanha[436].

Na pintura, a alegoria – que não era nova – apresenta-nos muitas constituições deificadas, e ainda representações de leis e constituições sagradas. A vulgarização das Tábuas da Lei (duas tábuas justapostas com um semi-círculo na parte superior) não é tão normal como em França. Essa forma de representação remete mais imediatamente para a ideia da secularização das tábuas da lei de Moisés[437]. Os portugueses preferiram outros motivos. Por exemplo, livros, papéis, bandeiras, e deusas. Mais conscientes da mutabilidade do texto sagrado? Premonição da *folha* de papel de que falaria Lassalle?

Para além das representações pictóricas (onde predominava a luz, numa conotação que é quase designativa) e monumentos, na base dos quais se punham moedas... – havia peças de teatro, havia poemas... A festa.

Em Portugal, a festa política era essencialmente religiosa. Viu-se o lugar ritual destinado à Igreja pela Constituição. No entanto, nos centros mais revolucionários – como no Porto – houve manifestações mais laicas. A plantação de árvores da liberdade, à maneira francesa, é um exemplo. Mas os casos são isolados.

Devem acrescentar-se os cortejos cívicos – eventualmente a secularização das procissões religiosas e a adaptação das procissões maçónicas –, que tinham ao mesmo tempo funções de propaganda e de solidificação do edifício social, porque revelavam a nova hierarquia. E, embora a sua fase de apogeu seja o *regabofe* do *liberalismo*

---

[436] As praças principais das cidades de Espanha (a célebre *Plaza Mayor de cada terra*) foram rebaptizadas praças da Constituição. Cf. José PECCHIO – *Cartas de Lisboa*, p. 16. Para o fenómeno entre nós, *v.g.*, Telmo dos santos VERDELHO – *As Palavras e as Ideias...*, p. 227.

[437] A assimilação é durável. Uma tradução portuguesa (2.ª edição) da *Introduction critique au Droit*, de Michel Miaille escolheu como capa o Moisés de Miguel Ângelo...

corrompido e decadente, sucederam-se os inevitáveis banquetes e bailes mais ou menos solenes.

Era a secularização da festa e a sua banalização ao ponto de a descaracterizar.

Por vezes os artistas parecem ter um olhar subtilmente crítico sobre o cenário.

Numa alegoria da colecção Victorino Ribeiro, enquanto Gomes Freire, o mártir, inspira Lisboa a jurar a Constituição, há, numa esquina, pessoas que choram[438]. E não são aristocratas. A simbolização é dupla. Explorados, ou vítimas de preconceitos?

E o que faz um cão no primeiro plano da alegoria constitucional que serve de capa à obra de Maria Cândida Proença?[439] Simples decoração? Símbolo clássico da fidelidade? Ou um pequeno nada de naturalidade num cenário utópico, fantástico? E porquê, no mesmo desenho, a espada duma personagem coroada de louros se cruza com um outra, cuja mão se oculta? É a discórdia dissimulada na feliz unanimidade?

É certo que tudo pode não passar de meras coincidências.

Mas os artistas, em todas as épocas, mesmo os aparentemente mais servis, disseminaram enigmas para uma outra leitura das suas obras. Os criadores de mitificações plásticas (alegorias, símbolos, etc.), são particularmente sábios nas suas mensagens semi-ocultas.

De uma maneira geral, os símbolos explícitos são pobres, e nada originais. Há sempre personagens aladas, coroadas, matronas caridosas, os anjos, as trombetas, as forças armadas, o povo feliz, os vencidos por terra, com o punhal caído[440]. Uma comparação com as estampas francesas revelaria uma quase total semelhança.

---

[438] Alegoria da colecção Victorino Ribeiro, reproduzida por Carlos BABO – *As luctas liberaes*, p. 9.

[439] Maria Cândida PROENÇA – *A Primeira Regeneração*, cit.

[440] Para a representação dos vencidos, veja-se a alegoria ao juramento da constituição, colecção de Victorino Ribeiro, reproduzida por Carlos BABO – *As luctas liberaes*, p. 17. Está próxima da alegoria da estampa de Niquet, reprodu-

No entanto, não encontrámos na iconografia portuguesa o equivalente ao juramento do jogo da péla[441], com o furor revolucionário do início da acção dos constituintes propriamente dita, nem com o hieratismo e a sensação de fim dum mundo da aceitação real da constituição[442] (o rei rígido, cruza as pernas, tímido, perante um deputado descontraído, como se estivesse num salão). Característica dum país do sul, as imagens ligadas à Constituição são sobretudo aclamações ao exterior, não tanto nas salas das assembleias.

Entretanto, há uma representação no Parlamento, em Lisboa, que mostra Fernandes Tomás, o herói, discursando na constituinte. Há aí algo parecido com os retratos americanos dos *founding fathers* constitucionais. Este quadro respira a calma. É uma utopia do regime parlamentar. Todos prestam atenção ao quadro, atentos mas descontraídos, como numa reunião intelectual. Uns estão sentados, outros de pé. É um pouco como uma assembleia de anjos. Tudo na melhor ordem.

Mas o quadro não é contemporâneo dos factos. Uma razão acrescida para os mitificar ainda mais. A obra é devida a um artista nascido na Galiza, e que estudou em Paris: Velloso Salgado.

Em todo o caso, demonstra que o mito subsiste. O Palácio da Justiça do Porto[443] tem também alusões míticas sob a forma plástica a estas constituintes. Todos os homens sábios, calmos; desde Sólon, legisladores míticos.

Por vezes, a simbologia literária (sobretudo na poesia, ou preferentemente na prosa rimada) vai ser capaz de fazer quadros bastante coloridos da Constituição.

---

zida na capa nos números 4 e 6 da *Revista D'Histoire des Facultés de Droit et de la Science Juridique*, Paris, LGDJ, 1987 e 1988.

[441] Quadro de David, 1791. Há também um desenho à pena no Museu do Palácio de Versailles.

[442] Gravura de Languel segundo Moreau, Biblioteca Nacional de Paris.

[443] Cf. José Pereira da GRAÇA – *Témis, a Deusa da Justiça*, Coimbra, Almedina, 1987.

E não são somente os hinos, que serão cantados e assim inseridos num ritual exteriorizado. Também poemas satíricos, formas literárias variadas. Lembramos o testamento da Constituição, citado parcialmente *supra*, ou um *credo* realista, e outras réplicas de orações católicas adaptadas politicamente, quer ao gosto de D. Miguel, quer ao de D. Pedro[444].

Ainda, uma vez mais, esta aproximação ao culto católico não é inocente. Da parte dos liberais mais radicais, parece que a substituição de mitologias se faz lentamente, aproveitando-se do templo já construído para aí introduzir o novo culto. Os mais moderados e os tradicionalistas devem apenas haver pensado no uso de fórmulas conhecidas e aceites. É também muito provável que o elemento humorístico desempenhe aí um certo papel – pelo choque.

Em todo o caso, esses textos políticos que se baseiam nas orações católicas, são textos ritualizados. Jogam com esta característica da oração que é a repetição com vista à comunicação e comunhão com a divindade. Se não é admissível que estes textos tenham sido instrumentos de "oração" pelos partidários dos dois grupos em guerra, a comunicação com a "divindade" respectiva era certamente facilitada por eles. Trata-se assim de verdadeiras orações, de veículos de comunicação com a transcendência. Mesmo sem ritualização. Estar-se-ia perante uma crença íntima, uma iluminação, qual *Inner Light*, que prescindiria da recitação pública (e até pessoal) da oração.

---

[444] Abundantes exemplos colhidos por Isabel Nobre Vargues – *A Fé política liberal*, pp. 309-348.

## III. 1823, 1826... O ETERNO CONTORNO

> "Consequentemente é sabido e reconhecido, que no systema liberal, a peça é a mesma que no systema despótico; mas o scenário e os actores sam outros."
>
> Luz Soriano[445]

### 1. O mito liberal contra o mito absolutista. História da Carta de 1826

#### 1.1. *Aspectos políticos*

1.1.1.1. Agonia e morte da Constituição de 1822

> *"Quando, passados dois anos, um povo viu perecer o seu comércio, desaparecer o seu numerário, destruir todas as instituições, desnaturar todos os hábitos morais, aniquilar a sua consideração política; quando nada mais tem do que papel e clubes, quando no seio da sua pretendida liberdade, sofre inquisidores, delatores, cárceres e comissões arbitrárias; quando depois de tudo isso, se lhe apresenta uma constituição, um livro, dizendo-lhe: 'Eis o que te deve tornar feliz', cada homem tem certamente o direito de examinar sem complacência o que todos têm pago tão caro"*
>
> Clermont-Tonnerre[446]

---

[445] Simão José da Luz Soriano – *Utopias desmacaradas do sistema liberal em Portugal ou Epitome do que entre nós tem sido este sistema*, Lisboa, Imprensa

a) *Uma agonia desde o nascimento:*
*Inefectividade da Constituição de 1822*

A Constituição de 1822, que alguns pensam não passar dum texto importado pela via espanhola, e outros quase a reedição das antigas leis e costumes do reino (quando se tratava, efectivamente, dum texto de forte inspiração francesa, com algumas expressões portuguesas e fórmulas espanholas) malogrou-se.

É uma constituição que quase o não foi. Desta vez, ao contrário do projecto de Mello Freire, por exemplo, o texto foi aprovado, promulgado. Mas o espírito do tempo não perdoa. O verbo vivo de Oliveira Martins expõe de maneira clara o utopismo do texto de 1822:

"Os cem deputados autores das leis eram os únicos a percebê-las, se é que eles próprios se entendiam. A Nação não resistia; mas olhava para o desbragamento de que se usava com o rei, ouvia os discursos ímpios e revolucionários; e o rei e o clero e a nobreza, se não se atreviam a insurgir-se, limitavam-se sabiamente a fomentar a resistência aplaudindo a inércia do povo. Assim ficaram como dantes, apesar das reformas, os corregedores e juízes-de-fora: não havia modo de os substituir. Assim, aconteceu que ninguém foi às eleições dos conselhos municipais, que ninguém quis ser jurado, que os proprietários continuaram a pagar os dízimos e os foros, e os conventos a receber os votos."[447]

---

União Typographica, 1858. O que o autor (que começa por ser republicano e se torna depois monárquico constitucionalista moderado e crítico) pretenderá provar no seu livro é que o sistema liberal está corrompido, é uma bandeira vazia de sentido, pleno de promessas e de corrupções. Um mito-mentira.

[446] CLERMONT-TONNERRE – *Analyse raisonnée de la Constitution française décrétée par l'Assemblée nationale des années 1789,1790 et 1791*, p. 9.

[447] Oliveira MARTINS – *História de Portugal*, II, p. 184.

b) *Da discussão das Bases da Constituição ao juramento do rei (1821-1822)*

A simples sucessão dos acontecimentos[448] mostra-nos que esse texto não teve aplicação prática significativa. Ou, pelo menos, suficientemente durável. O que, aliás, contribui para aumentar o seu mito durante as gerações futuras. A Constituição de 1822 funcionará para os futuros liberais adeptos do puro constitucionalismo moderno como a idade do ouro ou a constituição duma fugaz idade do ouro em construção.

De Fevereiro a Março de 1821, discutiram-se as Bases da Constituição. Pereira do Carmo pronunciou um célebre discurso que torna a ligar o texto do projecto de Bases às antigas leis da monarquia, *abolidas pelo absolutismo*. O decreto que aprova o texto é de 9 de Março. Por dois decretos de 7 de Março, o rei transfere a corte e a capital, do Rio de Janeiro, para Lisboa (porque era aí o lugar das Cortes), e encarrega seu filho D. Pedro do governo provisório do Brasil. O rei partirá para Lisboa somente a 25 de Abril. Chegará a 3 de Julho. Tinha jurado a constituição *ex ante*[449], a 24 de Fevereio de 1822; jurará as Bases depois do seu regresso a Portugal. Um projecto de constituição tinha sido apresentado, seguindo as Bases, a 25 de Junho. Estava em discussão o momento do retorno do rei. A 23 de Setembro de 1822, a constituição é finalmente concluída. É de notar que os deputados brasileiros não tinham podido participar na discussão das Bases e acabariam por perder muito da discussão propriamente constitucional: eleitos de Maio a Novembro de 1821, os

---

[448] Uma útil e sucinta cronologia da época é a de Fernando de Castro BRANDÃO – *O Liberalismo e a Reacção. 1820-1836. Uma cronologia*, Odivelas, Heuris, Europress, 1990.

[449] Este não era um caso inédito. A 24 de Agosto de 1820, data da Revolução do Porto, os dois chefes militares Sepúlveda e Cabreira começaram a revolução armada com os seus batalhões aos gritos de *Viva a Constituição*. Ninguém sabia qual constituição. Falariam eles das *Cortes de Lamego*? Em Lisboa, os vivas à constituição começaram a 16 de Setembro. Cf. Mascarenhas BARRETO – *Memórias*, I vol., Parte II, p. 197 e 208.

primeiros chegaram a Lisboa somente a 30 de Agosto. Isto – com a incompreensão metropolitana dos problemas do Brasil, o ressentimento por Portugal alegadamente se ter tornado "colónia da colónia" – vai ter repercussões constitucionais muito importantes.

Mas os problemas ainda mal começavam.

Inicialmente, tudo parecia correr bem: é aquela calma que prenuncia a tempestade. A 25 de Setembro, Fernandes Tomás apresenta a constituição (chamada eufemisticamente projecto para não chocar demasiado) ao Rei. A 30, Sua Majestade jura o texto, tornado assim Constituição da Monarquia Portuguesa. Mas, na verdade, não houve qualquer Pacto: D. João VI jura o que lhe deram a jurar. Nada mais.

c) *O problema brasileiro*

Mas o Brasil fervia há já algum tempo[450]. A 7 de Setembro, o príncipe D. Pedro tinha proclamado a mítica tirada da passagem do Rubicão, misturada com o legado francês ("...ou a morte"). Era o dito "grito do Ipiranga", pronunciado junto do rio do mesmo nome – "Independência ou Morte!". D. Pedro gostava destes arroubos. Mas tal não era uma bravata. A Maçonaria, com seus ideais liberais, inspirava-o, e trabalhava intensamente. O príncipe tinha prestado juramento maçónico a 14 de Agosto, e tornar-se-á Grão-Mestre da ordem a 4 de Outubro.

Portugal reagiu de maneira desastrada face ao Brasil. Provavelmente eram os bem conhecidos complexos mitificados das relações

---

[450] Sobre a questão brasileira, além do *Diário das Cortes Gerais e Extraordinárias e Constituintes da Nação Portuguesa*, cf. D. PEDRO I – *Proclamações, Cartas, Artigos*, Biblioteca do Sesquicentenário; Marcello CAETANO – *Direito Constitucional*, I, p. 483 e ss; Julião Soares de AZEVEDO – *Condições Económicas da Revolução Portuguesa de 1820*, Lisboa, 1944, p.185 ss.; Américo Jacobina LACOMBE – *As Cortes de Lisboa e a Constituinte do Rio de Janeiro*, in Anais do Congresso de História da Independência do Brasil, I, p. 301 e ss.; Maria Beatriz Nizza da SILVA – *Liberalismo e Separatismo no Brasil (1821-1823)*, in "Cultura – História e Filosofia", vol. V, p. 155 ss..

familiares entre Estados[451]: o pai queria reconduzir o filho, emancipado durante uma longa doença sua, à antiga ordem doméstica. Temia a inversão dos papéis, no caso dum filho que, ademais, tinha sido sempre muito maior que o seu "autor". Na verdade, "achador".

Durante a redacção da Constituição, humilharam-se os deputados brasileiros[452], e depois, as Cortes anularam as decisões de D. Pedro e nomearam uma nova regência para o Brasil. Tudo isto a 24 de Setembro, a véspera da apresentação da Constituição ao rei. Era menosprezar a situação do Brasil, e dar um golpe de força puramente legalista, sem possibilidade alguma de aplicação prática. Eram realmente medidas utópicas, quiméricas. A proscrição de D. Pedro levará mesmo à suspensão das festividades por ocasião do seu aniversário, a 8 de Outubro. Medidas simbólicas. Muito simplesmente. A 31 de Outubro, 1500 soldados soldados portugueses chegam ao Brasil. Ainda símbolos. Não se podia pensar dominar um continente com tão insignificante exército... Simbolicamente, no mesmo dia, representava-se, pela primeira vez em Lisboa, "O Misantropo", de Molière.

O isolamento de Portugal e dos constituintes ia acentuar-se.

d) *Da morte do herói (Fernandes Tomás*[453]*) e da revitalização das forças anticonstitucionalistas à "Abrilada" (19.XI.1822--30.IV.1824). Os factos e os mitos*

Missão cumprida, o grande constituinte e homem de bem Fernandes Tomás morre, pobre, no Porto. Estávamos a 19 de Novembro.

---

[451] Cf. Paulo Ferreira da CUNHA – *Teoria da Constituição*, vol. I. *Mitos, Memórias, Conceitos*, p. 160 ss.; *Idem* – *Mito e Constitucionalismo*, p.169 ss..

[452] Tal é também a opinião de D. José de Mascarenhas, contemporâneo dos acontecimentos, que acrescenta, todavia, que os deputados brasileiros tinham chegado a Lisboa com a ideia fixa da independência do Brasil. O deputado Luís Paulino da França, decerto a única excepção, foi assassinado por um dos seus colegas. Cf. D. José de Mascarenhas BARRETO – *Memórias do Marquês de Fronteira e Alorna*, t. I, parte II, pp. 290-291.

[453] A reputação do herói era mesmo internacional. Pelo menos, assim o queriam fazer crer os liberais portugueses. Cf. a notícia de Manuel CEZAR – "Manoel

A nova é dada pelo Presidente da Assembleia. Ninguém na Câmara decide fazer um elogio fúnebre. Toda a gente se cala. A 25, desaparecida a sua consciência moral (ou para não seguirem o desastroso exemplo financeiro do desprendido herói), os deputados votam o seu salário: 4800 "reis" por dia[454].

A 22, a rainha recusara jurar a Constituição[455].

E no primeiro de Dezembro, D. Pedro, no Brasil, é sagrado Imperador.

Depois destes acontecimentos, começam os preparativos para a guerra civil. Um príncipe herdeiro (D. Pedro) que se tornou cidadão estrangeiro, sempre tentou intervir na política portuguesa a fim de a ganhar para a causa do constitucionalismo, ameaçado pela sua mãe e pelo seu irmão "absolutista", D. Miguel. Um rei (D. João VI) que tenta conciliar e recuperar o Brasil através de uma união pessoal. Um príncipe absolutista (D.Miguel) que pelo jogo político se tornará algum tempo rei constitucionalista. A filha dum rei estrangeiro (D. Maria da Glória), nascida e crescida no Brasil, tornar-se-ia noiva de seu tio absolutista, na intenção de se tornar rainha constitucional, etc..

---

Fernandes Thomaz apreciado por um jornal inglês", in *O Tripeiro*, p. 262 ss.. Reproduz um artigo cujo título, traduzido por ele próprio, é o seguinte: "Biografia de homens célebres – Manoel Fernandes Thomas e a Revolução Portuguesa", *Monthly Magazine*, n.º 372.

[454] Um decreto de 27 de Fereiro de 1823 atribui uma pensão de 100.000 reis à viúva e 500.000 reis anuais a cada um dos seus filhos. Também determina a realização, em memória do herói, de cerimónias fúnebres nacionais.

[455] Entretanto, a Rainha fê-lo duma maneira talvez corajosa e sem dúvida original. A história é bem contada por Fortunato de ALMEIDA – *História de Portugal*, VI, 1816-1910, Coimbra, ed. do Autor, 1957, p. 55: "E não jurava – dizia – porque 'tinha assentado de nunca jurar em sua vida nem em bem, nem em mal; o que não era nem por soberba nem por ódio às Cortes, mas sim porque assim uma vez o tinha dito, pois uma pessoa de bem não se retratava'. Além disso era muito doente, como todos sabiam, e ainda mais do que se pensava, e era de direito natural a conservação da vida. Estava bem certa de que El-Rei, nem o governo, não haviam de crer [sic] que ela fosse morrer por êsses caminhos, pois estava-se no rigor do inverno".

E para além das intrigas de família, que acontecerá à Constituição? Na família real parece que ninguém a quer.
Na cena internacional, também não.

A intervenção estrangeira em Espanha dará forças aos anticonstitucionalistas portugueses, que já tinham tentado uma insurreição sem sucesso em Trás-os-Montes, em Fevereiro de 1823. No entanto, em Novembro, em Verona, a Santa Aliança tinha decidido a intervenção na Espanha. E em Abril de 1823, Fernando VII retoma os seus plenos poderes graças à intervenção militar francesa, comandada pelo Duque de Angoulême. Ironia do destino, o rei cativo dos franceses, segundo os constituintes de Cádis, será o rei imposto pelos franceses, e aquele que dissolverá as Cortes e revogará a constituição, "muito afrancesada".

Ora, uma vez restabelecida a monarquia não constitucional em Espanha, a mesma coisa vai passar-se em Portugal: no mês seguinte, D. Miguel comanda a revolta conhecida como a "Vilafrancada" (em homenagem à cidade de Vila Franca de Xira, para onde se dirigiu uma parte das tropas sublevadas).

A "Vilafrancada" (que conhecerá vários episódios, e uma indecisão da vitória) tem como consequência a revogação da Constituição de 1822 e a dissolução das Cortes[456]. Tudo se passa entre

---

[456] Segundo, *v.g.*, Oliveira MARTINS – *História de Portugal*, II, p. 186, elas dissolveram-se a si próprias, "com um protesto inocente (2 de Junho)". E "o rei dissolvia *de jure* o que era já *de facto*". A mesma ideia se colherá, mais matizada, em Manuel Paulo MERÊA – *Projecto de Constituição de 1823*, Separata do "Boletim da Faculdade de Direito de Coimbra", Coimbra, vol. XLIII, p. 5. De facto, os deputados interromperam as suas sessões, e previamente protestaram contra uma eventual alteração da constituição. A 3 de Junho, é a dissolução das Cortes pelo monarca. Ao mesmo tempo, a Constituição de 1822 era "repudiada", para usar a imagem matrimonial, usada por Merêa, e aqui tão apropriada.

É o discurso patético do deputado Ferreira de Moura que dá o tom da última sessão das Cortes. O seu dilema era: resistir ou ceder. Ele opta – como a assembleia – por ceder com honra. Para isso, e porque resistir, na sua opinião, era já inútil, instava os seus confrades: "Assinemos, pois, na Acta, esse protesto e declaremos que não nos dissolvemos, antes nos consideramos juntos, ao menos prontos para nos reunirmos quando assim pareça à deputação permanente [...]". A decla-

27 de Maio e, digamos, 30 de Junho, data do início da demolição do monumento constitucional da Praça Nova do Porto. Um outro monumento será também demolido em Lisboa. Nesse mês, todo o edifício legal e institucional do liberalismo será sistematicamente demolido. O desterro dos liberais irá assim começar.

As reacções internacionais são julgadas diferentemente[457]. Importa sublinhar a condecoração concedida a D. Miguel após esta jornada pelo rei de França: A "Ordre du Saint-Esprit".

---

ração, e protesto, redigidos por uma comissão de três elementos, dos quais um era Borges Carneiro, proclamavam: "Os representantes da Nação portuguesa, ora reunidos em Côrtes extraordinárias, achando-se destituídos de poder executivo, que leve a efeito quaisquer deliberações suas, e desamparados da força armada, declaram estar na impossibilidade de desempenhar actualmente o encargo das suas procurações para os objectos para que foram convocados; e porquanto a continuação das suas sessões poderia conduzir ao perigo de ser a Nação menosprezada nas pessoas de seus representantes, sem esperança de utilidade pública, interrompem as suas sessões até que a deputação permanente, que fica continuando em seu exercício, ou o presidente das Côrtes, julgue conveniente reunir os seus deputados; e protestam em nome dos seus constituintes contra qualquer alteração ou modificação que se faça na constituição do ano 1822. Lisboa, Paço das Côrtes, ao 2 de Junho de 1823." Como já referimos a um outro propósito, Marx, no *Le 18 Brumaire de Louis Bonaparte,* parece ter razão: a história repete-se. Da primeira vez, tem a sonoridade brava da tragédia; da segunda vez, é uma comédia, ou mais ainda uma farsa. Assistimos, com esta proclamação, ao derrube histórico e mítico das baionetas de Mirabeau – os deputados franceses teriam ficado de petrificados, sólidos no cristal da sua posição de resistência; os portugueses tinham partido. Provavelmente, depois de ter tido tal reminiscência histórica, o Duque de Palmela assim comentaria esta restauração da monarquia livre, ou absoluta-tradicional (ele, que era um moderado, um homem do "centro") – "Felicitamo-nos mùtuamente e a toda a Monarquia portuguesa pela milagrosa e completa restauração que acabou de efectuar-se. Pela segunda vez no decurso de três anos a fidelidade portuguesa conseguiu segurar a coroa na cabeça de Sua Magestade, e repeliu a agressão das baionetas francesas e os punhais dos carbonários". *Apud* João AMEAL – "Génese da Vilafrancada, in *Perspectivas de História,* s/l, Livraria Sam Carlos, pp. 247-248.

[457] Cf. João AMEAL – *História de Portugal,* p. 575 e, embora para um período um pouco mais tardio da vitória anticonstitucionalista, A. do Carmo REIS – *O Liberalismo em Portugal à Reconquista do Poder,* Vila do Conde, Linear, 1982, p. 32 ss..

Em Fevereiro de 1824, o moderado Marquês de Loulé é assassinado. Era o começo da verdadeira guerra.

A 30 de Abril seguinte, o príncipe D. Miguel faz um novo "pronunciamento", a fim de aprofundar a contra-revolução. O texto da sua proclamação explica os objectivos da intervenção:

> "salvar o Rei, a Real Família, a Nação, sustentar a Santa Religião de nossos maiores; e para tão justos fins, apesar de toda a casta de sacrifícios, estabelecer os meios necessários, já que os adoptados até agora não têm sortido o desejado efeito"[458].

Era a "Abrilada" (em referência ao mês de Abril). O rei seu pai, que inicialmente parece de acordo com o golpe, é levado pelo corpo diplomático para um barco inglês, no Tejo, prisioneiro dos aliados, dos "amigos". São verdadeiramente as forças estrangeiras que fazem malograr o golpe. D. Miguel é exilado. Assim se inicia, para os adeptos legitimistas do regime absoluto, um novo mito de D. Sebastião[459]. Mas haverá tempo para remitificação...

Retomemos o texto de Marcello Caetano[460], e veremos que é um ciclo que assim se fecha. A Constituição era, como nos lembra este Autor, qualquer coisa de mágico, mesmo antes de ser elaborada. Todos desejavam a cura dos males pela sua aparição. A incarnação do patriotismo e da probidade do constitucionalismo é Fernandes Tomás. Depois da sua morte, o mito que ele incarna não resiste mais como unanimidade nacional, ou, pelo menos, não é mais capaz de apelar à adesão ou à indiferença. Agora, há inimigos jurados da Constituição (na verdade, emergiram à luz do dia). E muitos deles são antigos fervorosos constitucionalistas. O espírito da época? Não apenas. Também, e muito, o desgaste, a desilusão. Paiva Raposo, D. Gil, António da Silveira, e o polígrafo P.e José Agostinho de

---

[458] Cf. João AMEAL – *História de Portugal*, p. 576.

[459] No mesmo sentido, em geral, Oliveira MARTINS – *História de Portugal*, I, p. 197; João AMEAL – "D. Miguel Infante", *Perspectivas da História*, p. 216; António SARDINHA – "Évora-Monte", in *Na Feira dos Mitos,* 2.ª ed., 1942, p. 107 ss..

[460] Cf. *supra*.

Macedo[461], eram todos liberais convictos e militantes. Encontravam-se agora entre os mais fiéis partidários do partido do príncipe D. Miguel. Um escrito de um exilado, datado de 1825, confirmava esta mutação das posições políticas:

"E afinal, o que sucedeu? *Mirabile dictum*! Os maçons mais zelosos, mais aferrados à seita, mais fanáticos [...] *v.g.* o Pamplona, o Bernardo da Silveira, o José de Sousa Sampaio, o Sepúlveda, o Barão de Modelos, o marechal Vasconcelos [...] etc., foram os mais furiosos partidários do absolutismo".[462]

E o autor termina, significativamente, com amargura:

"o que deve acabar de convencer-nos que a sociedade é mais aristocrática, que democrática, e que os ultra-realistas nada têm a temer dela".

É uma substituição de mitos[463]. Ou então, é uma mudança de *totem*, para retomar a teoria de Guillermo Chichello[464].

---

[461] Sobre o controverso autor, e personagem: Maria Ivone Ornellas de ANDRADE – *José Agostinho de Macedo. Um Iluminista Paradoxal*, vol. I, Lisboa, Edições Colibri, 2001; *A Contra-Revolução em Português. José Agostinho de Macedo*, vol. II, Lisboa, Edições Colibri, 2004.

[462] *Revolução Constitucional de 1823 – suas verdadeiras causas e efeitos*, apud Joaquim de CARVALHO / Damião PERES – *A contra-revolução*, in Damião PERES (dir.) – *História de Portugal*, vol. VI, p. 120.

[463] As pessoas são muito as mesmas. Se fosse necessário mudar os políticos em cada novo golpe, não se encontraria pessoal suficiente. Após a queda de D. Miguel, uma grande parte dos representantes das Cortes de 1828 que lhe pediram para aceitar o reinado absoluto, passou para o partido liberal. Encontrar-se-á a lista dos procuradores na *História das Cortes Geraes da Nação Portuguesa*, IV, p. 795 ss.. Cf., no mesmo sentido, J. Veríssimo SERRÃO – *História de Portugal*, Lisboa, Verbo, VII, p. 409. n. 212.

[464] "Os totems mudaram e isso é tudo", diz o autor, a propósito da diferença aparentemente radical entre o pensamento primitivo e o pensamento moderno. Cf. Carlos Raúl GUILHERMO CHICHELLO – *Teoria Totémica del Derecho*, Buenos Aires, Circulo Argentino de iusfilosofia Intensiva, 1986, máx. p. 41. Mas identicamente tudo se passa em cada mutação do pensamento moderno. A própria ideia de moda pode ser assimilada à da mudança de divindade, de totem.

O sebastianismo de 1820-1822 residia na díade *rei ausente* que voltará (D. João VI) e *constituição redentora* (baseada nas velhas leis) que será feita.

O sebastianismo de 1822-24 oscila entre dois princípios. Os liberais pensam naturalmente em D. Pedro, que está no Brasil; os anti--contitucionalistas vêem o seu D. Sebastião no príncipe exilado na Europa, D. Miguel.

A guerra civil será a oposição de dois mitos, de dois D. Sebastião (que, na verdade, não podem coexistir) e das suas utopias respectivas: a monarquia constitucional moderada, proposta pelo já imperador do Brasil, e o retorno à "velha e e boa" monarquia livre, dos primórdios de Portugal, incarnada por D. Miguel. Embora, como é óbvio, a monarquia portuguesa inicial funcione como duplo mito: pois efectivamente o projecto absolutista miguelista pouco terá tido a ver, na prática, com esse Portugal de repúblicas coordenadas por um monarca benévolo, que é o mito da primeira monarquia portuguesa.

1.1.1.2. Da crise da Constituição portuguesa de 1822 à Carta Constitucional de 1826. Nótula de história constitucional luso-brasileira

> "A canalha estrangeirada berra alto e bom som pela Cartinha, só pela singularidade de que ela de portuguesa só tem a capa, porque não tem sido possível naturalizá-la em Inglaterra, contentaram-se em que fosse escrita em folha de Bananeira"[465].

a) *As tentativas de mudança da Constituição de 1822*

a) 1. O projecto de 1823

A proclamação de D. Miguel na "Vilafrancada" fazia já alusão à outorga duma nova lei fundamental. Seu pai, dado o o seu carác-

---

[465] *O Toureiro*, n.º 65, Lisboa, 9 de Dezembro de 1836, apud J. B. de MACEDO – *Estrangeirados. Um conceito a rever*, separata de "Bracara Augusta", Braga, vol. XXVIII, fasc. 65-66 (77-78), 1974.

ter prudente e conciliador e graças aos conselhos do Duque de Palmela[466], renovou a promessa durante as jornadas do 31 de Maio[467], e depois, aquando da dissolução das Cortes.

Mas não eram somente o partido "absolutista" e o partido moderado que estavam interessados na morte da Constituição de 1822. A ideia do utopismo, da inadequação desse texto às realidades, era comum mesmo entre os constitucionalistas puros, os autênticos liberais[468]. Durante uma das últimas sessões das Cortes, alguns deputados tinham ainda uma vez mais reclamado a revisão constitucional.

---

[466] Curiosamente, um dos raros (ou o único) pró-constitucionalista (*tout court*) do seu governo.

[467] O texto de D. João VI é essencialmente o seguinte: "Nesta crise melindrosa cumpre-me, como rei e como pai dos meus súbditos, salvá-los da anarquia e da invasão, conciliando os partidos que os tornam inimigos. Para conseguir tam desejado fim é mister modificar a Constituição; se ela tivesse feito a ventura da Nação, eu continuaria a ser o seu primeiro garante; mas quando a maioria de um povo se declara tam aberta e hostilmente contra as suas instituições, estas instituições carecem de reforma. Cidadãos:... em pouco vereis as bases de um novo código, que abonando a segurança pessoal, a propriedade e empregos devidamente adquiridos em qualquer época do actual govêrno, dê todas as garantias que a sociedade exige, una todas as vontades e faça a prosperidade da Nação inteira. Vila Franca de Xira, 31 de Maio de 1823."). *Apud* Joaquim de CARVALHO – *A Obra Legislativa das Cortes*, p. 117, n. 1. Este texto tem um grande interesse mítico. Evidentemente, ele faz apelo ao mito da Unidade, a unidade nacional contra a divisão e também contra os inimigos, a anarquia e a invasão.

Eram coisas que importavam muito, nessa época. Mas o que chama mais a atenção é a linguagem semi-revolucionária do rei. Ele sacrifica ao ritual da sociedade, do povo e da sua vontade, até mesmo das suas exigências. O texto o diz. Começa o monarca por falar dos seus súbditos, para terminar com uma proclamação aos "cidadãos". O "Novo Código" continua como mito. Ele é realmente o fantasma de todo o nosso constitucionalismo.

[468] No mesmo sentido, António Manuel HESPANHA – *O Projecto institucional do tradicionalismo reformista: um projecto de Constituição de Francisco Manuel Trigoso de Aragão Morato (1823)*, in Miriam Halpern PEREIRA *et alii* (coord.) – *O Liberalismo na Península Ibérica na Primeira Metade do século XIX*, Lisboa, Sá da Costa, 1981, I, p. 73.

A 18 de Junho, o rei nomeia uma comissão ("Junta"[469]) de 14 membros para elaborar um projecto[470]. O duque era o seu presidente.

O decreto de nomeação tem alguns nomes que, mais uma vez, atestam quer a moderação matizada do rei, quer a sábia táctica, quer ainda a assimilação da linguagem e da mitologia da Luzes. Em Vila Franca, o rei dirigia-se, no fim da sua proclamação, aos cidadãos. Agora, declara solenemente a sua adesão de sempre ao sistema constitucional, aos direitos individuais e à felicidade dos indivíduos[471]. O círculo fecha-se: indivíduos – cidadãos – indivíduos. Mas, no final, indivíduos que merecem a felicidade e que têm direitos. Não se faz uma revolução para nada...

Mas embora influenciado ou conciliador quanto a certas fórmulas ou novas ideias, o rei não renunciava a alguns princípios essenciais. D. João VI declara nesse decreto que a Constituição de 1822 tinha sido

"fundamentada em teorias vãs, inconciliáveis com os antigos costumes, opiniões e desejos do povo português".

---

[469] Sobre os trabalhos da "Junta", cf. Ernesto Campos de ANDRADA (coord.) – *Memórias de Francisco Manuel Trigoso de Aragão Morato*, p. 184 ss..

[470] Um decreto do dia seguinte, praticamente esquecido pela historiografia, nomeia uma outra comissão, para fazer uma divisão na obra legislativa das Cortes, qualificadas sintomaticamente de "arbitrárias e despóticas". A separação das águas ressaltava: por um lado, o decretado em vista dos interesses dos indivíduos; por outro, o aprovado no espírito desorganizador e contrário aos "sãos princípios do direito". Cf. o texto v.g. in *Documentos para a História das Cortes Geraes da Nação Portuguesa*, 2.ª ed., Lisboa, Imprensa Nacional, 1889, 8 vols., I, p. 781.

[471] D. João VI tem sido muito maltratado por alguma historiografia, e por produções de ficção. Impõe-se uma reposição histórica. Sobretudo sobre a sua acção no Brasil, cf. Paulo Ferreira da CUNHA – *As Liberdades Tradicionais e o Governo de D. João VI no Brasil. Ensaio Histórico-Jurídico Preliminar*, in "Quaderni Fiorentini per la Storia del Pensiero Giuridico Moderno", 32, 2003, a recolher em *Pensamento Jurídico Luso-Brasileiro*, em preparação. Sobre a sua atitude constitucional, de notar o breve mas eloquente juízo de A. H. de Oliveira MARQUES – *Breve História de Portugal*, Lisboa, Presença, 1995, p. 447.

numa palavra, ela era contrária à constituição histórica e à constituição material de Portugal, tais como o rei as via. E o monarca acrescentava que ela dava ao regime o carácter de república coroada, na sua qualidade de constituição republicana para uma monarquia, como vários teóricos mais tarde verificaram: a constituição era

"contraditória com o princípio monárquico que aparentemente consagrava".

José Liberato[472], radical, a título póstumo condenou Palmela por causa dos trabalhos da "Junta". Acreditamos que dois factores intervêm na posição de Liberato.

O primeiro é a sua consequente ideologia liberal. Acusando a comissão de nada ter feito, inculpava Palmela de ter montado um cenário para uma fachada de liberalismo sem frutos.

Mas o segundo factor tem uma ressonância mítica. Liberato retoma o plano mítico da comissão improdutiva, e sobretudo da comissão para a reforma legal absolutamente incapaz de fazer qualquer projecto que seja. Fora o mesmo mito legal português que justificara o trabalho de projectista codificador de Mello Freire, na versão épica do seu sobrinho.

A verdade é que Liberato estava enganado. A comissão trabalhou efectivamente e dela possuímos alguns textos (que denominamos, por comodidade, Projecto de 1823[473]).

Estes textos foram esquecidos durante longo tempo e, mais que esquecidos, perdidos. Foi o Professor João Maria Telo de Magalhães Collaço quem os descobriu nos papéis do Professor Ricardo Raimundo Nogueira, antigo professor da Faculdade de Leis, membro da "Junta", e o principal autor do projecto. Collaço não teve a felicidade de comentar e publicar os textos. Faleceu pouco depois da sua descoberta. Tal viria a caber ao Professor Paulo Merêa.

---

[472] Cf. Manuel Pereira Merêa – *Projecto de Constituição...*, n.° 1.

[473] Trabalharemos sobre os textos que Paulo Merêa considera serem o resultado da última revisão, concluída em Setembro de 1823, após um complexo processo.

Esta situação – texto perdido, esquecido, cuja ausência é criticada para a historiografia liberal mais comprometida – ganhou pouco a pouco uma certa aura de *misterioso*.

Que se terá passado?

Como habitualmente, a comissão era um reflexo das divisões da sociedade. A divisão no seu seio – ainda como é de hábito – não ajudou a uma tarefa tão difícil, a de conciliar os dois partidos opostos.

O presidente Palmela começou por um discurso moderado. Utilizava circunlóquios para não chocar alguém, a fim de dar o tom para a elaboração de um texto onde cada um pudesse reconhecer as suas ideias, sem que, por outro lado, o mesmo texto resultasse enfeudado a nenhum partido.

No discurso pronunciado na primeira sessão da comissão, Palmela falava de "direitos essenciais" (e não de "direitos individuais" como o tinha já feito o rei), das "mais sábias instituições das outras monarquias da Europa" (nada de "representação" ou de "democracia"), da "prosperidade pública" (e nada de "felicidade", como o rei tinha feito também)[474], etc.. Seguia com este procedimento o velho mito tradicionalista das liberdades concretas contra as liberdades abstractas ("teses vãs, teorias abstractas").

Ninguém estava contente. É sabido que o mundo "não vale senão pelos extremos e não continua senão através dos moderados". O moderado Palmela nada realizou. A minoria mais conservadora, desde o princípio das sessões, manteve-se fechada sobre a defesa do regresso ao governo absoluto. A maioria mais liberalizante dividia-se, à sua volta, quer sobre questões metodológicas e técnicas, quer sobre a configuração concreta da nova utopia a redigir[475]. Elabora-

---

[474] A prosperidade tem qualquer coisa ainda do mito da felicidade, mas também do mito do progresso. Aliás, o texto de Palmela é explícito: trata-se duma prosperidade pública, através de reformas ("melhoramentos") progressivos... De "melhoramentos" falava já o decreto de 18 de Junho. Palmela retoma as fórmulas do rei. Ou vice-versa... (Cf. Paulo MERÊA – *Projecto de Constituição de 1823*, p. 8, que considera mesmo que Palmela foi o redactor principal deste decreto).

[475] Cf. Paulo MERÊA – *Projecto de Constituição de 1823*, p. 10.

ram-se quatro projectos diferentes. Foi aprovado o de Ricardo Raimundo Nogueira, o que viria a ser encontrado pelo Professor Magalhães Collaço. Mas ainda hoje dá que pensar como pôde um projecto constitucional andar perdido tanto tempo. As reviravoltas políticas deixam tão perenes lapsos de memória que podem ocorrer afrontas destas à História.

Na abertura dos trabalhos, Palmela declara expressamente as fontes de inspiração que desejava para o novo documento: A Carta Constitucional francesa e as instituições inglesas. Mesmo em matéria de influências estrangeiras, queria conciliar as duas outras partes: o partido francês e o inglês.

Nesse mesmo mês, uma carta de Palmela retomava as relações com a França, "interrompidas e comprometidas pela cegueira da facção revolucionária que governou Portugal"[476]. E esta mesma carta falava da nova constituição que estava em vias de preparação, nos termos seguintes:

> "Três anos são suficientes para demonstrar aos portugueses o perigo e a falsidade das doutrinas demagógicas; e a carta que sua majestade se propôs conceder aos seus súbditos, como uma justa recompensa das suas virtudes patrióticas, chegará sem dúvida para satisfazer a opinião da parte sensata da nação, para curar gradualmente as feridas que a revolução deixou, e para manter uma tranquilidade duradoura"[477].

Nesse momento, o inimigo é a revolução, e a Carta – pois que se trata duma Carta – será o D. Sebastião miraculoso.

Palmela não esquece sequer as alusões à tradição nacional, à constituição portuguesa histórica. Teve como interlocutor, radical, Alberto Carlos de Menezes, que apresentou ao rei, no mês de Julho, um "Código das leis fundamentais". De facto, no interior como no exterior da comissão, a pressão tradicionalista obrigava sempre a

---

[476] *Documentos para a História das Cortes Geraes da Nação Portuguesa*, I, p. 784.
[477] *Ibidem*, p. 785.

algumas referências às velhas leis nos discursos. Era o antiquíssimo mito da idade do ouro.

O texto de Ricardo Raimundo Nogueira (pode atribuir-se-lhe a paternidade, como principal redactor do projecto e do texto final) teve infortúnios semelhantes aos do Código de Mello Freire. Não foi aprovado. E finalmente, depois de horas e horas de debate, a comissão não propôs texto algum.

Numa primeira fase, o texto final de Nogueira, entretanto nomeado conselheiro de Estado, foi enviado a Palmela. O rei e o seu ministro, os únicos moderados num turbilhão de disputas extremistas, viram que o documento, embora prudente e compromissório, era uma verdadeira constituição (salvo no seu método de elaboração). Continha os ingredientes necessários – direitos, separação dos poderes, regime representativo, etc. Como habitualmente, o intelectual Nogueira, como todos os intelectuais solitários, brincava com o fogo. O mundo mental de Nogueira não podia senão criar uma utopia... E ela haveria, necessariamente, que ser também constitucionalista. E afinal nenhum outro projecto seria, na época, tão utópico. Uma utopia com esperanças de realização, mas de igual modo, e sempre, e ainda, uma utopia. Todas as constituições têm afinal essa dimensão.

O realismo de Palmela via que o bicameralismo e as vagas declarações de tradicionalismo não eram suficientes para conferir a necessária força normativa ao projecto. Teria sido necessário um forte partido do centro. E tal força não existia. A situação internacional era também desfavorável a qualquer Carta para Portugal. A França aconselhava calma nos trabalhos da comissão, e sobretudo nada de soberania outorgada (ou reconhecida) ao povo.

Conclusão: Palmela entregou tardiamente o projecto. Em Agosto de 1823, antes mesmo da conclusão do texto, o ministro já pensava numa outra solução: numa Carta, que seria o desenvolvimento das antigas leis fundamentais. Um pouco como aquela que Luís XVIII de França tinha aconselhado que Fernando VII de Espanha outorgasse. A ideia vai continuar a germinar no espírito de Palmela.

Mas sublinhemos: era quase a mesma coisa que ele tinha desejado no seu discurso de abertura dos trabalhos da comissão. Então, qual seria a diferença? Provavelmente, Palmela tinha já renunciado ao regime representativo.

Diversas soluções são possíveis. Palmela e Trigoso parecem entender-se um momento para fazerem uma curta constituição, certamente para salvar um pouco de constitucionalismo numa aparência de reabilitação das antigas leis. Trigoso elaborou mesmo um texto preparatório desta nova Carta[478]. Mas renunciou a dá-la, até a Palmela. A situação deteriorava-se. Todos sabiam que a solução estava bloqueada.

### a) 2. As Cortes tradicionais

Palmela preocupava-se sempre com a promessa ao rei. Tinha jurado apresentar uma constituição. Como sair-se honrosamente desta obrigação?

Depois de algumas ficções, pensadas ou ditas, a comissão acabará os seus trabalhos por uma votação maioritária (cinco votos contra e a "abstenção" de dois liberais ausentes no estrangeiro), favorável aos tradicionalistas: a melhor maneira de honrar as suas promessas e a sua palavra seria, para o rei, convocar as Cortes à maneira antiga. Com efeito, antes de todas as outras promessas, o rei tinha jurado a constituição histórica e tradicional... Isto não era dito, mas muito pensado.

A 2 de Janeiro de 1824, a "Junta" termina os trabalhos com uma outra constituição que o não chegou a ser.

Mas a gestão do quotidiano não deixava qualquer possibilidade de grandes e decisivas medidas como aquela. Depois da "Abrilada", o rei decide-se finalmente a convocar as Cortes antigas. Para isso, pede a opinião da velha "Junta".

---

[478] Francisco Manuel TRIGOSO de Aragão Morato – *Memoria em que se mostra qual é a forma de governo monarchico mais apropriada às instituições antigas de Portugal, e mais digna de se adoptar nas nossa actuaes circunstancias, 1823*, manuscrito citado por INNOCENCIO Francisco da Silva – *Diccionario Bibliographico Portuguez*, Lisboa, Imprensa Nacional, 1859, II, p. 461, n.º 1420.

Mas o poder estava na rua, e a questão do Brasil continuava a apelar para todos os esforços do governo. Perdia-se um continente para sempre, não era a hora de se querelar sobre um texto para amanhã. Em Janeiro de 1825, Palmela continua a prometer a reunião das Cortes. Sem resultados. Talvez se temesse muito mais a agitação por causa desta medida... Talvez a hesitação, a maior arma dos indecisos, continuasse a decidir.

D. João VI morre, em circunstâncias obscuras, provavelmente em 10 de Março de 1826. Afiançam alguns que envenenado.

As Cortes tradicionais não serão convocadas senão por seu filho D. Miguel, muito mais tarde, e depois de acontecimentos muito complexos, que culminarão, numa nova fase, com o seu exílio definitivo, e pelo seu perene mito na banda absolutista, que absorveria, com o tempo, os tradicionalistas – ou pelo menos alguns[479].

---

[479] O processo é, resumidamente, o seguinte: a 22 de Janeiro de 1828, D. Miguel regressa a Lisboa, e, a 26, jurará a Carta. Exactamente um mês depois, presta juramento como regente. A 3 de Março, vendo que o seu plano tinha resultado, D. Pedro, do Brasil, confirma (ou torna eficaz) a sua abdicação. Mas o apoio a D. Miguel como rei abolutista era forte, e as confrontações sucediam-se. Alguns Professores da Universidade de Coimbra foram atacados (e alguns de entre eles assassinados) durante a viagem para Lisboa, que efectuavam a fim de saudar D. Miguel. Várias cidades proclamam a monarquia absoluta, ou aclamam D. Miguel, como convite para um golpe (dizia-se de D. Miguel: "O povo suspirava por ele como outrora Israel durante o cativeiro de Babilónia" – interessante mitificação). Cf. Carlos BABO – *As Luctas Liberaes*, Porto, Livraria Chardon, Lello, s/d, p. 41; há manifestações (de grau diferente) em Moura, Mafra, Viana do Castelo, Coimbra, Lisboa (onde o Senado proclama D. Miguel rei absoluto). Depois Setúbal. Os liberais respondem com levantamentos militares no Porto. Nos Açores, há um contra-golpe miguelista. O Porto criou mesmo um governo liberal autónomo (a 20 de Abril de 1828). A 23 de Junho, as Cortes reúnem-se finalmente, sob convocação de D. Miguel. Entretantō, é a guerra civil. A 7 de Julho, D. Miguel presta juramento perante os Três Estados do Reino. A aclamação pelas Cortes de D. Miguel como rei de Portugal (à maneira tradicional) data de 11 de Julho de 1828. Conservará o trono, durante a guerra civil, até que D. Pedro regressa do Brasil para reconquistar Portugal em 1 de Junho de 1834. D. Miguel parte então, vencido, para o exílio definitivo. A 24 de Maio, os Jesuítas eram uma vez mais expulsos pelos liberais, e as ordens religiosas extintas a 28. A rendição teve lugar entre

b) *O Brasil e o constitucionalismo português*

b) 1. A situação constitucional do Brasil

No Brasil, após uma separação dolorosa mas pacífica, a Constituinte tinha aberto solenemente os seus trabalhos a 3 de Maio de 1823, os quais iniciara a 17 de Abril. Não terá, porém, um grande destino[480].

O Imperador, nos seus discursos, faz alusão a uma espécie de dupla legitimidade do regime, e a um duplo sistema de mitos.

Por um lado, o princípio monárquico. Diferente do de Portugal. Em Portugal, a coroa fora dada por D. João IV à Virgem Santa e nunca terá havido sagração dos reis, a quem se não atribuíram miticamente quaisquer poderes taumatúrgicos. No Brasil, D. Pedro far-se-ia coroar e sagrar Imperador. Influência francesa (napoleónica, mesmo – D. Pedro de Alcântara tem qualquer coisa do carácter intrépido romântico de Napoleão)? De toda a maneira, mitos tradicionais, sobretudo o mito do imperador.

Por outro lado, o princípio constitucional. O Imperador confirma a importância da elaboração duma constituição

---

estas duas datas – 26 de Maio em Évora-Monte. A abertura das novas Cortes constitucionais foi decidida em 15 de Agosto. O sebastianismo dos adeptos contemporâneos e póstumos de D. Miguel é um facto, apenas atenuado hoje pela ulterior união dos dois ramos dos Braganças, donde descende o actual Pretendente. Como se sabe, o último Rei, D. Manuel II, morreu sem descendência. João AMEAL – *D. Miguel Infante*, pp. 224-225, resume: "E é caso para perguntar quando terá sido maior: se na hora crepuscular de Évora-Monte, expulso pela coligação estrangeira, portador infeliz mas honrado da Vocação e da legitimidade de uma História de sete séculos – ou na alvorada de Vila Franca, na hora em que, ao apelo da sua voz intrépida, se pôs em marcha a cavalgada libertadora e restauradora da melhor juventude portuguesa...."). O autor responde-se a si mesmo na *Génese da Vilafrancada*, p. 249, e fá-lo num tom messiânico, sebastianista: "Com a *Vilafrancada* dá o primeiro passo na sua via sacra; mas abre também ao seu nome uma glória que não se apagará mais – e o cerca hoje de luz mais viva que nunca"). E, mais claramente ainda, em *Na vigésima quinta hora*, p. 260, que citaremos *infra*. Tudo mitificações no mais alto grau.

[480] Uma síntese de toda a questão *in* Marcello CAETANO – *Direito Constitucional*, I, p. 491 ss., que seguimos.

"sábia, justa, adequada, e executável, ditada pela Razão e não pelo capricho, que tenha em vista somente a felicidade geral [...]"[481].

Eis a deusa Razão e o mito da felicidade.

A inexperiência política, a luta das facções, a demagogia... os problemas habituais duma assembleia, muito precuparam o Imperador. As tendências centrífugas também: temia pela unidade do Brasil. Era uma visão estratégica de longo alcance. Uma das grandes forças do Brasil, no continente americano, é a sua unidade, rodeado de múltiplos países de língua castelhana que não conseguiram a unidade depois da independência de Espanha.

Ironia da história, o liberal D. Pedro[482] faz a mesma coisa ao Brasil que seu pai "absolutista" em Portugal: dissolve a constituinte, por um decreto de 12 de Novembro, e promete um novo texto[483]. Evidentemente, prometia uma constituição "duplicadamente mais liberal" do que aquela que ainda não tinha sido feita pela assembleia...

O conselho encarregado do projecto de constituição terminou os seus trabalhos a 11 de Dezembro, especialmente graças ao projecto de António Carlos. Mais uma vez, o oceano era uma barreira contra a influência estrangeira, agora o absolutismo espanhol e a Santa Aliança: no Brasil, a constituição funcionava.

O texto foi apreciado pela Câmaras, e as administrações locais pronunciaram-se a favor. Seria jurado a 15 de Março de 1824 e publicado a 25. A consulta às câmaras municipais constava do Preâmbulo (discurso de legitimação). Assim, é ainda uma mistura do princípio monárquico com um *fumus* de constitucionalismo (ele

---

[481] D. PEDRO I – *Proclamações...*, p. 157.

[482] SOTOMAIOR – *A Realeza de D. Miguel*, citado (sem indicação de página) por Carlos de PASSOS – *O Problema da sucessão de D. João VI,* in Damião PERES (org.) – *História de Portugal*, vol. VII, p. 129, afirma: "D. Pedro era muito liberal, mas queria a liberdade só para si e aborrecia-a nos outros".

[483] D. Pedro criará também uma comissão para elaborar o projecto, como a "Junta" de Palmela em Portugal. Esse "Conselho", composto de dez elementos, foi criado pelo decreto de 13 de Novembro.

fala dos "[...] Povos deste Império juntos em Câmaras". Trata-se duma Carta constitucional submetida a um plebiscito de alguns corpos intermediários. Por conseguinte, não é nem uma pura carta constitucional, nem uma pura constituição. Tem um sabor a dualismo pactuado *sui generis*.

### b) 2. As relações entre Portugal e o Brasil e a influência constitucional brasileira em Portugal

O texto da constituição brasileira de 24 tem uma grande importância para Portugal, porque será a fonte directa – a fonte técnica, o instrumento de trabalho – sobre a qual será feita a Carta constitucional portuguesa de 1826. Evidentemente, o texto brasileiro tem as suas próprias fontes – que são francesas.

Entretanto, D. João VI faria tudo para conservar unidas as duas partes do antigo Reino-Unido. Mesmo no tratado de independência[484], D. Pedro continua a ser considerado "Príncipe Real de Portugal e dos Algarves", em evidente contradição com as leis fundamentais do reino, pelas quais a aceitação dum trono estrangeiro privaria um príncipe português desta qualidade[485]. Mas na perspectiva de D. João VI (e certamente de muitos outros), muito provavelmente, o Brasil não caberia no "tipo legal" de "estrangeiro", mesmo depois da independência.

O rei de Portugal não conseguiu garantir a transmissão aos seus sucessores do título de Imperador do Brasil (aliás honorífico e já esvaziado de sentido prático pelos brasileiros – antes de mais, porque já havia um outro imperador[486]).

---

[484] Assinado a 29 de Agosto, no Rio de Janeiro, e ratificado somente a 15 de Novembro, em Lisboa.

[485] Seguindo o velho e mítico princípio das Cortes de Lamego, segundo as quais "Nós não queremos que o nosso reino saia alguma vez das mãos portuguesas" (*Nunquam volumus nostrum regnum ire for de portugalensibus*).

[486] O texto do artigo 1.º do tratado, ratificado a 15 de Novembro, afirma: "Sua Magestade fidelíssima reconhece o Brasil na categoria de Império independente e separado dos reinos de Portugal e Algarves, e a seu sobre todos muito amado e prezado filho D. Pedro por imperador, cedendo e transferindo de sua livre vontade

Mas D. João VI queria deixar todas as portas abertas. No seu testamento, omitiu a habitual referência à pessoa concreta do herdeiro do trono. Deixava a escolha às circunstâncias futuras, ou ter--se-á lembrado das leis sucessórias, que aparentemente afastariam do reino D. Pedro? Em todo o caso, a omissão era sábia, porque não provocaria a irritação directa das diversas partes. E cada um poderia ler o texto como lhe aprouvesse.

Durante a sua doença, a regente fora a Infanta Isabel Maria. Por vontade real, continuaria em funções, até determinação do "legítimo herdeiro e sucessor da coroa". Continuava a ambiguidade.

Num acto de voluntarismo que reduzia as atribuições normais de D. Isabel Maria, e substituindo-se às Cortes (segundo o antigo direito, e talvez também segundo o moderno – embora se tratasse de outras Cortes), o Conselho de Regência acabaria por considerar D. Pedro como "rei natural e legítimo soberano". Pensam uns que não seria mais do que um acto de pura e platónica etiqueta. A acumulação das coroas era impossível, pelo direito antigo, assim como pelo moderno. E depois, a Inglaterra era a garantia da impossibilidade da união. Era um convite à rápida e honrosa abdicação em D. Miguel[487].

Mas o surpreendente para muitos ocorreu – D. Pedro aceitou o trono português e decidiu consagrar-se ao destino dos portugueses.

A hipótese da cortesia para com o Imperador do Brasil não é a única a considerar. Pode pensar-se também que a Regência (independentemente das regras da sucessão, que neste caso se virariam contra o interesse nacional) afinal preferia sinceramente D. Pedro a um D. Miguel pouco preparado para a governação, e pensasse que mais depressa o primeiro seria capaz de conciliar à direita que o segundo à esquerda. E se pensou que assim seria, não se enganou.

Os formalistas destas matérias têm muitos títulos para excluir D. Pedro do trono português (mas também uns tantos para o não dar

---

a soberania do dito império ao mesmo seu filho e legítimos sucessores. Sua Magestade Fidelíssima toma sómente e reserva para a sua pessoa o mesmo título".

[487] No mesmo sentido, Oliveira MARTINS – *Portugal Contemporâneo*, I vol., p. 35.

a D. Miguel), como se isso importasse aos próprios protagonistas dos eventos, imersos numa situação revolucionária!

D. Pedro, antes mesmo de ter prestado o juramento tradicional (e legal desde 9 de Setembro de 1647, por um "Alvará" de D. João IV)[488], necessário à aquisição da qualidade real, outorgou uma Carta Constitucional a Portugal, a 29 de Abril de 1826, seguida de legislação complementar de ordem institucional (amnistia[489], nomeações, etc.). E não se limita a traçar a sua cidade ideal no plano político. Dá-lhe um hino saído do seu génio artístico. É o célebre *Hino da Carta*, que o escritor Eça de Queiroz mais tarde virá a satirizar.

Concluída a obra de grande legislador estrangeiro (e entretanto rei... nacional), D. Pedro encarna plenamente o mito, e retira-se[490].

---

[488] Há uma certa coerência na atitude de D. Pedro. Ele dava uma Carta que violava o juramento (segundo o qual tradicionalmente o rei jurava guardar todos os "privilégios, foros, liberdades, graças e costumes da Nação"). Então, não deveria jurar, pelo menos antes de dar a Carta, para não ser perjuro. Mas é verdade que, formalmente, sem juramento, não era verdadeiramente rei, mesmo excluindo os problemas de incompatibilidade de coroas. O grande problema é que num período revolucionário, como aquele, não se pode pensar que toda a antiga legalidade deva ser escrupulosamente respeitada. Isso não vêem os formalistas.

[489] A amnistia tem uma função mítica: ela faz nascer homens novos, sem passado (com culpas lavadas). É também um doce olvido (mito de Letes) na passagem duma vida para outra. Tal está também presente (por uma outra via) no art. 11.º da Carta francesa de 4 de Junho de 1814: "Todas as pesquisas de opinião e votos emitidas até à restauração estão interditas. O mesmo esquecimento é imposto aos tribunais e aos cidadãos". O que se pretende é atingir a unidade mítica, apagando a discórdia.

[490] Mais tarde, ele voltará à influência activa nos assuntos portugueses, e mesmo ao solo português, a fim de reconquistar o país (dominado por seu irmão D. Miguel), para sua filha Maria da Glória, depois de ter sido obrigado, pela deterioração das circunstâncias, a abdicar da coroa do Brasil, a 7 de Abril de 1831. Foi bem sucedido, mas morreu pouco depois, a 24 de Setembro, desiludido. Durante o exílio, D. Pedro jamais utilizou o título de Rei de Portugal: apenas o de Duque de Bragança, e regente, em nome de sua filha. Contra a opinião de Marcello CAETANO – *Direito Constitucional*, I, p. 511, n.º 1, há os que pensam que D. Pedro não teria podido tomar legitimamente o título de Rei de Portugal, porque nunca o tinha sido. Marcello Caetano defende a sua tese com o argumento do perjúrio de D. Miguel. Também é uma verdade. Mas, mesmo à luz da Constituição

Abdica em favor de sua filha, a 2 de Maio de 1826, impondo-lhe a condição de se casar com seu tio D. Miguel, e obrigando ambos ao juramento da Carta[491].

Assim, a 7 de Julho de 1826, chega a Portugal, pela mão do inglês Charles Stuart, um novo texto constitucional, a Carta. Parece que para surpresa geral, e a maior perplexidade do Conselho de Regência, responsável indirecto pelo imprevisto[492].

b) 3. A Carta Constitucional Portuguesa de 1826.

Síntese por racionalização

Se o texto constitucional brasileiro de 24 tinha sido um *Ersatz* de aprovação popular, a mesma coisa se não passou para a Carta Constitucional Portuguesa de 1826.

Os cuidados na sua elaboração foram pessoalmente assumidos por D. Pedro, ajudado pelo seu secretário, Francisco Gomes da Silva (conhecido como o *Chalaça*)[493].

---

de 1822 (e não à das leis fundamentais do reino), D. Pedro teria perdido os seus direitos por diferentes razões: por exemplo, tinha violado os artigos 125.° (saída do país sem permissão das Cortes e ausência prolongada, sancionada pela presunção de abdicação) e 144.° (renúncia presumida ao trono pela aceitação duma coroa estrangeira), etc. Cf. Carlos PASSOS – *O Problema da Sucessão...*, p. 129 ss.. Acabaríamos certamente por encontrar como impoluto herdeiro da coroa portuguesa apenas não se sabe que personagem subalterna, se à lupa esquadrinhássemos as armadilhas da sucessão... Contudo, o tema é tabu para alguns, ainda hoje.

[491] Parece que mesmo a abdicação era provisória, pois D. Pedro teria a intenção de prosseguir, sob a sua autoridade, o sonho da união luso-brasileira que fora o de seu pai. E D. Pedro, que já tinha problemas no Brasil (com os separatistas e mesmo com os republicanos), deveria reservar sempre a hipótese de se *exilar* em Portugal... como rei (Cf. Carlos PASSOS – *O Problema da Sucessão*, p. 129 s.).

[492] O Conselho hesitou mesmo em a jurar e a publicar. Mas no Brasil o texto estava já impresso e circulava como Constituição Portuguesa. Na verdade, D. Pedro agia sempre depressa. O que decidiu a situação foi a ameaça das armas. Saldanha faz o seu *ultimatum*. Se até 31 a Carta não fosse jurada oficialmente, ele a juraria, e consigo o exército. E o poder político inclinou-se perante o poder militar. Cf. Oliveira MARTINS – *Portugal Contemporâneo,* I vol., p. 40 ss..

[493] Alguns acrescentam o nome do emissário inglês Charles Stuart, *v.g.*, João AMEAL – *História de Portugal,* p. 589.

D. Pedro trabalhou depressa[494] e sobre o texto da constituição brasileira, que corrigia. Os dois textos constitucionais têm assim vários artigos em comum. O Imperador queria construir a sua utopia realizando a síntese racional e prática entre o poder real e o constitucionalismo.

O texto tornou-se um híbrido, contraditório nos seus princípios. Começava por uma fórmula autocrática:

"DOM PEDRO POR GRAÇA DE DEUS, [sic], rei de Portugal e dos Algarves, etc. Faço Saber a todos os Meus Súbditos Portugueses, que Sou Servido Decretar Dar e Mandar jurar imediatamente pelas Três Ordens do Estado a Carta Constitucional [...] a qual de ora em diante regerá esses Meus Reinos e Domínios [...]".

Trindade Coelho sintetiza as antinomias desta tentativa racional[495]:

"à força de querer, salvando em todo o caso as apparencias, sobrepor à verdadeira soberania, que é da nação, a soberania do imperante, – fazendo desta o único eixo do systema político."

De uma maneira geral, o Imperador do Brasil negava aos portugueses liberdades ou direitos que outorgava aos seus súbditos americanos. A constituição brasileira é menos liberal que a portuguesa de 1822, mas a Carta é ainda mais monárquica que o texto de 1824.

D. Pedro introduz uma segunda câmara, onde se sediava todo o alto clero e a principal nobreza, atribuía ao monarca quer o poder executivo, quer o novo poder moderador; introduzia um reforço do veto real, e conferia ao rei o poder de dissolver as Cortes, etc..

---

[494] Trindade COELHO – *Manual Politico do Cidadão Portuguêz*, Lisboa, Parceria A. M. Pereira, 1906, p. 203, apresentava duas versões originais: a incerteza quanto à paternidade da Carta, e a hipótese de que tenha sido redigida em poucas horas (ou em poucos dias, o que é mais razoável e constitui hoje a opinião dominante).

[495] Trindade COELHO – *Ibidem*.

A. H. de Oliveira Marques comenta[496]:

"A Carta de 1826 agradava, pois, às tradicionais classes privilegiadas, assim como aos proprietários e aos grandes burgueses. Concedia também extensos poderes ao monarca. Por tais motivos, dispunha de todas as condições de sucesso e de perdurabilidade."

b) 4. A Carta Constitucional Portuguesa de 1826.
Uma síntese por habituação?

A Carta foi a "constituição" mais permanente, face às outras constituições monárquicas, que não passaram de nados-mortos ou de fantasmas. Adaptou-se às circunstâncias durante a sua longa vida, por Actos Adicionais, que, ao contrário das *Admendments* dos Estados-Unidos, eram modificações e não adjunções. A democratização foi a regra das duas primeiras (1852 e 1885). A de 1896 recua um pouco (por exemplo, aboliu os pares electivos).

Em suma, foi aceite, sobretudo depois da guerra civil e do "setembrismo", enquanto compromisso assumido. Fatigados de querelas e de lutas fratricidas, os Portugueses aceitaram o texto vindo do Brasil, como aceitaram a dinastia brasileira. Trata-se duma síntese, é verdade, mas duma síntese por habituação. A flexibilidade do texto ajudou à sua adopção.

A ligação entre a Carta e a dinastia começou como uma bandeira de luta contra os miguelistas, e persistiu como um mito. O hino nacional era o *Hino da Carta*. A Carta tornou-se o símbolo do regime liberal[497]. Esta mitificação ajudou assim à sua longevidade.

Resumindo: a Primeira Constituição Portuguesa foi absolutamente efémera. Vigorou legalmente de Outubro de 1822 até Junho de 1824. De 1824 a 1826, tentaram substituí-la por um texto duma comissão que não passou dum projecto abortado. E 1826 é já o ano da primeira entrada em vigor da Carta. Depois, após uma revolução

---

[496] A. H. de Oliveira MARQUES – *História de Portugal*, II, p. 66.
[497] No mesmo sentido, Trindade COELHO, *Manual Político...*, p. 203.

restauradora dos velhos princípios liberais, a revolução do 9 de Setembro (donde a expressão "setembrismo", como uma espécie de ideologia), o texto foi posto em vigor, mas apenas do ponto de vista formal, de 10 de Setembro de 1836 a 4 de Abril de 1838. Na realidade, após o golpe de Setembro, pensava-se já numa nova síntese, entre a Constituição de 1822 e a Carta de 1826. Isso verificou-se no texto da Constituição de 1838, também ela efémera (durará até 10 de Fevereiro de 1842). O reformador Costa Cabral, depois do "cerco do trono pelas instituições republicanas" de que se vangloriava o ministro Passos Manuel (Manuel da Silva Passos era o seu nome de baptismo), decidido a restabelecer a ordem monárquica, restaurou a Carta. Esta durará plenamente, mas com *actos adicionais*, de 1842 até 5 de Outubro de 1910, data da instauração da República, a qual elaborará uma nova constituição, aprovada em 1911.

### 1.1.2. Acontecimentos e Ideias

#### 1.1.2.1. A liberdade e as liberdades: o absolutismo e os absolutismos

A impossibilidade de reconhecer os dois irmãos de Antígona é um símbolo muito fecundo, apto a exprimir toda a riqueza do nosso problema. Como se sabe, na reelaboração do mito sofocleano por Jean Anouilh, depois do cerco de Tebas, morrem Etéocles e Polinices – e é impossível identificar os respectivos cadáveres[498].

Como neste mito, na reelaboração moderna e constitucionalista dos mitos políticos e juspolíticos, por vezes já não se sabe mais quem é quem. As palavras tornam-se ambíguas.

Quem defende a liberdade? Os liberais, parece.

Quem é contra liberdade? Certamente, os absolutistas.

Mas muitos acusam o liberalismo e D. Pedro de ter morto a liberdade, ou as liberdades, e de terem cometido muitos crimes.

---

[498] Jean ANOUILH – *Antigone*, in *Nouvelles pièces noires*, Paris, La Table Ronde, 1946 (escrita em 1944).

De igual modo, os chamados "absolutistas", partidários de D. Miguel, proclamam querer as velhas liberdades portuguesas, contra a tirania imposta do exterior, e os direitos abstractos que não dão liberdade alguma. Por vezes, rejeitam mesmo o adjectivo "absolutista", que reservam para outras formas de governo mais duras, como o pombalismo[499].

Mas isso não é, parece-nos, uma tendência dominante. Porque o rei absoluto é – na mitológica perspectiva dos seus adeptos, e na respectiva propaganda – o rei livre do jugo das políticas e das demagogias. O absolutismo é, para os partidários de D. Miguel, a liberdade: a do rei e a do povo – *Nos liberi sumus / rex noster liber est*[500]...

Só aparentemente podemos trocar as cabeças e confundir os conceitos: apesar de confusões, os liberais defendem a liberdade e os absolutistas os simples "direitos" do rei. A confusão não é saudável.

O que está realmente em confronto é a liberdade liberal contra a liberdade tradicional.

Às liberdades concretas, corporativas, locais, e dos estados ou estamentos do tradicionalismo, os liberais dão algumas vezes o nome de *privilégios* (pejorativamente; num sentido positivo, seriam

---

[499] A. Ribeiro SARAIVA – *Memorandum d'une conférence de A. R. Saraiva, agent diplomatique portugais à Londres, sous le gouvernement de Don Miguel, avec lord Grey, premier ministre de la Grande-Bretagne...*, apud António SARDINHA – *Na Feira dos Mitos...*, pp. 139-140: "Mas hoje o próprio Rei está convencido mais do que ninguém do dever, e ao mesmo tempo da necessidade, de restabelecer em seu pleno exercício e suas funções naturais, toda a bela organização da nossa nobre e admirável Constituição antiga, expurgada das formas absolutas, e heterogéneas que o Pombalismo (em virtude duma espécie de ditadura, talvez necessária nas circunstâncias de então) lhe havia introduzido, em meados do século anterior." O mito da idade do ouro volta mais uma vez.

[500] Por exemplo, Henrique Barrilaro RUAS fez desta frase, tradicional entre os monárquicos, a epígrafe do seu livro *A Liberdade e o Rei*. Do mesmo modo que um blog da *Internet*: "Lusitana Antiga Liberdade", http://jacarandas.blogspot.com/. O mote, na verdade, não pode ser, em si, identificado com o absolutismo: é monárquico em geral. Talvez até possa transcender o monarquismo...

leis singulares ou privadas, segundo uma etimologia todavia polémica[501]), e outras vezes o nome de *direitos* (positivamente, quando se trata de certas liberdades, por exemplo municipais, que desejam recuperar ou preservar como pertencendo a uma idade do ouro, que eles também veneram[502]).

Às liberdades – direitos – dos liberais (das declarações e dos artigos de princípios) os tradicionalistas dão o nome de produtos estrangeiros, demagógicos, impraticáveis, anarquisantes, e realmente ou potencialmente republicanos[503].

O marquês de Penalva sintetizaria, como sabemos, o problema dos direitos de uma maneira admirável. Admirável porque incisiva, e porque susceptível de diversas interpretações:

"Deram a todos liberdade, e nesse dia a perdeu cada um..."

Quer dizer, que quando se anula a liberdade específica, a "propriedade" de cada um, num conjunto de liberdades gerais, devidas a todos, mas conferidas a cada pessoa, dá-se a todos a liberdade e confisca-se a cada um liberdade em concreto. O sistema não-ibérico de protecção seria menos protector do indivíduo do que o ibérico. Ou,

---

[501] Cf., desde logo, Isidoro de SEVILHA – *Etimologias*, V, XVIII, e as diferentes posições de um António Manuel HESPANHA – *Poder e Instituições no Antigo Regime. Guia de Estudo*, p. 39, ou de, por último, um Léo MOULIN – *A Vida Quotidiana dos Estudantes na Idade Média*, p. 60 ss..

[502] Ocorre uma interessante comunhão dos liberais e dos tradicionalistas sobre a existência dum período passado pleno de felicidade. O mito da idade do ouro era-lhes comum. O problema é que o mito tradicionalista consistia em fazer reviver a constituição histórica antiga, e a utopia liberal de então, em importar uma utopia francesa (com matizes ingleses, ou efeitos de estilo espanhol, brasileiro ou belga). Cf. sobre a crença comum liberal e absolutista às míticas Cortes de Lamego, Oliveira MARTINS – *Portugal Contemporâneo*, I vol., p. 35.

[503] O marquês de Lavradio, por exemplo, aliás pró-constitucional insuspeito, dizia do texto de 22: "[...] os legisladores, obcecados com as ideias de liberdade, soberania da Nação, etc, haviam, depois de vinte e um meses, decretado uma Constituição republicana para reger uma Monarquia." (*apud* João AMEAL — "Génese da Vilafrancada", p. 243).

sob uma outra perspectiva: o sistema tradicional protegeria mais os indivíduos, que o constitucional os cidadãos. Mas nós, que somos herdeiros do sistema liberal, e conhecemos um pouco de história, sabemos que tal é mais mítico do que verdadeiro. No sistema tradicional a liberdade é pontual; no sistema liberal-democrático, a liberdade é um pressuposto geral. Naquele, louva-se a justiça do justo monarca, ou do justo administrador, ou do justo juiz, como uma dádiva. Neste, apenas são de deplorar as vezes em que a justiça não funciona. Mas é artificial, apesar de tudo, contrapor liberdade tradicional a liberdade actual, porque o que aqui está em causa é sobretudo algo de mais radical: absolutismo sem liberdade e liberalismo de liberdade. A utilização das velhas liberdades tradicionais pelos absolutistas é um mito legitimador ilegitimamente invocado para confundir as hostes liberais. Até porque, como sabemos, em grande medida a inspiração liberal arranca da nostalgia ou da saudade dos tempos (míticos ou reais) pré-absolutistas, de velhas liberdades. Claro que as liberdades liberais, e depois as democráticas e as sociais e outras que se lhes seguem, têm uma cor local ideológica e de civilização que se não pode reconduzir ao medievalismo das velhas liberdades, e mais ainda da "Lusitana, antiga liberdade" de que falava Camões. O ambiente é diverso. Mas, em termos radicais, e pensando sobretudo nas afeições essenciais, para além da circunstância dos tempos (que tudo integra num ar de família horizontal, e cria clivagens onde pode haver continuidades temporais, e mesmo pontos entre as épocas) não se pode negar que, em termos absolutos, de um lado está a liberdade e de outro o absolutismo. E então constituição e histórica e constituição liberal estão do mesmo lado da barricada contra a "anti-constituição" de todos os momentos de despotismo, sejam eles pombalismo, miguelismo ou salazarismo.

Mas feita esta precisão, retomemos a nossa análise, repristinando a expressão de Penalva, que quer dizer mais do que o seu autor certamente pensava.

Quando a liberdade se banaliza, como assunto de todo o mundo, degenera em libertinagem para uns, e em retracção da liberdade para os outros. Então, toda a gente perde a sua liberdade. Por excesso ou por defeito.

A liberdade em geral é uma coisa bem diferente da liberdade de cada um. A partir do momento em que a liberdade é a regra, as liberdades serão a excepção – pode pensar o atomista; não o liberal, e menos o democrata...

O que é a liberdade liberal? A possibilidade de fazer tudo o que não prejudique outrem: então, é o fim da liberdade (num sentido voluntarista), o começo duma servidão geral e mútua. O que também é visto pelos que falam de escravatura perante as leis. De facto, uma outra definição constitucionalista da liberdade é ainda menos liberal (no sentido de adepto da liberdade): a liberdade é a obediência às leis ou, numa fórmula mais matizada, a possibilidade de tudo fazer, salvo o que está interdito pelas leis.

E quem faz as leis? Todos. Então a liberdade é de todos.

Quem é, entretanto, o destinatário das leis? Cada um. Então a lei é a tirania de todos sobre cada um[504].

Vê-se bem que jogamos com as palavras, jogavam com as palavras...

Quando D. João VI, no decreto de 19 de Junho de 1823, falava das Cortes que tinha dissolvido na véspera, qualificava-as de "arbitrárias e despóticas".

Os "Vivas" de aclamação de D. João VI e de D. Miguel durante as diversas jornadas tradicionalistas, eram "Viva o rei" ou "Viva o rei absoluto".

Do ponto de vista dos tradicionalistas, o absolutismo é um bem, e o despotismo é um mal. O problema é que o absolutismo é o deles e o despotismo, sempre, o dos outros.

Os liberais identificavam muitas vezes absolutismo e despotismo. O primeiro seria, pelo menos, uma espécie do segundo.

Parece que se está de acordo sobre o sentido genérico do absolutismo. Mas, como se sabe, os liberais dividem-se sobre a aprecia-

---

[504] E poder-se-ia prosseguir com sugestões desta frase inspiradora.

ção concreta do despotismo esclarecido do Marquês de Pombal[505]. Também por vezes os liberais sacrificam a sua liberdade a causas maiores. Ou, dito de outro modo: preferem o sacrifício de uma liberdade superficial ou circunstancial em nome de uma liberdade mais profunda ou mais perene. Mas entram por uma via muito perigosa: porque quando se começa a transigir, no terreno da liberdade, comprimindo-a em nome de um bem maior ou de um mal menor, a breve prazo será já o núcleo essencial da liberdade que se verá comprometido. É esse o drama dos jacobinos e de outros, depois deles, maximalistas – a sua liberdade está na utopia, e os sacrifícios concretos deveriam ser transitórios ou males menores, para logo se volverem bens, e rotinas...

Porém, de uma maneira geral, não há dúvida de que o despotismo é muito profundamente tido como nocivo pela família liberal.

Entretanto, absolutismo significa muita coisa: como destrinçar sentidos na polissemia da palavra "absolutismo"?[506]

Admitimos ser necessário distinguir três ou quatro sentidos, historicamente sedimentados, no "absolutismo" em Portugal. Talvez alguns desses sentidos devessem ser apartados da palavra. Mas não podemos lutar contra usos linguísticos inveterados. Não é fácil, e poderia revelar-se empresa utópica, vã e até capaz de aprofundar alguma confusão.

O primeiro sentido está ligado à formação do país, e fundamentalmente à primeira dinastia. O rei é absoluto no sentido ideologicamente propagado depois: é livre. A sua dependência é moral, existe também face às leis fundamentais do reino, etc., mas não se trata duma responsabilidade face a um público.

O segundo sentido está ligado ao alargamento do espaço português, às Descobertas, e à centralização política subsequente. É, tal como o primeiro absolutismo, um regime monárquico benevolente

---

[505] Cf. Paulo Ferreira da CUNHA – "O Marquês de Pombal: Estado *vs.* Liberdade", in *Faces da Justiça*, Coimbra, Almedina, 2002, p. 75 ss..

[506] Jorge Borges de MACEDO – *Absolutismo*, in Joel SERRÃO (org.) – *Dicionário de História de Portugal*, I, p. 8 ss..

e paternal, mas mais burocratizado e assim mais afastado dos povos e dos assuntos concretos. Contudo, a sua justificação, por exemplo por um Agostinho da Silva (insuspeito de predilecções despóticas) é a do "homem do leme": o rei está ao leme da barca do Estado, e por isso acabaria por ficar investido de poderes suplementares, tais as agruras de conduzir a nau em alto mar...

O terceiro sentido é o do despotismo pombalino. Trata-se de um governo brutal, longe das coisas, mas ficticiamente ou inocentemente demófilo. Um governo cabalmente da utopia sufocante, geométrica, e não da libertação utopista.

Considerar-se-á ou não um quarto sentido segundo se creia ou conteste a boa vontade e a benevolência da prática de D. Miguel e dos seus partidários. Se eles falam verdade, o reino de D. Miguel foi – naturalmente com as dificuldades do modernismo, o legado revolucionário, as pressões internacionais e a guerra civil – a adaptação possível do primeiro (eventualmente também, ou alternativamente, do segundo) tipo de absolutismo. Senão, o absolutismo de D. Miguel constituirá o quarto tipo (ou símbolo forte do único, para os que condenam em bloco o legado monárquico, pelo menos o pré-constitucional). O discurso e os mitos são os antigos, a prática, essa, foi muito simples e clara: a pilhagem, o insulto, a guerra, a tortura, o terror branco adaptado a Portugal[507]. Um absolutismo teórico superestrutural servido, no terreno, pela anarquia reaccionária, revanchista.

---

[507] Parece que, apesar da vontade de D. Miguel e alguns dos seus ministros (Justiça, Finanças, o General-em-chefe, etc.), que teriam desejado uma restauração doce e sem verter sangue, na prática o desforço anti-liberal foi muito duro, e a sua recordação aterrorizadora persistiu na memória. Nos Arquivos Nacionais da "Torre do Tombo", há pelo menos 31 volumes de catálogos de processos políticos sob D. Miguel. É também o que explica uma emigração de vários milhares de pessoas. Os principais responsáveis dos excessos parecem ter sido o Conde Basto, Leite de Barros, na prática primeiro-ministro desde meados de 1831, e o governador da torre de S. Julião da Barra. Cf. João Baptista da Silva LOPES – *Istoria do Cativeiro dos Prezos d'Estado na Torre de S. Julião da Barra*, IV vols., Lisboa, 1833; Fortunato de ALMEIDA – *História de Portugal*, VI; J. Veríssimo SERRÃO – *História de Portugal*, VII, pp. 413 ss.; Jorge Hugo Pires de LIMA – *Pro-*

1.1.2.2. As constituições e os constitucionalismos

A questão constitucional está ligada também ao emprego alternativo e conflitual da palavra "constituição" e suas derivadas.

Pode-se também jogar (correctamente, no plano formal) com as palavras, e provar que a chamada tirania absolutista em Portugal seria o verdadeiro regime "constitucional". Pela conjugação de dois argumentos já apresentados.

O primeiro é o do carácter jurídico e constitucional (material) de toda a monarquia portuguesa. D. Miguel, continuador de seus antepassados, retomaria a linha interrompida de legitimidade constitucional.

O segundo toma o argumento dos constitucionalistas modernos e devolve-o contra eles. Segundo os mecanismos formais da Constituição de 1822, D. Miguel seria, de toda a maneira, senão o rei (as versões dividem-se), pelo menos o Chefe da Nação – regente e príncipe consorte, etc.[508].

É verdade que os liberais acusam também D. Miguel duma tirania no exercício do poder, e isso não pode contrariar-se a não ser por elementos factuais. Em todo o caso, é culpado aos olhos constitucionalistas de querer ser um rei absoluto.[509]

---

*cessos Políticos no Reinado de D. Miguel*, Coimbra, 1972. Eis a síntese insuspeita de um defensor da legitimidade de D. Miguel: "Se o vulcânico entusiasmo nacional auspiciava o governo de D. Miguel, não pouco o desluziam os actos de terror e violência impunemente praticados por energúmenos e demagogos, pelo espírito de seita, sempre maligno e intolerante", afirma Carlos de PASSOS – *Regência e reinado de D. Miguel*, in Damião PERES (dir.) – *História de Portugal*, VII, p. 161.

[508] Cf. Henrique Barrilaro RUAS – *A Liberdade e o Rei*, p. 152 ss..

[509] Para alguns, não é a pessoa de D. Miguel que está em causa (nem, a partir dum certo momento, a exclusão de D. Pedro, que o seu governo envolvia). É a personalidade e o comportamento político. Por um momento, D. Miguel teria mesmo podido granjear a complacência dos liberais. Palmela via, sem dúvida, nele a promessa da conciliação. Propagou mesmo a mutação completa do antigo "bandoleiro". Em Londres, durante o regresso do seu primeiro exílio, D. Miguel convenceu os liberais. Mas, mal chegou a Lisboa, ter-se-ia desmascado... Tal é, pelo menos, a versão do liberal Carlos BABO – *As lutas liberaes*, p. 39 ss.. Entre-

Para acabar a discussão, a querela nominalista regressa sempre... "Parce que c'était moi... Parce que c'était lui...". Para a política, como para a amizade, eis a justificação final, *Freunde* e *Feinde*. Sem razões, sem razão.

Em todo o caso, os liberais são constitucionalistas dum texto escrito.

E os tradicionalistas podem também ser considerados como constitucionalistas, pela constituição histórica, que pensam maculada pelos terríveis jacobinos e mações. Espera-se frequentemente que a diabolização do inimigo acabe por suprir as dificuldades próprias...

### 1.2. *Análise do Projecto de 1823 e da Carta de 1826*

#### 1.2.1. *O Projecto constitucional de 1823*

##### 1.2.1.1. Apreciação geral das influências

Terá sido Jorge Miranda dos primeiros a alertar para a necessidade de uma comparação entre a Carta e o projecto de Constituição de 1823[510]. De facto, são muito semelhantes, não somente do ponto

---

tanto, o outro lado da verdade é, por exemplo, exprimido por Paul SIEBERTZ – *Dom Miguel e a sua época,* trad. port., 2.ª ed., reformulada, Aveiro, Actic, 1985, p. 130 ss., que sublinha a boa fé de D. Miguel, e nega que tivesse voltado ao País para simplesmente se fazer coroar rei absoluto e abolir a Carta. D. Miguel tê-lo--ia feito (e decidido) depois, e por pressão popular.

[510] Jorge MIRANDA – *Manual de Direito Constitucional,* I, p. 249, n.º 5. O Autor falava da comparação destes dois textos e do projecto de D. Miguel. António de MELO – *Projecto para Reforma da Lei Fundamental da Monarquia Portuguesa,* tradicionalista (mais favorável a D. Maria da Glória), editado em Paris, em 1928. Poderíamos acrescentar o interesse da comparação com o projecto tradicionalista de Trigoso de Aragão Morato. Cf. António Manuel HESPANHA – *O projecto institucional do tradicionalismo reformista...,* p. 63 ss.. E seria mesmo bom estabelecer a comparação de tudo isto com o trabalho de Alberto Carlos de MENEZES – *Código das Leis Fundamentais,* Julho de 1823. No entanto, estes

de vista mítico – mas também quanto a algumas soluções adoptadas, como o reforço do poder real, o bicamaralismo, o catálogo das liberdades, etc..

Tal pode explicar-se facilmente por uma filiação comum nas fontes francesas.

Atente-se ainda: o texto de 1823, elaborado antes da constituição brasileira, explica e prova a verdadeira filiação francesa da Carta de 1826. E poder-se-ia mesmo pensar que teria influenciado o texto brasileiro. Mas isto não é senão uma hipótese. Não dispomos de dados para o afirmar. A Constituição Brasileira de 1824 não precisava de se inspirar nesse projecto. Tinha Benjamin Constant e a Carta francesa.

A fonte essencial deste projecto não parece, pois, ser teórica, mas um texto a si análogo: a Carta de Luís XVIII. A simples comparação entre os dois textos permite afirmá-lo. E encontrou-se uma tradução da Carta francesa entre os papéis de Ricardo Raimundo Nogueira[511]...

Verifica-se a mesma intenção de conciliar a declaração formal das liberdades e dos direitos e uma certa representatividade com as leis antigas, e de reabilitar o papel do rei e o prestígio do trono[512].

É também possível que, quanto às questões sobre as quais se transige com o liberalismo, a fonte directa de inspiração seja mesmo a Constituição de 1822.

Em todo o caso, o resultado não é senão um ponto intermediário da influência francesa, quer do texto fundador, o de 1791, quer

---

textos não fazem parte do constitucionalismo *stricto et proprio sensu*, e a sua mitologia não é inovadora. Recitam a sua lição sobre aquele assunto.

[511] Paulo MERÊA – *Projecto de Constituição de 1823*, p. 11 e nota 11.

[512] Pois que, em regra, os princípios são os mesmos que os da Carta, limitámo-nos aqui ao essencial. Evidentemente que há diferenças. Por exemplo: não há ainda poder "real", nem "poder moderador". Um efeito semelhante se produz pela atribuição ao rei da condição de Chefe das Cortes (titulares do legislativo), da nomeação real dos juízes, e da exclusividade do poder executivo. Mas tudo isso é normal na relação entre o influente e o influenciado, ou mais: entre a pré-história e a história do cartismo.

da Carta de Luís XVIII, que assim retoma muitos direitos da primeira constituição escrita de França.

Ora, para o nosso actual trabalho, o importante não é conhecer historicamente as vias da recepção duma ideia, mas determinar as fontes profundas.

1.2.1.2. Análise dos mitos do Projecto[513]

O rei é sagrado e inviolável, a religião é a católica, embora com uma certa tolerância por outros cultos, e sente-se, em geral, a presença da mítica constituição antiga da monarquia.

Esta é essencialmente caracterizada pela sua natureza monárquica, hereditária e moderada. Os textos dizem mesmo "a Monarquia Portugueza" (como na obra homónima) é hereditária e moderada, porque se identificam simultaneamente constituição e história portuguesas com a monarquia.

A sucessão não tem novidades. É também a reprodução (adaptada) das leis.

As Cortes são doravante compostas por duas câmaras (uma popular, eleita, e a outra formada por pares nomeados pelo rei, entre os membros do clero e da nobreza). Mas o texto tem o cuidado de dizer, antes de mais:

"As Cortes são compostas d'ElRei e dos três estados do Reino, como sempre forão desde a fundação da Monarquia".

A mitificação da lei já está presente. Os deputados serão escolhidos pela idade e montante das rendas necessárias para serem considerados como suficientemente livres e ilustrados. Do mesmo modo, oito dias de espera serão dados aos projectos legislativos para meditação, para que a decisão seja suficientemente amadurecida...

---

[513] Tinha ele como título *Projecto da Lei Fundamental da Monarquia Portugueza, ordenado na Forma prescrita pelo Decreto de 18 de Junho de 1823*.

O texto constitucional é rígido, o que aumenta a sua sacralização. Não pode ser alterado senão por iniciativa do rei, e decisão (após um processo complexo) dos deputados.

Quanto aos direitos, retomam a respectiva mitologia, já presente no texto de 1822 – igualdade perante a lei, propriedade, garantias penais, direito de petição, liberdade de expressão salvo em matéria religiosa.

O mito do inimigo está presente nas disposições finais do texto, sobre os direitos. As associações secretas são proscritas, tornadas ilegais, por contrárias "ao bem da Religião e do Estado".

### 1.2.1.3. Os dois textos inacabados

Nos papéis de Nogueira, encontraram-se dois outros textos, mais provisórios ainda que o do "Projecto". Um, que parece inacabado, é um esboço da "Carta da lei fundamental". O outro está em si completo, mas constitui uma remissão para as Cortes: são as bases duma lei fundamental a elaborar ulteriormente pela Cortes.

Estas bases limitam-se a seis pontos. Uma futura lei das próprias Cortes, a reunir no futuro, faria o resto.

Os seis pontos têm elementos naturalmente míticos: nesse aspecto, nenhuma novidade:

1. As Cortes terão três estados e duas câmaras. Mas o autor não nos confia a forma da sua composição.
2. Todas as Leis serão feitas nas Cortes. É uma dimensão do mito da separação rígida dos poderes, das três alegadas torres de marfim da teoria falsamente (miticamente) atribuída a Montesquieu.
3. Os impostos serão decididos nas Cortes. Velha bandeira de luta das revoluções constitucionalistas.
4. Haverá responsabilidade dos ministros.
5. Proclama-se a igualdade perante a lei. Aparente liberdade, real igualdade sob o peso da lei.
6. Liberdade de expressão. *Catharsis* de descontentamento. Ritual simbólico descompressor dos conflitos.

O texto do esboço é mais completo, e mais pleno de elementos míticos. Aliás, tem um preâmbulo muito claro quanto às intenções da Carta, e aos princípios ideológicos (e aos mitos) que o inspiram.

O texto propriamente dito, em 12 pontos, tendo o último sido suprimido pelo autor (e mesmo assim muito incompleto), não é mais do que uma variante das soluções concretas já apresentadas no texto do Projecto de 1823 propriamente dito. Os elementos míticos que comporta são conhecidos: as Cortes restituídas e modernizadas pelas duas câmaras, a sua composição, etc..

No entanto, o preâmbulo merece um olhar mais atento.

O mito da felicidade do seu povo dirige a acção e a preocupação do rei. Ele nada mais quer do que isso. Já assimilou o espírito do tempo nos seus mais brandos preconceitos.

Interessado nas reclamações populares como guardião da felicidade dos seus súbditos, o rei verifica:
– que uma facção se havia aproveitado para arruinar a nação.
– a qual é miraculosamente salva graças à intervenção divina.
– Mas que, na verdade, embora as promessas dos agitadores fossem utópicas e mentirosas, e votadas à instauração dum despotismo, as desgraças existiam, não tão terríveis como se dizia, mas existiam mesmo assim.

Então, era preciso resolver o problema, e evitar a revolução violenta e sanguinária.

É o esquecimento dos usos primitivos da Nação (lembremo-nos da Declaração dos direitos... mas também da Constituição de 1822) o culpado pelas desgraças presentes. Em particular, a interrupção da convocação das Cortes, desde 1698 (de novo uma adaptação do mito francês, aqui o dos Estados Gerais) foi a causa das dificuldades.

Assim, para regressar à idade do ouro, é preciso:
– fazer reviver as instituições nacionais;
– corrigir as suas imperfeições, que foram a causa do seu esquecimento;
– adaptá-las às necessidades e aos conhecimentos dum século de progresso (mito cronocêntrico e progressista).

O texto termina por frases de circunstância, e de recomendação a Palmela e à comissão, num evidente auto-elogio.

Da mesma maneira que muitos encómios a D. Pedro e a D. Miguel se fazem a partir de argumentos muito semelhantes, assim as razões e os remédios desta Carta, que o não foi, são os mesmos que os do preâmbulo da Constituição de 1822, que pretende substituir.

Somente a sua avaliação dos factos é diferente. Os princípios e os mitos mantêm-se.

Pode perguntar-se se os mitos políticos não são sempre os mesmos – a sua repetição ao longo deste estudo parece ilustrá-lo. O que mudaria seria o seu uso, a sua manipulação, a sua interpretação.

### 1.2.2. A Carta Constitucional de 1826

1.2.2.1. Análise das influências

a) *D. Pedro e as influências*

> *"A 24 de Abril, encontrando-me, quando menos o esperava, rei legítimo de Portugal..."*
>
> D. PEDRO – *Discurso perante as Câmaras brasileiras*[514]

D. Pedro era um individualista, um voluntarista. Alguns dizem mesmo – um egoísta. Se realmente o tiver sido, estaria no grupo desses egoístas vaidosos que nada querem para si, salvo a glória. Dos que são mesmo capazes de grandes e altruístas sacrifícios pela glória. Como governantes, querem comprar a admiração popular a todo o preço. A biografia de D. Pedro é questão controversa, naturalmente, porque a figura é motivo de paixão. Numa das versões possíveis, ela seria a prova desta generosidade vaidosa dum rei que quer tornar o seu povo livre. A crer nesta versão, a fórmula do constitu-

---

[514] Citado e comentado por João AMEAL – *História de Portugal*, p. 583.

cionalismo cartista, outorgada, saída do princípio monárquico, servir-lhe-ia à maravilha para exercer a sua filantropia política.

É esta personalidade incontroversamente forte, audaciosa, activa, que vai determinar uma grande parte do constitucionalismo português. Antes da sua decisão de ocupar efemeramente o trono de Portugal, o tempo exacto para fazer a sua constituição e determinar o seu sucessor, liberais e absolutistas estariam, segundo alguns, quase institucionalmente reconciliados. Como vimos, os absolutistas da regência tinham oferecido a coroa a D. Pedro por pura delicadeza ou sábio cálculo, e os liberais (sobretudo os liberais) acreditavam já que a única solução constitucional para o país seria um D. Miguel convertido ao constitucionalismo. Reconciliação na ilusão, pois.

É assim importante considerar a influência de D. Pedro na Carta, como uma influência mais pessoal que brasileira, e sem dúvida uma originalidade portuguesa. Embora os traços do carácter de D. Pedro possam sempre compreender-se sob um ângulo da profunda "constituição" viva (ou a psicologia) dos portugueses... Mas isso levar-nos-ia muito longe.

É mais simples falar da ligação maçónica do imperador[515], e da influência de Benjamin Constant ou de Clermont-Tonnerre, sobretudo quanto ao "poder moderador". Pensamos que é uma influência de um determinado tipo, que é necessário precisar. Não é uma devoção de discípulo. D. Pedro era mestre por natureza. Ou agia sempre como tal. Não é uma influência por osmose intelectual, por diálogo. D. Pedro gostaria certamente de dirigir, orientar. Trata-se, assim, mais que de uma mera influência (de derivação ou de recepção), de

---

[515] A simplista explicação maçónica da acção do imperador do Brasil (que releva de um padrão corrente de teoria da conspiração) é assim resumida por João AMEAL – *História de Portugal*, pp. 588-589: "Numa publicação de 1831, em Londres, denunciava-se um comité director internacional maçónico, situado em Paris, que teria dado indicações aos seus agentes para substituir as dinastias legítimas por *marionettes* pseudo-monárquicas". E conclui (p. 589): "A maçonaria, que no Brasil o elevou, busca tomar novamente conta de Portugal por seu intermédio". A "conspiração maçónica" é um dos mitos canónicos correntes, cf. Raoul GIRARDET – *Mythes et Mythologies Politiques*, p. 32 ss..

uma apropriação, uma adaptação (em certo sentido também uma criação). Dir-se-ia que D. Pedro tinha a ideia nele, e que os teóricos lhe forneceram a formulação e a justificação.

É possível que, a 24 de Abril de 1826, D. Pedro tenha sido surpreendido por se encontrar rei legítimo de Portugal. Mas aproveitou--o bem. Aplicou-se ao trabalho com um projecto.

b) *O texto. A sua sacralidade*

As primeiras questões que se colocam perante uma Carta Constitucional (a sua redacção, o seu texto, e a sacralidade que isso implica) são um bom exemplo da confluência das ideias de Benjamin Constant com as necessidades e finalidades de D. Pedro.

Contrariamente aos defensores tradicionalistas do constitucionalismo histórico e material, De Maistre e Bonald[516], Benjamin Constant, mesmo preocupado com a força normativa da constituição, com a sua ligação aos costumes e ao povo, nega a existência da constituição mítica "esquecida". Tem um grande respeito, e atribui grande importância, ao texto escrito da constituição. Isso não choca a sua veneração pela Inglaterra. Esta será, provavelmente, uma excepção.

Constant era pela constituição escrita e mesmo pela rigidez constitucional[517]. A sua posição é explicada por Paul Bastid nos termos seguintes, aliás já alusivos a uma mitificação:

"Benjamin Constant tinha vivido demasiado em França numa idade de constituições solenemente redigidas para não suportar, a despeito da sua admiração pelas instituições britânicas, o prestígio do documento impresso dominador. A Revolução tinha solidamente acreditado entre nós a rigidez das Cons-

---

[516] Cf., *inter alia*, Joseph DE MAISTRE – *Considérations sur la France, suivi de Essai sur le principe générateur des constitutions politiques*, Bruxelles, Ed. Complexe, 1988.

[517] Constant critica a ideia de Godwin, que parcialmente traduziu e anotou, segundo a qual a rigidez constitucional seria um freio ao progresso.

tituições, que ela tinha cercadas de formas especiais e nas quais se aprazia em ver de cada vez um arco sacrossanto capaz de desafiar o tempo"[518].

Uma comparação se impõe com o pensamento sobre a constituição de D. Pedro IV[519]

"D. Pedro – toda a sua vida o mostra – queria ser um Washington, sem, contudo, deixar de ser um monarca. A liberdade era um *presente*, e não o reconhecimento de um direito popular. *Dar* uma CARTA, satisfazia-o; entregar aos Três Estados a decisão das questões pendentes, não só era perder a ocasião de um acto que lhe afagava a vaidade, como era correr o risco das Cortes ganharem consciência própria e desconhecerem os direitos da realeza. Apontou a Stuart o exemplo de 89 em França. Decidira que não fosse ninguém, senão ele, a origem da felicidade dos portugueses. [...] D. Pedro [...] de Portugal nada queria senão um motivo de glória vaidosa e um exército [...]".

Em princípio, Constant é contrário à outorga de cartas. Entretanto, justifica-a, em França. Não é o conjunto de princípios que D. Pedro toma de Constant. É a política real, são as soluções práticas. Serve-se do texto escrito, repele o poder constituinte exercido por uma assembleia: isso permite-lhe a concretização do seu sonho.

Aqui mesmo se revela um dos elementos da sacralização do texto. Porque aquele que dita o texto é o soberano, melhor: a divindade. A divindade ou o autor ou o inspirador do texto sagrado. Uma constituição saída do povo faz do povo deus; uma carta monárquica assegura a divindade do príncipe.

---

[518] Paul BASTID – *Benjamin Constant et sa doctrine*, Paris, Armand Colin, 1966, II, p. 902.
[519] Oliveira MARTINS – *Portugal Contemporâneo*, I, p. 38. A última frase é uma resposta à carta de D. Pedro a seu pai.

D. Pedro crê na magia do texto escrito. Será a prova da sua demofilia, será a varinha de condão para transformar Portugal, para libertar os seus súbditos...

No entanto, e na mesma ordem de ideias, D. Pedro não está a favor da rigidez constitucional. Dá a liberdade ao seu povo. Toma precauções adequadas. Mas depois, deixa-lhes uma certa liberdade. Aliás, parece que D. Pedro não contava, naquela época, regressar a Portugal[520]. Mesmo assim, poder-se-ia ver aqui precisamente a influência da evolução do pensamento de Constant porque, sem o dizer expressamente, parece ter evoluído através da revisibilidade de algumas normas de acordo com o aconselhado pela experiência e pela evolução social[521].

Benjamin Constant e D. Pedro eram pelas constituições simples, concisas, dir-se-ia mesmo discretas. Compreende-se assim que Constant "tenha evoluído" através da ideia da revisibilidade das matérias apenas formalmente constitucionais.

Todo o tom da Carta de 1826 é, ou pretende ser, sóbrio, directo, incisivo. O catálogo de direitos no final, sob a forma de últimos artigos da Carta, é compatível com esta mesma ideia, e beneficia da lição de Constant quanto à necessidade de depurar a constituição de proclamações ou declamações excessivas.[522]

Os artigos 140.º e seguintes da Carta portuguesa regulam a revisão constitucional.

---

[520] Numa carta a D. João VI, declara: "Eu já não tenho pretensão alguma nem direito à coroa de Portugal; pois de Portugal já disse a V. M. que não queria nada". *Apud* Carlos PASSOS – *O problema da sucessão...*, p. 135.

[521] Tal é também a opinião de Paul BASTID – *Benjamin Constant*, p. 909.

[522] Paul BASTID – *Benjamin Constant*, p. 904, sintetiza o pensamento do seu autor: "Tudo o que não respeita aos limites e às atribuições respectivas dos poderes e aos direitos individuais, dele [do âmbito propriamente constitucional] não faz parte. O domínio constitucional encontra-se assim estritamente limitado, sem que de resto, para estes últimos, pareça conter uma declaração liminar solene: nunca fala, com nosso conhecimento, das declarações de direitos do período revolucionário e não parece atribuir-lhes uma importância especial."

A revisão não é possível senão quatro anos depois do juramento, por proposta escrita de um terço dos deputados (art. 140.°). E o processo não é muito difícil. Aliás, o artigo 144.°, retoma uma ideia de Constant: faz a divisão do que nós chamamos hoje *materialmente* e *formalmente* constitucional. Apenas o materialmente constitucional deve ser submetido ao processo mais completo da revisão. O resto será de revisão simples, como o das leis ordinárias.

Ora, na determinação daquilo que no texto é sagrado, daquilo que é verdadeiramente "constitucional", aí está a teoria de Constant:

> "Art. 144.° – É só Constitucional o que diz respeito aos limites e Atribuições respectivas dos Poderes Políticos, e aos Direitos Políticos e Individuais dos Cidadãos."

Retomando o mito: voltamos à lição do art. 16.° da Declaração dos Direitos. O que é mais fortemente constitucional é o conjunto dos direitos e a separação dos poderes. Esta é a nova lição de Constant e de D. Pedro.

E isso prova também o profundo valor deste texto enquanto matriz e narrativa fundadora de todo o constitucionalismo de raiz francesa. E como está em epígrafe e, em grande parte reproduzido pela Constituição de 1791, é também a importância mítica desta primeira constituição escrita que está em jogo.

c) *O poder moderador*

A importância real do poder moderador é que ele é uma tentativa para salvar o rei, salvando ao mesmo tempo o constitucionalismo – ou a sua face. E não o faz timidamente, mas reabilitando plenamente os poderes reais, no contexto de uma monarquia constitucional, quer dizer, ali onde os seus poderes devem conviver com outros poderes, saídos de outras forças e legitimidades.

Viu-se que a rígida separação dos poderes, a ausência de diálogo entre eles e a fraqueza da figura do rei na Constituição Francesa de 1791 (ou na Portuguesa de 1822, se tivesse tido tempo para se desenvolver na prática) haviam tornado impraticável esta forma de governo, utópica (quimérica). Tinha-se também concluído que o puro regime de assembleia tinha terminado na negação prática dos direitos, um dos aspectos mais importantes do constitucionalismo.

E as experiências napoleónicas também não eram do constitucionalismo, mas o caminho do cesarismo para a ordem imperial burguesa (que é diferente da ordem liberal burguesa do puro modelo constitucional). Depois de um rei que se vira obrigado a enfiar o barrete frígio, depois de uma assembleia que coroa com louros os seus próprios membros, depois do general que se coroa a si próprio Imperador, é a afirmação da coroa como poder a *se stante* (e em diálogo preponderante com os outros). Em resumo, é a assunção do rei como poder dominante, uma vez que parece existir sempre um poder dominante[523]. Esta verificação de facto por vezes é invocada quase como se fora de direito – como se verá na discussão da Constituição de 1911.

Parece que na constituinte alguns monárquicos tiveram já a previsão da necessidade de não humilhar o rei para não perder a liberdade. É por causa disso que a defesa do veto absoluto ou da nomeação dos juízes pelo rei tem coerência.

Clermont-Tonnerre[524] afirma, já desiludido da sua derrota:

> "Constantemente defendi os direitos do rei, porque é pelo seu enfraquecimento, e pelo aviltamento da realeza que se quis preparar o caminho[525] para um novo género de despotismo".

---

[523] Os factos encarregam-se de fazer prevalecer um dos poderes, se isso não estiver já determinado como tal na Constituição. Quer dizer que a constituição real prevalece sobre a constituição formal. Assim, a força normativa dos factos prevalece sobre a força normativa da constituição (escrita). Cf. Paulo Ferreira da CUNHA – *Reservas de Poderes ou Poder dominante*, in "Nomos. Revista Portuguesa de Filosofia do Direito e do Estado", in ex in *Pensar o Direito* I, p. 307 ss..

[524] Para Trindade COELHO – *Manual Político*..., p. 202, Clermont-Tonnerre (mas de facto, ele fala dum Clement Tonnerre... *Lapsus calami*?) seria o pai da teoria do poder moderador.

[525] *Recueil*...t. I, p. 39-40, *apud* François FURET / Ran HALEVI (textos estabelecidos, apresentados e anotados por...) – *Orateurs de la Révolution française*. I. *Les Constituants*, Paris, Gallimard, 1989, p. 1259.

Entretanto, parece que a ideia se encontrava já no texto mítico e fundador de Montesquieu sobre a Constituição de Inglaterra[526]. O poder moderador seria esta "força moderadora" para temperar o executivo e o legislativo, tendo como titular a Câmara Alta, "a parte do corpo legislativo composta de nobres"[527]. É sempre o problema da distribuição do poder pelos seus diversos pretendentes, e também a existência inelutável dum poder predominante que nesta teoria se identifica com a força moderadora.

Nem Montesquieu, nem Clermont-Tonnerre, nem Benjamin Constant empregaram a expressão "poder moderador". Também a Carta Francesa ignora tal sintagama. Sob certo aspecto, trata-se de uma originalidade.

À primeira vista, poder-se-ia pensar numa total originalidade do texto, porque o primeiro artigo, especificamente dedicado ao rei, o 71.°, considera que

"O Poder Moderador é a chave de toda a organização política [...]"[528].

Trata-se, evidentemente, dum problema de designação. A expressão foi provavelmente original. Com a coragem de incluir num texto constitucional um quarto poder – e que poder! – quebrando assim a magia do número três na repartição dos poderes. Mas o autor é o primeiro a reconhecer que havia inspirações estrangeiras, nomeadamente francesas, na Carta. Não as cita, mas muitas destas influências referem-se precisamente à organização do poder, e aos poderes do rei.

---

[526] Cf. MONTESQUIEU – *De l'Esprit des Lois,* XI, VI.

[527] Tal é a interpretação de João de SCANTIMBURGO – *O Poder Moderador. História e Teoria,* São Paulo, Livraria Pioneira Edit., 1980, p. 5 ss.. Cf. ainda Nelson SALDANHA – *A Teoria do Poder Moderador e as Origens do Direito Político Brasileiro,* in "Quaderni Fiorentini per la Storia del Pensiero Giurídico Moderno", Milano, Giuffrè, 18, 1989, p. 253 ss..

[528] Trindade COELHO – *Manual Político...,* p. 202.

Falar de poder moderador, é falar do reforço do poder real, tal qual está na Carta portuguesa ou francesa.

No entanto, subsiste um problema. Algumas vezes, nos escritos de Constant, o poder do rei parece não ser dominante, como o é na concepção de D. Pedro, mas sobretudo equilibrador. Evidentemente que o argumento do Imperador do Brasil é o mesmo... Mas o fim é diferente.

Quando Constant fala de "a chave de toda a organização política", não considera que ela resida num quarto poder. A chave não é uma nova prerrogativa real. É, segundo António Pedro Ribeiro dos Santos, a distinção entre o poder real e o poder executivo[529]. E Constant considera o poder do rei como "um poder neutro"; assim, o rei nada dirige, "tempera" as relações entre os poderes tradicionais[530]. A neutralidade do rei faz com que ele reine sem governar[531], sendo "neutro", "acima das agitações humanas"[532].

Pode haver qualquer coisa de mítico (como bandeira de luta e discurso de legitimação) na influência de Benjamin Constant na Carta, sempre invocada.

Ser neutro ou ser o que tempera, são já coisas um pouco diferentes. Mas temperar é, efectivamente, moderar. Então, porquê esta objecção?

---

[529] António Pedro Ribeiro dos SANTOS – *A Imagem do Poder* no *Constitucionalismo Português*, p. 425.

[530] Benjamin CONSTANT – *Cours de Politique Constitutionelle ou Collection des Ouvrages publiés sur le gouvernement representatif*, 2.ª ed., Paris, Librairie de Guillaumin et Cie, 1872, I, p. 177 (1.ª ed., 1818); *Ibidem*, p. 179.

[531] Mais tarde, Eça de Queiroz ridicularizará esse reinado tão falto de poder na prática que foi a monarquia constitucional portuguesa: "– Mas, esse rei reina? – Reina – como quando se diz na descrição de uma sala: no alto, ao pé da cornija, *reina* um friso dourado..." Cf. Eça de QUEIROZ – *Uma Campanha Alegre, de 'As Farpas'*, Porto, Lello & Irmão, 1969, vol. II, p. 8.

[532] Nesse sentido, *v.g.*, Jean TOUCHARD (dir.) – *Histoire des Idées Politiques*, trad. port., *História das Ideias Políticas*, Lisboa, Europa-América, 1970, 7 vols., vol. V, p. 94-95.

É que não estamos seguro de que o texto e as intenções de D. Pedro fossem a moderação e menos ainda a "neutralidade". É assim paradoxal que Constant fale dum poder real quando quer um rei moderado e moderador[533], e D. Pedro (e a Carta Portuguesa) dum poder moderador, pertencente ao rei, que ele quer "a chave de toda a organização política". O rei, não o poder, que não é nada sem o seu titular único.

Na verdade, a Carta era um cheque em branco aos monarcas.

"[...] Concedia tam largos poderes à coroa que só à interpretação liberal dos monarcas se deveu o não tranformar-se em instrumento de despotismo êsse código de liberdade [...]"[534].

É o que nos diz Carlos de Passos, retomando uma ideia de Pinheiro Chagas. E conclui pelo mitismo da Carta, sob um disfarce de propaganda, etc., como *inadæquatio verbi ad rem*: "Eis, portanto, um absolutismo disfarçado com o *travesti* [sic] liberal"[535].

Conclusão: o liberalismo do rei liberal e da sua Carta é um mito. Foi forjado pelas circunstâncias, pelos sucessores de D. Pedro, pelos Actos adicionais, pela situação nas ruas e nas asssembleias[536]. Não é de modo algum obra de D. Pedro.

---

[533] Esta moderação implica a intervenção nos casos difíceis: "Se a acção do poder executivo, quer dizer dos ministros, é irregular, pois o rei destitui o poder executivo se a acção do poder representativo se torna funesta, então o rei dissolve o corpo representativo. Enfim, se a própria acção do poder judiciário é deplorável, porquanto se aplica a acções individuais penas gerais muito severas, nesse caso, o rei tempera esta acção pelo seu direito de graça." Benjamin CONSTANT – *Cours de Politique Constitutionelle...*, p. 179.

[534] Carlos de PASSOS – *O problema da sucessão...*, p. 131.

[535] *Ibidem*.

[536] A um tal ponto que, em 1871, em pleno regime da Carta, Eça de Queiroz podia dizer a propósito da monarquia: "No entanto a opinião liberal continua a declarar que existe um trono. Existe para ela como um efeito de Quintiliano – como um movimento de eloquência para os discursos de grande gala". Eça de QUEIROZ – *Uma Campanha Alegre*, I, p. 17.

Para não tirar o elemento mítico, é preciso salientar que o poder moderador pode mesmo ser miticamente identificado com os pretensos famosos antepassados[537], como o governo misto, ou moderado, e estar assim ligado a Aristóteles ou a S. Tomás. Isso pode discutir-se quanto ao espírito, ou quanto a uma eventual convergência teleológica. Mas não é caso para assimilar os conceitos, ou para os confundir.

A existência dum poder moderador, pode assim ser mitificada – e em Portugal e no Brasil mais eficazmente ainda – pela sua identificação ou analogia à antiga constituição pré-constitucionalista.

Mas trata-se duma mistificação.

A especificidade do verdadeiro poder moderador é também dada pela sua criação histórica. Ele representa uma certa reacção ao constitucionalismo directamente representativo. Saída do princípio monárquico, embora rica em demofilismo, esta ideia-força é um elemento de contra-revolução, ou de constitucionalismo moderado, não um regresso às velhas instituições.

Resumindo, em Portugal, insere-se politicamente nessa categoria da direita clássica que é o bonapartismo; não no legitimismo[538]. E é de inspiração francesa, de época recente. Mas o seu mito original pode ir buscar-se muito longe.

Em todo o caso, se é verdade que as raízes longínquas desta carta são fantasistas e sobretudo desprovidas de rigor técnico, conceptual, deve repensar-se o verdadeiro legado de Constant no nosso texto. Pode tratar-se de uma nova falsificação das influências[539]. Agora para a fazer passar como francesa – e assim necessariamente revolucionária – uma teoria conservadora.

---

[537] João de SCANTIMBURGO – *O Poder Moderador...*, p. 8 ss..

[538] Dominique VENNER – *O Modelo Napoleónico*, in "Futuro Presente", n.º 14, 1983, p. 13 ss..

[539] As influências da Carta e de Constant nos textos brasileiro e português são considerados parciais por António Pedro Ribeiro dos SANTOS – *A Imagem do Poder* no *Constitucionalismo Português*, p. 426.

No fundo, as razões são quase inversas das que proclamavam uma avassaladora influência espanhola.

Há influência, certamente. Mas onde termina a influência de estilo, e onde começa uma mais profunda causalidade?

### d) *A Carta Francesa e a Carta Portuguesa. Perspectiva de conjunto*

O constitucionalismo português de 1822 teve, como abundantemente vimos, uma falsa via de inspiração indirecta – a Constituição Espanhola.

O constitucionalismo cartista de 1826 assentou sobre um texto directamente utilizado (um instrumento de redacção, mais até que de simples inspiração) – a Constituição Brasileira.

A Constituição de 1822 retomou algumas fórmulas da de Cádis, mas sobretudo propagou a influência espanhola para ocultar a influência francesa, real, da Constituição de 1791.

A Carta de 1826, copiada em parte do texto brasileiro – ou mais ainda, sendo uma reprodução corrigida desse texto – uma vez que foi feita pelo mesmo autor material, pelo mesmo inspirador, D. Pedro, tem, na realidade, as mesmas fontes que a Constituição Brasileira de 1824.

E é evidente que o texto original pai de ambos, brasileiro e português, é o de Benjamin Constant, *Esquisse de Constitution*, de 1814[540]. Pelo menos no plano das formas e das aparências. A influência vai até à transcrição (em tradução, evidentemente) de muitas passagens[541].

Além da doutrina, o texto constitucional mais influenciador da Carta Portuguesa é, sem dúvida, a Carta Constitucional Francesa de 4 de Junho de 1814.

---

[540] Este texto seria mais tarde incluído no *Cours de Politique Constitutionelle*, I.

[541] No mesmo sentido, Marcello CAETANO – *História Breve das Constituições Portuguesas*, p. 32.

Vê-se aí a mesma moderação e o mesmo espírito conciliador[542] face aos partidos e ao passado[543].

A idade do ferro do passado recente deve ser esquecida. Mas a Carta Portuguesa (ao contrário da Francesa), não menciona algo de paralelo às "sábias" ordenações de Luís XIV. O Preâmbulo português limita-se à fórmula de promulgação. Ela é assim menos explicitamente mítica. Dir-se-ia mesmo que a justificação de algumas soluções ou mitificações portuguesas deverá ser procurada directamente no preâmbulo francês. Assim, a criação da segunda Câmara é apresentada como recuperação do passado (o mesmo discurso de legitimação que as constituintes de 1791 tinham utilizado para o conjunto da sua constituição), reactualização dum mitema da idade do ouro:

"nós vimos na renovação do pariato uma instituição verdadeiramente nacional, e que deve ligar todas as recordações a todas as esperanças, reunindo os tempos antigos e os modernos".

Se o "nacional" tem o sentido de "histórico" ou "tradicional", o final do texto lança uma ponte entre a idade do ouro mítica e a utópica, futura.

O mesmo papel providencial do rei que regressaria (sendo o seu retorno antecipado pelo envio da sua Carta[544] e a promessa do envio de sua filha, para Portugal) dá ao monarca uma dimensão de salvador[545].

---

[542] *V.g.* Jacques ELLUL – *Histoire des Institutions*, vol. V, p. 298.

[543] Uma coincidência significativa entre as Cartas é a introdução da Câmara dos Pares, essencialmente aristocrática e dependente da nomeação real.

[544] A Carta é também um pouco o totem do Rei, não somente o seu símbolo, mas seu substituto... "o rei sob forma escrita"...

[545] Entre nós, é também a ideia do sebastianismo cumprido: o retorno de D. Sebastião acaba por não passar da outorga de uma Carta. O rei que deveria reinar eternamente é substituído por uma Carta que, essa sim, deveria durar eternamente, para a felicidade geral.

O rei é sagrado. Depois do "dilúvio" e da guilhotina, tenta-se recuperar o mito do rei[546]. "A pessoa do rei é inviolável e sagrada", afirmam logo o art. 13.º da Carta Francesa e o 72.º da Portuguesa. O resto do artigo português não é mais que uma perífrase do francês: "ele [o rei] não está submetido a qualquer responsabilidade". O texto francês diz: "Os seus ministros são responsáveis. Apenas ao rei pertence o poder executivo". A maior vacuidade do texto português sublinha a tendência portuguesa para ser *mais papista do que o Papa*. Na importação da Constituição de 1791, os portugueses foram mais democráticos. Agora, são mais realistas, mais monárquicos. De facto, é ainda mais livre não dizer, no art. 72.º, que os ministros são responsáveis. Se mesmo os ministros podem não ser responsáveis, parece que a responsabilidade do rei diminui ainda mais.

É importante assinalar ainda um aspecto. A Carta francesa quer (como já Napoleão... entre outros – e até depois Augusto Comte) acabar com a revolução. A Carta Portuguesa também o quer. A diferença é que a França, na época da sua Carta, tivera já vários regimes e constituições, e uma perturbação completa das suas estruturas e da sua mentalidade. Em Portugal[547], tudo era diferente. A única revolução tinha sido a de 1820, e embora a sua obra legislativa fosse já considerável, a sua aplicação era quase nula.

Assim, aparentemente, a Carta Portuguesa prefere evitar uma nova revolução a dar fim à que mal começara.

Isso explica as diferenças existentes entre as constituições em causa. Por exemplo, era impossível nessa altura ter, em Portugal, um artigo como o 71.º da Carta Francesa. Não se podem confirmar antigas e novas nobrezas, porque não havia senão uma....

Entretanto, a intenção de conciliar os campos adversos, o passado e o futuro, sob o ceptro real, é a mesma.

---

[546] De facto, o rei nunca morre. Um dos seus corpos, pelo menos... Cf. Ernst KANTOROWICZ —*Les deux corps du roi* (trad. fr. de *The King's two bodies. A Study in Mediaeval Political Theology*, Princeton University Press, 1957), Paris, Gallimard, 1989.

[547] No Brasil, a situação era, neste aspecto, bastante semelhante.

e) *Ecos da Carta Portuguesa em França*

A assimetria das relações não permite certamente falar de uma influência portuguesa da Carta Portuguesa em França. Mas houve, mesmo assim, entusiastas franceses pela política e pelos textos portugueses. É disso que se trata agora.

Citaremos um só nome: Eugène Jaffeux[548].

O autor, que se apresenta como imparcial, considera como "Cartas" a Constituição de 1822 e a Carta, propriamente dita, de 1826. O estudo é uma apologia da Carta de D. Pedro:

"É ele [D. Pedro] quem prevaleceu e na minha opinião era ele que devia prevalecer, porque me parece de facto mais conforme à Razão, à justiça, e ao mesmo tempo o mais conveniente para Portugal, onde as antigas crenças jogam ainda tanto a seu favor[549].

Os mitos da razão e da tradição amalgamam-se.

O Autor declara-se partidário duma liberdade sem abusos[550], e não é muito optimista quanto à natureza humana: "os homens não mudaram"[551].

O Autor lembra também a mitologia da Revolução enquanto ritual de renovação dum mito antigo:

"Pois enfim, esse povo [...] exerceu o seu direito de controlo sobre todos os actos do poder. Ainda a respeito disso, pode afirmar-se, ele não fazia mais do que recuar ao lugar que se tinha destinado originalmente, na época da fundação da monarquia, quando elegiam os seus reis por aclamação, e lhes davam por trono um escudo"[552].

---

[548] Eugene JAFFEUX – *Les deux Chartes portugaises,* Paris, Gustave Barbo, Lib., 1837.
[549] *Ibidem*, p. 8.
[550] *Ibidem*, p. 9.
[551] *Ibidem*, p. 10.
[552] *Ibidem*, p. 15.

Eis os Celtas, os Gauleses, que regressam a galope...

O mito da separação dos poderes está sempre presente, e é por causa duma boa versão desse mito que a Carta portuguesa colhe a simpatia do escritor:

> "O ponto mais essencial a examinar em toda a constituição é pois o que olha as atribuições dos poderes; é a chave de abóbada do edifício..."[553].

A separação dos poderes deve ser rígida, segundo lhe parece:

> "[...] é preciso que os poderes sejam ponderados pela constituição [...] sem jamais se chocarem entre si, nem uns procurarem usurpar os dos outros. Esta condição é a de mais extremo rigor, porque toda a fricção, em casos semelhantes, determina como na mecânica graves acidentes [notamos o uso de argumentação saída da Física], o menor dos quais é a paragem da máquina"[554].

Politicamente, isso conduziria à anarquia.

Mas, se as interpretações duvidosas da Carta Francesa, no respeitante à distribuição dos poderes, conduziram ao segundo exílio dos Bourbons, o mesmo não acontecerá com as Cartas Portuguesas. Desta vez, o Autor louva os dois textos constitucionais:

> "A este respeito, faço com prazer a observação, a constituição de 1821 [sic] e a de 1826 não deixam nada a desejar. Esta responsabilidade encontra-se aí expressamente determinada, foi sabiamente dispersa pelos membros do corpo judiciário[555].

Estava em questão sobretudo a ambiguidade do artigo 14.º da Carta Francesa de 1830, perante a precisão "casuística" dos textos portugueses. Tudo isso em honra do mito da separação dos poderes.

---

[553] *Ibidem*, p. 21.
[554] *Ibidem*, p. 17.
[555] *Ibidem*, pp. 18-19.

A despeito da simpatia de M. Jaffeux, a verdade é que, pelo menos ao princípio, a recepção em França das novas da experiência portuguesa (assim como da espanhola) não foi muito entusiástica. Muito pelo contrário. O democratismo muito radical – sempre "mais papista do que o papa" – dos constitucionalistas ibéricos foi objecto de duras críticas. M. De Martignac foi um dos deputados franceses a criticar os excessos peninsulares, e na câmara de Paris, também a voz de Chateaubriand verberaria os nossos "excessos".

A Inglaterra também condenava a Espanha e Portugal pela voz dos seus deputados. As duas potências europeias não gostavam nem da Constituição de Cádis nem da nossa, de 1822[556].

### 1.2.2.2. Análise dos Mitos

a) *Transfiguração do mito do rei*

Não se pode conceber a Carta Constitucional sem a personalidade de D. Pedro. Ela é muito sua criação, mesmo que tributária de outras influências reconhecidas. Porque sem D. Pedro não haveria Carta. É o acto dum homem, o único homem que podia fazê-la.

E a Carta deriva de uma projecção mítica do homem D. Pedro. Foi outorgada para servir de instrumento à sua vontade de posar para a história.

Assim, o primeiro mito ligado à mitocrítica desta época constitucionalista é o do rei, do Imperador, seduzido pela imagem mais bonapartista que napoleónica do herói libertador e organizador, ou, melhor ainda, do herói fundador. E o mito do herói fundador era, na América, já o de um outro, triunfante e não exilado: era Simão Bolivar[557].

D. Pedro, seduzido pelo mito do herói latino-americano, quer readaptá-lo. Quer conjugar o barrete revolucionário com o diadema

---

[556] Sobre toda esta questão, Mascarenhas BARRETO – *Memórias...*, I-II, p. 266 e 271.

[557] Cf. uma coincidência de apreciação de Oliveira MARTINS – *Portugal Contemporâneo*, vol. I, p. 39.

real. Uma república coroada era o regime de 1822. Uma monarquia republicana era o paradigma de D. Pedro.

Seria talvez ao mesmo tempo, um tudo-nada conservador, por têmpera mais cioso do poder que seu pai, que se vira investido em rei constitucional forçado, apesar de contrário às tiradas populistas.

Era ainda o amor do rei pelos seus vassalos. Mas transfigurado em retórica exterior e concentração de poderes na explícita propaganda da separação mítica.

Era ainda o mito do rei, unido ao seu reino e ao seu povo como o velho rei Artur do ciclo Bretão. Mas doravante unido por laços ditos racionais, e não místicos.

Laços racionais – a começar pela Carta, que é, na verdade, a teia dos diversos fios – que têm (como habitualmente sucede nestes casos) outros preconceitos, outros argumentos legitimadores, outras bases míticas.

Mas a situação da Carta portuguesa torna-se muito grave, porque afirma a coexistência de mitos contraditórios. Nomeadamente, no que respeita à soberania. O povo não é mais soberano como o era. Agora o governo torna-se monárquico, hereditário e representativo[558]. O último qualificativo choca com os dois primeiros. Mas a conciliação é feita numa mistura de mitos, um ecletismo singular.

Chega-se a conciliar representatividade e monarquia e hereditariedade na pessoa do rei. Porque o rei é considerado como um representante da nação, assim como as Cortes, depositárias tradicionais desta carga mítica. O art. 12.º declara-o: "Os representantes da Nação Portuguesa são o Rei, e as Cortes Gerais"[559]. Curiosa maneira de esvaziar de sentido um conceito revolucionário (o da representação[560]).

---

[558] Art. 4.º. – "O seu governo [da Nação Portuguesa] é Monárquico, Hereditário e Representativo".

[559] Art. 12.º. – "Os representantes da Nação Portuguesa são o Rei, e as Cortes Gerais."

[560] Sobre a representação em geral, uma síntese em Paulo Ferreira da CUNHA – *Política Mínima*, 2.ª ed., Coimbra, Almedina, 2005, p. 198 ss. e mais desenvol-

Mais uma vez, embora a ideia esteja presente na Carta Francesa, entre as funções do rei, nomeadamente na sua acção legislativa[561], ela não tinha ousado ir tão longe.

O rei muda de face. Tem dois corpos. Antes e depois da restauração, antes e depois da Carta portuguesa (que, como habitualmente, exagera e aprofunda o que recebeu), o seu mito é diferente. Rei absoluto, rei representante.

"O rei está morto. Viva o rei"

O novo mito do rei seria o rei-soldado, sobrenome com que os liberais o fazem passar à história. Esse rei-soldado seria, para os legitimistas, um bonapartista, um arrivista. O cognome que lhe deram foi o de "o usurpador".

b) *A caixa de Pandora e a Serpente autofágica*

> *[Stuart] embarcou com a pasta dos papeis [contendo o texto da Carta], boceta de Pandora que, ao abrir-se em Portugal, desencadeou a anarquia – sem que no fundo restasse, como no velho mito, a esperança de um futuro!*
>
> OLIVEIRA MARTINS – *Portugal Contemporâneo*[562]

A Caixa de Pandora, que promete todos os bens, é também a que encerra todos os males.

Abre-se a caixa para obter a felicidade utópica, e eis que todos os males saem.

Fecha-se a caixa demasiado tarde. Mas nos seus bordos, ou no seu fundo, resta a esperança. E isso é um bem.

---

vimentos no autor tradicionalista contemporâneo José Pedro Galvão de SOUSA – *Da Representação Política*, São Paulo, Saraiva, 1971

[561] Cf. artigos 13.º a 22.º da Carta francesa.
[562] Oliveira MARTINS – *Portugal Contemporâneo*, vol. I, p. 39.

Esta história mítica[563] aplica-se de algum modo à história da Carta.

A Carta era para o homem que a Caixa abriu – que a Carta fez – a consumação do bem político.

D. Pedro decreta-a. Problemas, muitos problemas – até a guerra – sobrevêm.

Mas, miraculosamente, os liberais constitucionalistas acabam com o tempo por lutar pela esperança da Carta, o menor dos males convertido em bem.

E mesmo quando o absolutista D. Miguel dissolve as Cortes Liberais, não o faz baseado na sua legitimidade de monarca absoluto, mas invocando – paradoxalmente – a Carta.

É uma síntese por habituação, e é também um "suave milagre"[564]... Em Portugal, a história constitucional terá uns tantos.

Esta síntese (à qual o hábito dará a aceitação geral) estava já no pensamento do seu autor. O seu objectivo era a reconciliação nacional:

"as antigas instituições saão adoptadas, e accomodadas a esta idade, tanto quanto o permite hum intervalo de quasi sete séculos, tendo esta Carta modelos nas actuaes instituições de outras nações, que se dizem, e são as mais civilizadas e as mais prósperas".[565]

É a confissão da influência estrangeira e do mito do progresso. O mito da idade do ouro e da tradição estão presentes, mas de forma muito ténue, em comparação com os novos mitos.

---

[563] Edith HAMILTON – *A Mitologia*, trad. port., 2.ª ed., Lisboa, Dom Quixote,1979, pp. 96, 101, *et passim*.

[564] António REIS – *O Suave Milagre da Constituição*, in "Opção", ano 1, n.º 7, 1976.

[565] Biblioteca da Academia das Ciências de Lisboa, *Legislação Portugueza*, 40, sem número, "Proclamação", Palácio da Ajuda, a 12 de Julho de 1826, citado por Joaquim Veríssimo SERRÃO – *História de Portugal*, VII, pp. 400-401.

Há uma encruzilhada de legitimidade (ou de legitimações):

As Cortes tradicionalistas são convocadas após a dissolução das Cortes constitucionais segundo a Carta Constitucional.

E assim Charles Stuart exigiu a D. Pedro que a outorga da Carta fosse precedida do juramento da mesma Carta precisamente pelos Três Estados, no modo tradicional.

É o mito (ou o tema) da serpente que morde a sua própria cauda.

Isto tem por consequência que, aparentemente, a legitimidade regressa às Cortes tradicionais. Porque elas consentiram na Carta, e depois, pelo auto-reconhecimento da falência dos mecanismos desse documento, os Três Estados regressam, reassumindo a "soberania". É assim um eterno retorno. E um eterno contorno.

A evocação do mito não é uma elaboração ulterior de teóricos. É contemporânea da outorga da Carta.

O "ministro do reino" do conselho de regência de D. Isabel Maria tinha já qualificado a prenda de D. Pedro de "funesta" e de "caixa de Pandora"[566]. Fomos assim pioneiros nesta qualificação para instrumentos constitucionais[567]...

A imagem é tomada por muitos historiadores. Mas, como de costume, ganha a sua maior dimensão mítica com Oliveira Martins.

c) *O ritual da Carta*

Há vários mitos e ritos, símbolos, e figuras próximas envolvendo a Carta. Uma das mais interessantes é o conjunto de hinos, alegorias, poemas, festas, etc.. Estes documentos provam usualmente, duma maneira muito clara, a condição mítica do poder e as dificuldades deste período em particular.

---

[566] Cf. Carlos de PASSOS – *Reinado de D. Pedro IV e Regência Constitucional*, in *História de Portugal*, Dir. de Damião Peres, VII, p. 145.

[567] Como se sabe, também o antigo Presidente da República Francesa, Valéry Giscar D'Estaing, assim qualificaria o Projecto de Tratado Constitucional Europeu, a cuja Convenção elaboradora presidiu, no sentido de a considerar blindada a alterações. Como é também sabido, os referendos negativos a tal projecto, na França e na Holanda, levariam a um congelamento do processo referendário.

Menos de cinquenta anos após a outorga da Carta, parece que ela não vive senão como um cadáver, nem sequer pelas sua fórmulas, mas apenas pela sua ritualização mais exterior: a da comemoração:

"– E por onde se governa esse país? – Este país tem a Carta, que se manifesta todos os meses nas músicas regimentais – em hinos, e actua nas repartições de ano a ano – em suetos... É tudo o que o país sabe dela".[568]

No princípio era diferente. O entusiasmo dos moderados sucede à surpresa por um texto que ninguém esperava. Mas pode dizer-se que a presença ritual era também um facto. Há duas formas de ritual: o activo, o "conquistador"; e o passivo, póstumo, rotineiro. É a diferença entre o texto de Eça de Queirós e, por exemplo, o hino da Carta composto por D. Pedro. Assinale-se que ele já utiliza as técnicas modernas dos mitos políticos actuais, em que a repetição desempenha um papel importante[569]. O texto continua a mescla, já efectuada pelos homens de 1820, entre a antiga e a nova religião, agora sublinhada pela expressão "divinal constituição". A evocação da Pátria e da ordem vai ser explicada pelo mito da unidade e da infalibilidade do rei, o titular desse elemento de originalidade da divina constituição, o poder moderador.

Curioso paradoxo mítico: o rei liberal proclama a sua infalibilidade pela voz da propaganda (um hino); o rei absolutista não o faz.

Textos como este, haverá vários ao longo dos primeiros tempos constitucionais[570].

---

[568] Eça de QUEIROZ – *Uma Campanha Alegre*, Porto, Lello, nova ed. 1969 (1.ª ed. 1890), II, p. 8.

[569] André RESZLER – *Mythes Politiques Modernes*, p. 213.

[570] Falando também da "Divina Constituição", *apud* Oliveira MARTINS – *Portugal Contemporâneo*, I, p. 42, Anónimo, Lisboa, Imp. Rua dos Fanqueiros, 129, 1884: "[...] He Pedro Augusto/O Grande Catão/ Que do despotismo/ Defende a Nação// Infames despotas/As armas baixai/Pois sabei que Pedro/Nos

Depois da imposição do juramento da Carta, ditada pela ameaça das armas de Saldanha, as manifestações rituais de alegria multiplicam-se. Serenatas na Rua da Flores, piquetes revolucionários, balões, bandeiras, flores lançadas das janelas sobre Saldanha e suas tropas, vitoriosas como heróis[571]. Este "salvador" dador de Lei acabará exilado, inimigo de todos os partidos. Entretanto, cantava-se:

"A Lusa herdade glória reverdece,
O lugar de Nação Lísia retoma
E ao seu libertador mil hinos tece".[572]

Ou, com mais entusiasmo, agrupando os mitos heróicos do momento:[573]

"Viva, viva p'ra sempre, oh portugueses!
Pedro, Constituição, Pátria, Saldanha!"

Os versos são quase sempre duma ínfima qualidade – a começar pela rima. Mas se toda a gente os fazia... Até Passos Manuel, jovem de vinte anos, no velho estilo clássico, romano, falando de Catões e de Brutus[574]. Os Passos, de Vila Nova de Gaia, tinham organizado festas revolucionárias para a Carta, onde não faltava nem o obelisco, nem alegorias constitucionais, nem sequer um "templo de Memória", cheio de Luzes (*proprio sensu*).

---

serve de Pai// [...] Pai e Filha são dois ídolos/A quem adora a Nação/Hum jura, outro defende/Liberal Constituição//[...] Viva Pedro sem segundo/Que resgatou a Nação/Sem força livra cidades, /He mais feliz que Catão// Deixa o Brasil e dá C'roas/Vem fazer-se cidadão/Abandona o que lhe é caro/Só por salvar a Nação// Sereis felizes, Portugueses, /Se vos virdes em união/Com hum Chefe que vos rege,/Vos dá alta protecção."

[571] Cf. Carlos BABO – *As Luctas Liberaes*, p. 36; Oliveira MARTINS – *Portugal Contemporâneo*, I, p. 39 e ss..

[572] *Apud* Oliveira MARTINS – *Portugal Contemporâneo*, I, p. 43.

[573] *Ibidem*.

[574] *Ibidem*, pp. 43-44.

As presenças míticas da personificação da Constituição, da Nação, da Pátria, a deificação dos heróis, e a reassunção dos mitos e das personagens da Antiguidade clássica, são as grandes constantes. Tudo isto é, evidentemente, uma tardia reassunção da mitologia da Revolução Francesa[575].

d) *Nótula sobre a história subsequente*

Esta ritualização algo folclórica da Carta não subsistiu, como se sabe. Tal deveu-se à absorção burocrático-conservadora dos seus já moderados impulsos liberais, que, como vimos, haviam sido enfatizados como instrumento de luta durante a guerra civil, não convencendo bem os genuínos vintistas. Foi essa a sorte do texto, que, aplicado moderada ou até distraidamente por todos, foi sobrevivendo, remendado por Actos ao sabor dos ventos, até que a República se viu na obrigação de lhe substituir um documento em que o rei, *de iure*, deixasse de reinar. O constitucionalismo cartista dura, assim, até, 1910 (e, em parte, 1911, data da constituição republicana); mas já em 1826 terminara na lei fundamental a soberania popular, e, com ela, encerrara-se o primeiro ciclo propriamente constitucional em Portugal.

Esse longo período de constitucionalismo cartista corresponde, melhor que os momentos inflamados e fugazes das proclamações e dos debates, à síntese por habituação entre os brandos costumes nacionais e as ideias revolucionárias francesas. Fruto de ideologias filtradas pela mão de um generoso e empreendedor imperador do Brasil que um dia *se viu rei de Portugal*, em dialéctica, sedimentação e subtil fusão com o radicalismo vintista de um lado, e tradicionalista, do outro. Verifica-se, pois, no irrecusável pano de fundo da influência, o rasgo da originalidade adaptadora, sobretudo, e paradoxalmente, nos momentos menos voluntaristas –

---

[575] Fernando DIAS-PLAJA – *Griegos y Romanos en la Revolución Francesa*, Madrid, Revista de Occidente, 1960; Denise LEDUC-LAFAYETTE – *J.-J. Rousseau et le Mythe de L'Antiquité*, Paris, Vrin, 1974.

o que corresponde ainda melhor à expressão de um génio próprio e fecundo. Que se manifesta mesmo nesses períodos históricos críticos em que as ipseidades dos vários círculos de pertença portugueses[576], como o junco, por vezes dobram, mas todavia não partem, aos ventos de ideias e forças estrangeiras, por avassaladoras que pareçam.

E em que, pelo contrário, de forma subtil e por vezes aparentemente tortuosa, acaba a velha sede de liberdade portuguesa por ir fazendo (ou abrindo) o seu caminho. A dicotomia nacional/estrangeiro (estrangeirado) tem sido, nestas matérias, particularmente culturais, políticas e constitucionais, muito exagerada, *pro domo* de perspectivas tradicionalistas, nacionalistas, conservadoras e afins, diabolizando o que vem de fora. Quando neste caso, por exemplo, a própria tríade "Liberdade, Igualdade e Fraternidade" terá tido remota origem... portuguesa, segundo alguns, e mesmo que o não haja tido, é muito mais concorde com a *alma política* lusa que o despotismo, iluminado ou obscurantista[577].

---

[576] Sobre tais círculos, Paulo Ferreira da CUNHA – *Lusofilias. Identidade Portuguesa e Relações Internacionais*, Porto, Caixotim, 2005, p. 14 ss..

[577] Cf., por todos, Paulo Ferreira da CUNHA – *Mysteria Iuris. Raízes Mitosóficas do Pensamento Jurídico-Político Português*, Porto, Legis, 1999, p. 250 ss.. Para um recente panorama geral do pensamento político em Portugal, no período geral que temos vindo a tratar, cf. António Pedro MESQUITA – *O Pensamento Político Português no Século XIX*, Lisboa, Imprensa Nacional – Casa da Moeda, 2006.

CAPÍTULO V
# O CONSTITUCIONALISMO CARTISTA
*Continuidade e Ruptura Constitucionais
ao longo do séc. XIX e início do séc. XX*

CAPÍTULO V
# O CONSTITUCIONALISMO CARTISTA
*Continuidade e Ruptura Constitucionais
ao longo do séc. XIX e início do séc. XX*

> *"– E por onde se governa esse país?
> – Esse país tem a Carta, que se manifesta todos os meses nas músicas regimentais – em hinos; e actua nas repartições de ano a ano – em suetos... É tudo o que o país sabe dela".*
>
> EÇA DE QUEIROZ – *Uma Campanha Alegre, de 'As Farpas'*, Porto, Lello & Irmão, ed. de 1969, vol. II, p. 8

## I. CONTINUIDADE CONSTITUCIONAL ATRAVÉS DE RUPTURAS

O séc. XIX português, na verdade desde 1826 até 1910, viveu fundamentalmente sob o signo de uma mesma ordenação constitucional: a Carta Constitucional outorgada por D. Pedro IV. Desde que o Imperador do Brasil, herdando o trono de Portugal, pelo seu próprio punho adaptou a Constituição que para o império gizara e a expediu para Portugal pela mão do embaixador inglês, até à implantação da República, o texto que essencialmente governou constitucionalmente o País foi o da Carta – acabámos de o ver.

Evidentemente, houve interregnos. E o maior interregno (para além do reinado de D. Miguel e da guerra civil: um interregno não liberal), o mais significativo, ou "qualitativo" seria o da Constituição de 1838, saída da revolução de Setembro. Este texto é literariamente elegante, juridicamente sistemático e foi impecavelmente elaborado, apesar de alguma agitação e pressões sobre a constituinte.

De verdadeira assembleia constituinte se tratou, antes de mais. Por decreto de 6 de Novembro de 1836, alterando o de 11 de Setembro, as Cortes eleitas foram verdadeiramente constituintes. Assim, prepararam *ex novo* uma Constituição para substituir a Carta, sem repristinarem o texto de 1822. Contudo, não surge com esta nova Constituição, uma outra vez, e em todo o seu pleno esplendor, o Constitucionalismo moderno *proprio sensu*. Porquanto se trata desta feita de uma constituição pactuada, provinda, afinal, da confluência do poder constituinte popular e da aceitação régia, como prova o final juramento e aceitação da rainha, no termo do texto constitucional[578]. Tal como aliás ocorrera com as Constituições francesa de 1830 e belga de 1831 que, certamente com a espanhola e a brasileira de 1837, são fontes inspiradoras do nosso texto[579].

A Constituição de 1838 é um compromisso, na verdade mais "vintista" que "cartista", entre 1820 e 1826. Mas não durou. Esteve em vigor apenas entre 4 de Abril de 1838 e 10 de Fevereiro de 1842, no meio de sobressaltos. Não deixa de ser um pouco ironia do destino que o texto compromissório de 1838 não tenha conseguido sobreviver, tendo-se pelo contrário optado, na continuidade e pacificação do constitucionalismo liberal, por ir ressuscitar a Carta constitucional, documento de fonte e legitimidade estritamente monárquica, o qual teria, assim, várias vigências e modificações.

---

[578] Cf. José Joaquim Gomes CANOTILHO – *Direito Constitucional e Teoria da Constituição*, Coimbra, Almedina, 1998, p. 145.

[579] Cf. Jorge MIRANDA – *Manual de Direito Constitucional*, tomo I. *Preliminares. O Estado e os Sistemas Constitucionais*, 5.ª ed., Coimbra, Coimbra Editora, 1996, p. 281.

O período liberal de puro constitucionalismo moderno, com a Revolução de 1820 e a sua Constituição de 1822, praticamente não existiu na prática, pois não teve tempo para efectivamente entrar em vigor *de facto*: como se sabe, logo a 3 de Junho de 1823, cedendo à Vilafrancada (revolta de 27 de Maio de 1823, liderada pelo infante D. Miguel), são dissolvidas as cortes e a 19 do mesmo mês o rei nomeava uma comissão para a elaboração de uma Carta Constitucional (empresa também gorada), sendo que um ano depois, a 4 de Junho de 1824, já se considerava em vigor a Constituição histórica e tradicional, aquando da convocação de Cortes à maneira antiga.

Se a primeira Constituição portuguesa codificada não teve vigência relevante, a Carta vai ter várias vigências. Assim:

A Carta chega a Lisboa com Stuart, o embaixador inglês, a 2 de Julho de 1826. Recebida sem entusiasmo, foi jurada no final do mês (31 de Julho) após pronunciamento de Saldanha. Mas, depois de várias vicissitudes que obrigaram D. Pedro a nomear D. Miguel seu lugar-tenente, este, chegado a Portugal, vindo da Áustria da Santa Aliança (22 de Fevereiro de 1828), não tardaria a dissolver o Parlamento (menos de um mês depois – 13 de Março) e a convocar, à velha maneira absolutista, novas Cortes, Cortes tradicionais (3 de Maio), as quais se apressaram a anular toda a obra constitucional anterior, designadamente a cartista. Assim, de pelo menos 13 de Março de 1828 até Maio de 1834 durou o reinado de D. Miguel (findo na Convenção de Évora Monte, quando partiu para o exílio) como rei absoluto, marcado pelo terror da perseguição aos liberais[580]; os que puderam, emigraram: foram aos milhares. Por isso é que, por exemplo, as imensas condenações à forca da "Belfastada" (revolta que acabou com a fuga no vapor "Belfast") se viram goradas: apenas conseguiram enforcar doze liberais. Ainda há anos, na Torre do Tombo, se viam pilhas e pilhas de processos do absolu-

---

[580] O reverso da medalha – nunca há apenas um lado da questão, nem um lado impoluto – pode ver-se na voz de um miguelista: Francisco de Paula Ferreira da COSTA – *Memórias de um Miguelista (1833-1834)*, Prefácio, transcrição, actualização ortográfica e notas de João Palma-Ferreira, Lisboa, Presença, 1982.

tismo... Este período é de interregno do liberalismo e da vigência da Carta. E de guerra civil.

Em 15 de Agosto de 1834 reuniram de novo Cortes "novas", dado terem-se feito eleições democráticas em Junho. Vigoraria assim de novo a Carta.

Mas por pouco tempo: os conflitos dos vários partidos liberais levam à Revolução de Setembro. Liderada pelo grupo mais à esquerda, a revolução recoloca em vigor a Constituição de 1822 (embora *cum grano salis*, desde logo admitindo modificações ditadas pelo novo contexto), pelo Decreto de 10 de Setembro de 1836. De novo a vigência desta constituição é um *flatu vocis*: sobretudo porque o novo poder, para se manter, precisava de em muitos aspectos agir ditatorialmente, e chegava a confessá-lo na tribuna parlamentar.

Compreende-se assim que esta nova vigência, de novo platónica, da constituição vintista, era um passo para a restauração da Carta – que passaria, de permeio, pela Constituição de 1838.

Em 10 de Fevereiro de 1842, Costa Cabral restaura a Carta, contando com o seu simbolismo ordeiro para a sua política musculada. Como dissemos, durou, com as vicissitudes dos Actos adicionais, até 5 de Outubro de 1910, quando foi implantada a República.

Em 1872 e em 1900, pelo menos, houve propostas de reforma constitucional, que não chegaram a ser aprovadas. Sendo a primeira, da autoria do deputado José Luciano de Castro, muito progressiva. Houve, sim, Actos adicionais: O primeiro, em 1852, de sentido geral mais democratizador (acompanhado de uma nova lei eleitoral), teve como virtualidade a pacificação de praticamente todas as correntes políticas. O segundo Acto adicional, em 1885, vai no mesmo sentido democratizador, enquanto o do decreto ditatorial de 1895 se revela mais conservador (e restritivo, naturalmente). Há mais um Acto adicional de 1907, repondo fundamentalmente o sistema da Carta quanto à nomeação livre de pares. Contudo, este Acto adicional não chegaria a entrar em vigor, devido à ocorrência do regicídio, a 1 de Fevereiro de 1908 e à impossibilidade da sua *convalidação* pelas Cortes, que deveriam ser eleitas entretanto (o rei havia dissolvido o Parlamento em consequência da greve académica de 1907).

## II. A CONSTITUIÇÃO DE 1838: RESPOSTA MODERADA A REIVINDICAÇÕES VINTISTAS

A Constituição de 1838 acolhe, embora aqui e ali com moderação, as principais críticas dos espíritos mais progressivos à Carta Constitucional de 1826[581], e que eram encarnadas pelos vintistas e fautores da Revolução de Setembro.

Na sessão da Cortes de 21 de Janeiro de 1837, Manuel Passos, ministro do reino, sintetizaria essas aspirações assim:

> "Qual era a minha missão? – qual era o fim da revolução? Que é que o povo queria em 10 de Setembro? Queria o dogma da Soberania Nacional, queria uma Constituição dada pela Nação e não outorgada pela Coroa; e queria a abolição da Câmara dos Pares; ou pelo menos que não votasse na Lei Constitucional. É por isso que ele dizia: Constituição de 1820!"[582]

### 1. Poder Constituinte, Soberania, Poderes do Estado

O ponto de partida da crítica referia-se ao exercício do poder constituinte. Sendo uma Carta Constitucional fundado no princípio monárquico, não poderia ser aceite de bom grado pelos mais lídimos liberais. Nem seria, na verdade, necessário havê-lo recordado na Proclamação da Carta:

> "Esta Carta é essencialmente diferente daquela Constituição que abortou do seio de uma facção revolucionária em 1822. Não é uma concessão arrancada pelo espírito revolucionário, é um dom espontâneo do poder legítimo de Sua Majestade"[583].

---

[581] Cf. uma síntese das críticas e das soluções *in* Marcello CAETANO – *História Breve das Constituições Portuguesas*, Lisboa, Verbo, 1971, p. 54.

[582] Damião PERES – *O Setembrismo*, in *História de Portugal*, dir. de Damião Peres, "edição de Barcelos", Portucalense Editora, MCMXXXV, vol. VII, p. 253.

[583] *Apud* José Hermano SARAIVA – *História Concisa de Portugal*, Mem Martins, Europa-América, 1978, p. 265.

Neste sentido, a Constituição de 1838 satisfaria a reivindicação, porquanto saída do poder constituinte originário do povo, através dos seus representantes, em Cortes constituintes. Contudo, pelo seu carácter pactuado, a satisfação das aspirações em causa não seria completa. A Constituição oscilava, na verdade, entre o Povo ("representado" pela burguesia, naturalmente) e o Rei. E daí que os poderes do soberano sejam acrescentados face aos da Constituição de 1822, apesar de não chegarem ao extremo dos da Carta de 1826.

Conexa com este ponto, que afinal deriva do entendimento da legitimidade originária do diploma constitucional, está a concepção da existência e relações entre os poderes do Estado, que se prende, naturalmente, com a questão da soberania. Esta, reconhece-se que reside "essencialmente em a Nação, da qual emanaram todos os poderes políticos" (art. 33.°). Sobre o significado da soberania nacional já se tinha dissertado definitivamente, considerando tal postulado de vera soberania popular, arredando-se qualquer tipo de "direito divino dos reis".

Os poderes, encarados na forma mais clássica da tríade *à Montesquieu*, são ditos "independentes" (art. 35.°) e deixa de existir o *poder moderador*, criação da Carta, sendo o monarca fundamentalmente o "chefe do poder executivo" – expressão provinda da Carta, mas que, no contexto presente, adquire todo um outro significado (art. 80.°).

Os poderes do rei deixam de cair nessa cláusula geral ambígua e potencialmente muito abrangente do dito poder moderador (em si uma espécie de subversão da própria separação dos poderes), aliás muito consonante com o velho mito do rei paternalista e do seu poder paternal, para de novo se pautarem por estipulações constitucionais mais precisas. Mesmo assim, os poderes do monarca aumentam em relação aos de 1822, como dissemos. Mas a nossa primeira Constituição mais parecia consagrar uma república coroada, ou, na mítica expressão de Fernandes Tomás, "um trono cercado de instituições republicanas"[584].

---

[584] Manuel da Silva Passos – *Discursos de...*, selecção de Prado d'Azevedo, Porto, 1879, p. 199.

## 2. Sufrágio directo mas não universal

Outro motivo de discórdia era o tipo de sufrágio indirecto para a eleição das Cortes. Também aqui a Constituição setembrista satisfez os mais democratas, estabelecendo o sufrágio directo para ambas as câmaras (art. 71.°), posto que não estabelecesse um sufrágio universal, mas, pelo contrário, sendo muito restritiva até (art. 77.°).

## 3. Senado e não Câmara dos Pares

Um terceiro ponto de polémica residia na existência de uma câmara alta não electiva, a Câmara dos Pares, fundamentalmente hereditária, que logo Dom Pedro IV, mesmo rei-liberal, nomeara de forma muito conservadora, apesar de se ter preocupado com indicar pares de um e de outro dos "partidos"[585] (essa e outras transigências lhe valeriam, aliás, no fim da vida, uma grande impopularidade, mesmo entre os seus adeptos mais fiéis[586]).

Com efeito, D. Pedro nomeara para integrarem a primeira Câmara dos Pares nada menos que 71 nobres (um duque, 26 marqueses, 42 condes e 2 viscondes), 19 altos clérigos (além do Cardeal-Patriarca, 4 arcebispos e 14 bispos), ou seja, toda a alta nobreza e toda a alta hierarquia religiosa do País – sucedendo-se a primeira hereditariamente na Câmara, e a segunda por via da respectiva nomeação eclesiástica[587].

É verdade que deixa de haver Câmara dos Pares na Constituição de 1838. Mas tal seria precisamente um dos mais significativos pomos da discórdia constituinte.

---

[585] Cf., *v.g.*, A. H. de Oliveira MARQUES – *História de Portugal*. Vol. II. *Das Revoluções Liberais aos nossos dias*, 4.ª ed., Lisboa, Palas, 1977, p. 88
[586] Cf., *v.g.*, *Ibidem*, p. 95.
[587] Cf., *v.g.*, *Ibidem*, pp. 65-66.

Como dissemos, a constituinte trabalhou com um pano de fundo politicamente acidentado. Após a derrota de um dos eventos insurgentes mais polémicos e conturbados, a revolta dos marechais, Sá da Bandeira, liderando o Ministério, abusivamente fez saber imediatamente às Câmaras ser partidário de um sistema mais próximo do da Carta que aquele que se estava a desenhar na Câmara, que já tinha optado intimamente por um Senado electivo, apesar de os mais conservadores dos deputados ainda navegarem nas águas de um órgão de nomeação real e da duração vitalícia do cargo de senador.

Sacrificando aos proverbiais "brandos costumes" portugueses, apesar de a maioria (posto que escassa) dos mais progressivos ter ganho, a instituição do Senado electivo não seria definitiva. E invocou-se mesmo o argumento da facilitação da governação de Sá da Bandeira para determinar que a questão não ficaria definitivamente resolvida, antes se viria a suscitar em nova legislatura[588]. Um artigo transitório permitia que esta viesse a optar entre a eleição popular do Senado ou uma nomeação real, com base numa lista tríplice apresentada pelos círculos eleitorais.

Em suma, o Senado da Constituição de 1838 haveria de ser também altamente fechado (art. 77.º),

> "restritíssimo de notabilidades (grandes proprietários, comerciantes e industriais, bispos, juízes do Supremo, oficiais-generais, embaixadores e lentes-de-prima)"

como o caracteriza Marcello Caetano[589]. Jorge Miranda chama-lhe, com acerto, "classista"[590]. O que não colide com a ausência, apesar de tudo, da nobreza titulada, proeminente na Câmara dos Pares da Carta.

---

[588] Cf., *v.g*, Franz Paulo de Almeida LANGHANS – *Constituição de 1838*, in *Dicionário de História de Portugal*, dir. por Joel Serrão, Lisboa, Iniciativas Editoriais, 1963, vol. I, pp. 677-678.

[589] Marcello CAETANO – *História Breve das Constituições Portuguesas*, cit., p. 54.

[590] Jorge MIRANDA – *Manual de Direito Constitucional*, tomo I. *Preliminares. O Estado e os Sistemas Constitucionais*, cit., p. 283, n. 4.

Se o sufrágio para deputados e senadores passou a ser directo (art. 71.º), continua a ser censitário (art. 72.º). E os cidadãos que podem ser eleitos senadores é realmente restrito. O velho combatente liberal e ex-deputado José Liberato viu-se afastado da vida das Cortes, em 1840, porque a sua renda, uma pensão de reforma, não atingia o mínimo exigido. Lamentava então não possuir *uns 50$000 de inteligência mais*[591]... Embora saibamos que a justificação teórica do sufrágio censitário resida no excluir dos eleitores potencialmente não livres, susceptíveis da sedução pela demagogia e pelo caciquismo[592], na prática revelou-se uma limitação social e económica no sentido plutocrático.

## III. INOVAÇÕES DA CONSTITUIÇÃO DE 1838

Tendo que ceder ao rei em matéria de poderes (por comparação com o vintismo), a Constituição de 1838 procurou alargar as liberdades e direitos.

Na verdade, o rei é chefe do executivo, mas também chefe do Estado. A pessoa do rei é, como na Carta, inviolável, sagrada e irresponsável. O rei dispõe de veto absoluto e poder de dissolução das câmaras. Só não há sanção real para as leis de revisão constitucional.

Em contrapartida, os direitos fundamentais são mais extensos e de melhor recorte que os da Constituição de 1822 (arts. 9.º a 32.º).

Destacam-se, especialmente, os novos direitos de associação e reunião (art. 14.º), um direito de exposição das violações constitucionais e legais (art. 15.º), a garantia da "liberdade do ensino público" (art. 29.º) e o direito de resistência (art. 25.º)[593].

---

[591] Cf. José Liberato Freire de CARVALHO – *Memórias de...*, p. 225.

[592] Cf., sobre o caciquismo, as sucintas mas interessantes considerações de José Hermano SARAIVA – *História Concisa de Portugal*, cit., pp. 285-286.

[593] Cf., *v.g.*, José Joaquim Gomes CANOTILHO – *Direito Constitucional e Teoria da Constituição*, cit., p. 146; Jorge MIRANDA – *Manual de Direito Cons-*

## IV. RESTAURAÇÃO DA CARTA CONSTITUCIONAL. TERCEIRA VIGÊNCIA (1842-1810)

Como se sabe, a Carta Constitucional teve a sua primeira e segunda vigências nos períodos entre 1826 e 1828 e entre 1834 e 1836. Terminou a primeira com o governo de D. Miguel e começou a segunda com a sua partida para o exílio definitivo. A qual seria de novo interrompida, como vimos ainda, pela segunda vigência da Constituição de 1822, pelo Decreto de 10 de Setembro de 1836, em consequência da revolução setembrista.

Costa Cabral forçará de novo à restauração da Carta. Ao que parece algo hipocritamente, ou, talvez melhor, com *mixed feelings*, a rainha terá dito que o fazia com escrúpulo, pois não queria ser perjura face à Constituição vigente (de 1838) nem colocar-se à mercê do pronunciamento cabralista. Fosse como fosse, a rainha acaba por assinar a restauração da Carta a 10 e Fevereiro de 1842, marcando eleições para Junho.

A partir daqui, e com os aludidos momentos de reforma constitucional pelos actos adicionais, entra-se na normalidade constitucional do Constitucionalismo monárquico. Caracterizado pelo bipartidarismo, que tendo começado por ser aguerrido e em potência mutuamente exclusor numa primeira fase (1833-1851), encontraria uma normalidade de rotativismo com uma longa vigência (1851-1891), para declinar em crise nos últimos anos da monarquia, em que já despontavam os ideais novos: republicanos, anarquistas e socialistas (1851-1891)[594].

---

*titucional*, tomo I. *Preliminares. O Estado e os Sistemas Constitucionais*, cit., pp. 282-283.

[594] Nesta periodização coincide Marcello CAETANO – *História Breve das Constituições Portuguesas*, cit., p. 62.

## V. MITO E BALANÇO

Tem-se certamente exagerado o sentido das convulsões políticas do período monárquico-liberal, como mais tarde o das do período republicano. Os tempos democráticos não são tão plácidos (nem tão sufocantes) como os momentos ditatoriais. Essa realidade parece dificilmente aceite por certa historiografia, quantas vezes bem intencionada, mas à qual impressiona muito o suceder das mudanças de ministérios, o fazer e refazer das alianças, a dança das cadeiras, a eclosão de revoltas, as crises, em suma. Não se nega, obviamente, que estes sucessos ocorreram, e com mais frequência quando a divergência se pode mais livremente exprimir do que quando se tem de calar, por lei e temor da força. À luz da nossa contemporaneidade democrática compreenderemos melhor o sentido dessa instabilidade tão mitificada, se nos recordarmos que, apesar de termos progredido muito, também na nossa democracia tem havido muitos governos, sendo embora as crises sempre debeladas dentro dos cânones constitucionalmente aceites. E essa é uma grande vantagem em relação ao passado. Afora essa, também o povo quotidianamente não sentirá tanto assim as divergências que se operam sobretudo no domínio da superestrutura político-institucional. Muitas delas, não chega sequer a aperceber.

E as realizações práticas permitidas e impulsionadas pelo constitucionalismo monárquico liberal foram, se fizermos um balanço, imensas, tendo desenvolvido profundamente o País e libertado as mentalidades, apesar dos ocasionais exageros e das pontuais crises – desde logo da decorrente da perda do Brasil[595]...

Não podemos esquecer-nos de que os grandes mitos sobre soberania popular, separação dos poderes, democracia, parlamentarismo, e outros se consolidaram neste constitucionalismo "impuro" que se seguiu à Constituição de 1822, e que cristalizaria na Carta

---

[595] Para o balanço, cf., *v.g.*, A. H. de Oliveira MARQUES – *História de Portugal*. Vol. II. *Das Revoluções Liberais aos nossos dias*, pp. 3-58.

constitucional. São mitos que calam fundo na nossa consciência colectiva, e por muito canhestra que, por vezes, possa ter sido a sua realidade prática, conservam, sobretudo face aos mitos alternativos do arbítrio e do poder absoluto, toda a sua frescura e todo o seu *élan* revolucionário. Quase de poderia arriscar dizer, num balanço que englobaria muitos períodos já, que o que falta não são novos mitos políticos, como um dia clamou para a Europa Vaclav Havel[596], mas a afirmação genuína destes velhos mitos, e de mais uns tantos, que viriam sobretudo a afirmar-se na fase subsequente. É que o mito também precisa de se tornar realidade para se manter um mito efectivo.

---

[596] Vaclav HAVEL – *Avons-nous besoin d'un nouveau mythe?*, in «Esprit», n.º 108, nov. 1985, pp. 5-9.

TERCEIRA PARTE
**DA REPÚBLICA AO ESTADO NOVO**

## CAPÍTULO VI
## CONSTITUCIONALISMO REPUBLICANO

> *"Segundo os princípios nella consignados [na Constituição], e sob a intervenção directa do povo soberano, deixarão de existir, como até agora, oppressores e opprimidos; d'ahi o antagonismo irritante das classes ligadas pela fatalidade e pela força e não, como de hoje em deante, pelo Amor e pela Justiça – cumpre-nos fazer do nosso Estatuto a Cidade Santa do Direito Moderno; conseguir que esse direito seja tão invejado pelos nossos inimigos como outrora o foram as cidades de Athenas e Roma."*
>
> MANUEL DE ARRIAGA, Presidente da República, na sessão de 24 de Agosto de 1911 da Assembleia Constituinte, in *Actas...*, p. 529

## CAPÍTULO VI
## CONSTITUCIONALISMO REPUBLICANO

I. REPÚBLICA E *REPÚBLICA*

A I República está ainda demasiado perto de nós para ser vista sem paixão e sem preconceito[597]. Contudo, não é ocultando as reais clivagens de perspectiva que se atingirá um irenismo consensualista: apenas uma podre paz teórica, assente no *não-dito*.

Antes de entrar na técnica descrição da Constituição de 1911, importa escavar em volta e problematizar o momento republicano entre nós, até porque hoje de novo há uma actualidade da questão republicana, no que tem de mais fundo.

Tem sido encarado como normal (é mesmo uma espécie de ritual de não pouca historiografia) explicar o nascimento e o forta-

---

[597] Tal pode ser ilustrado com as palavras de José Hermano SARAIVA – *História concisa de Portugal*, pp. 329-330: "A obra da Primeira República foi julgada de formas diferentes. Para uns, foi um período totalmente negativo, que substituiu a autoridade pela demagogia, desorganizou o aparelho de Estado, tornando-o incapaz de resolver problemas reais, empobreceu o País, retardou o progresso económico, agravou a dependência semicolonial em relação à Inglaterra e se resumiu a uma irresponsável palradeira parlamentar entrecortada por páginas sangrentas. Para outros, foi uma época de agitação fecunda e criadora que fez a primeira experiência de governação democrática, interessou o povo no processo político, deu passos definitivos e corajosos na legislação da família e do ensino, defendeu os domínios ultramarinos da avidez das grandes potências, pelo corajoso preço da entrada na Primeira Grande Guerra e permitiu a formação da mentalidade política civilizada e progressiva revelada pelos intelectuais da *Seara Nova*".

lecimento do movimento republicano em Portugal pela inépcia da governação monárquica (e até pelos ataques dos partidos monárquicos ao rei[598]), pela decadência do rotativismo, pelos gastos desmedidos da Coroa, e pela humilhação do *Ultimatum* britânico a propósito do Mapa-cor-de-rosa (11 de Janeiro de 1890). Todos estes elementos sem dúvida pesaram para esse resultado, mas talvez se esqueçam assim vectores determinantes mais profundos, e mais: se coloque o problema de uma forma imperfeita, apenas presa à questão da "mudança de regime", em 5 de Outubro de 1910.

Esquece-se com essa miopia institucional e de causas próximas, antes de mais, a velha aspiração republicana portuguesa, que existiu desde cedo, mesmo em tempo de monarquia. A República, em si, pode até conviver com uma cabeça coroada (podendo assim ser-se republicano e monárquico ao mesmo tempo: levando as coisas ao limite[599]). Não é por acaso que os monárquicos absolutistas (que são um dos contrários possíveis da República) consideravam que "ser rei de partidos" é "ser rei de coisa nenhuma"... Porque, para eles, a realeza só é verdadeira quando ilimitada (ou então limitada apenas no foro íntimo da consciência do monarca e das contas que deva a Deus...), não sendo para eles um rei constitucional um verdadeiro rei.

Assim, ao contrário do que temos sido em geral habituados a pensar, há dois sentidos principais do termo República: o corrente, que simplesmente o opõe à Monarquia, e o mais profundo, que remete para a oposição aristotélica entre despotismo e republica, e que se prolonga por uma linha ininterrupta desde uma leitura demofílica de Maquiavel[600] até aos nossos dias. Aliás, Maquiavel não deixa de

---

[598] Cf., *v.g.*, Marcello CAETANO – *História Breve das Constituições Portuguesas*, cit., p. 93.

[599] Cf., *v.g.*, SKINNER, Quentin – *Liberty before Liberalism*, trad. port. de Raul Fiker, *Liberdade antes do Liberalismo*, São Paulo, UNESP /Cambridge Univ. Press, 1999, p. 30 e n. 67.

[600] Sobre Maquiavel, cf., por todos, Paulo Ferreira da CUNHA – *Repensar a Política. Ciência & Ideologia*, Coimbra, Almedina, 2005, p. 153 ss.; *Idem* –

fazer idêntica bipartição, nos *Discorsi*, e como pressuposto do próprio *Príncipe* (que só trataria dos governos não republicanos)[601].

E, em Portugal, além da velha primeira monarquia poder ter sido o que pôde já chamar-se um *poder conjugado*[602], e as tradições de velhas liberdades e municipalismo nos recordarem uma monarquia feita de plurais "repúblicas", ir-se-ia mais longe. Quem se não recorda que estava nas intenções dos conjurados de 1640, caso o Duque de Bragança não aceitasse a coroa, proclamarem a República? Pode ir-se sempre mais longe... De qualquer sorte, desde pelo menos a revolução de 1820 que, sob o impacto da Revolução Francesa, havia uma forte corrente liberal adepta das instituições republicanas[603].

Os tempos, contudo, provocam olvidos. Não há hoje, em Portugal, salvo algumas vozes, por sinal sabedoras, uma retórica republicana neste sentido mais profundo. Mesmo a ordem constitucional instituída em 25 de Abril, decerto tranquila por quase não subsistir "questão monárquica"[604], tem prescindido de uma auto-consciência republicana do regime, salvo em alguns discursos oficiais comemorativos e em um ou outro estudo académico. Mesmo o hino nacional

---

*O Essencial sobre Filosofia Política Moderna*, Lisboa, Imprensa Nacional – Casa da Moeda, 2006, pp. 5-15 (síntese com bibliografia). V. ainda, em geral, e em língua portuguesa, Newton BIGNOTTO – *Maquiavel Republicano*, São Paulo, Loyola, 1991.

[601] MAQUIAVEL – *Il Príncipe*, Capitulo I.

[602] Afonso BOTELHO – *Monarquia poder conjugado*, in "Nomos. Revista Portuguesa de Filosofia do Direito e do Estado", Lisboa, n.º 2 (Julho-Dezembro de 1986), p. 38 ss..

[603] Cf., *v.g.*, Marcello CAETANO – *História Breve das Constituições Portuguesas*, cit., p. 97, que todavia faz mesclar com as razões do republicanismo nacional motivos menos nobres: "hostilidades contra o trono, quase sempre provenientes de ressentimentos pessoais ou partidários", no que simbolicamente vem a desgastar bastante a imagem do ideal republicano.

[604] O que não significa que não haja monárquicos de várias famílias e escolas de pensamento. Contudo, está-se muito longe de ter hoje, entre nós, como subsiste em Espanha, verdadeiro pensamento e militância monárquicas, sobretudo de índole tradicionalista, como, por exemplo, os Carlistas.

foi mais aprendido pelas crianças por causa do futebol, do que por obra de uma instrução escolar republicana.

A ideia dessa república mais profunda leva-nos a interrogarmo-nos sobre os valores republicanos, e em quanto poderão ser diversos dos valores ideologicamente mais em voga: conservadores, liberais, socialistas, comunistas...

E porque procuramos a República nos valores? Porque a República não pode ser identificada com o *retrato-robot* de tantos e tantos estudos, que, muitas vezes por simples psitacismo rotineiro, recitam a melopeia de uma república portuguesa (I República) de mera balbúrdia e instabilidade. Recordemos (por mera comparação) que nos últimos dois anos de vida da monarquia (embora tal sempre se possa em parte atribuir à instabilidade republicanamente induzida... – depende de quem se queira "culpar") D. Manuel II empossaria nada menos que sete governos.

Não deixa, assim, de ser interessante motivo de meditação o facto de que idênticas críticas de instabilidade política se dirijam quer à I República, quer à Monarquia Constitucional. Como afirma Oliveira Marques, relativamente a esta última:

"A Monarquia Constitucional tem sido muitas vezes caracterizada como um regime corrupto, entendido em termos de eleições falsificadas e de suborno geral na administração pública. Os parlamentos foram definidos como órgãos de sistemática obstrução à governação, como máquinas de oratória balofa e como arenas de desordem."[605]

Contudo, o seu veredicto não é condenatório:

"Tudo isso, na verdade, aconteceu, mas seria exagero grosseiro reduzir o constitucionalismo a casos de mau funcionamento."[606]

---

[605] A. H. de Oliveira MARQUES – *Breve História de Portugal*, Lisboa, Presença, 1995, p. 483.
[606] *Ibidem*.

E antes já tinha sublinhado um aspecto que parece importante, pelo menos para os nossos legítimos brios nacionais: nenhum governo liberal consegue bater as médias de estabilidade dos de monarquia absoluta – nem em Portugal, nem no estrangeiro. Afirma:

> "Mas eram outros os tempos e, fosse onde fosse, Liberalismo nunca se traduzia por grande estabilidade, que, para os seus adeptos, se igualava a estagnação e corrupção. Num contexto europeu os ministérios portugueses mostravam-se tão estáveis como quaisquer outros"[607].

E tal contribuía também para uma certa renovação, até social, na composição dos governos...

Não nos esqueçamos ainda que a questão da estabilidade governativa é, em absoluto, primariamente um problema da classe política. Estamos habituados a que seja um pressuposto, uma condição, da felicidade geral; mas pode admitir-se que assim não seja. Se um qualquer "governo de directores gerais" ou afins conseguir manter a estabilidade administrativa e o país a funcionar independentemente das mudanças de pastas, se as alterações ministeriais não afectarem a vida corrente com reformas sucessivas e fracturantes, lá dizia Frei Luís de León: "traten otros del gobierno, del mundo y sus monarquias" – ao povo, em geral, tanto monta. Em grande medida, a Itália do pós-guerra viveu muito tempo nesse sistema. Por outro lado, haveria que indagar com malha mais fina o que seja estabilidade governativa. Salazar, passando por ter sido governante imóvel de governo petrificado, era muito inconstante nos seus ministérios, que fazia e refazia. E apesar de ter mantido alguns ministros muitos anos, por vezes despedia outros com grande rapidez, através de um mero cartão de visita[608]...

---

[607] *Ibidem.*
[608] Cf., *v.g.*, *Salazar ou a Instabilidade Governamental, in* "Opção", n.º 15, ano I, Lisboa, 1976, pp. 30-35.

Mas regressemos ao nosso ponto. O que é verdadeiramente próprio da República, para além da sua forma de legitimar por título electivo e temporário o Chefe do Estado, o mais alto Magistrado de um Estado, é, realmente, a virtude. É pela virtude que essencialmente se auto-define a República[609]. E hoje – não sem alguma confusão, reconheça-se – a tradução da *virtude* é feita normalmente através de *valores*[610]...

Julgamos que a primeira aproximação de António Reis aos valores republicanos poderia concitar um larguíssimo consenso:

"Numa primeira aproximação e num registo ainda empírico, todos temos consciência de que os valores republicanos aparecem antes de mais associados à noção de prevalência do interesse público ou da 'coisa pública' sobre os interesses particulares ou privados, no âmbito de uma ética social. Mas também, agora no plano de uma ética individual de comportamento, à noção de honradez e de austeridade antiostentatória, própria de quem coloca o interesse público acima dos privilégios individuais e procura zelar pelo bom uso dos recursos públicos financiados pelos cidadãos contribuintes"[611]

Não sendo este o lugar para uma rigorosa destrinça dos legados de diferentes correntes, que podem ser tanto conflituantes como

---

[609] B. WORDEN – *Marchmont Nedham and the Beginnings of English Republicanism*, 1649-1656, in *Republicanism, Liberty and Commercial Society*, 1649--1776, ed. por David Wooton, Stanford, Cal., 1994, p. 46.

[610] Sobre valores e virtudes, cf. Paulo Ferreira da CUNHA – "Da Justiça na Constituição da República Portuguesa", in *O Século de Antígona*, Coimbra, Almedina, 2003, máx. p. 161 ss. e 167 ss.; *Idem – O Tímpano das Virtudes*; Idem – A *Constituição Viva*, em preparação.

[611] António REIS – *Os Valores Republicanos Ontem e Hoje*, in A *República Ontem e Hoje*, coord. de António Reis, III Curso Livre de História Contemporânea, Lisboa, 20 a 25 de Novembro de 2000, Lisboa, Edições Colibri / Fundação Mário Soares / Instituto de História Contemporânea da Universidade Nova de Lisboa, 2002, p. 12.

confluentes ou comportarem aqui e ali espaços de intersecção, cremos não andar longe da verdade se atribuirmos ao corpo de valores republicanos a tríade da revolução francesa (*Liberté, Égalité, Fraternité*), completada pela cidadania, pela igualdade, pela soberania popular, pelos Direitos do Homem e finalmente pela laicidade. Tudo conceitos plenos de polissemia, e cada um deles motivo para as maiores guerras. A toda esta concepção preside uma mística de serviço público, com algum minimalismo espartano[612] (só no despoja-

---

[612] Atente-se na discussão, na Constituinte, sobre a dotação do Presidente da República, por cujo sabor e exemplaridade nos permitimos transcrever algumas passagens. Na sessão n.º 15, de 6 de Julho de 1911, Alexandre BRAGA, num discurso muito rico, afirmará, a dado passo: "A comissão, obedecendo ao que chamarei um princípio de puritanismo, talhou para o presidente uma remuneração que eu julgo mesquinha e absolutamente imprópria para manter o alto decoro da sua elevada magistratura. Pode alguém imaginar que o primeiro magistrado da República Portuguesa ganhe menos que o comissário da República em Lourenço Marques? Pode alguém admitir que o mais alto magistrado da Nação ganhe menos que o nosso Ministro no Brasil, ou receba menos do que o que recebe o nosso cônsul nos Estados Unidos do Brasil?" E defendendo a atribuição ao presidente de uma residência oficial, considera, mais adiante: "Com efeito, não há possibilidade de que um Presidente da República receba, num quinto andar da baixa, os indivíduos que, tendo de estabelecer relações com ele – relações que nem sempre são oficiais – podem, entretanto, ser representantes de nações estrangeiras" (*Actas da Assembleia Nacional Constituinte de 1911* (de 15 de Junho a 25 de Agosto), Lisboa, Assembleia da República, 1986, p. 45) A resposta não se fez tardar. E na sessão imediata, do dia seguinte, o decano José de Castro, em voz baixa devido à idade, ripostou: "O presidente [da República] que a comissão [redactora do projecto de Constituição] quer, tão simples e modesto e ao mesmo tempo tão barato (*Risos*) parece-me que é o presidente que nos convém." E depois de elencar a pobreza nacional, dispara um discurso que se deseja de pedagogia cívica, sem concessões demagógicas: "Sr. Presidente, eu bem sei que o povo rude e ignorante (…) ama, estima e admira essas ilusões, esses vestuários, estas fardas com muitos dourados. Bem sei isso, mas é preciso que nós ensinemos a esse povo que essas entidades não valem mais do que ele. (*Apoiados*). É preciso dizer-lhe que esses indivíduos que se cobrem com ouropeis, não são mais que entidades insignificantes, a quem muitas vezes falta um mérito apreciável. É preciso que digamos que isso custa muito dinheiro e que esse dinheiro sai dos bolsos do povo, e em face

mento, não na política), e um equilíbrio no domínio social que se situaria quiçá entre socialismo moderado e liberalismo moderado: mas temos de admitir que as formas concretas de republicanismo admitiram variedade, e sobretudo não se exerceram em tempo de direitos sociais: pelo que nessa matéria ainda se não viram todas as potencialidades do ideal republicano em estado puro (já que ele se mescla, depois, com outros... nomeadamente socialistas). Mas as hibridações são naturais. De há muito que se dizia que "apenas uma república pode ser um estado livre"[613], havendo, naturalmente, diversas modalidades de liberdade...

Evidentemente, se nos centrarmos não na confluência (e até, em certa medida, sucessão) entre republicanismo e socialismo, e se nos ativermos ao caldo de cultura ideológico próprio do republicanismo pequeno-burguês citadino nascente em Portugal, decerto chegaremos a uma identificação política bem menos arrojada, de que a de Fernando Catroga poderia ser exemplar:

"variante da ideologia democrática burguesa, que, entre nós, procurou conciliar os princípios da tradição liberal com a filosofia comteana à qual estava subjacente um organicismo e biologismo, congenitamente antidemocráticos"[614].

---

da miséria tamanha com que luta o desgraçado operário, quer das fábricas, quer dos campos, não se deve abusar da situação para dar largos ordenados ao Presidente." (p. 55). E depois de minimizar o esquecimento do grande comissário de Moçambique e considerar a possibilidade de alteração da determinação, lembra o exemplo suíço, em que o Presidente ganha 4 contos, e o ministro representante noutro país 14 e 15, devido aos gastos extraordinários que o último tem de fazer (*Ibidem*). Curiosamente, o exemplo helvético já tinha sido invocado (e repelido) no discurso do dia anterior...

[613] V. SKINNER, Quentin – *Liberty before Liberalism*, trad. port. de Raul Fiker, *Liberdade antes do Liberalismo*, p. 54.

[614] Fernando CATROGA – *Os Inícios do Positivismo*, p. 67 ss.; v. ainda Idem – *O Republicanismo em Portugal. Da Formação ao 5 de Outubro de 1910*, Coimbra, 1991, 2 vols., vol. I, p. 26.

## II. A IMPLANTAÇÃO DA REPÚBLICA

Com a humilhação nacional sentida pelo *Ultimatum* inglês (que impunha que da manhã para a tarde Portugal retirasse de posições cobiçadas pelo seu projecto de ligar o Cairo ao Cabo), devidamente amplificada pela propaganda republicana, não tardaria um ano a que estoirasse a revolta. Foi no Porto, no dia 31 de Janeiro de 1891[615]. E certamente, se o movimento tivesse triunfado, a república teria sido diferente. Mas a revolta do Porto abortou...

Em 1907, a monarquia optou pela ditadura, com João Franco; depois do regicídio inclina-se para a *acalmação*... Mas os ventos estavam do lado da República, e entre 3 e 5 de Outubro de 1910 deflagra novo movimento revolucionário, desta vez no sul, que sai vitorioso.

Proclamada a República, partindo a família real para o exílio, foi constituído um governo provisório com amplos poderes, presidido pelo decano do positivismo, Teófilo Braga. Neste primeiro período, já começam a afirmar-se republicanos de orientação diferente: viriam a ser, mais à esquerda, Afonso Costa e Bernardino Machado, e mais à direita, António José de Almeida e depois Brito Camacho. Estavam em germe já as divisões do Partido Republicano, que viria a dar lugar a vários partidos, protagonistas principais da história constitucional da I República, apesar de continuar a haver um partido dominante, "sucessor" do bloco originário do Partido Republicano, o chamado *Partido Democrático*, de Afonso Costa (a par do *Partido Evolucionista* de António José de Almeida, e da pequena *União Republicana* ou *Partido Unionista*, de Brito Camacho...[616]): corres-

---

[615] Obra clássica sobre a revolta é João CHAGAS / Ex- Tenente COELHO – *História da Revolta do Porto*, nova edição, introdução de João Carlos Carvalho / / João Carlos Alvim, Lisboa, Assírio e Alvim, 1978.

[616] As ditaduras, a quem tanto repugnam os partidos, parece terem todavia o condão de atrair os pequenos partidos, que as parecem encarar como uma espécie de golpe de sorte a aproveitar. Na ditadura de Pimenta de Castro, em 1915, vemos a União Republicana, assim como antigo unionista era o Presidente-Rei

pondendo, *grosso modo*, à esquerda, ao centro, e à direita, respectivamente. Havia ainda o pequeno grupo do fundador da República Machado dos Santos, apoiado no jornal *O Intransigente*: a *Federação Nacional Republicana*.

Marcaram-se eleições para 20 de Maio de 1911. O governo provisório da República estabeleceu as regras eleitorais por vários decretos, de 14 de Março, 5, 20 e 28 de Abril de 1911. Estes diplomas vieram substituir a lei eleitoral do governo monárquico chefiado por Hintze Ribeiro, que datava de 1895, conhecida como a "ignóbil porcaria".

Ao contrário dos Republicanos, que concorreram a eleições em monarquia (tendo sido seu primeiro deputado Rodrigues de Freitas, do Porto), os partidos monárquicos extinguiram-se, e alguns dos seus dirigentes e quadros buscaram a continuação da sua intervenção política no novo quadro constitucional. Subsistia, evidentemente, contemporâneo da monarquia, o Partido Socialista, fundado por Antero de Quental (10 de Janeiro de 1875), mas os tempos ainda não estavam maduros para que tivesse uma intervenção mais efectiva, apesar da impopularidade que cedo o governo republicano conheceu entre o operariado, com repressão de greves e manifestações, e uma apesar de tudo não muito eficaz sensibilidade social[617].

---

(assim lhe chama Pessoa) Sidónio Pais, e com acerto, porque o presidencialismo, sobretudo quando autocrático, tem semelhanças com a monarquia – e nem sempre com a mais constitucional. Também com o fito de apoiar o presidencialismo se dissolvera o Partido Centrista (já fruto da cisão de Outubro de 1917 do partido Evolucionista) e se tentou criar um Partido Nacional Republicano, liderado pelo prestigiado Prof. Egas Moniz. Uma síntese das vicissitudes partidárias republicanas podem colher-se, *v.g.*, in Marcello CAETANO – *História Breve das Constituições Portuguesas*, pp. 111-117; A. H. de Oliveira MARQUES – *História de Portugal*, II, pp. 246-253; SÁ, Victor de – *Reflexão cronológica sobre o Sidonismo*, "Revista da Faculdade de Letras – História", 2.ª série, 6, Porto, 1989, p. 355 ss..

[617] Apesar de algumas medidas sobretudo assistencialistas e de alguma mínima protecção laboral. Cf., *v.g.*, A. H. de Oliveira MARQUES – *História de Portugal*, vol. II., cit., pp. 212-213. Cf. ainda César OLIVEIRA – *O Operariado e a República Democrática – 1910-1914*, Porto, Afrontamento, 1972.

"De certa maneira, poder-se-ia dizer que o Republicanismo português se fez 'socialista' em princípio, mas 'burguês' na prática" – sintetizaria Oliveira Marques[618].

Nas primeiras eleições, o Partido Republicano apresentou-se como grande partido dominante, tendo-se apresentado quase sozinho às eleições. Se apertarmos a malha de análise, veremos que a representação em 1911 é escassíssima de socialistas e independentes, e esmagadora de republicanos. Mas, dentro destes, já se notam as três facções: a evolucionista e a unionista, até na sua máxima expressão eleitoral de sempre (pois eleitas no conjunto), mas mesmo assim em minoria face aos demais (democráticos, socialistas e independentes em conjunto)[619].

A constituinte, que se inaugura em 19 de Junho de 1911, vai reflectir estas clivagens, naturalmente.

### III. A CONSTITUINTE

Muito ricas de debate jurídico-constitucional foram as sessões da Assembleia Nacional Constituinte de 1911. E se aqui e ali pode ter havido o quase inevitável verbalismo parlamentar, em muito ficou compensado e superado pela alta qualidade de muitos debates, já não agrinaldados de oratória vã, mas fundados em documentação, doutrina, pensamento. Como afirma Mário Soares, no seu pormenorizado estudo sobre esta Constituição[620],

> "A discussão que precedeu a aprovação da Constituição foi (...) bastante larga, incidindo principalmente sobre o pro-

---

[618] A. H. de Oliveira MARQUES – *História de Portugal*, vol. II, cit., p. 242. Cf. ainda J. J. Gomes CANOTILHO – *Direito Constitucional e Teoria da Constituição*, cit., p. 156.

[619] Cf. quadros eleitorais entre 1911 e 1925 in A. H. de Oliveira MARQUES – *História de Portugal*, vol. II, cit., p. 248.

[620] Mário SOARES – *Constituição de 1911*, in *Dicionário de História de Portugal*, cit., vol. I, p. 679 ss..

blema do presidencialismo, orientação que foi rejeitada, e sobre a questão da existência de uma ou duas câmaras"[621].

A Constituinte trabalhou muito depressa: de 19 de Junho a 21 de Agosto de 1911. Começou por, com impecável rigor jurídico (talvez com excesso juridista, como adianta Jorge Miranda[622]) sancionar a revolução republicana, abolir a Monarquia *de jure*, e implantar *de jure* também, a República. A Constituinte levou tão a peito este esforço de legitimação que, na primeira sessão, os deputados ouviram de pé o decreto de abolição da monarquia e banimento dos Braganças, votado por unanimidade e aclamação. Mas faz mais: finda a aprovação, o Presidente interrompe a sessão e vai à varanda do edifício da Assembleia anunciar "que a República Portuguesa foi proclamada pela Assembleia Nacional Constituinte"[623]. Afinal, todo o ritual de legitimação pelo procedimento...

Entre 20 e 21 de Junho, elegeu-se uma comissão encarregada de preparar um projecto de base para discussão. A inspiração constitucionalista, porém, estava muito excitada, e acabaram por surgir mais de uma dúzia de projectos: uns remetidos à Assembleia, outros publicados na imprensa. O governo, com recato compreensível e até pela sua própria divisão interna, não apresentou qualquer projecto. Apenas Teófilo Braga elaboraria um projecto, com o ambíguo título de "Indicações", primeiro apresentado no governo e depois presente à Constituinte.

O projecto da Comissão, de que foi relator Sebastião de Magalhães Lima seria presente à Assembleia logo a 3 de Julho. Na síntese de Jorge Miranda:

"O Congresso da República teria duas secções ou câmaras – o Conselho Nacional, eleito por sufrágio directo, e o Conselho dos Municípios, eleito pelos vereadores das câmaras muni-

---

[621] *Ibidem*, p. 679.
[622] Jorge MIRANDA – *Manual de Direito Constitucional*, cit., I, p. 284.
[623] Cf. *Diário da Assembleia Nacional Constituinte*, cit., p. 15.

cipais. As duas Câmaras elegeriam conjuntamente o Presidente da República e poderiam destituí-lo por maioria de dois terços. O Presidente nomearia e demitiria livremente os Ministros, que não seriam responsáveis perante o Congresso. Haveria um Alto Tribunal da República, para julgamento dos crimes de responsabilidade.

O texto continha também algumas disposições interessantes e inovadoras no domínio dos direitos fundamentais"[624].

A discussão principal dizia respeito ao Presidencialismo, na verdade. Muitos argumentos de muitos matizes foram esgrimidos.

O primeiro porta-voz da Comissão, Francisco Correia de Lemos, apresentou os colegas com elogios sérios e equilibrados, e não com parangonas, e disse de si ser apenas "um pobre juiz sertanejo". Perante os "não apoiados da Assembleia", emendou, ou acrescentou: "Se quiser ser benévola para comigo, dirá [a Assembleia] que sou um homem de boa vontade, e não se enganará"[625]. Começou assim o debate parlamentar... Mas irá subir de tom e descer fundo, mas em profundidade de análises.

Considerou aquele primeiro orador que em matéria constitucional tudo é velho, e que a comissão não pretendeu inovar. Indicou o objectivo do desenho constitucional proposto: conciliar um governo forte (pairava o mito dos governos fracos: e ir-se-á ver que havia nessa perspectiva alguma antecipação dos riscos) com a República. Ou seja, um governo forte e republicano. Contudo, em poucas palavras, já o orador parecia contradizer-se, e nessa contradição se pode ver a chave de todas as contradições do regime (mas não só dele): por um lado, começa por afirmar:

"Mas constituir um Governo forte não é dar a preponderância nem a este, nem àquele, nem àquele outro poder"[626].

---

[624] Jorge MIRANDA – *Manual de Direito Constitucional*, cit., I, p. 285.
[625] *Diário da Assembleia Nacional Constituinte*, p. 41.
[626] *Ibidem*.

Para logo dizer, surpreendentemente, menos de uma dúzia de linhas abaixo:

"Organizai o poder como quiserdes. Há de haver sempre um que tenha a hegemonia."[627]

E logo admite que a tendência do poder dominante é para se tornar poder único.

Logo de seguida, o aludido projecto foi criticado por apoucar a figura do Presidente, não o remunerando à altura da sua dignidade, por Alexandre Braga, e defendido pela sua contenção de gastos, pela voz de outro membro da comissão, José de Castro[628]. Era evidentemente o espectro dos adiantamentos à Casa Real e o mito do Presidente suíço que se casavam numa solução dita "puritana". Mas este problema era ainda a superfície da questão.

Discutiu-se tudo: as "touradas parlamentares" dos ministros na Assembleia (se a ela deveriam ou não comparecer), o federalismo, o poder de dissolução ou não da Assembleia pelo Presidente, etc., etc..

Classificou-se o projecto de várias maneiras (tanto como presidencialista como não presidencialista), disse-se, não sem acerto, que o presidencialismo era próprio das Américas e ligou-se o fenómeno à heterogeneidade populacional (e *rácica*, que na altura era expressão muito lata), com considerações que dariam um curso básico de constitucionalismo, nos seus postulados mais fundantes – aqui e ali deformados, *pro domo*.

## IV. VISÃO GERAL DA CONSTITUIÇÃO DE 1911

No final de tudo, acabou por estabelecer-se um regime de parlamentarismo puro, sem as válvulas de segurança que lhe deveriam

---
[627] *Ibidem*.
[628] V. *supra*, n. xxx.

ser inerentes, porque, tendo-se trabalhado sobre um projecto presidencialista, nem tudo acabaria por ser corrigido na mudança radical de concepção. Nomeadamente, a ausência de poder de dissolução do Parlamento pelo Presidente da República, criticada desde logo mesmo no seio de uma lógica presidencialista com receios de enfraquecimento do poder (Alexandre Braga), e defendida com medos de abuso por parte do chefe do Estado (José de Castro), acabaria por transitar do projecto para o texto final, mas dentro de um contexto totalmente diferente, de parlamentarismo, transformando o Presidente numa figura puramente decorativa. Essa limitação viria a ser corrigida na revisão de 1919: mas depois de pago já um alto preço histórico... E contudo, o problema subsistiria, devido à desavença partidária sem freio que subsistia[629].

A Constituição é, assim, parlamentarista (de um parlamentarismo bastante puro – salvo os resíduos do projecto presidencialista, embora de um presidencialismo *sui generis*, sem eleição directa do Presidente), retomando mais que as originais fontes do projecto (brasileira e suíça), sobretudo as constituições portuguesas oitocentistas, e em especial a de 1822, e parecendo ainda inspirar-se na prática da III República francesa[630]. As únicas diferenças entre este tipo de parlamentarismo e o regime de assembleia serão a existência (posto que ténue, limitada) de um Presidente da República que se não confunde com o Ministério, e uma separação de poderes concebida à maneira clássica[631]. Perdera assim a concepção jacobina com o seu modelo convencional, o qual, na verdade, nega a separação dos poderes seguindo a teoria de Rousseau contra a de Montesquieu. Os poderes na Constituição de 1911 são "independentes e harmónicos entre si" (art. 6.º). Entretanto, chegou mesmo a pôr-se em causa a existência desse Presidente...

---

[629] Cf. J. J. Gomes CANOTILHO – *Direito Constitucional e Teoria da Constituição*, p. 169.
[630] Cf. Jorge MIRANDA – *Manual de Direito Constitucional*, I, p. 286.
[631] Cf. J. J. Gomes CANOTILHO – *Direito Constitucional e Teoria da Constituição*, p. 169, p. 157.

A Constituição alinha pelas teses da soberania nacional e não pelas da soberania popular de Rousseau (art. 5.°), segue uma forma de separação dos poderes (art. 6.°), estabelece um regime de democracia representativa (arts. 7.° e 15.°) contraditoriamente não se fundando no sufrágio universal, desde logo tendo as primeiras leis eleitorais excluído as mulheres e os analfabetos, entre outros. A justificação de Afonso Costa é compreensível para estes últimos: como poderiam votar conscientemente?

Poderá dizer-se que ainda são liberais (e, apesar de todo o positivismo envolvente, ainda de fonte jusnatural jusracionalista[632]) alguns dos direitos, liberdades e garantias da Constituição de 1911, como a liberdade, entendida como garantia contra imposições ilegais ("ninguém pode ser obrigado a fazer ou a deixar de fazer alguma coisa senão em virtude da Lei"), a igualdade perante a lei, a defesa da propriedade, e o direito de resistência (até a resistência passiva contra impostos inconstitucionais vinha da Constituição de 1822). A própria abolição da pena de morte foi apenas o coroar de um processo que vinha já do Acto Adicional da Carta de 1892.

Propriamente de feição republicana devem registar-se algumas inovações como o controlo da constitucionalidade (art. 63.°) e o reconhecimento da existência de direitos fundamentais materiais, para além dos formalmente constitucionais, explícitos no texto da Constituição (art. 4.°). De fonte brasileira, deve lembrar-se o *habeas corpus*, até aí desconhecido entre nós, provavelmente dada a grande influência francesa do nosso constitucionalismo moderno, avessa ao instituto[633].

Uma imagem de marca da república teria de ser a abolição da monarquia e, com ela, dos títulos nobiliáquicos e afins.

---

[632] Nesse sentido também *Ibidem*, p. 163, e *Idem – O Círculo e a Linha. Da 'liberdade dos antigos' à liberdade dos modernos' na teoria republicana dos direitos fundamentais (I parte)*, in "O Sagrado e o Profano", Homenagem a J. S. da Silva Dias, "Revista de História das ideias", n.° 9, III, Coimbra, 1987, p. 733 ss..

[633] Cf. Blandine BARRET-KRIEGEL – *Les Droits de l'homme et le droit naturel*, Paris, P.U.F., 1989, pp. 96-97.

O laicismo intrínseco da ideologia republicana (por vezes exagerados em anti-clericalismo) levaria naturalmente à consagração, em termos bem mais generosos que os da monarquia constitucional, da liberdade religiosa, a qual, consequentemente com uma ideia de separação estrita entre Estado e Igreja(s), entende como equiparação entre todos os cultos (art. 3.°, 5).

Um certo romantismo descentralizador conviveu com a prevalência da tese do estado unitário (art. 1.°) sobre quaisquer intentos federalistas. Contudo, como as finanças eram centralizadas, a constitucional autonomia "autárquica" (art. 66.°) ficaria prejudicada. De notar a importância da imposição da representação das minorias nos governos locais. Contudo, o republicanismo é colonialista, à sua maneira, ou seja, num sentido que visaria, em geral, uma independência no tempo próprio da preparação das populações locais[634]. Disso se faz naturalmente eco a Constituição, apesar de insistir também no regime de descentralização colonial das "províncias ultramarinas", "com leis especiais adequadas ao estado de civilização de cada uma delas".

Já a dimensão social da república foi muito escassa, apesar de algumas tentativas, de Afonso Costa, Magalhães Lima e outros. Por exemplo, não se reconheceria dignidade constitucional ao direito à greve, apesar de legalmente reconhecido já, por Decreto de 6 de Dezembro de 1910. Apenas se esboça a preocupação educativa, com a obrigatoriedade do ensino básico ou "primário elementar" (art. 3.°, n. 11).

## V. VIGÊNCIA E VICISSITUDES DA CONSTITUIÇÃO DE 1911

Esteve a Constituição de 1911 em vigor de 21 de Agosto de 1911 até 9 de Junho de 1926. Nessa data é publicado um decreto

---

[634] Cf. Mário SOARES – *Oposição Democrática ao Estado Novo*, in *A República Ontem e Hoje*, coord. cient. de António Reis, cit., p. 122.

ditatorial que oficialmente dissolve o Parlamento republicano. Porém, não deixando de haver uma constituição real e material, dá-se um hiato constitucional textual entre essa data e 11 de Abril de 1933, altura em que o Estado Novo referenda o seu projecto de Constituição.

Já em Maio de 1915, a ditadura de Pimenta de Castro suspendera a Constituição de 1911. Mas seria em 1917 que esta sofreria mais rude golpe, ainda assim não definitivo.

Sidónio Pais, único presidente português verdadeiramente presidencialista, tendo ascendido ao poder por um golpe militar (5 de Dezembro de 1917), pelo decreto n.º 3997, de 30 de Março de 1918, consuma formalmente a modificação da Constituição do País. Populista, introduz uma forma mitigada de sufrágio universal e a eleição directa do Presidente da República. Não respeitando, obviamente, os requisitos de aprovação de uma Constituição em sentido moderno não deixa este Decreto de ser, *latissimo sensu*, uma nova constituição, e alguns lhe chamariam mesmo "Constituição de 1918". Parece-nos que só se poderá usar tal designação *mutatis mutandis* e *cum grano salis*...

O autocrata seria abatido a tiro, na estação do Rossio, a 14 de Dezembro de 1918. Logo o Congresso se apressou a repor a ordem constitucional interrompida: dois dias depois, pela Lei n.º 833.

A chamada Monarquia do Norte foi também um parcial evento de ruptura da ordem constitucional de 1911. Há uma certa ligação entre a Monarquia do Norte e o sidonismo: desde logo, o Manifesto da Junta Militar do Norte, de 3 de Janeiro de 1919 se reivindica do legado do Presidente morto um ano antes.

Durou pouco a sublevação: a 19 de Janeiro é restaurada (simbolicamente) a monarquia no Porto. Cinco dias depois, já o movimento, estrangulado à nascença no sul, se confinava ao território dominado pela junta de Paiva Couceiro (sempre leal ao seu rei) no Porto, bastião defendido com severa repressão. Por tal motivo o *petit nom* deste foco anti-republicano seria "Traulitânia".

Menos de um mês depois, porém, já os republicanos hasteavam no Porto a bandeira verde-rubra (13 de Fevereiro).

Das principais quatro revisões constitucionais da Constituição de 1911, a mais relevante, mas sem os efeitos desejados, seria, sem dúvida, a de Lei n.º 891, de 22 de Setembro de 1919, reconhecendo o erro que fora não dotar desde logo o Presidente da República de poderes de dissolução do Congresso. Mesmo assim, o Presidente teria que ouvir um Conselho Parlamentar antes de decidir. Este conselho é certamente a primeira afloração da constitucionalização formal do papel dos partidos políticos. A Lei n.º 1154, de 27 de Abril de 1921, vem no seguimento daquela alteração, pois assim se tornava vital determinar quais os poderes dos vários órgãos (Presidente, Congresso e Governo) durante o período de dissolução do Congresso.

## CAPÍTULO VII
## DA CONSTITUIÇÃO DO ESTADO NOVO

> *"Não discutimos Deus e a Virtude. Não discutimos a Pátria e a sua História. Não discutimos a Autoridade e o seu Prestígio. Não discutimos a Família e a sua Moral. Não discutimos a Glória do Trabalho e o seu Dever."*
>
> António de Oliveira Salazar

## CAPÍTULO VII
## DA CONSTITUIÇÃO DO ESTADO NOVO

I. CONSTRUÇÃO DA UTOPIA DO ESTADO NOVO

### 1. Olhares dos tempos

É ainda bem conhecida a chocante tirada de Salazar: *"Não discutimos Deus e a Virtude. Não discutimos a Pátria e a sua História. Não discutimos a Autoridade e o seu Prestígio. Não discutimos a Família e a sua Moral. Não discutimos a Glória do Trabalho e o seu Dever."*

O tempo em que vigorou a Constituição de 1933, foi, apesar em parte dela própria[635], um tempo em que nada do que era importante se discutia no sufocado "espaço público" de então, imperando um *deficit* de cultura da discussão[636]. A hierarquia, melhor, a hierarquização, dominava. No tempo de hoje, pelo contrário, tudo parece estar em discussão, e a confusão hierárquica é profunda – apesar dos

---

[635] No pouco quanto nela conseguira resistir de ainda "liberal" ou "parlamentar", como veremos.

[636] Por isso, no final do regime, fenómenos mediáticos aparentemente banais em democracia (mas aí estava toda a diferença) como o programa televisivo "Zip Zip" ou as "Conversas em Família", em que o chefe do governo, Marcello Caetano, monologava em tom paternalista em frente das câmaras, foram saudados como elementos de uma chamada "Primavera marcelista", que teve também na Assembleia Nacional uma chamada "ala liberal" que, contudo, nem conseguiu renovar, nem permanecer no hemiciclo. Os próprios discursos dos deputados dessa *ala* eram censurados...

tabus do politicamente correcto e de algum retorno do snobismo e do autoritarismo pontual dos poderes fácticos (não legitimados) começarem a ser entrevistos[637]. Como pode um tempo em que tudo se discute – e tão mal, desde logo na comunicação social sensacionalista – julgar um outro tempo silencioso e de discurso unívoco? Essa a primeira grande dificuldade. E contudo pode e deve fazê-lo.

E apesar de todo o silêncio (desde logo o da censura) cremos que esses tempos falam eloquentemente pela pena do silencioso legislador que se apresenta como pretendendo, antes de tudo o mais, "arrumar a casa" do Estado[638]. Professor da Faculdade de Direito de Coimbra, da área da Economia (que engloba as Finanças), Salazar não podia deixar de o fazer. Não é *etimologicamente* isso que "os economistas fazem": *oikos, nomos*?

## 2. Preparando o terreno

O ano imediatamente anterior ao da promulgação da Constituição do Estado Novo foi um ano de intensa e decisiva actividade administrativa e legislativa. O clima normativo e jurídico / policial

---

[637] Contudo, contra a ideia de confusão ou inversão de valores, que à primeira vista parece evidente, mas se pode revelar um tópico perigoso, propomos antes a tese de nos encontrarmos em momento de transição de alguns valores morais, na perenidade e grande consenso dos valores políticos, que apenas alguns extremistas recusam. Cf. Paulo Ferreira da CUNHA – "Ética Constitucional e Cidadania" in *A Constituição Viva. Cidadania e Direitos Humanos*, em preparação. Quanto aos micro-poderes profundamente constrangedores e a que a democracia contemporânea, ainda muito super-estrutural, tarda em chegar, desde logo, v. Michel FOUCAULT – *Microfísica do Poder*, antologia com org., introd. e trad. de Roberto Machado, Rio De Janeiro, Graal, 1979.

[638] Porém, a obra de sanamento de Salazar, alvo da sua intensa propaganda, parece não ter sido tão mágica como se tem proclamado, e até como alguns discordantes do seu pensamento têm acreditado. Cf., desde logo, com profusa documentação quantitativa, além de uma verve cativante (desde logo no episódio da tentação do demónio, pp. 43-44), Cunha LEAL – *A Obra Intangível do Dr. Oliveira Salazar*, Lisboa, Edição do autor, 1930.

que então se respirava prepara a institucionalização plena do regime. Se tomarmos o paradigma "história constitucional" e não apenas "história do direito constitucional", e se o levarmos até às suas últimas consequências, poderemos certamente concluir que a ordem constitucional, nas suas traves mestras, no seu sentido, em boa medida já se encontrava definida antes da aprovação da Constituição. Obviamente, haveria depois projecto, haveria debate (embora limitado e vigiado apertadamente pela censura), haveria divergências dentro do bloco no poder[639], mas o clima estava criado. Um clima de autoritarismo anti-liberal e anti-democrático, de intervencionismo estadual, e – passem os anacronismos – de um certo retorno, colorido de piedade, ao despotismo iluminado.

Não resistimos a recordar esse ano de 1932, em que se "arruma a casa" antes de se arriscar (apesar de todo o controlo) uma consulta plebiscitária. Aí encontraremos vastos materiais para aquilatar da Constituição real.

Uma das primeiras preocupações do poder instituído em vias de encenar uma legitimação pelo procedimento[640] muito pouco convinvente, será limpar o terreno dos adversários e inimigos políticos. Sairão ao longo do ano vários diplomas nesse sentido. Já o Decreto 19.143 tinha levado à organização de processos relativos a "atentados contra a segurança pública". Em 5 de Fevereiro,

---

[639] Referimo-nos, evidentemente, ao conceito clássico de Nicos POULANTZAS – *Poder político e classes sociais*, trad. port., Rio de Janeiro, Martins Fontes, 1986; cf. ainda, a propósito, *inter alia*, C. Wright MILLS – *A Elite do Poder*, trad. port., Rio de Janeiro, Zahar, 4.ª edição, 1981; C. B. MCPHERSON – *The Ruling Class*, "Canadian Journal of Economics and Political Science", Toronto, VII, 1941, pp. 95-100; Suzanne KELLER – *Mas alla de la classe dirigente*. Madrid, Editorial Tecnos, 1971; Robert DAHL – *Who Governs?* New Haven, Yale University Press, 1961; Peter BACHRACH –*The Theory of Democratic Elitism: A Critique*, Boston, University Press of America, 1980.

[640] Sobre o conceito de Legitimação pelo procedimento, Niklas LUHMANN – *Legitimation durch Verfaheren*, 2.ª ed., Neuwid, 1975, trad. port., *Legitimação pelo procedimento*, Brasilia, Ed. Univ. Brasília, 1980.

o Decreto 20.861 determina que o julgamento de tais processos incumba ao foro militar, especificamente o tribunal militar da área do cometimento do "crime".

No mesmo sentido de impedir críticos, várias providências são tomadas para a instituição da "lei da rolha", cerceando ou abolindo a liberdade de expressão. O Decreto 20.889, que vem da área educativa, determina a interdição, aos estabelecimentos dependentes do respectivo ministério, da inserção de artigos ou outras peças escritas que se debrucem sobre a actuação dos respectivos superiores hierárquicos, nas publicações que possuam carácter oficial, ou que aufiram de subsídios do Estado. Curiosamente, esta determinação não ficará sem posteridade, mesmo depois da revolução de Abril… E em várias instâncias.

Veremos que no fim do ano fica pronta uma bateria de medidas penais contra os adversários do regime com justificações que valerá a pena comentar.

Em contrapartida, tomam-se entretanto medidas de fomento, de organização, de saneamento financeiro, de promoção da educação – embora sempre com um cunho ideológico bem marcado.

O Decreto 21.896, por exemplo, regulamenta o serviço nocturno no ensino primário elementar oficial, e faz questão de proclamar os seus intuitos:

> "Com vista a uma acção mais intensa em prol da diminuição do número de analfabetos (…)"

No mesmo sentido vai o Decreto 21.725, de 12 de Outubro, dirigido à Biblioteca Nacional, o qual, muito demofilicamente, mas certamente com traços utópicos na sua justificação,

> "(…) considerando que se impõe conservar nessa Biblioteca a tradição de leitura nocturna, porque uma grande parte da sua clientela é constituída por estudantes, empregados públicos e comerciais e operários (…)",

autoriza o serviço de leitura nocturna.

Durante este período assistimos à publicação no Diário do Governo de múltiplos estatutos e normativos de regulamentação de escolas e faculdades, à criação e reforma de muitos lugares, mas também de várias instituições de educação e cultura. Cite-se, pela sua relevância, o Estatuto do Ensino Secundário, aprovado pelo Decreto 20.741, e a criação da Academia Nacional das Belas Artes, pelo Decreto 20.977, de 5 de Março.

Há ainda muitas nomeações sanitárias, e de outras infraestruturas sociais, como os estruturantes Estatutos da Companhia de Caminhos de Ferro, pelo Decreto 20.612.

Já o Decreto 21.923 – entre tantos outros – é de índole financeira, mas não sem que nos alerte para a realidade da repressão política, reforçando a verba para pagamento de despesas de anos económicos findos, a fim de serem satisfeitas a diversas colónias as despesas entretanto havidas com os deportados políticos.

A política do "orgulhosamente sós" estava já em germe, e todavia muitas páginas do boletim oficial são preenchidas, mesmo em francês e inglês, com a transcrição de vários instrumentos internacionais, ou simplesmente com a notícia das ratificações ou adesões a acordos por parte dos mais diferentes países.

À doutrinação ideológica é dada uma particular atenção. Uma das formas de que se reveste é a obrigatoriedade, para os manuais escolares, da inclusão de citações que são verdadeiros tópicos de propaganda. Durante este ano, será uma matéria retomada múltiplas vezes.

Em 21 de Março, o Decreto 21.014 estipula uma primeira lista de frases. Em 13 de Abril, a portaria 7.323 do Ministério da Instrução Pública, alarga esse rol, o que de novo ocorrerá por nova Portaria, de número 7.363, a 11 de Junho. No fim do ano, estabelece-se uma variante desta determinação. Estando já as frases redentoras nos livros, passam agora a inundar as paredes. Pelo Decreto 22.040, de 28 de Dezembro, determina-se como obrigatória a afixação em salas de aula, corredores e pátios de pensamentos ou dísticos do mesmo teor dos que deveriam, desde Março, figurar nos manuais. E esta imposição é taxativa, para todos os estabelecimentos de ensino (salvo, ao que parece, *a silentio*, as universidades: valha-nos isso!), mesmo de ensino particular, técnico e artístico, e ainda para todas as bibliotecas públicas. Não admira que, com tamanho controlo do pensamento, a Portaria 7.338 se imiscua no trabalho da Academia das Ciências, determinando normas para a publicação do seu Dicionário Bio-Bibliográfico.

Vale a pena determo-nos uns minutos sobre essas frases. Concentremo-nos nas do Decreto.

Os textos citados para as escolas primárias, liceus, bibliotecas, estabelecimentos de ensino artístico e de ensino particular são da autoria de António Enes (acreditar nas colónias), Alfredo Pimenta (chefes), Herculano (serviço), Bossuet (vontade e governo), Salazar (optimismo em Portugal), Sidónio Pais (ordem pelo cumprimento da lei), Gustavo Kass (exaltação do operário), Malapert (idealização da Mulher).

Para as escolas técnicas profissionais e médias os pensamentos são de Rodin (paciência), de novo Enes sobre as colónias, Mussolini (liberdade), de novo Bossuet mas apenas sobre o governo, a mesma citação de Salazar optimista, António Sardinha sobre o tradicionalismo, o mesmo pensamento de Malapert, a mesma citação de Sidónio, um mais longo trecho sobre artistas e artífices, de Charles Bernard (e outro, incisivo, de Anatole France, e mais um trecho ainda elogiando o operário português, de Nobre Guedes), diferente frase de Kass enaltecendo também o trabalho manual, contra os preconceitos, a mesma sentença de Alfredo Pimenta sobre os chefes, uma frase sobre desenho, forma, língua e pensamento, de Alois Ridler, e finalmente Salazar, com esta frase, que a todas resume, salvo as (poucas) mais dedicadas à especificidade das escolas técnicas:

"A vontade de obedecer, única escola para aprender a mandar."

Um dos momentos políticos mais significativos deste período, e não sem relevantes consequências para a Constituição formal de 1933, é a vitória de Salazar com a criação de uma única instituição para-partidária (mas alegadamente anti-partidária), a União Nacional, o que constituiu o desabar das esperanças mesmo dos seus *com-*

*pagnons de route* conservadores mas mais politicamente liberalizantes, que chegaram mesmo a pensar na constituição de uma "Liga Republicana".

Os Estatutos da União Nacional são espantosamente apresentados com fonte no na Secretaria-geral do Ministério do Interior, dando todo o carácter "orgânico" ao "partido", e vêm a lume na véspera[641] da publicação do projecto de Constituição. Não pode deixar de pensar-se em toda uma estratégia concertada.

A organização em causa define-se no seu art. 1.º:

"A União Nacional é uma associação sem carácter de partido e independente do Estado [ o que mal se compatibiliza com a referida génese], destinada a assegurar, na ordem cívica, pela colaboração dos seus filiados, sem distinção de doutrina política ou de confissão religiosa, a realização e a defesa dos princípios consignados nestes estatutos, com pleno acatamento das instituições vigentes."

No art. 5.º, podem ver-se os Princípios da União Nacional. O início do primeiro princípio é suficientemente eloquente para nos permitirmos não citar aqui os demais:

"1.º Portugal é um Estado nacional unitário, pacífico e civilizador. Não pode constituir federação ou confederação no seu território ou com outros Estados, nem admitir na sua vida interna influências estranhas de carácter político, sem prejuízo das disposições especiais estipuladas livremente nos seus pactos de aliança ou de cooperação internacional (...)".

A União Nacional tem, assim, uma ideia do país, um projecto para o país, de profundo nacionalismo. Não inventou nada, nem deixaria também de ter posteridade.

---

[641] Maria da Conceição Nunes de Oliveira RIBEIRO – *O Debate em torno do Projecto de Constituição do Estado Novo na Imprensa de Lisboa e Porto (1932-1933)*, in "Anuário Português de Direito Constitucional", Coimbra, Coimbra Editora, II, 2002, p. 241.

Nem só de ideologia vive um regime. Outros diplomas são juridicamente estruturantes, codificadores ou quase codificadores. Por exemplo, a 26 de Maio, o Decreto 21.287 compilará a legislação de forma muito estruturada, no âmbito do processo civil e comercial, e no final do ano, a 22 de Dezembro, o Decreto 22. 018 aprovará o Código do Registo Civil.

Já a 29 de Setembro, com um preâmbulo de bastante densidade teórica, extingue-se o foro comercial e, a propósito, colocam-se alguns pontos nos "ii" sobre a questão da "equidade". A doutrina jurídica pura, como se poderá ver em outras ocasiões, ao longo do Estado Novo, é bastante sólida, técnica e doutrinalmente apurada – o que contrasta com o seu uso ideológico. Note-se este passo do diploma, que, nem pelo seu teor justificativo da medida extintiva, deixa de ser de muito cristalina pureza doutrinal:

> "Há quem entenda que a equidade consiste na interpretação moral da regra de direito ou na adaptação justa da norma, de harmonia com as ideias e as necessidades do momento, a cada caso concreto; mas este critério de interpretação não é exclusivo da lei comercial, pertence a toda a regra de direito".

Num caminho de modernidade, simplificação, vai também a estipulação de um processo sumário de falências até cinquenta contos, estabelecida pelo Decreto 21.700, de 1 de Outubro, o qual assim explicitamente se justifica:

> "É tendência da legislação processual moderna simplificar os processos, libertando-os de inúteis formalismos, e imprimir à sua marcha a maior celeridade."

Como teria sido se estas ideias tivessem vivido na prática. Hans Kelsen, ao que parece, teria chamado ao Salazarismo "estado de juristas", ou de "professores de direito". Esqueceu-se apenas de mencionar quem e como lhes executavam os ditames jurídicos.

No dia 5 de Dezembro, em Suplemento do "Diário do Governo", saem duas significativas peças legislativas de repressão. O Decreto 21.942, que regula a punição dos crimes políticos e infracções disciplinares de carácter político, e o Decreto 21.943, que regula a situação dos que cometeram crimes políticos.

Na edição do dia seguinte, figura uma chamada de atenção para a saída, em Suplemento, no dia anterior, dos dois referidos diplomas. E no dia 7 de Dezembro, reforçando ainda mais a publicidade das medidas, logo no sumário se aponta a Declaração de que devem ser publicados nos *Boletins Oficiais* de todas as colónias os aludidos decretos.

Não podemos passar sem uma breve alusão à doutrina dos diplomas.

A ideia-força é a de que pode mesmo haver crimes políticos, por mero delito de opinião e sua expressão. Mas aponta-se para a misericórdia ou clemência, possíveis pelo triunfo e alegada força moral do Estado Novo. Outro vector significativo desta legislação é a distinção entre criminosos de delito comum e criminosos políticos, e, de entre estes, separação entre os idealistas enganados e os egoístas.

Assim se exprime o preâmbulo do primeiro dos diplomas citados:

"(...) na fixação da pena e forma do seu cumprimento se deve sempre atender ao móbil que impeliu o agente, pois é por meio dele que se denuncia o carácter mais ou menos anti-social do delinquente".

E poucas linhas adiante, separam-se as águas desta "delinquência":

"Há, portanto, que distinguir entre criminosos políticos impelidos por motivos patrióticos e altruístas, embora viciados de errada visão, e criminosos impelidos por motivos egoístas – a ganância, a inveja, o ódio e o prazer de fazer mal – e essa distinção se faz no decreto quanto à pena e a forma do seu cumprimento."

A solução prática é anunciada já no referido preâmbulo. Assim,

"Para os que procedem impelidos por motivos altruístas, patrióticos, reduzem-se as penas estabelecidas nas leis existentes, ou se estabelecem outras menos dolorosas, e quando se aplicar a pena de prisão será esta cumprida em cadeias especiais, ou, na falta delas, em secções especiais das cadeias destinadas a presos de delito comum, de maneira a obter uma separação absoluta entre estes e os criminosos por delito político."

Contudo, invocando-se a experiência de falta de celeridade dos tribunais ordinários, é no mesmo preâmbulo justificada a instituição de tribunais especiais.

A tipificação dos crimes políticos é muito lata. Para além dos chamados "crimes de rebelião" (art. 1.º), que engloba "atentados" (que são quaisquer actos de execução, incluindo os actos preparatórios) à integridade nacional, à forma republicana de governo (este dirigido contra os monárquicos, preventivamente...), ao governo, ao presidente e aos ministros, sua autoridade ou exercício dos seus poderes, praticamente todas as formas de discordância se encontram abrangidas.

O uso e abuso de cláusulas gerais e conceitos indeterminados coloca virtualmente tudo sob alçada da lei. Assim no art. 2.º se começa (n.º 1) por considerar ainda crime:

"A ofensa, cometida por qualquer meio, contra o prestígio da República ou contra a honra e a consideração do seu Presidente ou do Governo, contra a bandeira ou outros emblemas do Estado ou contra o hino nacional".

Logo a seguir é tido por crime a propaganda ou incitamento à indisciplina social, e, obviamente, também, à subversão violenta das "instituições e princípios fundamentais da sociedade". O que aqui não cabe, numa concepção autoritária, com vocação totalizante?!... E os números seguintes reiterarão e alargarão o tipo legal a conselhos, incitamentos (3.º), a apologia pública (5.º), etc..

Depois de estipular penas, e formas processuais, o art. 45.º é muito significativo por tornar público e legal o estado de excepção. Admitindo que alguns dos afastados dos respectivos serviços possam, por inocência ou cumprimento da pena, ser legalmente reintegrados, ainda assim faz depender tal reintegração da exclusiva competência do Conselho de Ministros.

Virando a página do "Diário do Governo", o governo de Salazar pretende dar mostras de grande clemência. Mas não conseguirá esconder o seu verdadeiro rosto.

Este parágrafo do Preâmbulo é muito significativo do espírito que se deseja transmitir, como um gesto grande, dos vencedores:

"O tempo de exílio, de prisão ou deportação que já sofreram, a convicção da inutilidade dos seus esforços perante a força moral e material da Situação, a própria generosidade do Governo, fazendo-lhes cessar a situação em que se encontram, e até mesmo o reconhecimento dos benefícios trazidos ao País pela política da Ditadura, é de crer que tenham inclinado o ânimo a uma actividade pacífica e útil dentro do seu País".

Mas poderia desenganar-se quem pensasse que o ditador iria abrir as cadeias aos presos políticos e as fronteiras aos exilados. Logo no art. 3.º do diploma excepciona:

"As disposições dos artigos antecedentes não se aplicam àqueles que vão indicados na lista anexa a este decreto e que dele fica fazendo parte integrante."

Diz-se que a lei é geral e abstracta...
É coroa de glória ter pertencido a essa lista[642].

---

[642] Um dos aspectos mais trágicos do Estado Novo foi a perseguição, a polícia política e o encarceramento e tortura dos opositores. Este texto de Artur Pinto, *Não Apaguem a Memória do Aljube*, Lisboa, 2005 (que circulou na *Internet*, e reproduzimos com autorização do autor) parece-nos revelador: "Ao longo de mais de 30 anos a cadeia do Aljube, em Lisboa, foi um dos principais símbolos da repres-

Como que desnublando os ares, um despacho do Ministro das Finanças, no dia de Nossa Senhora da Conceição, 8 de Dezembro, trata de matéria bem mais inócua. Fixa a tabela de artigos (tabela enorme) de que se compõem os fardamentos do pessoal menor da secretaria da Presidência da República, de harmonia com o estipulado no Decreto 21.464, de 13 de Julho, art. 3.º.

O Estado solidificava-se cada vez mais. Também D. João VI, no Brasil, numa idêntica (mas bem mais benévola) refundação, se ocupara com alguma frequência dos fardamentos[643]. São os símbo-

são fascista. Os presos eram aí encarcerados em celas com cerca de 2,20 × 1,20 m, enxovias onde a cama era uma tarimba em madeira com uma enxerga sem lençóis. Não havia luz natural, mas uma pequena lâmpada que só acendia nas horas de refeição e um pouco antes do silêncio nocturno. Pela sua dimensão, onde só cabia uma pessoa, estas celas ficaram conhecidas como "curros". O isolamento era total e as visitas de familiares, raras. A estas condições de detenção juntavam-se outras não menos vergonhosas e vexatórias da dignidade dos presos: não tinham direito à posse de qualquer objecto pessoal, não podiam usar cinto nem atacadores, a leitura era proibida. Só tinham direito a um banho por semana (...) Devido a queixas várias, entre as quais da Amnistia Internacional, o Aljube acabou por ser fechado em Agosto de 1965 e em 1968 Marcelo Caetano ordenou a destruição dos "curros". No mundo concentracionário do fascismo português, que foi uma realidade brutal, a cadeia do Aljube constituía a primeira etapa do que era um verdadeiro Roteiro do Terror: seguiam-se longos interrogatórios, que chegavam a durar semanas, na sede da PIDE na Rua António Maria Cardoso, em cujas salas foram infligidas as torturas do sono e da estátua e executados brutais espancamentos. O Forte de Caxias, o Forte de Peniche e os terríveis campos de concentração do Tarrafal e de S. Nicolau, foram outros locais de opressão e tortura do regime salazarista. O tempo de detenção dos presos, mesmo quando em cumprimento de pena, aplicada em julgamentos fantoches no sinistro Tribunal Plenário, ficava sempre ao arbítrio da PIDE e durava o tempo que esta entendesse ao abrigo da famosa lei das "medidas de segurança" que estabelecia que o tempo de condenação podia ser prorrogado por períodos de três anos renováveis: em resultado disso muitos resistentes passaram longos anos na prisão, sem nunca saberem quando seriam libertados."

[643] Cf., *v.g.*, Paulo Ferreira da CUNHA – *As Liberdades Tradicionais e o Governo de D. João VI no Brasil. Ensaio Histórico-Jurídico Preliminar*, in "Quaderni Fiorentini per la Storia del Pensiero Giuridico Moderno", 32, 2003, a recolher in *Pensamento Jurídico Luso-Brasileiro*, em preparação.

los e as etiquetas que contribuem para criar a imagem da ordem e da hierarquia, e manter a corte ocupada.

O chefe do pessoal menor tem casaca de silvado bordado a ouro, o contínuo ostenta galão dourado, assim como o guarda-portão; mesmo o electricista e o jardineiro, no seu jaquetão de pano azul, têm direito a botões dourados, e os cocheiros, trintanários e sotas vão mesmo de galão dourado. Até no dia-a-dia, quanto muito, passam os jaquetões dos hipomóveis a prateado apenas. Impera o doirado todo o ano.

A obra constitucional formal poderia começar. Portugal já tinha uma forte e bem implantada constituição material.

II. IDEAL E REAL

1. **Constituição e Revolução**

Em Portugal, as Constituições escritas, derivem da vontade dos príncipes ou de escolha representativa, são discursos legitimadores de ordens constitucionais reais estabelecidas previamente por via mais ou menos revolucionária.

A Constituição de 1822 veio legitimar a revolução liberal de 1820, a Carta Constitucional de 1826 consuma institucionalmente a vitória dos adeptos de D. Pedro sobre os de D. Miguel, a Constituição de 1938 é o resultado da revolução de Setembro, guinando "à esquerda", a restauração da Carta é o recuo para a "direita", depois a Constituição de 1911 legaliza a implantação da República, a de 1933 não foge à regra, sendo a carta de estabilidade jurídica da revolução de 1926, assim como, derrubado o Estado Novo, a Constituição de 1976 será o estatuto jurídico da política saída do golpe de Estado a que se seguiu a revolução de 1974.

Nada disto é novo, mas ajuda a recordar o sentido das constituições formais, escritas, codificadas e voluntaristas, o seu pano de fundo político, a sua função, e auxilia também a compreender as relações entre a constituição formal (ou seja, o desenho mais ou menos

utópico de um país político traçado no articulado da Constituição escrita) e a constituição institucional e política real, a verdade jurídico-
-político-social palpável, detectável sociológica ou historicamente.

## 2. Constituição formal e Constituição real

Se hoje alguns assacam completa utopia à Constituição de 76 por alegadamente prometer mundos e fundos de felicidade e bem-
-estar social, no que confundem utopia com utopismo, a verdade é que à sua precedente – totalmente contrária a esta no plano ideológico – também não faltam elementos de utopia.

Não só na perspectiva de um corporativismo idílico que nunca existiu (ou pelo menos não existiu no seu tempo de vigência formal), mas sobretudo, e muito patentemente, pelo carácter "inautêntico", que lhe foi assacado, desde logo por Adriano Moreira, no seu *Novíssimo Príncipe.* Inautêntico porque sobretudo em matéria do que hoje chamaríamos direitos, liberdades e garantias, a Constituição de 1933 prometeu o que a prática política do Estado Novo não deu, nem podia dar, atenta a legislação que vimos anteriormente.

Desde logo com a restrição por via legal, administrativa, policial, e simplesmente e geralmente fáctica, desses mesmos direitos que eram proclamados no texto constitucional. Pela existência da censura, da polícia política (PVDE, depois PIDE e mais tarde DGS), pela proibição dos partidos políticos, pela supremacia fáctica do Presidente do Conselho de Ministros, que transformou o regime, de aparentemente presidencialista bicéfalo, numa verdadeira *mon(o)arquia*.

A Constituição de 1933 é a utopia de ainda alguma liberdade num Estado sem ela. Certamente gizada por Salazar para seduzir sectores mais moderados, como os Bissaya Barreto e outros republicanos, que sem uma garantia escrita talvez não tivessem pactuado com o regime. Talvez porque o género literário que dá pelo nome de "Constituição" tem regras próprias, e é muito difícil, com o peso da tradição liberal e democrática, fazer caber nesse género uma cartilha de autocracia e ditadura.

O próprio Salazar confessa, em entrevista a António Ferro, que o texto da Constituição acabaria por ser, face ao ideal do seu Relatório, "a realidade possível dentro do nosso momento político"[644].

Como sintetiza José Adelino Maltez:

"a Constituição de 1933, marcada por um programático *corporativista*, não cortou todas as ligações formais às tradições demoliberais, iniciadoras de uma legitimidade, segundo a qual *a soberania reside essencialmente em a nação*. A *Assembleia Nacional* continuou a ser eleita por sufrágio universal e directo e não deixou de estruturar-se um sistema de direitos individuais que só a prática política e a legislação ordinária vieram minimizar e, em muitos casos, suprimir. Por seu lado, a *Câmara Corporativa*, nunca veio a passar o nível de órgão consultivo de carácter técnico."[645]

Seja como for, e posto que está em evidência o abismo entre a realidade constitucional (em qualquer das suas fases – claro que mais duramente antes do fim da II Guerra Mundial, e mais suavemente na Primavera Marcelista) e o texto utópico da Constituição – e provavelmente utópico com reserva mental do próprio utopista, o que lhe dá um carácter ainda mais singular e interessante – não nos debateremos no pormenor de provar o que tem sido exaustivamente afirmado: o carácter autoritário, espartilhante, anti-democrático, repressivo, embora com tom paternalista e mais hiper-conservador e reaccionário que fascista, do regime da Constituição de 33. Seria perda de tempo dizer o que tem sido muito dito.

Importa, parece, numa perspectiva jurídica, sintetizar uma panorâmica do que foi essa longa e programática constituição, num primeiro tempo, e num segundo tempo determo-nos em alguns aspectos de mais relevante interesse jurídico.

---

[644] António FERRO – *Salazar e a sua Obra*, Lisboa, Fernando Pereira, ed. de 1982, p. 99.
[645] http://www.iscsp.utl.pt/~cepp/indexfro1.php3?http://www.iscsp.utl.pt/~cepp/regimes_politicos/estado_novo.htm

## III. TRAVES MESTRAS DA CONSTITUIÇÃO FORMAL DE 1933

### 1. Génese e Evolução

A Constituição de 1933 foi aprovada por plebiscito (não por verdadeiro referendo, dadas as condições cesaristas da sua convocação, contagem dos votos, e efeitos dos resultados), realizado a 19 de Março de 1933, e entrou em vigor a 11 de Abril do mesmo ano (após publicação do apuramento definitivo no *Diário do Governo*). O próprio texto constitucional utiliza a expressão plebiscito (art. 143.º), embora seja obviamente de presumir que o não empregaria com a conotação mais técnica que aqui adoptámos.

Tem havido dúvidas sobre o seu verdadeiro autor, mas não pode haver hesitações em considerá-la, directa ou indirectamente, com mais ou menos colaboradores para as aspectos parciais, como fruto do génio de António de Oliveira Salazar, presidente do Conselho de Ministros com plenos poderes fácticos[646]. O nome de Quirino de Jesus é aventado mais para autor do projecto inicial do que responsável pelo texto final.[647]

O texto está redigido em bom português, o que pode ser um voto favorável à paternidade directa do ditador, que até na insuspeita opinião de António José Saraiva seria como que um clássico das nossas letras...

Tal como a Carta Constitucional, foi um código político longevo, e assim como ela foi sofrendo várias alterações, ou revisões, designadamente pelas leis números 1885, 1910, 1945, 1963, 1966, 2009, 2048 e 2100, respectivamente de 23 de Março e 23 de Maio

---

[646] Cf., *v.g.*, Adriano MOREIRA – *O Novíssimo Príncipe. Análise da Revolução*, Braga / Lisboa, Intervenção, 1977, p. 88.

[647] Muito interessante se revelaria uma minuciosa análise do livro de Quirino Avelino de JESUS – *Nacionalismo Português*, Porto, Emprêsa Industrial Gráfica do Pôrto, 1932. De notar a data, e os anexos: Acto Colonial, Projecto de Constituição, Manifesto e Estatutos da União Nacional.

de 1935, 21 de Dezembro de 1936, 18 de Dezembro de 1937, 23 de Abril de 1938, 17 de Setembro de 1945, 11 de Junho de 1951 e 29 de Agosto de 1959, e Decreto-lei n.º 43548 de 21 de Março de 1961.

De todas, é a revisão constitucional de 1959, consubstanciada na Lei n.º 2 100 de 29 de Agosto, a mais significativa, pois, sob o impacto do "susto" das eleições presidenciais directas protagonizado pelo candidato General Humberto Delgado[648], passa a estabelecer a eleição indirecta do Chefe do Estado, por um colégio eleitoral restrito. E assim, o *fumus* de um presidencialismo ainda formalmente "democrático", esfumar-se-ia completamente, numa reprodução intra-sistémica do poder. Pois o colégio eleitoral deriva de eleitores do presidente, e o seu poder do *statu quo* de que o mesmo presidente é o principal esteio (ou era...): os deputados e os procuradores à Câmara Corporativa, e representantes municipais e das colónias.

Se o "ponto de Arquimedes" em que se apoiaria toda a "legitimidade" do poder residia inicialmente, no voto popular no Presidente, ao qual, sendo-lhe conferidos trasbordantes poderes, ainda assim poderia encarnar a garantia e a esperança de alguma soberania popular, a partir do momento que este mesmo Presidente é eleito por um séquito alargado de personagens do "bloco no poder", que, naturalmente, directa ou indirectamente, deverão o cargo ao mesmo Presidente ou ao seu antecessor, as possibilidades de regeneração do sistema encontram-se bloqueadas. Era a válvula de escape que permitira o enorme apoio popular a Humberto Delgado, e que Salazar não queria que se repetisse.

---

[648] Já antes candidatos de peso se tinham apresentado, como Norton de Matos, em 1949, e Quintão Meireles, em 1952. Mas o regime teve um verdadeiro sobressalto com o fenómeno de adesão popular com Humberto Delgado, em 1958. Para estas candidaturas, cf. a obra, que saiu então anónima, *Eleições Presidenciais*, Lisboa, Delfos, colecção "Compasso do Tempo", s.d.

## 2. Visão geral

A Constituição é constituída por duas partes, sendo a primeira "Das Garantias Fundamentais" e a segunda "Da Organização Política do Estado".

Valerá a pena apresentar a sinopse dos títulos e capítulos de cada uma destas partes.

Na Parte I: DAS GARANTIAS FUNDAMENTAIS. Tit. I – Da nação portuguesa. Tit. II – Dos cidadãos. Tit. III – Da família. Tit. IV – Dos organismos corporativos. Tit. V – Da família, dos organismos corporativos e das autarquias como elementos políticos. Tit. VI – Da opinião pública. Tit. VII – Da ordem administrativa. Tit. VIII – Da ordem económica e social. Tit. IX – De educação, ensino e cultura nacional. Tit. X – Das relações do Estado com a Igreja Católica e do regime dos cultos. Tit. XI – Do domínio público e privado do Estado. Tit. XII – Da defesa nacional. Tit. XIII – Das administrações de interesse colectivo. Tit. XIV – Das finanças do Estado.

Na Parte II: DA ORGANIZAÇÃO POLÍTICA DO ESTADO. Tit. I – Da soberania. Tit. II – Do Chefe do Estado. Cap. I – Da eleição do Presidente da República e suas prerrogativas. Cap. II – Das atribuições do Presidente da República. Cap. III – Do Conselho de Estado. Tit. III – Da Assembleia Nacional e da Câmara Corporativa. Cap. I – Da constituição da Assembleia Nacional. Cap. II – Dos membros da Assembleia Nacional. Cap. III – Das atribuições da Assembleia Nacional. Cap. IV – Do funcionamento da Assembleia Nacional e da promulgação das leis e resoluções. Cap. V – Da Câmara Corporativa. Tit. IV – Do Governo. Tit. V – Dos tribunais. Tit. VI – Da divisão administrativa e das autarquias locais na metrópole. Tit. VII – Do ultramar português. Cap. I – Princípios fundamentais. Cap. II – Das garantias gerais. Cap. III – Das garantias especiais para os indígenas. Cap. IV – Do regime político e administrativo. Cap. V – Da ordem económica. Cap. VI – Do regime financeiro. Disposições complementares. DECRETO-LEI N.° 45548 – DA ELEIÇÃO DO CHEFE DE ESTADO. Cap. I – Disposições gerais. Cap. II – Da eleição dos representantes municipais. Cap. III – Da eleição dos representantes dos conselhos legislativos e dos conselhos de governo. Cap. IV – Da eleição do Presidente da República. Cap. V – Disposições finais.

Os traços mais notáveis da Constituição são, no plano ideológico, o nacionalismo e o corporativismo (embora este se viesse a revelar muito inoperante e sem raízes, o que levou à sua qualificação como "corporativismo de Estado"), o qual, interpretando a seu modo a doutrina social da Igreja, insistia na "colaboração de classes", mas, na verdade correspondendo tal discurso a mera legitimação de uma situação de profunda desigualdade. No plano institucional, avulta antes de mais um presidencialismo claro e quase todo-poderoso, que, com o tempo e a *praxis* (em que sobressaía a fortíssima figura de Salazar como Presidente do Conselho de Ministros), e com a revisão constitucional decretada depois da ameaça que constituiu a candidatura do general Humberto Delgado, depois assassinado pela polícia política (segundo o que parece estabelecido), se foi transformando num "presidencialismo do primeiro-ministro", mais até do que um "presidencialismo bicéfalo".

Embora o texto constitucional, em si mesmo, não consiga levar às últimas consequências o programa enunciado teoricamente no Relatório, virá a ser a realidade constitucional a reafinar o diapasão pelo dito texto mais teórico, e que Salazar considerava até mais ideal.

O Relatório simultaneamente condena o liberalismo monárquico e o período da primeira república, define a Constituição como essencialmente nacionalista, evitando porém os contemporâneos "extremos agressivos" (p. 7), afirma manter "sensivelmente" as garantias individuais dos cidadãos já constantes da Constituição de 1911, mas subordinadas a uma "justa harmonia do todo social" (*ibidem*).

Procura colocar a sua doutrina numa "posição intermédia" entre, por um lado, o individualismo liberal e das democracias parlamentares, e o pólo oposto, dos "adoradores do Estado", que identifica nas "doutrinas confinantes do socialismo e do estatismo" (este último talvez designando o nazismo e o fascismo, de que muitas vezes procurou o regime subtil e timidamente demarcar-se: e não sem alguma razão) (p. 10).

Também Marcello Caetano sublinha o ecletismo da Constituição, na linha dessa pretensão autoritária de se demarcar dos totalitarismos, por um lado, e das democracias liberais, por outro. Na verdade, sendo a terra das ideologias redonda, qualquer uma se pode reivindicar do centro, ou do equilíbrio, quando lhe aprouver[649]. Assim coloca a questão o que seria o segundo e último Presidente do Conselho do regime, para mais procurando ornar a *démarche* constitucional de 33 da aura de passados com direcção política diversa:

> "Como em 1838 e em 1852 o legislador constituinte foi guiado pelo objectivo de estabelecer uma plataforma de colaboração entre os portugueses desavindos e para isso evitou tomar posições extremas, optando por uma orientação doutrinalmente eclética e procurando organizar um sistema de governo misto.
> O desfavor em que se achava a ideologia democrática não o impediu de consagrar na Constituição alguns dos seus princípios fundamentais cujos inconvenientes buscou neutralizar ao estabelecer os órgãos do governo e ao fixar as relações entre os respectivos poderes"[650].

O Presidencialismo que defende é tão vasto, que por vezes nos perguntamos se Salazar não desejou uma monarquia de tipo absoluto (liberal não seria nunca) sem cabeça coroada:

> "O Chefe do Estado é o Presidente da República eleito por sufrágio directo dos chefes de família.
> É o primeiro órgão da soberania. A sua magistratura e o exercício das suas funções são independentes das votações da

---

[649] Salazar também se reclamou do centro. E contudo o "centro" tem realmente um lugar, e estão catalogadas as suas possibilidades, nenhuma se identificando com a ditadura.

[650] Marcello CAETANO – *A Constituição de 1933. Estudo de Direito Político*, Coimbra, Coimbra Editora, 1956, p. 13.

Assembleia Nacional. Nomeia e demite os governos. Responde directa e exclusivamente perante a Nação e a sua personalidade política é inviolável. A independência e a solenidade das atribuições dão-lhe uma posição singular entre todos os órgãos de soberania.

A Constituição confere-lhe as verdadeiras funções da Chefia do Estado e não simplesmente a do poder executivo. É o elemento por excelência da harmonia do Estado" (p. 10).

## IV. O DIREITO E A CONSTITUIÇÃO DE 1933

Na sua *Introdução ao Estudo do Direito Político*, Separata da revista "O Direito", n.º 4, de 1953, p. 311 Marcello Caetano como que glosa o artigo 4.º da Constituição de 33, afirmando:

"O Estado, na medida em que é soberano, não pode ser vinculado pelo Direito positivo, e apenas o limitam preceitos éticos e o Direito Natural."

E logo acrescenta este passo que de algum modo intriga, sobretudo por vir logo a seguir:

"As Constituições quando violadas em nome do interesse geral são ineficazes (…)"

De facto, atentos os termos do próprio Marcello Caetano, poderíamos considerar a Constituição de 33 como ineficaz. Ou, para usarmos os termos mais rigorosamente sociológico-jurídicos de Jean Carbonnier, foi ela uma Constituição *inefectiva*.

E tal modo inefectiva que o reclamar-se do Direito Natural constituiu apenas um aleluia jurídico, porquanto, mesmo os artigos hermenêuticos decisivos do Código Civil, elaborado e aprovado no contexto da sua vigência, apesar das declarações teóricas em contrário, são em absoluto avessas a um tal espírito jusnaturalista, e, por consequência, tornariam o diploma infra-constitucional em causa inconstitucional, se não se entendesse que, na verdade, as normas dos treze primeiros artigos do Código Civil são, afinal, de valor idêntico ao constitucional, são materialmente constitucionais em sede formal não constitucional.

É interessante verificar-se, na verdade, como não só a Constituição foi precedida de um relatório que não viria a secundar nem no seu texto, nem, por outras razões, na sua prática, como também o Código Civil, nos aspectos fundantes jusfilosóficos prega doutrina que não terá procedência nem sequer no texto.

Atentemos por um instante nesse travejamento legitimador.

No Projecto do Código Civil afirma-se uma certa adesão ao anti-positivismo jurídico teoricamente dominante, em termos como estes:

> "Outra faceta muito importante da filosofia jurídica contemporânea, que tem reflexos na doutrina como na própria legislação, é o ataque frontal desencadeado contra o positivismo legal, sem embargo dos enormes serviços que a ciência do direito ficou devendo à escola positivista.
> 
> Ora também esta reacção contra o primado absoluto de uma lei omnipotente, ou de um legislador omnisciente, assinala em vários aspectos a sua presença no projecto."[651]

Logo na apresentação do Código Civil, pelo Ministro da Justiça, perante sessão da Assembleia Nacional, em 26 de Novembro de 1966 pressente-se algum mal estar relativamente aos fundamentos filosóficos (e provavelmente à coerência com eles).

O Ministro baliza o seu propósito, na referida intervenção, descartando o sumário das soluções mais importantes da nova legislação, e mesmo dos seus princípios inspiradores. Remete para o texto anterior, dizendo, com expedita rapidez e concisão:

---

[651] *A Reforma do Direito Civil*, p. XXXII.

"O código mantém a traça geral do projecto, e a estrutura filosófico-jurídica em que o projecto assenta foi já objecto de demorada análise em exposição pública anterior."[652]

Quase a terminar o seu intróito, insiste o governante que a sua exposição não se proporá minimamente "revolver o terreno estéril das puras discussões académicas"[653].

Em vários passos do texto se surpreende um tímido reconhecimento do recuo perante a proclamação da superação do positivismo jurídico. Designadamente no preciso ponto que, no Projecto, se considerava pedra de toque ("Problema capital"): as lacunas[654]. Começando desta feita por afirmar:

"(...) o código não refere quais sejam as regras em que deve basear-se o preenchimento das lacunas, nem sequer apontando para os princípios do direito natural, como fazia o Código de 67, de harmonia com a concepção jusracionalista da época. A explicação do facto reside ainda no mesmo espírito de prudência legislativa que dominou toda a disciplina destas matérias."[655]

O discurso na Assembleia Nacional tenta uma justificação:

"Sem prejuízo de ter assumido em outros pontos uma posição de acentuada reacção contra o positivismo legal, a lei quis deixar neste capítulo de criação do direito o campo suficientemente aberto a todos os progressos da jurisprudência e a todas as conquistas da doutrina."[656]

---

[652] *Do Projecto ao Código Civil. Comunicação feita na Assembleia Nacional no dia 26 de Novembro de 1966 pelo Ministro da Justiça, Dr. João de Mattos Antunes Varela*, p. V.
[653] *Ibidem*, p. VI.
[654] *A Reforma do Direito Civil*, p. XXXII.
[655] *Do Projecto ao Código Civil. Comunicação feita na Assembleia Nacional no dia 26 de Novembro de 1966 pelo Ministro da Justiça, Dr. João de Mattos Antunes Varela*, p. XXX.
[656] *Ibidem*, p. XXX.

Para no final da alínea invocar a autoridade do já falecido grande jurista de Coimbra Manuel de Andrade, ainda hoje verdadeiro mito dos privatistas:

"Como diria Manuel de Andrade, *houve que sacrificar uma possível maior justiça nas aras da certeza jurídica*".

Eis o grande argumento de sempre do positivismo legalista.

Mas se o Código Civil de 1966, apresentado na embalagem da reacção ao positivismo, no direito mais social, etc., acaba por redundar num sistema de positivismo (e o clima político ajudava a isso – até para defesa própria dos agentes jurídicos), não poderá já ser julgado apenas pela sua circunstância política. Como se veria depois, resistiu mesmo, em certa medida, ao 25 de Abril. Cremos que é hoje a altura de, como calma, tempo e prudência, pensar seriamente na sua revisão, de acordo com uma perspectiva mais dinâmica da Constituição e as exigências do nosso tempo. É tempo de a Constituição, no seu todo, chegar ao direito privado, a todo o Direito aliás.

Na verdade, vezes de mais se começa a invocar (na verdade *constitucionalmente*) o texto do Código Civil contra princípios constitucionais: o que, além de ser um absurdo jurídico que faria tombar o próprio Kelsen da sua pirâmide, revela que algo está mal, no plano da constitucionalidade, no dito diploma infra-constitucional[657].

---

[657] Independentemente do que se opine no plano moral, ético, religioso, político, e de política jurídica sobre casamentos entre homossexuais, e independentemente ainda de como se interpretem as normas constitucionais que com tal possam ser pertinentes, a argumentação de que a recusa de casamento homossexual por funcionário competente se legitimaria validamente em pressupostos do Código Civil (*v.g.* os requisitos do art. 1557.º), sobrepondo-se à Constituição, seria disso um exemplo. Cf., a propósito desta questão, Lídia BRANCO – *Editorial*, "O Advogado", n.º 22, 13 de Fevereiro de 2006, p. 2. Talvez o problema seja de tal forma significativo, hoje, que deva colocar-se em sede constituicional e não meramente registal. Talvez que seja em absoluto uma questão *constitucional*.

Voltemos aos anos 30. A Constituição de 1933 é uma constituição fragmentária e em larga medida nominal. Fragmentária, porque antes e depois da sua aprovação, se consolidariam matérias "constitucionais" ou que, pelo menos, contribuem em boa medida para a ordem constitucional, pela sua fundamentalidade.

Antes da Constituição, uma ordem de doutrinação, de institucionalização e de repressão prepararam o terreno a um Estado no mínimo qualificável como autoritário. Na verdade mais que isso, dados os seus contornos de censura, repressão, vigilância e colonialismo – mesmo que depois atenuado em algumas concretizações pelos "brandos costumes" portugueses. Mas nem sempre.

Depois da Constituição, avulta o reforço desta ordem, nomeadamente com o Código Civil. Este diploma, apesar do seu valor técnico e da *bondade burguesa* da maioria das suas soluções, e pese embora a sua justificação jusnaturalista, logo no início do seu articulado propende para o mais puro positivismo legalista, aliás ao arrepio directo da própria Constituição formal.

Drama constitucional, assim. Constituição nominal, e não normativa. Porque esta fragmentariedade não se traduz apenas pela pluralidade das sedes onde se encontram as matérias materialmente constitucionais. O que é mais relevante, é que o direito em sede ordinária, embora com conteúdo constitucional, é avesso ao projecto constitucional, e sobretudo ao *fumus* de compromisso democrático que ainda se poderia vislumbrar no texto constitucional, ou na sua fachada.

Porque se a legislação policial e doutrinal nas escolas e estabelecimentos de cultura caminha até para o totalitarismo (um totalitarismo moderado – concede-se, se se comparar com o nazi, ou o estalinista, ou o maoísta), e se o Código Civil, ao ter uma filosofia sobre fontes do direito e hermenêutica de estrito *dura lex, sed lex*, já a legislação de sede ordinária como que se sobrepõe e revoga os direitos fundamentais do texto constitucional, e também o Direito Natural que, timidamente embora, lá se encontra.

Claro que também se pode tentar "salvar" o Código Civil, pelo relatório e por uma particular interpretação do art. 10.º, em comparação com o seu antecessor, art. 16.º do Código de Seabra. Mas a contradição geral permanece, ou, pelo menos, a sombra ou a suspeita dessa contradição. As quais, porém, são confirmadas pela prática política e jurídica, em geral.

Usando também a classificação das constituições de Karl Loewenstein, Adriano Moreira qualifica a Constituição de 1933 como "semântica", e dela traça este retrato significativo, síntese de que "o *poder* nunca esteve onde a Constituição o dizia"[658]:

> "A Constituição de 1933 era um documento mais preocupado com a imagem do que com a realidade do sistema político. Por isso muitas vezes concluí, em cursos e trabalhos, pela sua falta de autenticidade. (...)"[659]

Temos de citar os abundantes exemplos de como, depois da conspiração de 1961, se procurou não regressar à letra e ao espírito do texto constitucional, mas abertamente tentar repor o regime *de facto*:

> "Para tanto [o governo] procurou implantar uma chefia carismática, pelo abuso dos meios de comunicação; procedeu à concentração de poderes na chefia do governo, alterando até o processo legislativo, ao mesmo tempo que afirmava a liberalização para fins de imagem externa; as manifestações populares constantes, acompanharam a proclamação da modéstia da governação, que se confessava surpreendida (...); o anúncio do fim da censura, foi acompanhado da compra dos jornais ou por organismos dependentes do Estado ou por grupos que apoiavam o governo, e pela instauração do exame prévio que ninguém distinguia da censura; a afirmação da estrita legalidade, foi compatível com a publicação da lei retroactiva para salvaguardar interesses da banca privada; a desobediência às decisões judiciais do Supremo Tribunal Administrativo não provocou hesitação; a promulgação da lei da intimidade, acom-

---

[658] Adriano MOREIRA – *O Novíssimo Príncipe*, p. 88.
[659] *Ibidem*.

panhada do exercício intensivo da escuta telefónica que os jornais vão divulgando e da violação da correspondência; a regra da arbitragem estatal dos interesses privados, brigava com a imposição dos amigos às administrações das companhias e com a perseguição dos desafectos. (...) Tudo isto é o processo político de uma Constituição Semântica, isto é, uma colecção de palavras destinadas a compor uma imagem, mas com escassa ligação com a realidade."[660]

Confluímos também com a síntese de Jorge Miranda, que assinala, na prática da Constituição de 1933, alguns traços[661], em que a nossa análise fundamentalmente se revê. Assim, a Constituição foi aplicada num sentido de estabilidade e continuidade do pessoal político; a subalternização da Assembleia Nacional (de poderes limitados e composição muito homogénea, mesmo na Primavera Marcelista); a compressão ou mesmo nihilização das liberdades, designadamente com o não reconhecimento da Oposição ou da sua escassa tolerância apenas em período eleitoral; o carácter plebiscitário das eleições; o capitalismo autoritário, administrativo e proteccionista (contraditório até com algumas declarações teóricas de corporativismo). Acrescente-se um outro elemento: o colonialismo, que se exprimia, fundantemente, no *Acto Colonial*.

As organizações de fora-da-lei, desde tempos muito remotos, imitam o *due process of law*, por um lado para se recobrirem de legitimidade, mas certamente ainda, por outro lado, porque a simples força do exemplo da normalidade atrai imitativamente. Também os regimes ditatoriais e autoritários, mesmo os que, como o Estado Novo, acreditam que a própria ditadura é um *genus* independente das formas políticas, e não (como pensavam já os Romanos e viria

---

[660] *Ibidem*, pp. 88-90.
[661] Jorge MIRANDA – *Manual de Direito Constitucional*, tomo I. *Preliminares. O Estado e os Sistemas Constitucionais*, 5.ª ed., Coimbra, Coimbra Editora, 1996, p. 318 ss..

a admitir um António Sérgio) meramente um breve interregno sanador, nesse mesmo desejo de normalidade e não excepcionalidade, são impelidos a descrever-se com cores que não possuem, imitando, contra a sua própria natureza, algumas instituições e processos da democracia liberal que tanto criticam. E, como vimos, mesmo o presidencialismo em que se baseava toda a legitimidade política em 1933 acabaria por se negar a si próprio, regressando, embora sem a legitimidade democrática anterior, a um processo de eleição presidencial indirecto, idêntico na forma mas não no sentido ao da Constituição de 1911.

O texto da Constituição de 1933, fachada juspolítica de uma ordem que não era um Estado de Direito, permanece como exemplo, pelo contraste até com a realidade constitucional, do dissídio entre a norma e a vida, entre a teoria e a prática, entre a máscara e o rosto. E faz-nos relembrar, ao menos em parte, essa metáfora fundamente do constitucionalismo que é a "folha de papel" de Ferdinand Lassalle.

CONCLUSÃO
# A CONSTITUIÇÃO DO ESTADO DE DIREITO DEMOCRÁTICO E SOCIAL DE 1976

*"A 25 de Abril de 1974, o Movimento das Forças Armadas, coroando a longa resistência do povo português e interpretando os seus sentimentos profundos, derrubou o regime fascista.*

*Libertar Portugal da ditadura, da opressão e do colonialismo representou uma transformação revolucionária e o início de uma viragem histórica da sociedade portuguesa.*

*A Revolução restituiu aos Portugueses os direitos e liberdades fundamentais. No exercício destes direitos e liberdades, os legítimos representantes do povo reúnem-se para elaborar uma Constituição que corresponde às aspirações do país.*

*A Assembleia Constituinte afirma a decisão do povo português de defender a independência nacional, de garantir os direitos fundamentais dos cidadãos, de estabelecer os princípios basilares da democracia, de assegurar o primado do Estado de Direito democrático e de abrir caminho para uma sociedade socialista, no respeito da vontade do povo português, tendo em vista a construção de um país mais livre, mais justo e mais fraterno. (...)"*

*Preâmbulo da Constituição da República Portuguesa de 1976*

CONCLUSÃO
# A CONSTITUIÇÃO DO ESTADO DE DIREITO DEMOCRÁTICO E SOCIAL DE 1976

A Constituição de 1933 durou desde esse ano até à revolução de 25 de Abril de 1974. Longa na duração, não foi todavia estável no pormenor das suas prescrições jurídicas. Houve nove leis de revisão constitucional, em cinco períodos: 1935-38, 1945, 1951, 1959 e 1971. No essencial, a natureza do regime manteve-se sempre. Mesmo a dita "Primavera Marcelista", no final do regime, não passaria de sol de pouca dura, realmente promessa não cumprida, ilusão de uns tantos, poucos. O pedido de demissão de deputados da chamada "Ala Liberal" da Assembleia Nacional do marcelismo, como o Prof. Miller Guerra e o Dr. Francisco Sá Carneiro, deixaria provado que o regime era insusceptível de uma regeneração democrática evolutiva.

A mais profunda mudança constitucional ocorrera antes da substituição de Salazar por Marcello Caetano, devido à incapacidade física daquele, na sequência de uma queda de uma cadeira, e fora num sentido limitador e nada "liberal": deveu-se ao circunstancialismo de as eleições presidenciais imediatamente anteriores terem consituído uma séria ameaça para o regime, com o candidato da oposição, General Humberto Delgado, a arrastar multidões. Por isso, a Lei 2 100, de 29 de Agosto de 1959 alterou o sistema de eleição do Presidente da República, que de sufrágio universal e directo passou a escolha por um colégio eleitoral restrito.

Foi-se arrastando penosa e ingloriamente o regime, sustentado no plano interno pela censura e pela polícia política e com significativa perda progressiva de base de apoio: mesmo nas classes que efectivamente protegia. E tendo ainda que fazer face, externamente, a uma opinião pública mundial a ele contrário, e a uma guerra colonial em três frentes: Guiné (futura Guiné-Bissau), Angola e Moçambique.

Não é o lugar nem para traçar o quadro do que foi a vida constitucional de atropelo às liberdades públicas do regime, nem a sua degerescência natural.

Com o 25 de Abril de 1974, o poder acaba por (estranhíssimamente, mas talvez com simbolismo) passar das mãos do Presidente do Conselho (afinal o governante principal), Prof. Marcello Caetano, para o general António de Spínola, que viria a ser o Presidente da Junta de Salvação Nacional e primeiro Presidente da República do pós-25 de Abril. Marcello Caetano teria afirmado que entregava o poder a Spínola *para que não caísse na rua*, e é deixado partir para o exílio no Brasil, com o Presidente da República deposto, Américo Tnomaz, e outros membros do governo...

A Junta de Salvação Nacional decreta, para valer como leis constitucionais, as Leis 1/74, de 25 de Abril, e 2 e 3/74, de 14 de Maio.

Suceder-se-iam governos provisórios (com não menos perturbações: desde a crise que culminaria na saída do primeiro Primeiro--Ministro, o Prof. Adelino da Palma-Carlos, até aos golpes de 11 de Março e 25 de Novembro) até à tomada de posse do I governo constitucional, no seguimento da aprovação da Constituição de 1976.

Evidentemente que as fontes do Direito Constitucional até à entrada em vigor desta Constituição foram de tipo esparso: desde a própria Constituição de 1933, embora interpretada em moldes democráticos e comprimida no seu tecido ideológico próprio, até ao Programa do MFA (Movimento das Forças Armadas) e legislação propriamente constitucional saída depois da revolução.

O período de "guerra civil fria" que teria o seu auge no chamado "Verão quente" não foi de molde a serenar os ânimos e em nada era consentâneo com o distanciamento ideal do trabalho constituinte. Mas perguntar-se-á que constituinte revolucionária teve, historicamente, a vida facilitada e paz de espírito para a sua obra... Apesar de tudo, a Constituição de 1976 acabaria por manter a lucidez, especialmente por sobre dois elementos que poderiam tê-la feito perder-se: o primeiro foi a pressão militar, e o segundo o clamor da rua.

Com efeito, condição para a efectiva realização de eleições para uma Assembleia Constituinte acabaria por ser a cedência dos principais partidos às exigências de limitação do poder constituinte, presentes em dois Pactos (Plataformas de Acordo Constitucional) entre os vencedores da revolução (ou os militares que em nome dessa vitória falavam) e os partidos concorrentes.

O segundo Pacto seria bem mais suavizado que o primeiro, mas, mesmo assim, não fora o trabalho de *limpeza* das revisões constitucionais futuras, remanesceria sem dúvida um elemento de "república dualista" ou de constituição semi-outorgada na nossa lei fundamental. O peso militar era inicialmente bem visível.

A pressão da rua, orquestrada por forças mais extremistas, culminaria no sequestro da Assembleia. Contudo, os constituintes comportaram-se com a maior dignidade, e a Constituição seguiu o seu caminho, sem se deixar influenciar mais do que, normalmente, o prudente legislador constituinte tem de estar atento ao seu tempo.

A história constitucional da Constituição de 1976 não deve ser feita aqui. Ela é história contemporânea e, por isso, integra plenamente o estudo e a hermenêutica da nossa Constituição aqui e agora[661].

Assinalem-se somente alguns traços muitíssimo gerais, como que a título de epílogo.

As eleições para a Assembleia Constituinte bateram o *record* de participação eleitoral – 91% dos eleitores, tendo como resultado uma composição eleitoral moderada, mas claramente democrática e

---

[661] Para uma síntese das sínteses da Constituição de 1976, Jorge MIRANDA – *O Essencial sobre a Constituição Portuguesa*, Lisboa, Imprensa Nacional-Casa da Moeda, 1986.

social, e até socializante: o Partido Socialista, de Mário Soares, teria 38% com 116 deputados, o Partido Popular Democráticos (mais tarde Partido Social Democrata) de Francisco Sá Carneiro, 26,4%, com 81 deputados, o Partido Comunista Português, de Álvaro Cunhal, 12,5%, com 30 deputados, o Centro Democrático Social (depois Partido Popular), de Diogo Freitas do Amaral, 7,7%, com 16 deputados, o Movimento Democrático Português (próximo do PCP e depois extinto), menos personalizado na liderança e contando com nomes como os de Francisco Pereira de Moura, e outros, 4,5%, com 5 deputados, a União Democrática Popular, de que se destacariam como deputados Afonso Duarte e depois Acácio Barreiros (que depois aderiria ao PS), 1% com 1 deputado, e ainda 1 deputado da Associação para a Defesa dos Interesses de Macau[662].

Os debates foram acalorados[663], tendo-se introduzido (não sem polémica) um período de antes da ordem do dia, em que virtualmente se passaram em revista todos os problemas momentosos.

A Constituição resultante é um documento naturalmente compromissório. Tem sido muito acusada de ser um texto carregado de marxismo: mas nem inicialmente esse marxismo seria um marxismo ortodoxo, pois logo muito moderado pelas influências pluralistas, humanísticas, sociais cristãs e afins, nem sobreviveria no que tinha de exagero a revisões constitucionais podadoras.

O sistema instituído é de um semi-presidencialismo numa versão inicial, tendendo mais para um parlamentarismo corrigido (semi-parlamentarismo se diria, se não pudesse dar azo a confusões: ou ainda uma versão mais parlamentar do ainda semi-presidencialismo) depois de revisão constitucional.

---

[662] Para uma caracterização ideológica e partidária, cf. Paulo Ferreira da CUNHA – *Repensar a Política. Ciência & Ideologia*, Coimbra, Almedina, 2005.

[663] Um exemplo das divergências ideológicas em presença: Paulo Ferreira da CUNHA – "Ideologia e Direito. Sociedade sem Classes, Classes Trabalhadoras e Estado de Direito – arts. 1.º a 3.º da Constituição da República Portuguesa de 1976, in *Miragens do Direito. O Direito, as Instituições e o Politicamente Correto*, Campinas, São Paulo, Millennium, 2003, pp. 9-70.

Tendo havido dificuldades para a consagração da expressão *Estado de Direito*, por, em rigor, a pressão militar não ter permitido a sua perfeita floração de início, com a revisões foi-se mais e mais definindo o regime como de um Estado de Direito democrático, mas também social: com uma profunda preocupação com direitos liberdades e garantias, mas também com direitos económicos, sociais e culturais.

Há muitos elementos novos, ou que ganham novas cores à luz da nova Constituição. Seria impossível enumerar toda a mudança de clima do sistema em que vivemos. Alguns aspectos vêem do sistema liberal, mas em muito foram melhorados: por um lado pela componente social (com generosa consagração de muitos direitos, liberdades e garantias e direitos sociais, económicos e culturais), e, por outro, por maior cautela em evitar as dissensões, querelas e enfraquecimento governamental.

O sistema de partidos não tem bloqueado a governação, e as crises têm-se resolvido sem problemas de maior, e jamais com golpes e sangue nas ruas; o poder local, apesar das suas vicissitudes, é uma realidade; o controlo da constitucionalidade é efectivo, e não depende de simples proximidades partidárias; os tribunais são independentes; o Parlamento exprime-se livremente como verdadeira Casa da Democracia, e, apesar de algumas campanhas negativas e uma outra página menos luminosa, continua a ser, como dizia Fernando Pessoa, "tão belo como uma borboleta", nesse belo espectáculo de cidadania que é podermos escutar o cânone de vozes livres de muitos quadrantes do pensamento; e as liberdades são uma vivência tão óbvia que não as sabem os mais novos, por vezes, valorizar suficientemente.

O grande desafio constitucional é hoje o da Constituição Europeia[664].

Já existe uma Constituição Europeia esparsa, de tratados e jurisprudência, uma Constituição afinal parecida, *mutatis mutandis*,

---

[664] Cf. Paulo Ferreira da CUNHA – *Novo Direito Constitucional Europeu*, Coimbra, Almedina, 2005.

com as antigas constituições históricas, sedimentadas ao longo dos tempos. Num primeiro momento, a atitude voluntarista da Convenção que aprovou, sem votar sequer, o Projecto de Tratado Constitucional que instituiria uma Constituição para a Europa pareceu a muitos (e desde logo as Franceses e aos Holandeses, que votaram contra, em referendo) um atropelo ao poder constituinte originário de povo e nação, um salto para a frente e no escuro, se não mesmo uma imposição dos países grandes.

Contudo, é natural que a questão (mais ou menos metamorfoseada) ressuscite do actual momento de prudente sono. Por um lado, é necessário um texto enxuto, simples, que possa ser aplicado pelos agentes jurídicos da babel europeia. Por outro, seria bom que chegássemos a um bom acordo sobre o futuro da Europa e o colocássemos por escrito.

O presente momento de pausa é excelente para repensar.

Se vier a ser aprovada uma Constituição europeia terá naturalmente de pensar-se em que medida ela se sobrepõe ou não à Portuguesa, e em que medida: esse um enorme desafio.

# PRINCIPAL BIBLIOGRAFIA

Além de alguns livros e artigos de fundo com as temáticas deste volume pertinentes (e suas fontes directas), registam-se de seguida as obras referidas ao longo das notas, salvo se convocadas de forma meramente incidental. Contudo, não se referem estudos da exclusiva responsabilidade do autor, normalmente recolhidos na bibliografia citada no início deste estudo. Nas obras mais clássicas, só se indica uma edição em concreto quando, excepcionalmente, tal se revelou de forma especial recomendável.

*A Voz da Natureza sobre a origem dos Governos, tratado em dous volumes, traduzido da segunda edição franceza publicada em Londres em 1809,* Lisboa, Na Impressão Régia, 1814
AA. VV. – *1791. La Première Constitution Française*, Paris, Economica, 1993
AA. VV. – *La pensée politique et constitutionnelle de Montesquieu*, Paris, Sirey, 1948
*Actas da Assembleia Nacional Constituinte de 1911* (de 15 de Junho a 25 de Agosto), Lisboa, Assembleia da República, 1986
AGOSTINI, Eric – *Droit Comparé*, Paris, P.U.F., 1988
ALBUQUERQUE, Martim de – *Introdução às Ordenações del-Rei Dom Duarte*, ed. de Martim de Albuquerque / Eduardo Borges Nunes, Lisboa, Fundação Calouste Gulbrenkian, 1988
ALBUQUERQUE, Martim de – *O Regimento Quatrocentista da Casa da Suplicação*, separata especial do vol. XV dos Arquivos do Centro Cultural Português, Paris, 1980
ALBUQUERQUE, Rui de / ALBUQUERQUE, Martim de – *História do Direito Português Português*, com a colab. de Duarte Nogueira, Adelino Maltez e Leite Santos, II, Lisboa, 1983
ALCÂNTARA, D. Pedro de... – *Hymno Constitucional,* in "O Comércio do Porto", Porto, 5.6. 1886

ALLEN, W. B. (com CLOONAN, KEVIN A.) – *The Federalist Papers: A Commentary*, Nova Iorque, Peter Lang Publishing, 2000
ALMEIDA, Fortunato de – *História de Portugal*, VI, 1816-1910, Coimbra, ed. do Autor, 1957
ALMEIDA, Teodoro de – *Receasão filozofica ou dialogo sobre a Filozofia Natural, para instrucsão de pessoas curiozas, que não frequentárão as aulas*, I, Lisboa, Off. de Miguel Rodrigues, 1751; II e III 1752; IV, 1757; V, 1761; VI ?; VII, 1768; na Regia Off. Typ., VIII, 1792; IX, 1793
ALORNA, Marquesa de – *Notes à l'Ouvrage de Mme de Staël sur l'Allemagne*, in Arquivo Nacional da Torre do Tombo, Inventário dos Documentos manuscritos existentes na Casa de Fronteira, N-VIII-28
ALTHUSSER, Louis – *Montesquieu, la Politique et l'Histoire*, Paris, P.U.F., trad. port., *Montesquieu, a Política e a História*, 2.ª ed., Lisboa, Editorial Presença, 1977
ALVES, Hélio Osvaldo – *Things as they could have been: the politically involved novel in late Eighteenth-century England*, in "Diacrítica. Revista do Centro de Estudos Portugueses, Braga", Universidade do Minho, n.º 7, 1992, p. 217 ss.
AMEAL, João – *História de Portugal*, Porto, Tavares Martins, 1958
AMEAL, João – *Perspectivas de História*, s/l Livraria Sam Carlos
AMUCHASTEGUI, Jesus G. – *Origenes de la Declaración de Derechos del Hombre y del ciudadano*, Madrid, Editora Nacional, 1984
ANDRADE, António Alberto de – *Vernei e a cultura do seu tempo*, Coimbra, Acta Universitatis Conimbrigensis, 1965
ANDRADE, Frei Plácido de – *Dissertação: Se a Lei Penal obriga em Consciência*, in *Papéis Avulsos de Filosofia*, Ms. Bibliot. Academia das Ciências de Lisboa, n.º 787, Série vermelha, f. 23 r. e v.
ANDRADE, José Carlos Vieira de – *Os Direitos Fundamentais na Constituição Portuguesa de 1976*, Coimbra, Almedina, 1983 (há nova edição)
ANDRADE, José Carlos Vieira de – *Direitos Fundamentais*, in Verbo. Enciclopédia Luso-Brasileira de Cultura, vol. XXI, Verbo, Lisboa, 1986, cols. 454 ss.
ANDRADE, Maria Ivone Ornellas de – *José Agostinho de Macedo. Um Iluminista Paradoxal*, vol. I, Lisboa, Edições Colibri, 2001; *A Contra-Revolução em Português. José Agostinho de Macedo*, vol. II, Lisboa, Edições Colibri, 2004
ANOUILH, Jean – *Antigone*, in *Nouvelles pièces noires*, Paris, La Table Ronde, 1946
ARNAUD, André-Jean – *Essai d'analyse structurale du Code civil français*, Paris, L.G.D.L., 1973
ARNAUD, André-Jean – *Juristes face à la société de 1804 à nos jours*, Paris, P.U.F., 1977

ARNAUD, André-Jean – *La référence à l'Ecole du droit naturel moderne d'après les lectures des auteurs du Code civil français*, in "Fides. Direito e Humanidades", III, Porto, 1994, p. 15 ss.

ARNAUD, André-Jean – *Les Origines doctrinales du Code civil français*, Paris, LGDJ, 1969

ARNAUT, António – *Introdução à Maçonaria*, 2.ª ed., Coimbra, Fora do Texto, 1996

ARON, Raymond – *Les Etapes de la pensée sociologique*, trad. port. de Miguel Serras Pereira, *As Etapas do Pensamento sociológico*, Lisboa, Círculo de Leitores, 1991

ARRIAGA, José de – "A Filosofia Portuguesa. 1720-1820", in *História da Revolução Portuguesa de 1820,* nova ed., pref. e notas de Pinharanda Gomes, Lisboa, Guimarães Editores, 1980 (corresponde, na antiga ed., a vol. I, Livro II, Cap. III – "Movimento intelectual", pp. 331-435)

ASCENSÃO, José de Oliveira – *As Relações Jurídicas Reais*, Lisboa, Moraes, 1962

ASTUTI, Guido – *La codificazione del diritto civile*, in "La formazione storica del diritto moderno in Europa", Florença, 1977, II, pp. 853 ss.

AUBERT, Jean-François – *La Constitution de 1791 et la Suisse*, in AA. VV. – *1791. La Première Constitution Française*

AUTIN, Jean – *La duchesse d'Abrantès*, Paris, Perrin, 1991

AZEVEDO, Julião Soares de – *Condições Económicas da Revolução Portuguesa de 1820*, Lisboa, 1944

BABO, Carlos – *As Luctas Liberaes*, Porto, Livraria Chardon, Lello, s/d

BACHRACH, Peter – *The Theory of Democratic Elitism: A Critique*, Boston, University Press of America, 1980.

BACZKO, Bronislaw – *Lumières de l'Utopie. Critique de la politique*, Paris, Payot, 1978

BACZKO, BRONISLAW, *L'Utopia – immaginazione sociale e rappresentazioni utopiche nell' età dell'illuminismo*, trad. it., Torino, Einaudi, 1979

BADINTER, Elisabeth / BADINTER, Robert – *Condorcet. Un intellectuel en politique*, Paris, Fayard, 1988

BAKER, J. H. – *An Introduction to English Legal History*, 2.ª ed., Londres, Butherworths, 1979

BARRET-KRIEGEL, Blandine – *Les Droits de l'homme et le droit naturel*, Paris, P.U.F., 1989

BARRETO, D. José Trasimundo Mascarenhas – *Memórias do Marquês de Fronteira e Alorna..., ditadas por ele próprio em 1861,* revistas e coordenadas por Ernesto de Campos de Andrada, reed., Lisboa, Imprensa Nacional Casa da Moeda, 1986

BARROS, Henrique da Gana – *História da Administração Pública em Portugal nos séculos XII a XV*, Lisboa, Imprensa Nacional, 1885-1922 (vv. vols.)

BARTHES, ROLAND, *Mythologies*, Paris, Seuil, 1957, ed. port. com prefácio e trad. de José Augusto Seabra, *Mitologias*, Lisboa, Edições 70, 1978

BASTID, Paul – *Benjamin Constant et sa doctrine*, Paris, Librairie Armand Colin, 1966, 2 vols.

BASTID, Paul – *L'Idée de Constitution*, Préface de Jean Rivero, Paris, Economica, 1985

BASTIT, Michel – *Naissance de la Loi Moderne*, Paris, P.U.F., 1990

BAUBÉROT, Jean – *Histoire du Protestantisme*, Paris, P.U.F., 1978, trad. port. de José Luís C. Monteiro, *História do Protestantismo*, Mem Martins, Europa- -América, 1989

BECCARIA, Cesare – *Dei delitti e delle pene*, trad. fr., *Des délits et des peines*, Paris, Flammarion, 1979

BECKER, Carl – *The heavenly city of eighteenth-century philosophers*, New Haven, Yale University Press, 12.ª ed., 1959

BECKFORD, William – *Diário de... em Portugal e Espanha*, trad. portug. e prefácio de João Gaspar Simões, introd. e notas de Boyd Alexander, Lisboa, Biblioteca Nacional, 1988

BEIGNIER, Bernard – *Portalis et le Droit Naturel dans le Code Civil*, in "Revue d'Histoire des Facultés de Droit et de la Science Juridique", n.º 6, Paris, LGDJ, 1987, pp. 77 *et sq.*

BENASAYAG, MIGUEL, *Utopia et Liberté – les droits de l`homme: une idéologie?*, Paris, La Découverte, 1986

BENDA, Julien – *La trahison des clercs*, Paris, Grasset, 1927

BENICHOU, P. *et alii* – *Pensée de Rousseau*, Paris, Seuil, 1984

BENOIST Alain de, *et alii* – *Pour un 'gramscisme de droite'*, Paris, Le Labyrinthe, 1982

BENOIST, Jean-Marie – *Tyrannie du Logos*, tr. port., *Tirania do Logos*, Porto, Rés, s/d.

BENTHAM, J. – *Tradução das Obras do sábio jurisconsulto... vertidas do inglês na Língua Portuguesa por mando do Soberano Congresso das Cortes Gerais, Extraordinárias e Constituintes da mesma Nação*, 2 vols., 1822

BENVENISTE, Emile – *Le vocabulaire des institutions indo-européennes*, Paris, Minuit, 1969, 2 vols.

BERNARDINO, Teresa – *Sociedade e Atitudes Mentais em Portugal (1777-1810)*, Lisboa, Imprensa Nacional Casa da Moeda, 1986

BERTIN, CLAUDE (dir.) – *Os Processos Revolucionários. Luís XVI. Danton*, trad. port., Lisboa, Amigos do Livro, s/d.

BESSE, Guy – *Jean-Jacques Rousseau, l'apprentissage de l'humanité*, Paris Editions Sociales, 1988

BEUCHOT, Mauricio – *Introducción a la filosofía de Santo Tomás de Aquino*, Méjico, UNAM, 1992

BEYER, Charles – *Nature et Valeur dans la philosophie de Montesquieu*, Paris, Klincksieck, 1982

BEZERRA, Manoel Gomes de Lima – *Os Estrangeiros no Lima: ou Conversaçoens eruditas sobre varios pontos de Historia Ecclesiastica, Civil, Litteraria, Natural, Genealogica, Antiguidades, Geographia, Agricultura, Commercio, Artes e Sciencias. Com huma Descripção de todas as Villas, Freguezias, e Lugares notaveis da Ribeira de Lima, suas prouducçoens, industria, fabricas, edificios, familias nobres, filhos illustres em virtudes, armas ou letras: e com a Nobiliarchia Portugueza de Villas Boas illustrada com todos os escudos de Armas dos appelidos das Familias do Reino por ordem alphabetica, e huma breve noticia das cazas que ha no mesmo Reino, dos ditos appelidos, sem serem titulares*, Coimbra, Real Off. Universitaria, 1785-1791, 2 tomos

BIGNOTTO, Newton – *Maquiavel Republicano*, São Paulo, Loyola, 1991

BIRNBAUM, Pierre – *La fin de la politique*, Paris, Seuil, reed. 1979

BLANCO VALDÉS, ROBERTO L. – *El valor de la Constitución*, Madrid, Alianza Editorial, 1994

BLAUSTEIN, Albert – *The making of Constitutions*, in "Jahrbuch des oeffentlichen Rechts der Gegenwart", neue Folge, Band 35, 1986, p. 699 ss.

BLOCH, Ernst – *Derecho Natural y Dignidad Humana*, trad. cast. de Felipe Gonzalez Vicen, Madrid, Aguilar, 1961

BLOCH, Ernst – *Das Prinzip Hoffnung*, trad. cast. de Felipe Gonzales Vicen, *El principio esperanza*, Madrid, Aguilar, 1979, 3 vols.

BLOCH, Ernst – *Geist der Utopie*, Frankfurt, Suhrkamp, 1964, trad. fr. de Anne-Marie Lang e Catherine Piron-Audard, *L'esprit de l'utopie*, Paris, Gallimard, 1977

BLOCH, Ernst – *Thomas Münzer als Theologe der Revolution*, 4.ª ed., Frankfurt am Main, Suhrkamp, 1985 [1.ª, Munique, 1921]

BLOCH, Marc – *Introdução à História*, 2.ª ed., trad. port. de Maria Manuel Miguel e Rui Grácio, *Apologie pour l'histoire ou le métier d'historien*, Lisboa, Europa-América, 1974

BLOCH, Marc – *La Société feodale*, 5.ª ed., Paris, Albin Michel, 1968 (1.ª ed., 1939)

BLOCH, Marc – *Les rois thaumaturges. Etude sur le caractère surnaturel attribué à la puissance royale particulièrement en France et en Angleterre*, Prefácio de Jacques Le Goff, reedição corrigida, Paris, Gallimard, 1983 (1.ª ed., Paris, Armand-Colin, 1961)

BLUCHE, F. – *Le despotisme éclairé*, Paris, Fayard, 1968

BOBBIO, Norberto – *Giusnaturalismo e positivismo giuridico*, Milano, Edizioni di Comunità, 1984

BOBBIO, Norberto – *L'età dei Diritti*, Einaudi, 1990, trad. bras. de Carlos Nelson Coutinho, *A Era dos Direitos*, 4.ª reimp., Rio de Janeiro, Campus, 1992

Bobbio, Norberto – *O Positivismo Jurídico. Lições de Filosofia do Direito*, trad. br. de Márcio Pugliesi et al., S. Paulo, Ícone, 1995

Bodin, Jean – *Les six livres de la république* (1576), trad. cast. e estudo preliminar de Pedro Bravo Gala, *Los seis libros de la República*, Madrid, Tecnos, 1985

Bonachela, Manuel – *Comentários sobre el princípio de separacion de poderes en J. J. Rousseau*, in "Revista de Estudios Politicos" (Nueva Epoca), Madrid, Centro de Estudios Constitucionales, n.º 28, 1982, p. 75 ss.

Bonavides, Paulo – *Do Estado Liberal ao Estado Social*, 7.ª ed., 2.ª tiragem, São Paulo, Malheiros Editores, 2004

Bonavides, Paulo – *Formação da Teoria Constitucional*, 2.ª ed., actualizada e ampliada, Rio de Janeiro / São Paulo, Renovar, 2000

Bonney, Richard – *O Absolutismo*, trad. port. de Maria do Anjo Figueiredo, Lisboa, Publicações Europa-América, 1991

Boorstin, Daniel J. – "A Tipografia e a Constituição", in *O Nariz de Cleópatra. Ensaios sobre o Inesperado*, trad. port. de Maria Carvalho, Lisboa, Gradiva, 1995

Borges, Jorge Luís – *Os Teólogos*, in *O Aleph*, trad. port., Lisboa, Estampa, 1976, p. 31 ss.

Bossuet, Jacques-Bénigne – *Politique tirée des propes paroles de l'Ecriture sainte*, Genebra, Droz, 1967

Bossuet, Jacques-Bénigne – *Discours sur l'histoire universelle, à monseigneur le Dauphin*, Toulouse, Imprimerie de F. Vieusseux, 1822, 2 vols.

Botelho, Afonso – *Monarquia poder conjugado*, in "Nomos. Revista Portuguesa de Filosofia do Direito e do Estado", Lisboa, n.º 2 (Julho-Dezembro de 1986), p. 38 ss.

Botelho, Afonso – *Origem e actualidade do Civismo*, Lisboa, Terra Livre, 1979

Boucher, David / Kelly, Paul (eds.), *The Social Contract from Hobbes to Rawls*, Londres e Nova Iorque, Routledge, 1994

Boulois, Jean – *Les limites du droit constitutionnel*, in "Revue Internationale de Droit Comparé", n.º 2, 1986, p. 601 ss.

Bourde, Guy / Martin, Hervé – *Les Ecoles Historiques*, Paris, Seuil, 1983, trad. port., *As Escolas Históricas*, Lisboa, Europa-América, 1990

Boutin, Christophe – *l'Extrême droite française au-delà du nationalisme. 1958- -1996*, in "Revue Française d'HIstoire des Idées Politiques", Paris, Picard, n.º 3, 1 sem. 1996, p. 113 ss.

Brandão, António – *Monarchia Lusitana que conthem historia do reyno de Portugal...*, nova ed., Lisboa orientale, Officina Ferreyriana, 1725

Brandão, António José – *Sobre o Conceito de Constitutição Política*, Lisboa, s/e, 1944

Brandão, Fernando de Castro – *O Liberalismo e a Reacção. 1820-1836. Uma cronologia*, Odivelas, Heuris, Europress, 1990

BRAVO LIRA, Bernardino – *Melo Freire y la Ilustración. Catolica y Nacional en el Mundo de Habla Castellana y Portuguesa*, separata da "Revista de Derecho de la Universidad Catolica de Valparaiso", Valparaiso, Publicaciones de la Escuela de Derecho, 1984, vol. VIII, pp. 93 ss.
BRAVO LIRA, Bernardino – *Poder y Respeto a las Personas en Iberoamerica. Siglos XVI a XX*, Valparaíso, EDUVAL, 1989
BREDIN, Jean-Denis – *Sieyes. La clé de la Révolution française*, Paris, Fallois, 1988
BRÉGEON, Jean-Joel – *As 'Sociedades de Pensamento' e a Revolução Francesa*, in "Futuro Presente", n.º 19-20, set. 1984, p. 24 ss.
BRIMO, Albert – *Les grands courants de la philosophie du droit et de l'Etat*, 2.ª ed., Paris, Pedone, 1968
BRUNNER, Otto – *Feudalismus: Ein Beitrag zur Begriffsgeschichte, in ex in Neue Wege der Verfassungs- und Sozialgeschichte*, Goettingen, Vandenhoeck & Ruprecht, 1968
BRUNNER, Otto – *Sozialgeschichte Europas im Mittelalter*, Goetingen, Vandenhoeck und Ruprecht, 1978, reimp. 1984 (trad. cast. de Antonio Sáez Aranze, *Estructura interna de Occidente*, Madrid, Alianza Universidad, 1991, com apresentação e apêndice de Julio A. Pardos)
BRUNNER, Otto, *Land und Herrschaft*, 2.ª reimp. da 5.ª ed., Darmstadt, 1984
BRUNNER, Otto, *Neue weg der Verfassungs- und Sozialgeschichte*, Götingen, Vandenhoeck und Ruprecht, reimp., 1980
BRUNO, Sampaio – *Plano de um Livro a fazer. Os Cavaleiros do Amor ou a Religião da Razão*, organização, posfácio e notas de Joaquim Domingues, Lisboa, Imprensa Nacional-Casa da Moeda, 1996 [inacabado pelo falecimento do Autor em 11.XI.1915]
BURDEAU, G. – *L'Etat*, Paris, Seuil, 1970
BURDEAU, G. – *Une survivance: la notion de Constitution*, in "L'Evolution du Droit Public – Etudes en honneur d'Achille Mestre", Paris, 1956, pp. 53 ss.
BURDEAU, Georges – *Le déclin de la loi*, in "Archives de Philosophie du Droit", VIII, 1963, p. 35 ss.
BURKE, Edmund – *Reflexões sobre a Revolução em França*, trad. bras., Brasília, Editora Universidade de Brasília, 1982.
BURNHAM, James – *Los Maquiavelistas, Defensores de la Libertad*, trad. cast., Buenos Aires, Emecé ed., 1953
BURNS, J. H. (ed.) – *The Cambridge History of Political Thought. 1450-1700*, Cambridge, Cambridge Univ. Press, 1991
CAETANO, Marcello – *A Constituição de 1933. Estudo de Direito Político*, Coimbra, Coimbra Editora, 1956
CAETANO, Marcello – *Direito Constitucional, I. Direito Comparado. Teoria Geral do Estado e da Constituição. As Constituições do Brasil*, Rio de Janeiro, Forense, 1977

CAETANO, Marcello – *História Breve das Constituições Portuguesas*, 3.ª ed., Lisboa, Verbo, 1971

CAETANO, Marcello – *História do Direito Português [1140-1495]*, 2.ª ed., Lisboa, Verbo, 1985

CALAFATE, Pedro (org.), *História do Pensamento Filosófico Português*, Lisboa, Caminho, 1999-2000, 5 vols.

CALMON, Pedro – *História das Idéias Políticas*, Rio de Janeiro / S. Paulo, Livraria Freitas Bastos, 1952

CANOTILHO, José Joaquim Gomes – *Direito Constitucional e Teoria da Constituição*, Coimbra, Almedina, 1998

CANOTILHO, José Joaquim Gomes – *Direito Constitucional*, 4.ª ed., Coimbra, Almedina, 1986

CANOTILHO, José Joaquim Gomes – *Direito Constitucional*, 5.ª ed., Coimbra, Almedina, 1991

CANOTILHO, José Joaquim Gomes – *Estado de Direito*, Lisboa, Fundação Mário Soares / Gradiva, 1999

CANOTILHO, José Joaquim Gomes – *O Círculo e a Linha. Da 'liberdade dos antigos' à liberdade dos modernos' na teoria republicana dos direitos fundamentais (I parte)*, in "O Sagrado e o Profano", Homenagem a J. S. da Silva Dias, "Revista de História das ideias", n.º 9, III, Coimbra, 1987, p. 733 ss. in ex: *Estudos sobre Direitos Fundamentais*, Coimbra, Coimbra Editora, 2004

CANOTILHO, José Joaquim Gomes – *'Discurso Moral' ou 'Discurso Constitucional? Reserva de Lei' ou 'reserva de Governo'?*, Separata do BFDUC, n.º 69 (1993), pp. 699-717

CARBONNIER, Jean – *Essai sur les Lois*, Evreux, Répertoire du Notariat Defrénois, 1979

CARBONNIER, Jean – *Effectivité et ineffectivité de la règle de droit*, in "L'Année Sociologique", 3.ª série, Paris, P.U.F., 1957-1958, p. 3 ss., hoje recolhido em *Flexible Droit. Pour une sociologie du droit sans rigueur*, 6.ª ed., Paris, LGDJ, 1988

CARNEIRO, Borges (sob o pseudónimo de D.C.N. Publicola) – *Juízo Crítico sobre a Legislação de Portugal ou Parábola VIII acrescentada ao Portugal Regenerado*, Lisboa, 1821

CARVALHO, J. Barradas de – *A la recherche de la spécificité de la renaissance Portugaise*, Paris, Fondation Calouste Gulbenkian. Centre Culturel Portugais, 2 vols., 1983, II, p. 533.

CARVALHO, Joaquim de – *A obra legislativa das Côrtes*, in *História de Portugal*, dir. de Damião Peres, Barcelos, Portucalense Editora, 1934, vol.

CARVALHO, Joaquim de – *Manuel Fernandes Tomás, Jurisconsulto*, in *Obra Completa*, II. *História da Cultura*, 1948-1955, Lisboa, Fundação Calouste Gulbenkian, 1983, p. 385 ss.

CARVALHO, Joaquim de / PERES, Damião – *A contra-revolução*, in Damião PERES (dir.) – *História de Portugal*, vol. VI

CARVALHO, José Liberato Freire de – *Essai historico-politique sur la constitution et le gouvernement du royaume de Portugal*, Paris, Charles Heideloff, Librairie, 1830

CARVALHO, José Liberato Freire de – *Memórias da Vida de...*, 2.ª ed., Lisboa, Assírio e Alvim, 1982 [1.ª ed., 1855]

CARVALHO, Orlando de – *Direito das Coisas,* Coimbra, Centelha, s.d.

CARVALHO, Reinaldo de / CUNHA, Paulo Ferreira da – *História da Faculdade de Direito de Coimbra,* com Prefácio do Prof. Doutor Orlando de Carvalho, Porto, Rés, 1990, 5 vols.

CASTELLI, E. – *Demitizzazione e ideologia*, Roma, Istituto di Studi Filosofici, 1973

CASTELLI, Enrico (org.) – *Le Mythe de la Peine*, Paris, Aubier, 1967

CATROGA, Fernando – *O Republicanismo em Portugal. Da Formação ao 5 de Outubro de 1910*, Coimbra, 1991, 2 vols.

CERRONI, Umberto – *O Pensamento Político IV. Superação do Jusnaturalismo. O tradicionalismo*, ed. port., Lisboa, Estampa, 1975

CEZAR, Manuel – "Manoel Fernandes Thomaz apreciado por um jornal inglês", in *O Tripeiro*, p. 262 ss.

CHAGAS, João / COELHO, Ex- Tenente – *História da Revolta do Porto*, nova edição, introdução de João Carlos Carvalho / João Carlos Alvim, Lisboa, Assírio e Alvim, 1978

CHAILLEY, Jacques – *La Flute Enchantée. Opéra Maçonnique*, Paris, Editions d'Aujourd'hui, 1975

CHALAS, Yves (org.) – *Mythe et Revolutions*, Grenoble, P.U.G., 1990

CHANU, Pierre – *A Civilização da Europa das Luzes,* II vol., Lisboa, Estampa, 1985

CHARLIER, Robert-Édouard – *L'Etat et son Droit, leur logique et leurs inconséquences*, Paris, economica, 1984

CHARMONT, J. – *La renaissance du droit naturel*, 2.ª ed., Paris, Duchemin, 1927

CHARTIER, Roger – *A História Cultural. Entre práticas e representações*, trad. port. de Maria Manuela Galhardo, Lisboa, Difel, 1988

CHÂTELET, François (dir.) – *Les Lumières*, Paris, Hachette, 1972, trad. port. de Maria Helena Couto Lopes e Nina Constante Pereira, *O Iluminismo Séc. XVIII*, 2.ª ed., Lisboa, Dom Quixote, 1983

CHAUNU, Pierre – *La Civilisation de l'Europe des Lumières*, Paris, Flammarion, 1982 (trad. port. de Manuel João Gomes, *A civilização da Europa das Luzes*, trad. port., Lisboa, Estampa, 1985, 2 vols.)

CHORÃO, Luís Bigotte – *O Discurso de Duarte Alexandre Holbeche – Subsídios para a História do Novo Código*, in *Estudos em homenagem ao Professor*

*Doutor Manuel Gomes da Silva*, coord. de Ruy de Albuquerque / Martim de Albuquerque, Coimbra, Coimbra Editora, Revista da Faculdade de Direito da Universidade de Lisboa – Estudos em homenagem, 2001

CIAURRO, Luigi – *Secolarizzazione e diritto*, in "Hermeneutica", Istituto Superiore di Scienze Religiose dell'Università degli Studi di Urgino, Quattro Venti, n.º 3. 1983

CIDADE, Ernâni – *Portugal Histórico-Cultural*, Lisboa, ed. Círculo de Leitores, 1973

CLAVAL, Paul – *Les Mythes fondateurs des Sciences sociales*, Paris, P.U.F., 1980

CLAVERO, Bartolomé – *Antidora. Antropologia catolica de la Economia Moderna*, Milão, Giuffrè, 1991

CLAVERO, Bartolomé – *Codificacion y constitucion: Paradigmas de un binomio*, in "Quaderni Fiorentini per la storia del pensiero giuridico moderno", Milano, Giuffrè, 18 (1989), pp. 79-145

CLAVERO, Bartolomé – *Manual de Historia Constitucional de España*, Madrid, Alianza editorial, 1989

CLERMONT-TONNERRE – *Analyse raisonnée de la Constitution française décrétée par l'Assemblée nationale des années 1789,1790 et 1791*

COBBAN, Alfred – *The social interpretation of the French Revolution*, Cambridge University Press, 1964, trad. port. de Ana Falcão Bastos, *A Interpretação social da revolução francesa*, Lisboa, Gradiva, 1988

COELHO, Trindade – *Manual Politico do Cidadão Portguez*, 2.ª ed. do Autor, Porto, 1908

*Collecção de Vários Escritos Inéditos, Políticos e Literários de Alexandre de Gusmão*, Porto, 1841

COMMAGER, Henry Steele – *The American Enlightement and the Ancient World: a study in paradox* in "Festschrift Karl Lowenstein", Tubingen, J.C.B. Mohr (Paul Siebeck), 1971

CONSTANT, Benjamin – *Cours de Politique Constitutionnelle ou Collection des Ouvrages publiées sur le gouvernement representatif*, cité, 2.ª ed. (1.ª ed., 1818), Paris, Librairie de Guillaumin et Cie, I, 1872

CONSTANT, Benjamin – *De la liberté chez les modernes*, antolog. org. por Marcel Gauchet, Paris, Hachette, 1980

CONSTANT, Benjamin – *Œuvres*, Bibliothèque de la Pléiade, Paris, Gallimard, 1957

CORDERO, Franco – *Riti e sapienza del Diritto*, Roma-Bari, Laterza, 1985

CORREIA, Eduardo – *Direito Criminal*, I, Coimbra, Almedina, 1968

CORTESÃO, Jaime – *Os Factores Democráticos na Formação de Portugal*, 4.ª ed., Lisboa, Livros Horizonte, 1984

CORWIN, EDWARD S. – *The 'Higher Law' Background of American Constitutional Law*, 13.ª impressão, Ithaca e Londres, Cornell University Press, 1988

CORWIN, EDWARD S. – *The Constitution and what it means today*, 14.ª ed., revista por Harold W. Chase e Craig R. Ducat, Princeton University Press, 1978, trad. bras. de Lêda Boechat Rodrigues, *A Constituição Norte Americana e o seu significado actual*, Rio de Janeiro, Zahar, 1986

COSTA, Francisco de Paula Ferreira da – *Memórias de um Miguelista (1833--1834)*, Prefácio, transcrição, actualização ortográfica e notas de João Palma-Ferreira, Lisboa, Presença, 1982

COSTA, J. M. Cardoso da – *Constitucionalismo*, in "Pólis", Lisboa, Verbo, 1983, I vol., col. 1151 ss.

COSTA, Mário Júlio de Almeida – *Apontamentos de História do Direito*, Coimbra, 1980 (policóp.)

COSTA, Mário Júlio de Almeida – *Debate Jurídico e solução pombalina*, in "Boletim da Faculdade de Direito", Coimbra, Universidade de Coimbra, vol. LVIII, 1982. Estudos em Homenagem aos Profs. Doutores M. Paulo Merêa e G. Braga da Cruz

COSTA, Mário Júlio de Almeida – *História do Direito Português*, 2.ª ed., Coimbra, Almedina, 1992 (há nova edição)

COSTA, Mário Júlio de Almeida – *Ordenações*, in Joel SERRÃO – *Dicionário de História de Portugal*, vol. III

COSTA, Pietro – *Lo Stato Immaginario*, Milano, Giuffrè, 1986

COSTIGAN, Arthur William – *Cartas sobre a Sociedade e os Costumes de Portugal 1778-1779*, traduction, prefácio e notas de Augusto Reis Machado, Lisboa, Lisóptima, 1989, 2 vols.

COSTON, Henri (dir.) – *Dictionnaire de la Politique française*, La Librairie française, 1967

COUTINHO, D. Vicente de Sousa – *Diário da Revolução Francesa*, Lisboa, edições Távola redonda, 1990

CRUZ, António – *Breve estudo dos manuscritos de João Pedro Ribeiro*, Coimbra, 1938

CRUZ, Guilherme Braga da – *A Revista de Legislação e de Jurisprudência. Esboço da sua História*, Coimbra, Coimbra Editora, 1979, 2 vols.

CRUZ, Guilherme Braga da – *O Direito Subsidiário na História do Direito Português*, in *Obras Esparsas*, Vol. II. *Estudos de História do Direito. Direito Moderno*. 2.ª parte, p. 308 ss.

CRUZ, Guilherme Braga da – "O Movimento abolicionista e a abolição da pena de morte em Portugal", in *Obras Esparsas, vol. II Estudos de História do Direito Português. Direito Moderno*. 2.ª Parte, Coimbra, Acta Universitatis Conimbrigensis, 1981

CUNHA, J. G. de Barros e – *História da Liberdade em Portugal*, Lisboa, Typographia Universal, 1869

CUNHA, Joaquim Moreira da Silva – *História das Instituições,* Porto, Universidade Portucalense, 2 vols.

CUNHA, Luis da – *Testamento Político ou Carta escrita pelo grande D. Luiz da Cunha ao Senhor Rei D. José antes do seu governo*, Lisboa, Na Impressão Regia, 1820, póstumo

CUNHA, Paulo Ferreira da / SILVA, Joana Aguiar e / SOARES, António Lemos – *História do Direito. Do Direito Romano à Constituição Europeia*, Coimbra, Almedina, 2005

CURTO, Diogo Ramada – *O Discurso Político em Portugal (1600-1650)*, Lisboa, Projecto Universidade Aberta, 1988

D. PEDRO I – *Proclamações, Cartas, Artigos*, Biblioteca do Sesquicentenário

DAHL, Robert – *Who Governs?*, New Haven, Yale University Press, 1961

DAHRENDORF, Ralf – *O Liberalismo e a Europa*, ed. bras., trad. de Beatriz Sardenberg, Brasilia, Ed. Univ. de Brasília, 1981

DE JOUVENEL, Bertrand – *De la Politique Pure*, nova ed. fr., Paris, Calmann-Lévy, 1977 MONTESQUIEU, *De l'Esprit des lois*

DE JOUVENEL, Bertrand – *De la Souveraineté – à la recherche du bien politique*, Paris, Jénin, Librairie des Médicis, 1955

DE JOUVENEL, Bertrand – *Du Pouvoir*, Paris, Hachette, 1972

DE KERCKHOVE, Derrick – *The Skin of Culture (Investigating the New Electronic Reality)*, trad. port. de Luís Soares e Catarina Carvalho, *A Pele da Cultura. Uma Investigação sobre a Nova Realidade Electrónica*, Lisboa, Relógio D'Água Editores, 1997

DE MAISTRE, Joseph – *Essai sur le principe générateur des constitutions politiques*, in *Considérations sur la France, suivi de Essai sur le principe générateur des constitutions politiques*, présentation de Pierre Manent, Bruxelles, Editions Complexe, 1988

DE TARDE, Gabriel – *Les Lois de l'Imitation*, Paris, 1895 (trad. port., *As Leis da Imitação*, Porto, Rés, s/d.)

DE TOCQUEVILLE, Alexis – *De la Démocratie en Amérique*, Paris, Garnier-Flammarion, 1981, 2 vols.

DEBBASCH, Roland – *L'Ecriture de la Constitution*, intervenção no Colóquio "La première Constitution Française", Dijon, 1991, in AA. VV. – *1791. La Première Constitution Française*, cit., p. 11 ss.

DEBRAY, Régis – *Critique de la raison politique*, Paris, Gallimard, 1981

DEOS, Faustino José da Madre de – *Os Povos, e os Reis, Opusculo offerecido aos Portuguezes*, por..., Lisboa, Na Impressão Regia, anno 1825

DESROCHES, Henri – *Les Mythes administratifs. Essai de sociologie phénoménologique*, Paris, P.U.F., 1966

DEUS, Faustino José da Madre de – *A Constituição de 1822 commentada e desenvolvida na prática*, Lisboa, Na Typografia Maygrense, 1823

DIAS, Graça / DIAS, J. S. Silva – *Os Primórdios da Maçonaria em Portugal*, Vol. I, tomo I, Lisboa, 1980

DIAS, J. S. Silva – *Portugal e a Cultura Europeia (Sécs. XVI a XVIII)*, Coimbra, separata de "Biblos", Coimbra, vol. XXVIII, 1953
DIAS, J. S. da Silva – *Avanço cultural e avanço maçónico, segunda metade do séc. XVIII*, in "Revista de História das Ideias", vol. I, Coimbra, 1977
DIAZ, Eliaz – *De la maldad Estatal y la soberania popular*, Madrid, Debate, 1984
DIAZ-PLAJA, Fernando – *Griegos y Romanos en la Revolución Francesa*, Madrid, Revista de Occidente, 1960
DICKENS, Charles – *Bleak House* (ed. de bolso, *v.g.*: Wordsworth Classics, ed. 193. e.ª reimp. 1995)
DIDEROT / D'ALEMBERT (org.) – *Enciclopédia*, trad. e selecção port., Lisboa, Estampa, 1974
DIJON, Xavier – *Droit naturel*, I. *Les questions du droit*, Paris, P.U.F., 1998
D'OCCAM, Guilherme – *Ordinatio*
*Documentos para a História das Cortes Geraes da Nação Portuguesa*, 2.ª ed., Lisboa, Imprensa Nacional, 1889, 8 vols.
DONOSO CORTÉS, Juan – *Ensayo sobre el catolicismo, el liberalismo y el socialismo. Otros escritos*, introd. de Manuel Fraga Iribarne, edição e notas de José Luis Gómez, Barcelona, Planeta, 1985.
DUFOUR, Alfred – *Droits de l'Homme, droit naturel et histoire*, Paris, P.U.F., 1991
DURAND, Gilbert – *Les structures anthropologiques de l'imaginaire. Introduction à l'archétypologie générale*, Paris, Bordas, 1969, trad. port. de Hélder Godinho, *As Estruturas Antropológicas do Imaginário*, Lisboa, Presença, 1989
DURAND, Gilbert – *Mito, Símbolo, Mitodologia*, ed. port., Lisboa, Presença, 1982
DURANTON, Henri – *Fallait-il brûler L'Esprit des Lois?*, "Dix-Huitième Siècle", n.º 21, 1989, p. 59 ss.
DURKHEIM, Emile – *Montesquieu et Rousseau précurseurs de la Sociologie*, nota introd. de Georges Davy, Paris, Librairie Marcel Rivière, 1966
EDELMAN, Bernard / HERMITTE, Marie-Angèle (org.) – *L'Homme, la nature et le Droit*, Paris, Christian Bourgois, 1988
EISENMANN, Charles – *La pensée constitutionelle de Montesquieu*, in "La pensée politique et constitutionelle de Montesquieu", Paris, Recueil Sirey, 1948
EISENMANN, Charles – *L'Esprit des Lois et la séparation des pouvoirs*, in "Mélanges Carré de Malberg", Paris, 1933, pp. 190 ss.
*Eleições Presidenciais*, Lisboa, Delfos, colecção "Compasso do Tempo", s.d.
ELIAS DE TEJADA, Francisco – *A Tradição Portuguesa. Os Orígenes (1140-1521)*, Madrid, Actas, 1999
ELIAS, Norbert – *Die Hoefische Gesellshaft*, Darmstadt und Neuwid, Herman Luchterhand, 1969 (trad. port. de Ana Maria Alves, *A sociedade de Corte*, Lisboa, Estampa, 1987
ELLUL, Jacques – *Fondement théologique du Droit*, Paris, Delacheux, 1946

ELLUL, Jacques – *Histoire des Institutions*, vol. V, 6.ª ed., Paris, PUF, 1969
ERHARD *et alii*, J. B. – *Que es Ilustración?*, trad. cast. Madrid, Tecnos, 1988
ERLICK, E. M. – *Les idées de Montesquieu sur la séparation de pouvoirs, et la Constitutition américaine*, in "Revue du Droit Public et de la Science Politique en France et à l'Etranger", Paris, Giard, 1926, t. 43, ano XXXIII, p. 130 ss.
ESCUDERO, José Antonio – *Historia del Derecho: Historiografia y Problemas*, 2.ª ed., Madrid, Faculdad de Derecho, 1988
EVOLA, Julius – *Revolta contra o mundo moderno*, trad. port. de José Colaço Barreiros, Lisboa, Dom Quixote, 1989
EWALD, François – *L'Etat Providence*, Paris, Grasset, 1986
FABRE, Jean – *Lumières et Romantisme*, Paris, Klincksieck, s/d.
FASSÒ, Guido – *La Filosofia del Diritto dell'Ottocento e del Novecento*, nova ed., Bologna, Il Mulino, 1988
FASSÒ, Guido – *San Tommaso giurista laico?*, in "Scritti de Filosofia del Diritto", org. de E. Pattaro / Carla Faralli / G. Zucchini, Milano, Giuffrè, I, 1982, p. 379 ss.
FASSÒ, Guido – *Storia della filosofia del diritto*, Bologna, Il Mulino, 1970, 3 vols. (ed. esp. *Historia de la Filosofía del Derecho*, Madrid, Pirámide, 1982, 3 vols.)
FAVEIRO, Vítor António Duarte – *Melo Freire e a Formação do Direito Público Nacional*, in "Ciência e Técnica Fiscal", Boletim da Direcção-Geral das Contribuições e Impostos, Ministério das Finanças, Lisboa, n.º 109, Janeiro de 1968, p. 73 ss.
FENET, P. A. – *Recueil complet des travaux préparatoires du Code civil*, I, Paris, 1836
FERNÁNDEZ-ESCALANTE, Manuel Francisco – *Del derecho natural de los heroes al de los hombres*, Granada, Universidad de Granada, 1981
FERREIRA, Silvestre Pinheiro – "Da Independência dos Poderes Políticos nos Governos representativos", in *A Revolução de Setembro*, n.º 967, texto seleccionado por Pinharanda GOMES, Pinharanda (Introd. e sel.), *Silvestre Pinheiro Ferreira*, Guimarães Editores, Lisboa, 1977
FERRO, António – *Salazar e a sua Obra*, Lisboa, Fernando Pereira, ed. de 1982
FERRY, Luc (e RENAUT, Alain) – *Philosophie Politique*, Paris, P.U.F., 1984-1985, 3 vols.
FICHTE, Johann Gottlieb – *Considérations destinées à rectifier les jugements du public sur la Révolution française*, trad. fr. de Jules Barni, précédé de *Révolution et transparence sociale*, par Marc Richir, Paris, Payot, 1974
FIGUEIREDO, António Pereira de – *Censura do P.ᵉ Antonio Pera de Figueiredo ao Compendio de Historia do Direito Civil Portuguez*, Bibl. Munic. Porto, Manusc. 1061. E. 1. (26 Outubro 1786)

FIGUEIREDO, Fidelino de – *Intuição política e Ensaísmo*, in "Prometeu. Revista Ilustrada de Cultura", II, n.º 3, Junho de 1948, p. 109 ss.

FIGUEROA QUINTEROS, María Angélica – *Apuntes sobre el origen de las garantías a los derecho humanos en la legislation hispano-chilena*, in Estudios de Historia de las instituciones políticas y sociales, 2, Santiago, 1967

FINNIS, John – *Natural Law and Natural Rights*, 3.ª reimp., Oxford, Clarendom Press, 1986

FISHER, Louis – *Constitucional Dialogues. Interpretation as Political Process*, Priceton, New Jersey, Princeton University Press, 1988

FISKE, John – *Introduction to Communication Studies*, trad. port. de Maria Gabriel Rocha Alves, *Teoria da Comunicação*, 5.ª ed., Porto, Asa, 1999

FOUCAULT, Michel – *L'Archéologie du Savoir*, Paris, Gallimard, 1969

FOUCAULT, Michel – *Surveiller et punir. Naissance de la prison*, Paris, Gallimard, 1975

FOUCAULT, Michel – *A Verdade e as formas jurídicas*, trad. bras., Rio de Janeiro, P.U.C., 1974

FOUCAULT, Michel – *Les mots et les choses*, Paris, Gallimard, 1966

FOUCAULT, Michel – *Microfísica do Poder*, antologia com org., introd. e trad. de Roberto Machado, Rio De Janeiro, Graal, 1979

FOUCAULT, Michel – *Qu'est-ce que les Lumières*, in «Magazine Littéraire», n.º 309, 1993, p. 61 ss.

FRANÇA, José-Augusto – *O Romantismo em Portugal*, 2.ª ed., Lisboa, Livros Horizonte, 1993 [1.ª ed., 1974]

FRANKLIN, Francisco Nunes – *Memória para servir de índice dos Foraes das terras do Reino de Portugal e seus domínios*, por..., Lisboa, Tipografia da Academia Real das Ciencias, 1825

FRANZEN, August – *Breve História da Igreja*, ed. org. por REMIGIUS BAEUMER, trad. port. de Manuela Ribeiro Sanches, Lisboa, Presença, 1996

FREIRE, Mello – *História do Direito Civil Português*, trad. do latim do Dr. Miguel Pinto de Meneses, in "Boletim do Ministério da Justiça", n.º 173, Lisboa, Fev. 1968

FREIRE, Mello – *Instituições de Direito civil português, tanto público como particular*, in "Boletim do Ministério da Justiça", n.º 161, Dezembro, 1966

FREIRE, Mello (Dor. Paschoal José de MELLO [...]) – *Sistema de Direito Publico de Portugal explicado pello methodo sintetico pelo...*, Escripto por seu discipulo José Alvarez da Fonseca Costa, em 1777, 2 vols., Manuscrito ANTT, Ms. da Livraria, n.º 1093.

FREIRE, Melo – *Instituições de Direito Criminal Português*, trad. port. de Dr. Miguel Pinto de Meneses in *Boletim do Ministério da Justiça*, I (n.º 155, avril 1966), p. 47. (II: Ibid., n.º 156, mai 1966)

Freire, Melo – *O Novo Código de Direito Público de Portugal*, com as provas..., 1.ª ed., Coimbra, Imp. da Universidade, 1844 (póstumo)

Freire, Paschoal José de Mello – "Resposta que deu o desembargador Paschoal José de Mello Freire dos reia ás censuras que sobre o seu plano do Novo Codigo de Direito Publico de Portugal fez, e apresentou na Junta da revisão o D.or António Ribeiro dos Santos", *in* Ribeiro dos Santos – *Notas ao Plano*...

Freire, Paschoal José de Mello – *Alegação jurídica: Discurso sobre os votos de Santiago*

Freire, Paschoal José de Mello – *História do Direito Civil Português*, trad. do latim do Dr. Miguel Pinto de Meneses, in "Boletim do Ministério da Justiça", n.º 173, Lisboa, Fev. 1968

Freire, Paschoal José de Mello – *O Novo Código do Direito Publico de Portugal, com as Provas compilado pelo Desembargador Paschoal José de Mello Freire dos Reis, em que se contém a matéria do Livro II das actuaes Ordenações*, 1.ª ed., Coimbra, na Imprensa da Universidade, 1844

Freire, Paschoal José de Mello – *Dissertação histórico – jurídica sobre os direitos e jurisdição do Grão – Mestre do Crato*...

Freire, Paschoal José de Mello – *Ensaio de Código Criminal; Projecto de Código Criminal*

Freire, Paschoal José de Mello – *Historiae Juris Civilis Lusitani*, 1788

Freire, Paschoal José de Mello – *Institutiones Juris Criminalis Lusitani*, 1789

Freire, Paschoal José de Mello – *Institutiones Juris Lusitani, cum Publici tum Privati*, 1789

Freire, Paschoal José de Mello – *Projecto de regulamento para o Santo Ofício*

Freund, Julien – *L'essence du Politique*, nova ed., Paris, Sirey, 1986

Freund, Julien – *La décadence*, Paris, Sirey, 1984

Freund, Julien – *Politique et Impolitique*, Paris, Sirey, 1987

Freye, Northrop – *Littérature et Mythe*, in "Poétique", n.º 8, Paris, 1971, p. 489 ss.

Furet, François – *Ensaios sobre a Revolução Francesa*, trad. port. de Alfredo Margarido, pref. de *idem* e Artur Castro Neves, Lisboa, A Regra do Jogo, 1978

Furet, François – *Penser la Révolution Française*, Paris, Gallimard, 1978 (trad. port. de Rui Fernandes de Carvalho, Edições 70, Lisboa, 1978

Furet, François / Halevi, Ran (textos estabelecidos, anotados... por) – *Orateurs de la Révolution française. I. Les Constituants*, Paris, Gallimard, La Pléiade, 1989

Fustel de Coulanges – *A Cidade Antiga. Estudo sobre o culto, o Direito e as instituições da Grécia e Roma*, trad. port. e glossário de Fernando de Aguiar, 10.ª ed., Lisboa, Livraria Clássica Edit., 1980

Ganshof, F. L. – *Qu'est-ce que la Féodalité?*, trad. port. de Jorge Borges de Macedo, *O que é o Feudalismo*, 3.ª ed., Lisboa, Europa-América, 1974

GARCIA DE ENTERRIA, Eduardo – *La Lengua de los derechos. La formación del derecho Público europeo tras la Revolución Francesa*, Madrid, Alianza Editorial, 1994

GARCÍA-GALLO, Alfonso, *Antologia de Fuentes del Antiguo Derecho. Manual de Historia del Derecho*, II, 9.ª ed. rev., Madrid, 1982

GARCÌA-HUIDOBRO, Joaquín – *Defensa y Rescate de los Derechos Humanos*, Valparaiso, EDEVAL, Universidad de Valparaiso, 1987

GARCÍA-PELAYO, Manuel – *Derecho constitucional comparado*, Madrid, Alianza Editorial, 1984

GARCÍA-PELAYO, Manuel – *Los mitos políticos*, Madrid, Alianza Editorial, 1981

GARNOT, Benoît (dir.) – *Histoire et Criminalité. De l'Antiquité au XX.$^e$ siècle. Nouvelles aproches*, Dijon, EUD, 1992

GARRETT, Almeida – *Obra Política. Escritos do Vintismo (1820-1823)*, Lisboa, Editorial Estampa, 1985

GARRETT, Almeida – *Obras de...*, Porto, Lello, s/d, 2 vols.

GIRARD, René – *Des choses cachées depuis la fondation du monde*, Paris, Grasset, 1978

GIRARD, René – *La violence et le sacré*, Paris, Grasset, 1972

GIRARD, René – *Le Bouc Emissaire*, Paris, Grasset, 1982

GIRARDET, Raoul – *Mythes et Mythologies Politiques*, Paris, Seuil, 1986

GODECHOT, Jacques – "Introduction" a *Les Constitutions de la France depuis 1789*, Paris, Garnier-Flammarion, 1979

GODINHO, Vitorino Magalhães – *Estrutura da Antiga Sociedade Portuguesa*, Lisboa, Arcádia, 1971

GOETHEM, H. VAN / WAELKENS, L. / BREUGELMANS, K. (dir.) – *Libertés, Pluralisme et Droit*, Bruxelles, Bruyllant, 1995

GOMBRICH, E. H. – *In search of Cultural History*, Oxford Univ. Press, 1969, trad. fr. de Patrick Joly, *En Quête de l'Histoire Culturelle*, Paris, Gérard Monfort, 1992

GOMES, Pinharanda (introdução e selecção) – *Silvestre Pinheiro Ferreira*, Lisboa, Guimarães, 1977

GONZAGA, Tomás António – *Tratado de Direito Natural. Carta sobre a usura. Minutas. Correspondência. Documentos*, Ed. crítica de M. Rodrigues Lapa, Rio de Janeiro, Instituto Nacional do Livro, 1957

GOODY, Jack – *The logic of writing and the organisation of society*, trad. port. de Teresa Louro Pérez, *A lógica da escrita e a organização da sociedade*

GORANI, Giuseppe – *Portugal. A Corte e o País nos anos de 1765 a 1767*, trad. port., Lisboa, Lisóptima, 1989

GOYARD-FABRE, Simone – *La Philosophie des Lumières en France*, Paris, Klincksieck, 1972

GRAÇA, José Pereira da – *Témis, a Deusa da Justiça*, Coimbra, Almedina, 1987

GRAINHA, M. Borges – *História da Franco-Maçonaria em Portugal*, 4.ª ed., Lisboa, Vega, s.d.
GRENAUD, Pierre – *Montesquieu*, Paris, Lettres du Monde, 1990
GROETHUYSEN, Bernard – *Philosophie de la Révolution française, précédé de Montesquieu*, 2.ª ed., Paris, Gallimard, 1982
GUILHERMO CHICHELLO, Carlos Raúl – *Teoria Totémica del Derecho*, Buenos Aires, Circulo Argentino de iusfilosofia Intensiva, 1986
GUSDORF, Georges – *La France, pays des droits de l'homme...*, in "Droits. Revue française de théorie juridique", n.º 8, 1988, p. 23 e ss.
GUSDORF, Georges – *Naissance de la conscience romantique au siècle des Lumières*, Paris, Payot, 1976
GUTTINGER, A. MESTRE-PH. – *Constitutionnalisme Jacobin et Constitutionnalisme Soviétique*, Paris, 1971
HAMILTON, Edith – *A Mitologia*, trad. port., 2.ª ed., Lisboa, Dom Quixote, 1979
HAROUEL, Jean-Louis et alli – *Histoire des Institutions de l'Epoque franque à la Révolution*, Paris, P.U.F., 1987
HAVEL, Vaclav – *Avons-nous besoin d'un nouveau mythe?*, in «Esprit», n.º 108, nov. 1985, pp. 5-9
HAYEK, F. A. – *Droit, législation et liberté*, III vols., trad. fr., Paris, P.U.F., 1973
HAZARD, Paul – *La Crise de la conscience européenne. 1680-1715*, Paris, Fayard, 1961
HAZARD, Paul – *La Pensée europénne au XVIIIe siècle*, Paris, Fayard, trad. port. *O Pensamento europeu no século XVIII*, 2.ª ed., Lisboa, Presença, 1983
HEGEL – *Princípios da Filosofia do Direito*, trad. e prefácios de Orlando Vitorino, 2.ª ed., Lisboa, Guimarães, 1976, § 272, p. 244
HELLER, Agnès – *Critica de la Ilustración*, trad. cast. de Gustau Muñoz e José Ignacio López Soria, Barcelona, Ed. Península, 1984
HERRERO DE MIÑON, Miguel – *Idea de los Derechos Históricos*, Madrid, Espasa-Calpe, 1991
HESPANHA, António – *La Gracia del Derecho. Economia de la Cultura en la Edad Moderna*, Madrid, Centro de Estudios Constitucionales, 1993
HESPANHA, António (coord.) – *O Antigo Regime*, vol. IV de *História de Portugal*, dir. de José Mattoso, Lisboa, Círculo de Leitores, 1993
HESPANHA, António M.[anuel] – *A História do Direito na História Social*, Lisboa, Livros Horizonte, 1978
HESPANHA, António Manuel / SILVA, Cristina Nogueira da – *Fontes para a História Constitucional Portuguesa* (c.1800-1910), Lisboa, Faculdade de Direito da Universidade Nova de Lisboa, 2004 – CD Rom
HESPANHA, António Manuel – *História das Instituições. Épocas medieval e moderna*, Coimbra, Almedina, 1982

HESPANHA, António Manuel – *O Projecto institucional do tradicionalismo reformista: um projecto de Constituição de Francisco Manuel Trigoso de Aragão Morato (1823)*, in Miriam Halpern PEREIRA et alii (coord.) – *O Liberalismo na Península Ibérica na Primeira Metade do século XIX*, Lisboa, Sá da Costa, 1981, vol. I.

HESPANHA, António Manuel – *Poder e Instituições no Antigo Regime. Guia de Estudo*

HESPANHA, António Manuel – *Vísperas del Leviatán. Instituciones y poder politico. Portugal – siglo XVII*, Madrid, Taurus, 1990

HESPANHA, António Manuel – *O Estado absoluto. Problemas de interpretação histórica*, in BFDUC, "Estudos em homenagem ao Prof. Doutor J. J. Teixeira Ribeiro", II Iuridica, Coimbra, 1979, pp. 185 ss.

HOBBES, Thomas – *Leviathã*

HOBBES, Thomas – *De Cive*

HOEFFE, Ortfried – *La Justice Politique*, trad. fr. de Jean-Christophe Merle, Paris, P.U.F., 1991

HOF, Ulrich Im – *Das Europa der Aufklärung*, München, C. H. Beck, 1993

HOLBECHE, Duarte Alexandre – *Discurso de... sobre a jurisprudência em geral; tratando em particular da parte que lhe foi distribuída, que comprehende os 79 tt. os do L.° IV.°*, (Manuscrito, in Arquivo Nacional da Torre do Tombo, 85, ref.ª 20)

HOLT, J. C. – *Magna Carta and Medieval Government*, Hambledon Press, London / Ronceverte, 1985

HOVEN, Paul J. van den – *Clear Cases: Do they Exist?*, in "Revue Internationale de Sémiotique Juridique / International Journal for the Semiotics of Law", Vol. III, n.° 7, 1990, pp. 55-63

HUIDOBRO CORREA, Joaquín Garcia – *Defensa y rescate de los Derechos Humanos*, Valparaiso, EDEVAL, 1987

HUIZINGA, J. H. – *L'Homme qui s'est fait saint*, trad. fr, do orig. ingl., de Guy Scheyven, Paris, Perrin, 1989

INNOCENCIO Francisco da Silva – *Diccionario Bibliographico Portuguez*, Lisboa, Imprensa Nacional, 1859

ISIDORO DE SEVILHA – *Etimologias*

JAFFEUX, Eugene – *Les deux Chartes portugaises*, Paris, Gustave Barbo, Lib., 1837

JAM, Jean-Louis (ed.) – *Eclectisme et cohérences des Lumières. Mélanges offerts à Jean Ehrard*, pref. de René Pomeau, Paris, Librairie Nizet, 1992

JESCHECK, Hans-Heinrich – *Principes et solutions de la politique criminelle dans la réforme allemande et portugaise*, in "Estudos 'in memoriam' do Prof. Doutor José Beleza dos Santos", I, Coimbra, 1966, pp. 436 ss.

JESUS, Quirino Avelino de – *Nacionalismo Português*, Porto, Emprêsa Industrial Gráfica do Pôrto, 1932

KAMEN, Henry – *O Amanhecer da Tolerância*, trad. port. de Alexandre Pinheiro Torres, Porto, Inova, s/d

KANT, Emmanuel – *Métaphysique des Moeurs. I. Doctrine du Droit*, 3.ª ed. fr. com prefácio de Michel Villey, trad. e introd. de A. Philonenko, Paris, Vrin, 1986

KANT, Immanuel – *Projet de paix perpétuelle. Esquisse philosophique*, [1795], trad. fr., Paris, Vrin, 1947

KANT, Immanuel – *Crítica da Razão Prática*, trad. port., Lisboa, ed. 70, 1984

KANT, Immanuel – *Idee einer Universalgeschichte vom dem kosmopolitischen Standpunkt*, de 1784

KANT, Immanuel – *Lecciones de Ética*, introd., notas de Roberto Rodríguez Aramayo e trad. do mesmo e Concha Roldán Panadero, barcelona, Crítica, 1988

KANT, Immanuel – *Was ist Aufklärung?, Resposta à questão: O que é o Iluminismo?*, in ed. cast. *Qué es Ilustración?*, trad. de Agapito Maestre y José Romagosa, Madrid, Tecnos, 1988

KANTOROWICZ, Ernst – *Les deux corps du roi* (trad. fr. de *The King's two bodies. A Study in Mediaeval Political Theology*, Princeton University Press, 1957), Paris, Gallimard, 1989

KAUFMANN, Arthur – *Naturrecht und Geschitschtlichkeit*, Tübingen, 1957

KELLER, Suzanne – *Mas alla de la classe dirigente*, Madrid, Editorial Tecnos, 1971

KELSEN, Hans – *A Justiça e o direito natural*, 2.ª ed. port., Coimbra, Arménio Amado, 1979

KELSEN, Hans – *Reine Rechtslehre*, trad. port. e prefácio de João Baptista Machado, *Teoria Pura do Direito*, 4.ª ed. port., Coimbra, Arménio Amado, 1976

KELSEN, Hans – *Teoria General del Estado*, 14.ª ed. cast., Mexico, Editora Nacional, 1979 e *Teoria Geral do Estado*, trad. port. de Luís Carlos Borges, São Paulo, Martins Fontes, 2005

KRABBE, Hugo – *Die moderne Staatsidee*, Hagg, Martinus Nijhooff, 1919

KRAFFT, Olivier – *La politique de Jean-Jacques Rousseau. Aspects méconnus*, Paris, LGDJ, 1989

KRAFT, Julius – *Über das methodische Verhältnis der Jurisprudenz zur Theologie*, in RITD, 3, 1928-29, p. 52 ss.

KUHN, Thomas – *The Structure of Scientific Revolutions*, University of Chicago Press, 1962, trad. cast. de Agustín Contín, *La estructura de las revoluciones científicas*, Mexico, Fondo de Cultura Económica, 15.ª reimp., 1992

LA BOÉTIE – *Discurso sobre a servidão voluntária*, trad. port. e prefácio de Manuel João Gomes, Lisboa, Antígona, 1997

*La Déclaration des droits de l'homme et du citoyen*, apresentada por STÉPHANE RIALS, Paris, Hachette, 1988

LA FONTAINE – *Fables*, Paris, Rive Gauche, 1980

*La Liberté*, número da revista "Pouvoirs", Paris, Seuil, n.º 84, 1998

*La pensée politique et constitutionnelle de Montesquieu. Bicentenaire de l'Esprit des Lois*, 1748-1948, Faculté de Droit de Paris, Paris, Sirey, 1948

LA ROCHEFOUCAULD – *Oeuvres Complètes*, prefácio, variantes, notas e bibliografia de L. Martin-Chauffier, Paris, Gallimard, 1957

LACOMBE, Américo Jacobina – *As Cortes de Lisboa e a Constituinte do Rio de Janeiro*, in Anais do Congresso de História da Independência do Brasil, I, pp. 301 ss.

LAFER, Celso – *A Reconstrução dos Direitos Humanos*, São Paulo, Companhia das Letras, 1988

LAGARDE, André / MICHARD, Laurent – *XVIII e siècle*, Paris, Bordas, 1970

LANGHANS, Franz Paul de Almeida – "Fundamentos Jurídicos da Monarquia Portuguesa", in *Estudos de Direito*, Coimbra, Acta Universitatis Conimbrigensis, 1957, pp. 225-355

LANGHANS, Franz Paul de Almeida – *Constituição de 1838*, in Dicionário de História de Portugal, dir. por Joel Serrão, Lisboa, Iniciativas Editoriais, 1963, vol. I, pp. 677-678

LASKI, Harold J. – *The rise of European Liberalism*, 8.ª reimp. Cast., com trad. de Victoriano Miguélez, *El Liberalismo Europeo*, México, Fondo de Cultura económica, 1984

LASKY, Melvin – *Utopia and Revolution*, Chicago, The University of Chicago Press, nova ed., Midway reprint, 1985

LASSALE, Ferdinand – *O Que é uma Constituição Política?*, trad. port., Porto, Nova Crítica, 1976

(LAVRADIO) (coord.), D. José Luiz de ALMEIDA – *Memórias do Sexto Marquês de Lavradio*, 2.ª ed., Lisboa, Ática, MCMXCIII

LE FUR, Louis – *La théorie du Droit Naturel depuis le XVII e siècle et la doctrine moderne*, Académie de Droit International, Recueil des Cours, 1927, III, tomo 18, Paris, Hachette, 1928

LE GOFF, Jacques – *Os Intelectuais na Idade Média*, trad. port., Lisboa, Estudios Cor, 1973

LEAL, Cunha – *A Obra Intangível do Dr. Oliveira Salazar*, Lisboa, Edição do autor, 1930

LEDUC-FAYETTE, Denise – *J.-J. Rousseau et le Mythe de l'Antiquité*, Paris, Vrin, 1974

LEDUC-LAFAYETTE, Denise – *J.-J. Rousseau et le Mythe de L'Antiquité*, Paris, Vrin, 1974

LEGENDRE, Pierre – *Le Désir Politique de Dieu. Etude sur les montages de l'Etat et du Droit*, Paris, Fayard, 1988

LEIBNIZ, Gottfried Wilhelm – *Los Elementos del Derecho Natural*, trad. cast., Madrid, Tecnos, 1991

LEMARIGNIER, Jean-François – *La France Médiévale. Institutions & Société*, 9.ª tir., Paris, Armand Colin, 1970

LENOBLE, Jacques / OST, François – *Droit, Mythe et Raison: essai sur la dérive mytho-logique de la rationalité juridique*, Bruxelles, Publ. Facultés universitaires Saint-Louis, 1980
LENOBLE, Jacques / OST, François – *Founding Myths in Legal Rationality*, "Modern Law Review", n.º 49, 1986, p. 530 ss.
LENOBLE, Robert – *História da Ideia de Natureza*, trad. port., Lisboa; ed. 70, 1990
LEPENIES, Wolf – *Ascensão e Declínio dos Intelectuais na Europa*, trad. port. de João Gama, Lisboa, Edições 70, 1995
LEWIS, C. S. – *The Abolition of Man*, nova ed., Londres, Curtis Brown, 1987
LIMA, Jorge Hugo Pires de – *Processos Políticos no Reinado de D. Miguel*, Coimbra, 1972
LLORENS, M. PI – *Los Derechos Fundamentales en el Ordenamiento Comunitario*, Barcelona, Ariel, 1999.
LLOYD, Howell A. – *Constitutionalism*, in *The Cambridge History of Political Thought, 1450-1700*, ed. de J. H. Burns, Cambdridge *et al.*, Cambridge University Press, 1991
LOCKE, John – *Second Treatise of Government*
LOEWENSTEIN, Karl – *Verfassungslehre*, trad. cast. de Alfredo Yallego Anabitarte, *Teoría de la Constitución*, 3.ª reimp., Barcelona, 1983
LOMBARDI-VALLAURI, Luigi – *Corso di filosofia del diritto*, Cedam, Padova, 1978, nova ed., 1981
LOMBARDI-VALLAURI, Luigi, DILCHER, G. (org.) – *Cristianesimo, seccolarizzazione e diritto moderno*, Milano / Baden-Baden, Giuffre / Nomos Verlag, 1981
LOPES, João Baptista da Silva – *Istoria do Cativeiro dos Prezos d'Estado na Torre de S. Julião da Barra*, IV vols., Lisboa, 1833
LOURENÇO, Eduardo – *O Labirinto da Saudade. Psicanálise Mítica do Destino Português*, Lisboa, Dom Quixote, 1978
LUHMANN, Niklas – *Legitimation durch Verfaheren*, 2.ª ed., Neuwid, 1975, trad. port., *Legitimação pelo procedimento*, Brasilia, Ed. Univ. Brasília, 1980
LUKES, STEVEN – *Cinco Fábulas sobre los Derechos Humanos*, in *De los Derechos Humanos*, ed. de STEPHEN SHUTE e SUSAN HURLY, trad. cast. de Hernando Valencia Villa, Madrid, Trotta, 1998, p. 29 ss.
LUKES, Steven – *The Curious Enlightenment of Professor Caritat*, Verso, 1995, trad. port. de Teresa Curvelo, revisão de Manuel Joaquim Viera, *O curioso Iluminismo do Professor Caritat*, Lisboa, Gradiva, 1996
LUTERO, Martín – *Escritos Políticos*, com estudo preliminar de Joaquín Abellán, Madrid, Tecnos, 1986
*L'Utopie de Thomas More*, ed. d'André Prévost, Paris, Mame, 1978
LYOTARD, Jean-François – *A Condição Pós-Moderna*, trad. port. de José Navarro, revista e apresentada por José Bragança de Miranda, 2.ª ed., Lisboa, Gradiva, 1989

MACEDO, J. Borges de – *Estrangeirados. Um conceito a rever*, separata de "Bracara Augusta", Braga, vol. XXVIII, fasc. 65-66 (77-78), 1974
MACEDO, Jorge Borges de – *Absolutismo*, in Joel SERRÃO (org.) – *Dicionário de História de Portugal*, I, p. 8 ss.
MACPHERSON, C. B. – *The Political Theory of Possessive Individualism*, Clarendon Press, Oxford Univ. Press, 1962
MAISTRE, Joseph de – *Considérations sur la France, suivi de Essai sur le principe générateur des constitutions politiques*, Bruxelles, Ed. Complexe, 1988
MALINOWSKI – *The dynamics of social change*, New Haven, 1945
MALTEZ José Adelino – *Princípios de Ciência Política*, II vol. *O Problema do Direito, Elementos de Filosofia do Direito e de História do Pensamento Jurídico*, Lisboa, ISCSP, 1998
MALTEZ, José Adelino – *Princípios de Ciência Política. Introdução à Teoria Política*, com Prefácio de Adriano Moreira, Lisboa, Universidade Técnica de Lisboa, Instituto Superior de Ciências Sociais e Políticas, Centro de Estudos do Pensamento Político, 1996
MALTEZ, José Adelino – *Tradição e Revolução*, Lisboa, Tribuna da História, 2 vols., 2005
MANDROU, Robert – *Magistrats et Sorciers en France au XVII.e siècle*, Paris, seuil, 1980
MANENT, Pierre – *Naissances de la politique moderne*, Paris, Payot, 1977
MANFRED, Albert – *Rousseau, Mirabeau, Robespierre. Três figuras da Revolução Francesa*, Lisboa, Avante!, 1990
MANHEIM, Karl – *Ideologia e Utopia*, 4.ª ed. bras, Rio de Janeiro, Editora Guanabara, 1986 [*Ideologie und Utopie*, Bonn, 1930]
MANIQUE, António Pedro – *Portugal e as Potências Europeias (1807-1847)*, Lisboa, Livros Horizonte
MAQUIAVEL, Nicolau – *O Príncipe*, trad. port. de Carlos Eduardo de Soveral, Lisboa, Guimarães, 1984
MAREJKO, Jan – *Jean-Jacques Rousseau et la dérive totalitaire*, Lausanne, L'Age d'Homme, 1984
MARQUES, A. H. de Oliveira – *A Maçonaria Portuguesa e o Estado Novo*, Lisboa, Dom Quixote, 1975
MARQUES, A. H. de Oliveira – *Breve História de Portugal*, Lisboa, Presença, 1995
MARQUES, A. H. de Oliveira – *História da Maçonaria em Portugal, I. Das Origens ao Triunfo*, Lisboa, Presença, 1990
MARQUES, A. H. de Oliveira – *História de Portugal*, 4.ª ed., Lisboa, Palas Editores, 1974, 2 vols.
MARQUES, Mário Reis – *O Liberalismo e a Codificação do Direito Civil em Portugal. Subsídios para o Estudo da Implantação em Portugal do Direito*

*Moderno*, Coimbra, separata do "Suplemento ao Boletim da Faculdade de Direito da Universidade de Coimbra", Coimbra, 1987

MARTIN, Fr [ançois]. Olivier – *Histoire du Droit Français, des origines à la Révolution*, Paris, CNRS, 1990

MARTIN, François Olivier – *Les Lois du Roi*, reimp., Paris, Editions Loysel, 1988

MARTIN, Xavier – *Nature humaine et Code Napoléon*, in "Droits. Revue Française de Théorie Juridique", n.º 2, Paris, p. 117 ss.

MARTINS, Oliveira – *História da Civilização Ibérica*, nova ed., Mem Martins, Europa-América, s/d

MARTINS, Oliveira – *Portugal Contemporâneo*, vol. III, 7.ª ed., Guimarães, 1953

MARTINS, Oliveira, *História de Portugal*, 20.ª ed., Lisboa, Guimarães, 1991 (também ed. Europa-América)

MARX, Karl – *O 18 Brumário de Luis Bonaparte*, trad. port., Lisboa, Vento de Leste, 1975

MAUZY, R. – *L'idée du bonheur dans la littérature et la pensée françaises au XVIIIe siècle*, Paris, 1965

MAY, Georges – *Rousseau*, Paris, Seuil, 1961

MAYER, Arno J. – *The Persistence of the Old Regime*, Pantheon Books, 1981, trad. bras., *A Força da Tradição – a persistência do Antigo Regime*, de Denise Bottmann, São Paulo, Companhia das Letras, 1987

Mc ILWAIN, Charles Howard – *Constitutionalism – ancient and modern*, revised ed., Ithaca, New York, Cornell Univ. Press, 1974

MCPHERSON, C. B. – *The Ruling Class*, "Canadian Journal of Economics and Political Science", Toronto, VII, 1941, pp. 95-100

MELLO, Francisco Freire de – *Discurso sobre delictos e penas*, 2.ª ed., Lisboa, 1822

MELO, D. Miguel António de – *Projecto para Reforma da Lei Fundamental da Monarquia Portuguesa*, Paris, 1928

MENEZES, Alberto Carlos de – *Código das Leis Fundamentais*, Julho de 1823

MEREA, Manuel Paulo – *Introdução ao Problema do Feudalismo em Portugal*, Coimbra, França Amado, 1912

MEREA, Manuel Paulo – *Projecto de Constituição de 1823*, Separata do "Boletim da Faculdade de Direito de Coimbra", Coimbra, vol. XLIII

MERÊA, Paulo – *História de Portugal*, Coimbra, 1921

MESQUITA, António Pedro – *O Pensamento Político Português no Século XIX*, Lisboa, Imprensa Nacional – Casa da Moeda, 2006

MILLS, C. Wright – *A Elite do Poder*, trad. port., Rio de Janeiro, Zahar, 4.ª edição, 1981

MIRABEAU – *Discursos sobre o direito de veto (o primeiro, de Setembro de 1789)*, in FURET /

MIRANDA, Jorge – *O Essencial sobre a Constituição Portuguesa*, Lisboa, Imprensa Nacional-Casa da Moeda, 1986

MIRANDA, Jorge – *Constituições Portuguesas,* in "Polis", Lisboa, Verbo, 1983, vol. I
MIRANDA, Jorge – *Manual de Direito Constitucional,* tomo I. *Preliminares. O Estado e os Sistemas Constitucionais,* 5.ª ed., Coimbra, Coimbra Editora, 1996 (também eds. anteriores)
MIRANDA, Jorge – *Notas para uma Introdução ao Direito Constitucional Comparado,* separata de "O Direito", n.ᵒˢ 2 e 3, 1970
MIRANDA, Jorge – *Textos Históricos do Direito Constitucional,* Lisboa, Imprensa Nacional – Casa da Moeda, 1980
MIRANDA, Jorge – *Constituição. Direito Constitucional,* in "Pólis", I, Lisboa, Verbo, 1983, col. 1156 ss.
MIRANDA, Jorge (introdução, organização e tradução) – *Constituições de Diversos Países,* Lisboa, Imprensa Nacional-Casa da Moeda, 1979, 2 vols.
MONCADA, Cabral de – *Filosofia do Direito e do Estado,* II vols., Coimbra, Coimbra Editora, I, 2.ª ed. 1953, II, 1966 (há nova edição em volume compacto abrangendo os dois volumes das edições anteriores)
MONCADA, Luis Cabral de – *Ordenações,* in VELBC, vol. XIV, col. 737 ss.
MONTESQUIEU – *Œuvres Complètes,* Paris, Seuil, 1964
MONTORO BALLESTEROS, Alberto – *Razones y limites de al legitimación democrática del Derecho,* Murcia, Universidad de Murcia, 1979
MONTORO BALLESTEROS, Alberto – *Raices medievales de la protección de los derechos humanos,* in "Anuario de Derechos Humanos", n.° 6, Madrid, Edit. Universidad Complutense, 1990, pp. 85-147
MORABITO, MARCEL / BOURNAUD, DANIEL – *Histoire Constitutionnelle et Politique de la France (1789-1978),* 3.ª ed., Paris, Montchrestien, 1993
MORATO, Francisco Manuel Trigoso de Aragão – *Memórias de...,* Coimbra, Imprensa da Universidade, 1933
MOREIRA, Adriano – *O Novíssimo Príncipe. Análise da Revolução,* Braga / Lisboa, Intervenção, 1977
MORELLY – *Code de la Nature,* Paris, Editions Sociales, 1953 [1.ª ed. 1755]
MORNET, Daniel – *Les Origines intellectuelles de la Révolution française 1715--1787,* Pref. de René Pomeau, nova ed., Lyon, La Manufacture, 1989
MORRIS, Richard B. – *Documentos Básicos da História dos Estados Unidos,* trad. bras., Rio de Janeiro / S. Paulo / Lisboa, Fundo de Cultura, 1964
MORTARI, Piano – *Dialettica e giurisprudenza. Studio sui trattati di dialettica legale del sec. XVI,* in "Annali di Storia del Diritto", I, 1957, pp. 334 ss.
MORTATI, A. – *La Persona, lo Stato e le comunità intermedie,* 2.ª ed., Turim, ERI, 1971
MORTIER, Roland – *L'Originalité. Une nouvelle catégorie esthétique au siècle des Lumières,* Genève, Droz, 1982
MOSSÉ, Claude – *L'Antiquité dans la Révolution française;* Paris, Albin Michel, 1989

Mossé, Claude – *Comment s'élabore un mythe politique: Solon, 'père fondateur' de la démocratie athénienne*, in An, 34.º ano, n.º 3, Maio-Junho 1979, p. 425 ss.
Mossé, Claude – *Le Citoyen dans la Grèce Antique*, Paris, Nathan, 1993
Mucchielli, Roger – *Le Mythe de la cité idéale*, Brionne, Gérard Monfort, 1960 (reimp. Paris, P.U.F., 1980)
Nadal, Fábio – *A Constituição como Mito. O Mito como discurso legitimador da Constituição*, Apresentação de Dimitri Dimoulis, Prefácio de André Ramos Tavares, São Paulo, Editora Método, 2006
Nemésio, Vitorino – *Exilados (1828-1832). História sentimental e política do Liberalismo na Emigração*, Lisboa, Bertrand, s/d
Nogueira, Ricardo Raymundo – *Prelecções sobre a Historia de Direito Patrio... no anno de 1795 a 1796*, Coimbra, Imprensa da Universidade, 1867
Novais, Jorge Reis – *Contributo para uma Teoria do Estado de Direito. Do Estado de Direito liberal ao estado social e democrático de Direito*, separata do "Boletim da Faculdade de Direito da Universidade de Coimbra", Coimbra, 1987
*O Punhal dos Corcundas*
Oliveira, César – *O Operariado e a República Democrática – 1910-1914*, Porto, Afrontamento, 1972
Olivier-Martin, Fr. – *Histoire du Droit Français des origines à la Révolution*, nova ed., Paris, CNRS, 1990 (1.º 1948)
Otero Parga, Milagros – *Valores Constitucionales. Introducción a la Filosofía del Derecho: axiologia jurídica*, Santiago de Compostela, Universidade de Santiago de Compostela, 1999
Pádua, Marsílio de – *El defensor de la paz*, trad. cast., Madrid, Tecnos, 1989
Paiva, Manuel José de – *Governo do mundo em seco...*, Lisboa, Domingos Rodrigues, 1751, 2 vols.
Pascoaes, Teixeira de – *Arte de Ser Português*, ed. de Lisboa, Assírio e Alvim, 1991
Passos, Carlos de – *O Problema da Sucessão de D. João VI*, in Damião Peres (org.) – *História de Portugal*, VII, ed. de Barcelos
Passos, Manuel da Silva – *Discursos de...*, selecção de Prado d'Azevedo, Porto, 1879
Pavia, Marie-Luce – *La loi en 1791*, in AA. VV. – *1791.La Premiére Constitution Française*, p. 329 ss.
Pecchio, José – *Cartas de Lisboa 1822*, trad. port., introd. e notas de Manuela Lobo da Costa Simões, Lisboa, Livros Horizonte, 1990
Peces Barba, Gregorio – *Los Valores Superiores*, 1.ª reimp., Madrid, Tecnos, 1986
Peces Barba, Gregorio – *Seguridad Jurídica y Solidariedad como Valores de la Constitución Española*, in *Funciones y Fines del Derecho. Estudios en*

*Honor del Profesor Mariano Hurtado Bautista*, Múrcia, Universidad de Murica, 1992

PEÑA, Roberto I. – *Los Derechos Naturales del Hombre en la Ideología del siglo XVIII Rioplatense*, in "Cuadernos de Historia", Academia Nacional de Derecho y Ciencias Sociales de Cordoba. Instituto de Historia del Derecho y de las Ideas Politicas, n.º 2, Cordoba, Argentina, 1992, p. 11 ss.

PENDAS GARCIA, Benigno – *J. Bentham: Politica y Derecho en los origenes del Estado Constitucional*, Madrid, Centro de Estudios Constitucionales, 1988

PEREIRA et alii, J. C. Seabra – *Utopie et Socialisme au Portugal au XIXe siècle*, Actes du Colloque, Paris, 10-13 janvier 1979, Fondation Calouste Gulbenkian, Centre Culturel Portugais, 1982

PEREIRA MENAUT, Antonio Carlos – *El ejemplo constitucional de Inglaterra*, Madrid, Universidad Complutense, 1992

PEREIRA, José Esteves – *António Ribeiro dos Santos*, in "Logos. Enciclopédia Luso-Brasileira de Filosofia", Lisboa / São Paulo, 1992, IV, col. 910 ss.

PEREIRA, José Esteves – *O Pensamento Político em Portugal no século XVIII. António Ribeiro dos Santos*, Lisboa, Imprensa Nacional, 1983

PEREIRA, José Esteves – *Pascoal José de Melo Freire*, in "Logos. Enciclopédia Luso-Brasileira de Filosofia", Lisboa / São Paulo, 1991, III, col. 783 ss.

PEREIRA, José Esteves – *Silvestre Pinheiro Ferreira. O seu pensamento político*, Coimbra, Universidade de Coimbra, Faculdade de Letras, Seminário de Cultura Portuguesa, 1974

PEREIRA, Miguel Baptista – *Crise e Crítica*, in "Vértice", vol. XLIII, n.º 456/7, Coimbra, Setembro-Dezembro de 1983, p. 100 ss.

PEREIRA, Miguel Baptista – *Modernidade e secularização*, Coimbra, Almedina, 1990

PEREIRA, Miguel Baptista – *Modernidade e Tempo. Para uma leitura do discurso moderno*, Coimbra, Minerva, 1990

PEREIRA, Miguel Baptista – *Prefácio* à trad. port. de *A Visão de Deus*, de Nicolau de Cusa, Lisboa, Fundação Calouste Gulbenkian, 1988

PEREIRA, Miguel Baptista, et alii – *Tradição e Crise*, I, Coimbra, Faculdade de Letras, 1986

PERES, Damião – *O Setembrismo*, in *História de Portugal*, dir. de Damião Peres, "edição de Barcelos", Portucalense Editora, MCMXXXV, vol. VII

PETIT, CARLOS (ed.) – *Pasiones del Jurista, Amor, Memoria, Melancolía, Imaginación*, Madrid, Centro de Estudios Constitucionales, 1997

PHILONENKO, Alexis – *Jean-Jacques Rousseau et la pensée du malheur. L'espoir et l'existence*, Paris, Vrin, 1984

PINO, Maria Margarida / MALHEIROS, Manuel Macaísta – *Relação entre o discurso filosófico e o jurídico-político*, in "Fronteira", ano IV, n.os 13/14, Janeiro/ /Abril, Porto, 1981, p. 50 ss.

PINTO, Jaime Nogueira – *Romantismo e Revolução nos finais do século XIX*, in "Futuro Presente", n.º 11-12 (2.ª série). Lisboa, Julho-Outubro de 1982, p. 3 ss.
PINTO, Manuel Maia – *Economismo. O Equívoco sôbre o valor da Economia--Política*, Porto, Imprensa Moderna, 1932
PINTORE, Anna – *Law and Hipocrisy*, in "International Journal on Semiotics of Law", IV, 11, 1991, p. 191 ss.
PIRES, Francisco Lucas – *O Problema da Constituição*, Coimbra, ed. do Autor, 1970
PIZZORNI, Reginaldo – *Il Diritto Naturale dalle Origine a S. Tommaso d'Aquino*, 3.ª ed., Bolonha, ESD, 2000
PLARD, Henri (ed.) – *Morale et Vertu au siècle des Lumières*, Bruxelles, Editions de l'Université de Bruxelles, 1986
PLATÃO – *Oeuvres Complètes*, ed. fr. com notas de Léon Robin, Paris, Galllimard, Bibliot. da Pléiade, I vol., 1981, II vol., 1985
PLONGERON, Bernard – *Théologie et Politique au siècle des Lumières* (1770--1820), Genève, Droz, 1973
POCOCK, J. G. A. – *The Machiavellian Moment. Florentine Political Thought and the Atlantic Republican Tradition*, Pinceton/Londres, Princeton University Press, 1975
POITRINEAU, ABEL – *Les Mythologies révolutionnaires*, Paris, PUF, 1987
PONTAUT, Jean-Marie / SZPINER, Francis – *L'Etat hors la Loi*, Paris, Fayard, 1989
PORTALIS, Jean-Etienne-Marie – *Discours et Rapports sur le Code Civil, precédés de L'Essai sur l'utilité de la Codification de Frédéric PORTALIS*, Centre de Philosophie Politique et Juridique, Université de Caen, Caen, 1989
POULANTZAS, Nicos – *Poder político e classes sociais*, trad. port., Rio de Janeiro, Martins Fontes, 1986
PRAÇA, Lopes – *Colecção de leis e subsídios para o estudo do direito constitucional português*, vol. II
PRETO, José – *Breve apontamento sobre Religião, Natureza e Direito no século XVIII*, in "Nomos. Revista Portuguesa de Filosofia do Direito e do Estado", n.º 1, Jan.-Jun. 1986, p. 82 ss.
PRIETO SANCHÍS, Luis – *Constitucionalismo y Positivismo*, México, Fontamara, 1997
PROENÇA, Maria Cândida – *A Primeira Regeneração. O Conceito e a Experiência Nacional (1820-1823)*, Lisboa, Livros Horizonte
PROUDHON, P. J. – *Idée générale de la Révolution au XIXe siècle*, nova ed., Paris, 1924
PUY, Francisco – *Derechos Humanos*, Santiago de Compostela, Imprenta Paredes, 3 vols., 1985
PUY, Francisco – *Topica Juridica*, Santiago de Compostela, Imprenta Paredes, 1984
QUEIRÓ, Afonso – *Codificação; Código* in VELBC, V, cols. 817-820
QUEIROZ, Eça de – *Uma Campanha Alegre, de 'As Farpas'*, Porto, Lello & Irmão, 1969, 2 vols. (1.ª ed. 1890)

QUENTAL, ANTERO DE – *Causas da Decadência dos Povos Peninsulares*, 6.ª ed., Ulmeiro, 1994

*Qu'est-ce que les Lumières*, número especial (10) de «Dix-Huitième Siècle», Paris, Garnier, 1978

RAMOS, Jorge – *O que é a Maçonaria*, Lisboa, Minerva, 1975

RAMOS, Luís A. de Oliveira – *Da Ilustração ao Liberalismo*, Porto, Lello e Irmão, 1979

RAMOS, Luis A. de Oliveira – *Melo Freire, Verney e a Inquisição*, in "Bracara Augusta. Revista Cultural de Regionalismo e História da Câmara Municipal de Braga", Braga, Vols. XXV-XXVI, anos 1971-72, n.ºs 59-62 (71-74)

REALE, Miguel – *Liberdade Antiga e Liberdade Moderna*, "Revista da Universidade de São Paulo", n.º 1, p. 5 ss., in ex in *Horizontes do Direito e da História*, 2.ª ed., São Paulo, Saraiva, 1977

RÉAU, L. – *L'Europe française au siècle des Lumières*, Paris, A. Michel, 1938

REGO, José Teixeira – *Nova Teoria do Sacrifício*, fixação do texto, prefácio e notas de Pinharanda Gomes, Lisboa, Assírio e Alvim, 1989

REIS, A. do Carmo – *O Liberalismo em Portugal à Reconquista do Poder*, Vila do Conde, Linear, 1982

REIS, António – *O Suave Milagre da Constituição*, in "Opção", ano I, n.º 7, Lisboa, 1976

REIS, António – *Os Valores Republicanos Ontem e Hoje*, in *A República Ontem e Hoje*, coord. de António Reis, III Curso Livre de História Contemporânea, Lisboa, 20 a 25 de Novembro de 2000, Lisboa, Edições Colibri / Fundação Mário Soares / Instituto de História Contemporânea da Universidade Nova de Lisboa, 2002

REMOND, René – *Introduction à l'histoire de notre temps: 1. l'Ancien Régime et la Révolution (1750-1815)*, Paris, 1974

RENAN, Ernesto – *História das Origens do Cristianismo*, Livro VII. *Marco Aurélio e o Fim do Mundo Antigo*, trad. port. de Eduardo Pimenta, Porto, Lello, s.d.

RESZLER, André – *Mythes politiques modernes*, Paris, P.U.F., 1981

REYS MATE / Friedrich NIEWÖHNER (coords.) – *La Ilustración en España y Alemania*, Barcelona, Anthropos, 1989

RIBEIRO, João Pedro – *Memória sobre as Ordenações do Snr. D. Afonso V*, in "Boletim da Biblioteca da Universidade de Coimbra", Suplemento ao vol. XIV

RIBEIRO, Maria da Conceição Nunes de Oliveira – *O Debate em torno do Projecto de Constituição do Estado Novo na Imprensa de Lisboa e Porto (1932-1933)*, in "Anuário Português de Direito Constitucional", Coimbra, Coimbra Editora, II, 2002

RICOEUR, Paul – *Lectures in Ideology and Utopia*, New York, Columbia Univ. Press, 1986

RITTER, Gerhard – *Die Dämonie der Macht*, Munique, R. Oldenbourg, 1948

Rivas, Brites / Vasconcelos, Miranda / Gomes, Alves – *Lições de História do Direito Português*, segundo as prelecções do Ex.mo Prof. Doutor M. Paulo Merêa, Coimbra, Coimbra Editora, 1933

Rivero, Jean – *Vers de nouveaux droits de l'homme*, "Revue des Sciences Morales et Poliques", n.º 4, 1982, p. 673 ss.

Rodrigues, Manuel Augusto – *Tendências Regalistas e Episcopalistas em Bibliotecas de Coimbra do séc. XVIII*, in "A Revolução Francesa e a Península Ibérica", cit., pp. 319 ss.

Romero, Jose Luis – *Estudio de la Mentalidad Burguesa*, Madrid, Alianza Editorial, 1987

Rosen, Stanley – *The Ancients and the Moderns – Rethinking Modernity*, New Haven, Yale Univ. Press, 1989

Rosenbaum, Alan S. (ed.) – *Constitutionalism. The Philosophical Dimension*, New York..., Grenwood, 1988

Rosenberg, Alfred – *Le mythe du XXe siècle*, tr. fr. de Adler von Scholle, Paris, Avalon, 1986

Roubier, Paul – *Théorie générale du droit. Histoire des doctrines juridiques et philosophie des valeurs sociales*, 2.ª ed., Paris, Sirey, 1951

Rousseau, Dominique – *Une résurrection: la notion de Constitution*, in RDPSPFE, t. CVI, 1990, 1, p. 5-23

Rousseau, Jean-Jacques – *Discurso sobre a origem e os fundamentos da desigualdade entre os homens*, trad. port., Porto, Athena, 1964

Rousseau, Jean-Jacques – *Œuvres Complètes*, Paris, Seuil, 1971, 3 vols.

Ruas, Henrique Barrilaro – *A Liberdade e o Rei*, Lisboa, ed. Autor, 1971

Sá, A. Moreira de – *A 'Carta de Bruges' do Infante D. Pedro*, in "Biblos", XXVIII, Coimbra, 1952

Sá, Victor de – *A Crise do Liberalismo e as primeiras manifestações das Ideias Socialistas em Portugal (1820-1852)*, trad. port. de Maria Helena da Costa Dias, 2.ª ed., Seara Nova, Lisboa, 1974

Sá, Victor de – *A revolução de 1836*, 3.ª ed., Lisboa, Livros Horizonte, 1978

Sá, Victor de – *Reflexão Cronológica sobre o Sidonismo*, "Revista da Faculdade de Letras – História", 2.ª série, 6, 1989, p. 355 ss.

Saldanha, Nelson – *A Teoria do Poder Moderador e as Origens do Direito Político Brasileiro*, in "Quaderni Fiorentini per la Storia del Pensiero Giurídico Moderno", Milano, Giuffrè, 18, 1989, p. 253 ss.

Saldanha, Nelson – *Da Teologia à Metodologia. Secularização e Crise no Pensamento Jurídico*, Belo Horizonte, Del Rey, 1993

Saldanha, Nelson – *Formação da Teoria Constitucional*, 2.ª ed., actualizada e ampliada, Rio de Janeiro / São Paulo, Renovar, 2000

Sanchez de la Torre, Angel – *Teoría jurídica de los derechos humanos*, Madrid, Instituto de Estudios Políticos, 1972, 2 vols.

SANTAMARÍA, Javier – *Los Valores Superiores en la Jurisprudencia del Tribunal Constitucional: libertad, igualdad, justicia y pluralismo político*, Madrid, Dykison/Universidad de Burgos, 1997
SANTO AGOSTINHO – *Civitas Dei*
SANTOS, António Pedro Ribeiro dos – *A Imagem do Poder no Constitucionalismo Português*, Lisboa, ISCSP, 1990
SANTOS, António Ribeiro dos – *Notas ao Plano do Novo Codigo de Direito Publico de Portugal, do D.or Paschoal José de Mello, feitas e apresentadas na Junta da Censura e Revisão pelo D.or António Ribeiro em 1789*, Coimbra, Na Imprensa da Universidade, 1884
SANTOS, António Ribeiro dos – *Notas ao Título II das Leys, e do Costume do Novo Codigo de Direito Público de Portugal do Dr. Pascoal José de Mello, Escritas e Appresenttadas na junta da Revisão*, censura ao § XVIII, fl. 22 (Manuscrito da Faculdade de Direito da Universidade de Coimbra)
SANTOS, Maria Helena Carvalho dos – *A maior felicidade do maior número. Bentham e a* Constituição *de 1822*, in Miriam Halpern PEREIRA et alii – *O Liberalismo na Península Ibérica na primeira metade do século XIX*, I, p. 91 ss.
SARAIVA, António José – *Dicionário Crítico de Algumas Ideias e Palavras correntes*, Lisboa, Europa-América, 1960
SARAIVA, António José – *Inquisição e Cristãos Novos*, 4.ª ed., Lisboa, Inova, 1969
SARAIVA, José Hermano – *História Concisa de Portugal*, Mem Martins, Europa--América, 1978
SARDINHA, António – *A Teoria das Cortes Gerais*, 2.ª ed., Lisboa, qp, 1975
SARDINHA, António – *Na Feira dos Mitos*, 2.ª ed., 1942
SCANTIMBURGO, João de – *O Poder Moderador. História e Teoria*, São Paulo, Livraria Pioneira Edit., 1980
SCHMITT, Carl – *Verfassungslehre*, trad. cast. de Francisco Ayala, *Teoría de la Constitución*, Madrid, Alianza, 1982
SCHMITT, Carl – *Der Hüter der Verfassung* (trad. cast. de Manuel Sanchez Sarto, *La defensa de la Constitution*, Madrid, Tecnos, 1983)
SCHMITT, Carl – *Die Diktatur* (trad. cast. de José Diaz García, *La dictadura*, Madrid, Alianza Edit., 1985)
SCHMITT, Carl – *Die geistesgeschichtliche Lage des heutigen Parlamentarismus*, Berlin, Dunker u. Humblot, 1926
SCHMITT, Carl – *Politische Theologie. Vier Kapitel zur Lehre der Souveränität*, reed., Berlin, Duncker und Humblot, 1985, trad. fr. de Jean-Louis Schlegel, *Théologie Politique*, Paris, Gallimard, 1988
SCHMITT, Carl – *Sobre as Três Modalidades Científicas do Pensamento Jurídico*, trad. port., *in* "Boletim do Ministério da Justiça", n.º 26-27, Lisboa, Set--Nov. de 1951

SCHMITT, Carl – *Théologie Politique*, trad. fr., Paris, Gallimard, 1988
SCHMITT, Carl – *Verfassungslehre*, trad. cast. de Francisco Ayala, *Teoría de la Constitución*, Madrid, Alianza Editorial, 1982, pp. 164 ss.
SCHMITT, Carl – *Der buergerliche Rechtsstaat*, in "Abenland" 3, 1928, pp. 201-203
SCHOUPPE, J. P. – *Le réalisme juridique*, Bruxelles, Story-Scientia, 1987
SEDILLOT, René – *Le coût de la révolution française*, Paris, Librairie Académique Perrin, 1987
SERRÃO, J. Veríssimo – *História de Portugal*, Lisboa, Verbo, 1990 – ... (vários vols.)
SERRÃO, Joel – *Do Sebastianismo ao Socialismo*, Lisboa, Livros Horizonte, 1983
SERRÃO, Joel – *Setembrismo* in *Dicionário de História de Portugal*, vol. III, p. 851 ss.
SERRES, Michel – *Le contrat naturel*, François Bourin, Paris, 1990
SGARD et alii, Jean – *Lumières et Lueurs du XVIIIe siècle. 1715-1789*, Paris, L'Arbre Verdoyant, 1985
SIEBERTZ, Paul – *Dom Miguel e a sua época*, trad. port., 2.ª ed., reformulada, Aveiro, Actic, 1985
SILBERT, Albert – "As Invasões Francesas e as Origens do Liberalismo em Portugal", *Revista de História das Ideias*, Coimbra, 1978
SILBERT, Albert – *Do Portugal do Antigo Regime ao Portugal Oitocentista*, 3.ª ed., Lisboa, Livros Horizonte, 1991
SILVA, AGOSTINHO DA – *Ir à Índia sem abandonar Portugal*, Lisboa, Assírio & Alvim, 1994
SILVA, AGOSTINHO DA – *Reflexão à margem da literatura portuguesa*, 3.ª ed., Lisboa, Guimarães, 1996
SILVA, AGOSTINHO DA – *Vida Conversável*, organização e prefácio de Henryk Siewierski, Lisboa, Assírio & Alvim, 1994
SILVA, Andrade e – *Colecção chronológica da legislação Portuguesa, 1640-1647 compilada e anotada por...*, Lisboa, 1857
SILVA, António Delgado da – *Collecção da Legislação Portuguesa desde a última compilação das ordenações redigida pelo desembargador...* (Legislação de 1775 a 1790), Lisboa, 1828
SILVA, Maria Beatriz Nizza da – *Liberalismo e Separatismo no Brasil (1821--1823)*, in "Cultura – História e Filosofia", vol. V, p. 155 ss.
SILVA, Maria Beatriz Nizza da – *Silvestre Pinheiro Ferreira: Ideologia e Teoria*; Lisboa, Sá da Costa, 1975
SILVA, Nady Moreira Domingues da – *O Sistema Filosófico de Silvestre Pinheiro Ferreira*; Lisboa, ICALP, 1990
SILVA, Nuno Espinosa Gomes da – *Algumas Notas sobre as Edições das Ordenações Manuelinas de 1512-1523*, in "Scientia Iuridica", Braga, XXVI, 1977
SILVA, Nuno Espinosa Gomes da – *Codificação em Portugal*, in Joel SERRÃO – *Dicionário de História de Portugal*, I

SILVA, Nuno Espinosa Gomes da – *História do Direito Português. I. Fontes de Direito*, Lisboa, Fundação Calouste Gulbenkian, 1985
SILVA, Nuno Espinosa Gomes da – *Humanismo e Direito em Portugal no século XVI*, Lisboa, ed. do autor, 1964
SILVA, Nuno Espinosa Gomes da – *O Direito Subsidiário num Comentário às Ordenações Manuelinas atribuído a Luís Correia*, Lisboa, Ática, 1973
SILVA, Nuno Espinosa Gomes da – *O Sistema de Fontes nas Ordenações Afonsinas*, Braga, Livraria Cruz (*Scientia Iuridica*), 1980
SILVA, Nuno Espinosa Gomes da – *Sobre o Abreviamento dos Cinco Livros ao tempo de D. João II*, Separata do "Boletim do Ministério da Justiça", n.º 309, Lisboa, 1981
SIMÕES, Manuela Lobo da Costa – "Notas" a José PECCHIO, *Cartas de Lisboa 1822*, trad. port., Lisboa, Livros Horizonte, 1990
SKINNER, Quentin – *As Fundações do Pensamento Político Moderno*, trad. bras. de Renato Janine Ribeiro e Laura Teixeira Motta, revisão técnica de Renato Janine Ribeiro, São Paulo, Scharcz, Companhia das Letras, 1996
SKINNER, Quentin – *Liberty before Liberalism*, trad. port. de Raul Fiker, *Liberdade antes do Liberalismo*, São Paulo, UNESP /Cambridge Univ. Press, 1999
[SOARES, João Pereira Baptista Vieira], *sub* J.P.B.V. S. – *Manual de Religião Christã e Legislação Criminal Portugueza, ou Codigo da Mocidade. Dividido em dez lições segundo o Decalogo, e as classes dos Crimes. Por onde os Pais de familias, e as de mais pessoas encarregadas da educação dos meninos, devem ensinallos, para que aprendao com proveito desde os seus tenros annos o que deve saber essencialmente o Christao e o Cidadão Portuguez para ser verdadeiramente feliz, que à nação offerece...*, Bahia, Na Typ. de Manoel Antonio da Silva Serva, s/d, [post 1759]
SOARES, Mário – *Constituição de 1911*, in *Dicionário de História de Portugal*, cit., vol. I, p. 679 ss.
SOARES, Mário – *Oposição Democrática ao Estado Novo*, in *A República Ontem e Hoje*, coord. cient. de António Reis, cit.
SOARES, Rogério Ehrhardt – *Constituição*, in "Dicionário Jurídico da Administração Pública", Coimbra
SOARES, Rogério Ehrhardt – *O Conceito Ocidental de Constituição*, in "Revista de Legislação e Jurisprudência", Coimbra, n.ºs 3743-3744, p. 36 ss.; p. 69 ss., 1986
SOARES, Rogério Ehrhardt – *Constituição. Política*, in Pólis, I, Lisboa, Verbo, 1983, col. 1164 ss.
SOARES, Rogério Ehrhardt – *Direito Constitucional: Introdução, O Ser e a Ordenação Jurídica do Estado*, in *Instituições de Direito. II. Enciclopédia Jurídica*, org. de Paulo Ferreira da Cunha, Coimbra, Almedina, 2000, p. 29 ss.

SOARES, Rogério Ehrhardt – *Direito Público e Sociedade Técnica*, Coimbra, Atlântida, 1969
SOLARI, Gioele – *La Formazione Storica e Filosofica dello Stato Moderno*, Napoli, Guida, 1988
SOLÈ TURA, Jordi / AJA, Eliseo – *Constituciones y períodos constituyentes en España (1808-1936)*, 14.ª ed., Madrid, Siglo Veintiuno Editores, 1988
SOLE, Jacques – *Les Mythes Chrétiens de la Renaissance aux Lumières*, Paris, Albin Michel, 1979
SOMBART, Werner – *Le Bourgeois*, trad. fr., Paris, Payot, 1966
SOREL, Georges – *La décomposition du marxisme*, Paris, Marcel Rivière, 1908
SOREL, Georges – *Réflexions sur la violence*, 8.ª ed., Paris, Marcel Rivière, 1930
SORIANO, Simão José da Luz – *Utopias desmascaradas do systema liberal em Portugal ou Epitome do que entre nós tem sido este sistema*, Lisboa, Imprensa União-Typographica, 1858
SOUSA, Armindo de – *As Cortes Medievais Portuguesas (1385-1490)*, Porto, INIC, Centro de História da Universidade do Porto, 1990
SOUSA, José Pedro Galvão de – *Da Representação Política*, São Paulo, Saraiva, 1971
SOUSA (de LOBÃO), M. de Almeida e – *Notas de uso practico...*, parte I, Lisboa, 1847
SPENCER, Katherine – *Mythology and Values. An Analysis of Navaho Chantway Myths*, Filadélfia, American Folklore Society, 1957
STAROBINSKI, Jean – *L'Invention de la Liberté. 1700-1789*, Genève, Albert Skira, 1964
STAROBINSKI, Jean – *Montesquieu*, 2.ª ed., Paris, Seuil, 1989
STAROBINSKI, Jean – *Pouvoir et Lumières dans 'La Flûte enchantée'*, in "Dix-Huitième Siècle", Numéro spécial: "Qu'est-ce que les lumières?", n.º 10, Paris, Garnier, 1978, pp. 435-449
*Statégies de l'Utopie*, colóquio, Paris, Ed. Galilée, 1979
STEINER, George – *In Bluebeard's Castle (Some notes towards the redefinition of Culture)*, trad. port. de Miguel Serras Pereira, *No Castelo do Barba Azul. Algumas notas para a redefinição da Cultura*, Lisboa, Relógio D'Água, 1992
STOCLER, Garção – *Elogio Histórico de Pascoal de Melo Freire dos Reis pronunciado na assembleia pública da Academia Real das Ciências de 17 de Janeiro de 1799*, e dedicado a Sua Alteza Real o Príncipe D. João Nosso Senhor, Lisboa, Tipografia da Academia R. das Ciências, 1799
STRAUSS, Leo – *Natural Right and History*, trad. fr., *Droit naturel et histoire*, Paris, Flammarion, Champs, 1986
STRAYER, Joseph R. – *On the Medieval Origins of the Modern State*, Princeton University Press, trad. port. de Carlos da Veiga Ferreira, *As Origens Medievais do Estado Moderno*, Lisboa, Gradiva, s/d

SUANZES-CARPEGNA, Joaquin Varela – *La Teoria del Estado en los Origenes del Constitucionalismo Hispanico (Las Cortes de Cadix)*, Madrid, Centro de Estudios Constitucionales, 1983

SUAREZ, Francisco – *Tractatus de Legibus ac Deo Legislatore*, prep. L. Pereña, Madrid, Consejo Superior de Investigaciones Cientificas, 1973, vv. vols.

SUEUR, PHILIPPE – *Histoire du Droit Public Français*, Paris, P.U.F., 1.º vol., 2.ª ed., 1993, 2.º vol., 2.ª ed., 1994

TALMON, J. L. – *Romantismo e Revolta*, trad. port. de Tomé Santos Júnior, Lisboa, Verbo, s.d. (ed. orig. 1967)

TANNÚS, Marcio Chaves – *A Filosofia do Direito na Europa do século XVIII. Breve apanhado de autores e obras representativos*, in "Revista da Universidade Federal de Uberlândia", vol. 14, n.º 2, Dez. 1985, p. 425 ss.

TARELLO, Giovanni – *Cultura Giuridica e Politica del Diritto*, Bologna, Il Mulino, 1988

TARELLO, Giovanni – *Storia della Cultura Giuridica Moderna. Assolutismo e codificazione del diritto*, Bologna, Il Mulino, 1976

TEIXEIRA, António Braz – *Sentido e Valor do Direito*, 2.ª ed., Lisboa, Imprensa Nacional – Casa da Moeda, 2000

TELLES, J. H. Correia – *Commentario critico à Lei da Boa Razão em data de 18 de Agosto de 1769*, Lisboa, 1824

TENGARRINHA, José – "Prefácio" a Manuel Fernandes TOMÁS – *A Revolução de 1820*, p. 14 ss.

THIBAUT – *Ueber die Notwendigkeit eines allgemeinen buergerlichen Rechts fuer Deutschland* (1814)

THOMASHAUSEN, André – *Constituição e Realidade Constitucional*, in "Revista da Ordem dos Advogados", ano 37, Lisboa, 1977, pp. 471 ss.

TOMÁS DE AQUINO, *Summa Theologiæ*

TORGAL, Luis Reis – *Ideologia Política e Teoria do Estado na Restauração*, Coimbra, Biblioteca Geral da Universidade, 1982, 2 vols.

TOUCHARD, Jean (dir.) – *Histoire des Idées Politiques*, trad. port., *História das Ideias Políticas*, Lisboa, Europa-América, 1970, 7 vols.

TRAHARD, Pierre – *La sensibilité révolutionnaire (1789-1794)*, Paris, Boivin et Cie. editeurs, 6 vols., 1931-1933

TRAHARD, Pierre – *Les maîtres de la sensibilité française au XVIIIe siècle (1715--1789)*, Paris, Boivin et Cie. Editeurs, 1933

TREVOR-ROPER, J. R. – *Religion, reformation, and the social change*, trad. port. *Religião, Reforma e transformação social*, Lisboa, Presença-Martins Fontes, 1981

TRIGEAUD, Jean-Marc – *Ce droit naturel que le positivisme a inventé*, in *Métaphysique et Éthique au Fondement du Droit*, Bordeaux, Biere, 1995, p. 161 ss.

TRIGEAUD, Jean-Marc – *Drois naturels et droits de l'homme à l'aube du XXème siècle: la tradition classique du droit naturel et son de´passement personnaliste*, in *Métaphysique et Éthique au Fondement du Droit*, Bordeaux, Biere, 1995

TRIGEAUD, Jean-Marc – *Métaphysique et Éthique au fondement du Droit*, Bordeaux, Bière, 1995

TRIGEAUD, Jean-Marc – *La Théorie du Droit face aux savoirs de substitution*, in "Persona y Derecho", n.º 32, 1995, p. 203 ss.

TRIGEAUD, Jean-Marc – *La tradizione classica del diritto naturale e il suo superamento personalistico*, in "Iustitia", Roma, Giuffrè, anno XLIV, aprile--giugno, 1991, pp. 100-118

TRIGEAUD, Jean-Marc – *Persona ou la Justice au double visage*, Genova, Studio Editoriale di Cultura, 1990

TROUSSON, Raymond – *Jean-Jacques Rousseau, I. La marche à la gloire*, Paris, Tallandier, 1988

TRUYOL SERRA, Antonio – *Historia da Filosofia do Direito e do Estado*, II vols., Lisboa, Instituto de Novas Profissões, I, 1985, II 1990 (3.º vol., Alianza Editorial)

TUCK, Richard – *Natural Rights Theories. Their origin and deevelopment*, Cambridge, Cambridge Univ. Press, 1979

TULARD, J. / FAYARD, J.-F. / FIERRO, A. – *Histoire et Diccionnaire de la Révolution Française 1789-1799*, Paris, Robert Laffont, 1987

TZITZIS, Stamatios – *Le scepticisme ancien comme fondement du positivisme juridique moderne*, in L. C. BARGELIOTES (dir.), "Scepticism: inter-disciplinary approaches", Athens, 1990, pp. 149 ss.

TZITZIS, Stamatios – *Les droits de l'Homme entre le mythos et le logos*, "Actes des 1ères Journées scientifiques du réseau Droits Fondamentaux de l'AUPELF--UREF, Tunis, 1996", Bruyant, Bruxellee 1997

TZITZIS, Stamatios – *Qu'est-ce que la personne?*, Paris, Armand Colin, 1999

VAHINGER, H. – *The Philosophy of As if. A System of the Theoretical, Practical and Religious Fictions of Mankind*, trad. ingl., reimp. da 2.ª ed., Londres, Routledge and Kegan Paul, 1965

VALJAVEC, Fritz – *Storia dell'Illuminismo*, trad. ital., Bologna, Il Mulino, 1973

VALLANÇON, François – *Domaine et Propriété (Glose sur Saint Thomas D'Aquin, Somme Theologique IIA IIÆ QU 66 ART 1 et 2)*, Paris, Université de Droit et Economie et de Sciences Sociales de Paris (Paris II), 1985, 3 vols.

VALLANÇON, François – *De la relativité des interprétations*, in «Archives de Philosophie du Droit», Paris, Sirey, XXIV, 1979, pp. 435-450

VALLET DE GOYTISOLLO, Juan – *A Encruzilhada Metodológica Jurídica no Renascimento, a Reforma, a Contra-Reforma,* trad. port. de Fernando Luso Soares Filho, Lisboa, Cosmos, 1993

VALLET DE GOYTISOLO, Juan – *Montesquieu. Leyes, Gobiernos y Poderes*, Madrid, Civitas, 1986

VARGUES, Isabel Nobre – *A Fé política liberal*, in "Revista de História das Ideias", Coimbra, Instituto de História e Teoria das Ideias, Faculdade de Letras de Coimbra, XI, 1989

VELOZO, Francisco José – *Prefácio* a *Instituições de Direito Criminal Português*, trad. port. do Dr. Miguel Pinto de Meneses, *in* "Boletim do Ministério da Justiça", n.º 155, Abril 1966

VENNER, Dominique – *O Modelo Napoleónico*, in "Futuro Presente", n.º 14, 1983, p. 13 ss.

VENTURI, Franco – *Utopia e Riforma Nell'Illuminismo*, Torino, Einaudi, 1970

VENTURI, Franco — *"Socialista" e "socialismo" nell'Italia del Setecento*, in RSI, 1963, I, pp. 129 ss.

VERDELHO, Telmo dos Santos – *As Palavras e as Ideias na Revolução Liberal de 1820*, Lisboa, Instituto Nacional de Investigação Científica, 1981

VERNANT, Jean-Pierre – *Figuras, Ídolos, Máscaras*, trad. port., Lisboa, Teorema, 1993

VEYNE, Paul – *Comment on écrit l'histoire*, Paris, Seuil, 1971, trad. port., *Como se escreve a História*, Lisboa, Edições 70, 1987

VEYNE, Paul – *Les Grecs ont-ils cru à leurs mythes?*, Paris, Seuil, 1983, trad. port., *Acreditaram os gregos nos seus mitos?*, Lisboa, Edições 70, 1987

VIANA, António – *A Revolução de 1820 e o Congresso de Verona*, Lisboa, 1901

VIANA, Oliveira – *O Idealismo da Constituição*, Rio de Janeiro, Terra do Sol, 1927

VICENTE, António Pedro – *Le Portugal durant la Révolution française – attitudes contradictoires*, in AA. VV., "La Révolution Française vue par les Portugais", Paris, Centre Culturel Portugais, Fundação Calouste Gulbenkian

VILLEY, Michel – *[Précis de] Philosophie du Droit*, I, 3.ª ed., Paris, Dalloz, 1982; II, 2.ª ed., *Ibidem*, 1984

VILLEY, Michel – *Jusnaturalisme – Essai de définition*, in "Revue Interdiscipinaire d'Etudes Juridiques", n.º 17, 1986

VILLEY, Michel – *La Formation de la pensée juridique moderne*, nova ed., Paris, Montchrestien, 1975

VILLEY, Michel – *Le Droit et les Droits de l'Homme*, Paris, P.U.F., 1983

VILLEY, Michel – *Le Droit Romain*, 8.ª ed., Paris, P.U.F., 1987

VILLEY, Michel *et alii* – *Indicatif et imperatif juridiques. Dialogue à trois voix (Michel Villey, Georges Kalinowsky, Jean-Louis Gardies)*, in "Archives de Philosophie du Droit", Paris, Sirey, 1974, p. 33 ss.

VILLEY, Michel – *Théologie et Droit dans la science politique de l'Etat Moderne*, Rome, Ecole française de Rome, 1991 (separata)

VINCENT, ANDRÉ, *Les Révolutions et le droit,* Paris, Librairie Générale de Droit et de Jurisprudence, 1974

VON WAHLENDORF, H. A. Schwarz-Liebermann – *Politique, Droit, Raison,* Paris, L.G.D.J., 1982

*Voto dos ministros do código sobre o método que devem observar na sua composição,* 17-IX-1778 (manuscrito inédito, *in* Arquivo Nacional da Torre do Tombo, 85, ref.ª n.º 17

VOVELLE, Michel – *La mentalité révolutionnaire. Société et mentalités sous la Révolution Française,* Paris, Messidor, 1985, trad. port. de Regina Louro, *A Mentalidade Revolucionária. Sociedade e mentalidades na Revolução Francesa,* Lisboa, Ed. Salamandra, 1987

VOVELLE, Michel (apres.) – *La Révolution et l'ordre juridique privé. Rationalité ou scandale?, Actes du colloque d'Orléans,* 11-13 septembre 1986, 2 vols., Paris, P.U.F., 1988

VOVELLE, Michel (dir.) – *L'Etat de la France pendant la Révolution (1789-1799),* Paris, La Découverte, 1988

WADDICOR, Mark – *Montesquieu and the Philosophy of the Natural Law,* La Haye, Martinus Nijhoff, 1970

WINN, Peter A. – *Legal Ritual,* in "Law and Critique", Liverpool, Deborah Charles, II, n.º 2, 1991, pp. 207-232

WOLFF, Eric – *Das Problem der Naturrechtslehre,* trad. cast. de Manuel Entenza, *El problema del derecho natural,* Barcelona, Ariel, 1960

WORDEN, B. – *Marchmont Nedham and the Beginnings of English Republicanism,* 1649-1656, in *Republicanism, Liberty and Commercial Society,* 1649-1776, ed. por David Wooton, Stanford, Cal, 1994

# ÍNDICE ANALÍTICO

Preâmbulo .................................................................................. 7

## PRIMEIRA PARTE
## CONSTITUIÇÃO NATURAL E RAÍZES DO CONSTITUCIONALISMO MODERNO

### CAPÍTULO PRIMEIRO
### DAS ORDENAÇÕES AOS PRIMÓRDIOS DA CODIFICAÇÃO

I. CONSTITUCIONALISMO NATURAL E COMPILAÇÕES LEGISLATIVAS EM PORTUGAL: UMA SÍNTESE .......................................... 15

   0. Dos diversos tipos de Constitucionalismo.
      Indicação de sequência............................................................ 15
   1. O estranhamento metodológico ............................................... 19
   2. As primeiras compilações, extraoficiais .................................. 20
   3. As Ordenações Afonsinas ........................................................ 23
      3.1. Razões e Elaboração ........................................................ 23
      3.2. Eventuais fontes metodológicas e técnica da compilação ........ 27
      3.3. Do Direito Público administrativo-político nas Ordenações Afonsinas .......................................................................... 29
      3.4. Do constitucional e do mítico nas Ordenações ...................... 30
      3.5. Breve exposição do conteúdo dos Livros III a V ................... 32
   4. As Ordenações Manuelinas ..................................................... 33
      4.1. Descrição Geral ............................................................... 33
      4.2. Nota mítico-constitucional ............................................... 37
   5. As Ordenações Filipinas ......................................................... 37
      5.1. Exposição sucinta ............................................................ 37
      5.2. Nótula Constitucional e mítica.
          Indicação de sequência ..................................................... 39

II. PLURALIDADE E HIERARQUIA NORMATIVA NO ÂMBITO
DA VIGÊNCIA DAS DIVERSAS ORDENAÇÕES .................................. 41

1. Um episódio da luta entre David e Golias (o Direito e o Estado):
o pluralismo legal e a vocação totalizante do poder – premissas teóricas gerais ............................................................................................... 41
2. A solução do pluralismo normativo antes e na vigência das Ordenações Afonsinas .................................................................................... 47
3. O Problema das Fontes nas Ordenações Manuelinas e Filipinas ........ 56
4. A revisão do problema das fontes pelo Marquês de Pombal.
A Lei da Boa Razão, de 18 de Agosto de 1769 .................................... 58
5. O Mito do Nó Górdio:
A codificação como "solução final" para a questão do pluralismo normativo: pela sua abolição (ao menos tendencial) ........................... 61

III. DAS ORDENAÇÕES À CODIFICAÇÃO E AO CONSTITUCIONALISMO  62

1. Codificação e Constitucionalismo ....................................................... 62
   1.1. Disjunção e confluência .............................................................. 62
   1.2. Uma cosmovisão comum ............................................................ 66
   1.3. Codificação e Constitucionalismo:
        Razão e/ou Mito? ......................................................................... 68
2. O "Novo Código" a vir, encarnação do mito de D. Sebastião ............ 72
   2.1. Das Ordenações Filipinas às Cortes de Lisboa de 1641 ............. 72
   2.2. A Convalidação das Ordenações por D. João IV e a sua justificação teológico-política em António Vieira ................................ 74
   2.3. Novas tentativas compilatórias ................................................... 77
3. O "Novo Código" marino antes da participação de Mello Freire ...... 78
   3.1. O Decreto de 31 de Março de 1778 e as limitações à acção reformadora da Comissão ................................................................ 78
   3.2. Impasse na Comissão .................................................................. 80

CAPÍTULO II

# DO DIREITO CONSTITUCIONAL
# NAS ORDENAÇÕES

I. O LIVRO DE DIREITO POLÍTICO NAS ORDENAÇÕES ....................... 93

1. As matérias reguladas no Livro II das Ordenações ............................. 93
2. Conteúdo constitucional do Livro II das Ordenações Afonsinas ........ 95
   2.1. Os Direitos Reais nas Ordenações Afonsinas ............................ 95
   2.2. Os direitos nas Ordenações Afonsinas ....................................... 97
3. Conteúdo constitucional do Livro II das Ordenações Manuelinas ..... 103
   3.1. Sentido geral e Direitos nas Ordenações Manuelinas ................ 103
   3.2. Os Direitos reais nas Ordenações Manuelinas ........................... 105

3.3. Disposições moderadoras da nobreza e dos funcionários .......... 106
3.4. Alguns aspectos procedimentais nas Ordenações Afonsinas ...... 107
4. Conteúdo constitucional do Livro II das Ordenações Filipinas .......... 108
   4.1. Sentido geral e Direitos Reais ....................................... 108
   4.2. Aspectos procedimentais ............................................. 108
   4.3. Disposições relativas a Prelados, nobres e funcionários ............. 109
   4.4. As Pessoas e os Privilégios.......................................... 110
5. O arquétipo mítico-temático do Livro II ............................ 111
   5.1. Sedimentação Positiva ............................................... 111
   5.2. As Cortes: uma ausência significativa............................... 112

CAPÍTULO III
**CONSTITUCIONALISMO ILUMINISTA.
DO PROJECTO DE NOVO CÓDIGO
DE DIREITO PÚBLICO**

I. INTRODUÇÃO ................................................................ 117
   1. Da protecção ............................................................ 117
   2. Do poder e do constitucional......................................... 119

II. O FANTASMA.............................................................. 122
   1. Desventuras de um projecto de código de direito público .............. 122
   2. Os direitos-fantasma – tese........................................... 126
   3. Os direitos fantasma – desenvolvimento............................. 127

III. A HIDRA DE MIL CABEÇAS .......................................... 129
   1. A hidra engoliu o fantasma............................................ 129
   2. O aspecto fantasmático da hidra..................................... 131
   3. A hidra em acção ....................................................... 137


SEGUNDA PARTE
# CONSTITUCIONALISMO LIBERAL

CAPÍTULO IV
**DO CONSTITUCIONALISMO MODERNO**

I. INTRODUÇÃO ................................................................ 157

II. 1820, 1822 – UMA RECEPÇÃO CONSTITUCIONAL INDIRECTA.......... 158
    1. Mitanálise do Constitucionalismo Português ..................... 158

1.1. O paradoxo das recepções.
  Dialéctica das teorias sobre as influências constitucionais ......... 158
  1.1.1. A tese da influência francesa ............................................. 158
  1.1.2. A tese da influência inglesa ............................................... 159
  1.1.3. Dialéctica teórica ............................................................... 160
  1.1.4. Hipótese de conciliação teórica:
    as influências cruzadas ...................................................... 162
1.2. As Cortes Constituintes e a elaboração da Constituição ............. 163
  1.2.1. Os rumores de invasão e o mito do inimigo ..................... 163
  1.2.2. Limitações às Cortes .......................................................... 164
  1.2.3. A associação do novo poder constituinte à Igreja ............ 165
  1.2.4. O persistente mito do rei ................................................... 166
  1.2.5. O mito da separação dos poderes ..................................... 167
  1.2.6. Balanço mítico.
    Um mito positivo e um mito negativo das Cortes constituintes ............................................................................. 168
  1.2.7. O ataque contra os velhos mitos ....................................... 176
2. A constituição de 1822:
  Análise das fontes .............................................................................. 178
  2.1. O constitucionalismo espanhol (de Cádis) e suas fontes ............ 178
    2.1.1. O conflito das interpretações sobre as influências ........... 178
    2.1.2. O mito da Constituição de Cádis ..................................... 179
      2.1.2.1. Mitificação e influência .................................... 179
      2.1.2.2. O espectro constitucional e as influências em Portugal  180
      2.1.2.3. O espectro constitucional e as influências em Espanha  181
      2.1.2.4. As lições de Cádis.
        O mito de Cádis e o mito da Constituição de 1822 ....  184
      2.1.2.5. Renovar uma utopia francesa sob uma bandeira mítica
        espanhola ............................................................. 186
  2.2. Presença estrangeira e originalidade na Constituição de 1822 ..... 187
    2.2.1. Originalidade ou influência e sacralidade dos textos constitucionais num debate entre Borges Carneiro e Fernandes
      Tomás ................................................................................ 187
    2.2.2. O legado constitucional de 1640 ...................................... 188
    2.2.3. Mito e Utopia:
      Originalidade e influência ................................................. 189
    2.2.4. Influência espanhola e influência francesa ...................... 190
    2.2.5. Influência ou originalidade no texto constitucional de 1822.
      Uma comparação da Constituição Espanhola de 1812 e a
      Constituição Portuguesa de 1822, à luz do texto fundador
      francês de 1791 ................................................................. 196
    2.2.6. A influência de outros textos constitucionais franceses,
      para além do de 1791.
      A tese da influência francesa segundo Lopes Praça ......... 201

2.2.7. A Constituição de 1822 e sua influência francesa: balanço .................................................................. 203
3. Mitocrítica do constitucionalismo português ................................... 204
　3.1. As Fontes francesas:
　　a Declaração dos Direitos do Homem e do Cidadão de 26 de Agosto de 1789 e a Constituição de 3 de Setembro de 1791 ...... 204
　　3.1.1. A Declaração enquanto narrativa e texto sagrado ........... 204
　　3.1.2. Os mitos do Preâmbulo da Declaração ....................... 205
　　3.1.3. Os mitos nos artigos da Declaração.
　　　　A importância da Lei ........................................ 206
　　3.1.4. O esquema mítico geral da Constituição de 3-14 de Setembro de 1791 ................................................. 209
　　3.1.5. Os mitos no texto da Constituição de 1791 .................... 209
　3.2. As fontes espanholas:
　　a Constituição de Cádis ............................................... 210
　　3.2.1. Um texto mais conservador que o francês ...................... 210
　　3.2.2. A Utopia espanhola, a idade de oiro e o inimigo.
　　　　Comparação com a constituição francesa de 1791 ........... 211
　　3.2.3. Vicissitudes dos mitos da Lei, da Nação e da Soberania ...... 212
　　3.2.4. Os mitos constitucionalistas de sempre numa desmitificação por concretização ..................................... 214
　3.3. As influências e os Mitos na Constituição de 1822.
　　Análise literal ..................................................... 216
　　3.3.1. As Influências ........................................... 216
　　　3.3.1.1. A origem mítica ..................................... 216
　　　3.3.1.2. A origem mítica e as influências .................... 217
　　　3.3.1.3. As Bases da Constituição ............................ 219
　　　3.3.1.4. O Preâmbulo ......................................... 229
　　　3.3.1.5. Os artigos da Constituição são simples desenvolvimentos das Bases .................................. 232
　　3.3.2. Os mitos ................................................ 232
　　　3.3.2.1. Justificação metodológica ........................... 232
　　　3.3.2.2. O Preâmbulo como narrativa mítica típica ............ 233
　　　3.3.2.3. O maior mito é o da Constituição em si mesma.
　　　　　Aspectos da sacralização do constitucionalismo e do texto constitucional ........................... 234
　　　　a) O tempo ................................................. 235
　　　　b) O espaço ................................................ 235
　　　　c) A acção ................................................. 236
　　　　d) As personagens .......................................... 239
　　　　e) O narrador .............................................. 240
　　　3.3.2.4. Aspectos míticos dos poderes e da sua separação ...... 242
　　　3.3.2.5. Aspectos míticos dos direitos fundamentais ........... 245

3.3.2.6. Aspectos míticos da soberania.................................. 252
3.3.2.7. Simbologia e ritualização ......................................... 254

III. 1823, 1826... O ETERNO CONTORNO ..................................................... 259
   1. O mito liberal contra o mito absolutista.
      História da Carta de 1826 ..................................................... 259
      1.1. Aspectos políticos .......................................................... 259
         1.1.1.1. Agonia e morte da Constituição de 1822 .................. 259
            a) Uma agonia desde o nascimento:
               Inefectividade da Constituição de 1822 ........................ 260
            b) Da discussão das Bases da Constituição ao juramento do
               rei (1821-1822)............................................................. 261
            c) O problema brasileiro ..................................................... 262
            d) Da morte do herói (Fernandes Tomás) e da revitalização
               das forças anticonstitucionalistas à "Abrilada" (19.XI.1822-
               -30.IV.1824).
               Os factos e os mitos...................................................... 263
         1.1.1.2. Da crise da Constituição portuguesa de 1822 à Carta
               Constitucional de 1826.
               Nótula de história constitucional luso-brasileira ........ 269
            a) As tentativas de mudança da Constituição de 1822......... 269
               a) 1. O projecto de 1823................................................. 269
               a) 2. As Cortes tradicionais ............................................ 276
            b) O Brasil e o constitucionalismo português ..................... 278
               b) 1. A situação constitucional do Brasil ....................... 278
               b) 2. As relações entre Portugal e o Brasil e a influência
                  constitucional brasileira em Portugal..................... 280
               b) 3. A Carta Constitucional Portuguesa de 1826.
                  Síntese por racionalização...................................... 283
               b) 4. A Carta Constitucional Portuguesa de 1826.
                  Uma síntese por habituação? ................................. 285
      1.1.2. Acontecimentos e Ideias ................................................... 286
         1.1.2.1. A liberdade e as liberdades: o absolutismo e os abso-
               lutismos.......................................................................... 286
         1.1.2.2. As constituições e os constitucionalismos................. 293
   1.2. Análise do Projecto de 1823 e da Carta de 1826 ...................... 294
      1.2.1. O Projecto constitucional de 1823................................... 294
         1.2.1.1. Apreciação geral das influências.............................. 294
         1.2.1.2. Análise dos mitos do Projecto .................................. 296
         1.2.1.3. Os dois textos inacabados......................................... 297
      1.2.2. A Carta Constitucional de 1826 ....................................... 299
         1.2.2.1. Análise das influências .............................................. 299
            a) D. Pedro e as influências .................................................. 299

b) O texto. A sua sacralidade ............................................. 301
c) O poder moderador ........................................................ 304
d) A Carta Francesa e a Carta Portuguesa.
   Perspectiva de conjunto .................................................. 310
e) Ecos da Carta Portuguesa em França ............................ 313
1.2.2.2. Análise dos Mitos ...................................................... 315
a) Transfiguração do mito do rei ........................................ 315
b) A caixa de Pandora e a Serpente autofágica ................. 317
c) O ritual da Carta ............................................................. 319
d) Nótula sobre a história subsequente .............................. 322

CAPÍTULO V
**O CONSTITUCIONALISMO CARTISTA**
*Continuidade e Ruptura constitucionais
ao longo do séc. XIX e início do séc. XX*

I. CONTINUIDADE CONSTITUCIONAL ATRAVÉS DE RUPTURAS ........ 327

II. A CONSTITUIÇÃO DE 1838:
RESPOSTA MODERADA A REIVINDICAÇÕES VINTISTAS ............... 331
1. Poder Constituinte, Soberania, Poderes do Estado ............ 331
2. Sufrágio directo mas não universal ..................................... 333
3. Senado e não Câmara dos Pares ........................................ 333

III. INOVAÇÕES DA CONSTITUIÇÃO DE 1838 ............................. 335

IV. RESTAURAÇÃO DA CARTA CONSTITUCIONAL.
TERCEIRA VIGÊNCIA (1842-1810) ........................................ 336

V. MITO E BALANÇO ................................................................ 337

TERCEIRA PARTE
# DA REPÚBLICA AO ESTADO NOVO

CAPÍTULO VI
**CONSTITUCIONALISMO REPUBLICANO**

I. REPÚBLICA E *REPÚBLICA* ..................................................... 343

II. A IMPLANTAÇÃO DA REPÚBLICA ........................................... 351

III. A CONSTITUINTE .................................................................. 353

IV. VISÃO GERAL DA CONSTITUIÇÃO DE 1911 ..................................... 356
V. VIGÊNCIA E VICISSITUDES DA CONSTITUIÇÃO DE 1911 ............... 359

CAPÍTULO VII
**DA CONSTITUIÇÃO DO ESTADO NOVO**

I. CONSTRUÇÃO DA UTOPIA DO ESTADO NOVO ............................. 365
   1. Olhares dos tempos ................................................................. 365
   2. Preparando o terreno ............................................................... 366

II. IDEAL E REAL ................................................................................ 377
   1. Constituição e Revolução ........................................................ 377
   2. Constituição formal e Constituição real .................................. 378

III. TRAVES MESTRAS DA CONSTITUIÇÃO FORMAL DE 1933 .............. 380
   1. Génese e Evolução .................................................................. 380
   2. Visão geral ............................................................................... 381

IV. O DIREITO E A CONSTITUIÇÃO DE 1933 ....................................... 385

CONCLUSÃO
**A CONSTITUIÇÃO DO ESTADO DE DIREITO
DEMOCRÁTICO E SOCIAL DE 1976**

Principal Bibliografia ............................................................................ 401

Índice Analítico ..................................................................................... 439